2024年国家统一法律职业资格考试

民法全解

精讲阶段

杨烁 ◎ 编著

扫码领取配套服务

东南大学出版社
SOUTHEAST UNIVERSITY PRESS
·南京·

图书在版编目(CIP)数据

民法全解精讲阶段 / 杨烁编著. — 南京：东南大学出版社，2024.4
ISBN 978-7-5766-1364-3

Ⅰ.①民… Ⅱ.①杨… Ⅲ.①民法－中国－资格考试－自学参考资料 Ⅳ.①D923.04

中国国家版本馆 CIP 数据核字(2024)第 062386 号

责任编辑：褚 婧　责任校对：张万莹　封面设计：郭 旸　责任印制：周荣虎

民法全解精讲阶段　Minfa Quanjie Jingjiang Jieduan

编　　著	杨 烁
出版发行	东南大学出版社
出 版 人	白云飞
社　　址	南京市四牌楼 2 号(邮编：210096　电话：025 - 83793330)
经　　销	全国各地新华书店
印　　刷	三河市文阁印刷有限公司
开　　本	787 mm×1092 mm　1/16
印　　张	26.5
字　　数	650 千字
版 印 次	2024 年 4 月第 1 版第 1 次印刷
书　　号	ISBN　978-7-5766-1364-3
定　　价	99.00 元

本社图书若有印装质量问题，请直接与营销部联系，电话：025 - 83791830。

民法，智慧的结晶

民法，是人生智慧的结晶。学习民法，就是学习生活中的智慧，从而掌握成为民法人必备的三大能力：法律知识运用能力、法律思维分析能力及解决争议实务能力。法律知识运用能力，须明了民法的概念、体系、制度内容、权利义务及救济方式等。法律思维分析能力，须依循民法的逻辑、制度价值，合理的论证，解释和运用法律。解决争议实务能力，根据法律规定，能够做到预防争议发生，正确处理已发生的争议，化解矛盾。

法学教育的目的在于培养法律人的法律知识运用能力、法律思维分析能力及解决争议实务能力。法律职业资格考试之目的，主要在于检测考生是否具备此种能力。法律人能力的培养并非独立完成的，也不是一蹴而就的，而是一个循序渐进的过程。这个过程需要正确的方法。希望本书能给诸位朋友的民法研习尽到绵薄之力。

一是掌握概念，建构体系。著名民法学者王伯琦教授曾言："我可不踟地说，我们现阶段的执法者，无论其为司法官或行政官，不患其不能自由，唯恐其不知科学，不患其拘泥逻辑，唯恐其没有概念。"研习民法，概念是基础，把握概念的内涵和外延，方能展开民法制度的图景。掌握民法概念后，须构建民法体系，民法不是概念的简单堆砌，而是逻辑严密的整体。本书有大量的民法制度比较及类型化总结，帮助大家层层递进学习。

二是透析价值，深究原理。如果没有掌握民法制度的构成要件，则无法分析题目，唯有靠猜。掌握了制度的构成要件后，欲加深记忆，则须理解该制度背后的原理及制度价值，即为什么法律需要如此规定。掌握制度背后的原理后，那才成为你自己的知识，方能进行综合运用。本书在重要制度的分析中，重点阐明其制度价值和哲学根据，有助于考生从深层次把握民法制度。

三是演练真题，总结规律。历年民法真题，当然是法考时代最好的素材。多做真题，可以巩固知识点、可以熟悉命题者的命题思路、可以探究下一年考试的趋势。更重要者，大部分的真题考点会重复出现，所以真题的功能相当显著，须引起考生的重视。

四是梳理法条，分析案例。考生须在掌握相关知识和法条后，多进行案例研习，将所学到的知识运用到案例之中，游走于法条与案例之间，此时，基本上法考的大门已经为你打开。本书的章节考点讲解中运用了大量的案例提升诸位的分析能力，重要章节还设置了小案例突破、指导案例等，为考生们的客观题以及主观题的准备打下扎实的基础。

本书结合最高院《合同编通则解释》《生态环境侵权解释》《彩礼纠纷规定》等最新的司法解释进行编写，遵循法考的考试规律，且将部分重要的民诉和商法的内容进行融合，希望对考生的学习有所裨益。

唐代诗人卢仝写过一首著名的茶诗《饮茶歌》，其中关于饮茶的境界阐述是："一碗喉吻润，两碗破孤闷。三碗搜枯肠，唯有文字五千卷。四碗发轻汗，平生不平事，尽向毛孔散。五碗肌骨清，六碗通仙灵。七碗吃不得也，唯觉两腋习习清风生。"

学习民法，大体也须经过此七重境界：第一重境界，感知民法润物无声的世界（喉吻润）；第二重境界，折服于民法深邃的思想（破孤闷）；第三重境界，运用民法的分析能力挥毫落纸，君不见，此时的你已经雄赳赳杀出重围，通过了法考（文字五千卷）；第四重境界，路见不平，拔刀相助，你的争议解决能力得到了认可（平生不平事，尽向毛孔散）；

第五重境界，保持初心，砥砺前行（肌骨清），希望朋友们能本着纯真的心走出辉煌的法律人生；第六及第七重境界，则非一般人可得也，愿诸君能至之，则天下幸甚。

2024 年 1 月
杨烁

民法体系

一、民法的调整对象

《民法典》[①]第2条规定:"民法调整**平等主体**的自然人、法人和非法人组织之间的**人身关系**和**财产关系**。"

（一）人身关系

（二）财产关系

二、民法的构造——以权利为基点展开

（一）人身权

人身权	人格权 （《民法典》第四编）	一般人格权
		具体人格权
	身份权 （《民法典》第一、五编）	亲属权、亲权
		配偶权、探望权

（二）物权（有形财产的归属和利用关系）

物权体系 （《民法典》第二编）	自物权	所有权	
	他物权	用益物权	土地承包经营权
			建设用地使用权
			宅基地使用权
			居住权
			地役权
		担保物权	抵押权
			质权
			留置权
	占有		

（三）知识产权（无形财产的归属和利用关系）

知识产权体系 （单行法）	著作权
	专利权
	商标权
	其他：地理标志、商业秘密、集成电路布图设计、植物新品种等

（四）债权（财产的流通关系）

债权体系 （《民法典》第三编）	法定之债	无因管理
		不当得利
		侵权之债
		缔约过失
	意定之债	合同之债
		单方允诺之债

[①] 《中华人民共和国民法典》，以下简称"《民法典》"。

目录

第一编　总则

第1章　民法的基本原理 003
- 第1讲　民法的基本原则 003
- 第2讲　民事法律关系 007
- 第3讲　民事权利、义务及责任 014

第2章　民事主体 020
- 第4讲　自然人 020
- 第5讲　法人及非法人组织 033

第3章　民事法律行为 044
- 第6讲　民事法律行为的分类 044
- 第7讲　民事法律行为的成立与生效 048
- 第8讲　意思表示 051
- 第9讲　意思表示的瑕疵 055
- 第10讲　有效的民事法律行为 061
- 第11讲　效力未定民事法律行为 063
- 第12讲　可撤销的民事法律行为 065
- 第13讲　无效民事法律行为 067

第4章　代理 073
- 第14讲　代理的特征及类型 073
- 第15讲　代理权 078
- 第16讲　无权代理 081

第5章　诉讼时效与期间 083
- 第17讲　诉讼时效之性质及适用范围 083
- 第18讲　诉讼时效期间 085
- 第19讲　诉讼时效的中断、中止及延长 086
- 第20讲　期间 089

第二编　物权

第1章　物权基本理论 092
- 第21讲　物及物之分类 092
- 第22讲　物权及物权之效力 098
- 第23讲　物权的保护 100
- 第24讲　物权的类型 102

第2章 物权变动 ·· 105
- 第25讲 物权变动的概念 ·· 105
- 第26讲 物权变动的原则及原因 ····································· 106
- 第27讲 非基于法律行为的物权变动 ································ 108
- 第28讲 基于法律行为的物权变动 ·································· 114

第3章 所有权 ·· 121
- 第29讲 所有权概述 ··· 121
- 第30讲 业主的建筑物区分所有权 ·································· 124
- 第31讲 所有权的特别取得方法 ···································· 129
- 第32讲 共有 ·· 135
- 第33讲 相邻关系 ··· 139

第4章 用益物权 ·· 142
- 第34讲 土地承包经营权 ··· 142
- 第35讲 建设用地使用权 ··· 147
- 第36讲 宅基地使用权 ··· 147
- 第37讲 居住权 ·· 148
- 第38讲 地役权 ·· 149

第5章 占有 ·· 151
- 第39讲 占有的法律性质及分类 ···································· 151
- 第40讲 占有的效力及保护 ·· 153

第三编 合同

第一分编 合同通则

第1章 债的基础理论 ·· 158
- 第41讲 债及债的分类 ··· 158
- 第42讲 无因管理 ··· 164
- 第43讲 不当得利 ··· 166
- 第44讲 法律适用 ··· 170
- 第45讲 合同的分类 ··· 171
- 第46讲 合同相对性与合同的解释 ·································· 174

第2章 合同订立 ·· 177
- 第47讲 要约 ·· 177
- 第48讲 承诺 ·· 179
- 第49讲 合同成立与效力 ··· 181
- 第50讲 格式条款及缔约过失责任 ·································· 187

第3章 合同履行 ·· 191
- 第51讲 合同履行的规则 ··· 191
- 第52讲 双务合同中的履行抗辩权 ·································· 193

第4章 合同保全 ·· 196
- 第53讲 代位权 ·· 196
- 第54讲 撤销权 ·· 199

第5章 合同的变更和移转 ·· 203

第 55 讲　债权转让 …………………………………………… 203
　　　第 56 讲　债务承担 …………………………………………… 207
　　　第 57 讲　债权债务的概括移转 ……………………………… 209
第 6 章　合同权利义务的终止 ………………………………………… 211
　　　第 58 讲　合同解除 …………………………………………… 211
　　　第 59 讲　履行（清偿）……………………………………… 216
　　　第 60 讲　抵销 ………………………………………………… 219
　　　第 61 讲　提存 ………………………………………………… 221
　　　第 62 讲　免除、混同及情势变更 …………………………… 223
第 7 章　违约责任 ……………………………………………………… 225
　　　第 63 讲　违约责任概念及构成要件 ………………………… 225
　　　第 64 讲　违约责任形式 ……………………………………… 227

第二分编　典型合同

第 1 章　转移财产权的合同 …………………………………………… 234
　　　第 65 讲　买卖合同（一）：一般规则 ……………………… 234
　　　第 66 讲　买卖合同（二）：风险负担及孳息归属 ………… 237
　　　第 67 讲　买卖合同（三）：多重买卖及保留所有权买卖 … 240
　　　第 68 讲　买卖合同（四）：特种买卖 ……………………… 243
　　　第 69 讲　买卖合同（五）商品房买卖 ……………………… 244
　　　第 70 讲　赠与合同 …………………………………………… 246
　　　第 71 讲　借款合同（一）：金融借款合同 ………………… 249
　　　第 72 讲　借款合同（二）：民间借贷合同 ………………… 251
　　　第 73 讲　租赁合同 …………………………………………… 252
　　　第 74 讲　融资租赁合同 ……………………………………… 257
第 2 章　完成工作成果的合同 ………………………………………… 261
　　　第 75 讲　承揽合同 …………………………………………… 261
　　　第 76 讲　建设工程合同 ……………………………………… 262
第 3 章　提供劳务的合同 ……………………………………………… 267
　　　第 77 讲　保管合同、仓储合同及运输合同 ………………… 267
　　　第 78 讲　委托合同、行纪合同及中介合同 ………………… 269
　　　第 79 讲　保理合同 …………………………………………… 272
第 4 章　技术合同及合伙合同 ………………………………………… 275
　　　第 80 讲　技术合同分类 ……………………………………… 275
　　　第 81 讲　技术合同无效 ……………………………………… 279
　　　第 82 讲　合伙合同 …………………………………………… 281

第四编　担保

第 1 章　担保的一般规则 ……………………………………………… 284
　　　第 83 讲　担保的一般规则 …………………………………… 284
第 2 章　担保物权 ……………………………………………………… 290
　　　第 84 讲　担保物权基本原理 ………………………………… 290
　　　第 85 讲　抵押权 ……………………………………………… 293

第 86 讲	质权	303
第 87 讲	留置权	308
第 88 讲	担保物权之间的优先效力	311

第 3 章　担保债权　314

第 89 讲	保证	314
第 90 讲	共同担保	322
第 91 讲	非典型担保	324

第五编　人格权

第 1 章　人格权　334

第 92 讲	具体人格权	334
第 93 讲	人格权的一般规定	341

第 2 章　精神损害赔偿　343

第 94 讲	精神损害赔偿问题	343

第六编　侵权责任

第 1 章　侵权责任总论　346

第 95 讲	归责原则	346
第 96 讲	一般侵权责任的构成要件	349
第 97 讲	数人侵权	351
第 98 讲	侵权责任	355

第 2 章　特殊侵权责任　362

第 99 讲	特殊主体的侵权责任	362
第 100 讲	产品责任	368
第 101 讲	机动车交通事故责任	370
第 102 讲	医疗损害责任	374
第 103 讲	环境污染和生态破坏责任	375
第 104 讲	高度危险责任	378
第 105 讲	饲养动物损害责任	379
第 106 讲	建筑物和物件损害责任	380

第七编　婚姻家庭

第 1 章　婚姻　384

第 107 讲	结婚	384
第 108 讲	家庭关系	386
第 109 讲	离婚	392

第 2 章　收养　397

第 110 讲	收养成立及解除	397

第八编　继承

第 111 讲	法定继承	402
第 112 讲	遗嘱继承及遗产处理	406

01 Part
总　则

民法总则体系构建

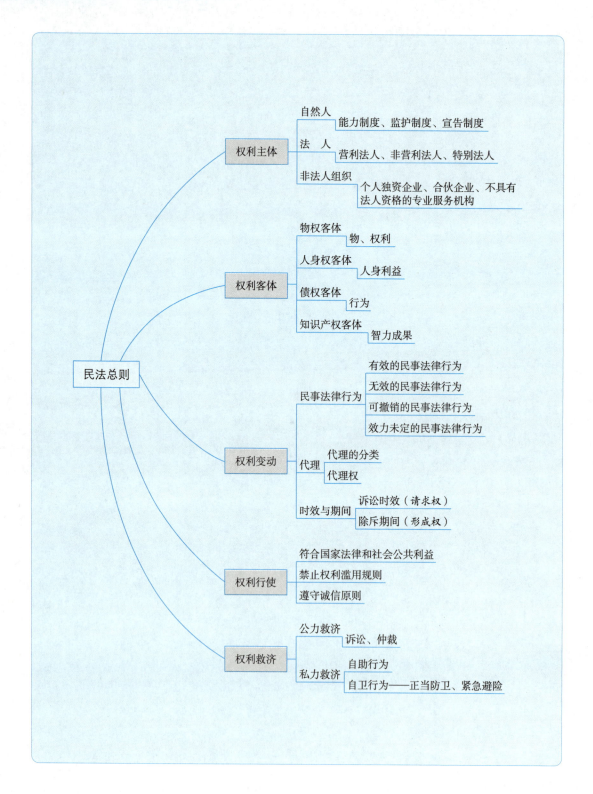

第1章 民法的基本原理

第1讲 民法的基本原则

一、民法的基本原则★★★

民法基本原则，效力贯穿于民法始终的根本性规则，对民事立法、司法和法律解释具有普遍指导意义的基本准则。

（一）平等原则（基础）

《民法典》第4条规定："民事主体在民事活动中的法律地位一律平等。"体现：

1. 自然人的民事权利能力一律平等。
2. 民事主体地位平等。
3. 民事主体在民事法律关系中必须平等协商。
4. 对权利予以平等的保护。
5. 平等是特权的对立物，基于社会公德、公共利益需要而区别对待，不构成特权，如老人优待。

（二）自愿原则（核心：针对意思表示）

《民法典》第5条规定："民事主体从事民事活动，应当遵循自愿原则，按照自己的意思设立、变更、终止民事法律关系。"主要表现为自己行为及自己责任。体现：

1. 民事主体有权自主决定是否参加民事活动以及如何参加民事活动。（自己行为）
2. 民事主体应当以平等协商的方式从事民事活动，就民事法律关系的设立、变更、终止达成合意。（自己行为）
3. 在法律允许的范围内民事主体有权依其意愿自主作出决定，并**对其自由表达的真实意愿负责**，任何组织和个人不得非法干预。（自己责任）
4. 所有权自由、合同自由、婚姻自由、遗嘱自由，但自由不是绝对的，是相对的，须受到法律、国家利益和社会公共利益等限制。

（三）公平原则（针对民事交易结果）

《民法典》第6条规定："民事主体从事民事活动，应当遵循公平原则，合理确定各方的权利和义务。"体现：

1. 法律适用原则：民法规范缺乏规定时，可以根据公平原则来变动当事人的权利义务。
2. 司法原则：司法机关的司法判决应当做到公平合理，法律缺乏规定时，应根据公平原则并权衡双方权利义务后作出合理的判决。

3. 制度体现：情势变更、显失公平、减损规则、损益相抵规则等；体现在合同法中是等价交换原则，体现在侵权责任法中是公平原则。

（四）诚信原则（针对当事人心态）

《民法典》第7条规定："民事主体从事民事活动，应当遵循诚信原则，秉持诚实，恪守承诺。"体现：

1. 民事主体在从事民事活动时，必须将有关事项和真实情况如实告知对方，禁止隐瞒事实真相和欺骗对方当事人。

2. 民事主体之间一旦作出意思表示并且达成合意，就必须重合同、守信用，**正当行使权利和履行义务**。

3. 禁止权利滥用要求权利的行使不得超过正当的界限和范围，否则构成权利滥用。这一正当的界限和范围就是诚实信用原则。民事主体不得滥用民事权利损害国家利益、社会公共利益或者他人合法权益。(《民法典》第132条)

（1）滥用民事权利的认定

①行为人以损害国家利益、社会公共利益、他人合法权益为主要目的行使民事权利的，人民法院应当认定构成滥用民事权利。（损害目的论）

②对于民法典第132条所称的滥用民事权利，人民法院可以根据权利行使的对象、目的、时间、方式、造成当事人之间利益失衡的程度等因素作出认定。（动态系统论）

（2）滥用民事权利的后果

①构成滥用民事权利的，人民法院应当认定该滥用行为不发生相应的法律效力。

②滥用民事权利造成损害的，依照民法典第七编等有关规定处理。

4. 民事活动过程中发生损害，民事主体双方均应及时采取合理的补救措施，避免和减少损失。

［例］（2017-3-1）甲、乙二人同村，宅基地毗邻。甲的宅基地倚山、地势较低，乙的宅基地在上将其环绕。乙因琐事与甲多次争吵而郁闷难解，便沿二人宅基地的边界线靠己方一侧，建起高5米围墙，使甲在自家院内却有身处监牢之感。乙的行为属于滥用权利的行为，违反诚信原则。（考试判断方法：滥用权利行为违反诚信原则。）

（五）守法和公序良俗原则（针对法律及道德要求）

《民法典》第8条规定："民事主体从事民事活动，不得违反法律，不得违背公序良俗。"公序良俗，即公共秩序和善良风俗。公序包括政治的公序和经济的公序。良俗，即善良风俗，是指一国或地区在一定时期占主导地位的一般道德或基本伦理要求。《民法典》总则编将公序良俗与法律并列，可见公序良俗的原则地位在民事法律关系无法律可遵循时，可以适用不违背公序良俗的习惯，这里是给习惯画出的红线，即适用习惯处理民事关系，不能违背公序良俗。

1. 违反法律、行政法规的强制性效力性规定的民事法律行为，无效。

2. 违背公序良俗的民事法律行为，无效。

3. 违反公序良俗行为类型：

（1）危害国家公序的行为类型（如帮助犯罪为内容的合同）；

（2）危害家庭关系的行为类型（如约定断绝亲子关系、约定离婚后禁止再婚等）；

（3）违反两性道德准则的行为类型（如有偿性服务等）；

（4）射幸行为类型（如赌债返还合同等）；

（5）违反人权和人格尊严的行为类型（如雇佣合同约定员工不得外出，进出场所须搜身）；

（6）限制营业自由的行为类型；

（7）违反公共竞争的行为类型（如约定共同抬价等）；

（8）违反消费者保护的行为类型；

（9）违反劳动者保护的行为类型（如约定工伤概不负责等）；

（10）暴利的行为类型等。

[例1]（2018）夫妻一方基于不正当婚外情同居关系遗赠财产给情妇，违背公序良俗，无效。

[例2]（2019）蒋男和韩女离婚，协议约定韩女抚养二人婚生女蒋某某，故韩女不得于再婚后生育子女，违背公序良俗原则。

（六）绿色原则（针对民事活动对环境的影响）

《民法典》第9条规定："民事主体从事民事活动，应当有利于节约资源、保护生态环境。"体现：

1. 绿色原则是代际正义的要求，当代社会经济的发展不能牺牲未来的社会资源和环境。

2. 绿色原则也是社会可持续发展的要求，对于民事活动中民事责任承担的利益考量，应当符合绿色原则，在例如环境侵权等特殊侵权构成中基于绿色原则而确定其特殊的构成要件。

3. 绿色原则也是倡导性的原则规定，倡导民事主体的民事活动应有利于节约资源、保护生态环境。

二、民法基本原则的功能

指导功能	民法基本原则的功能突出表现在它的指导性。民法基本原则对民事立法、民事行为和民事司法均有指导意义。
约束功能	民法基本原则对民法立法、民事行为和民事司法有约束力。
补充功能	民法基本原则在民事法律规范中处于指导和统帅的地位，但是通常在民事法律规范有具体规定的情况下，必须适用具体规定，不能直接适用民法基本原则。《民法典总则编解释》第1条第3款规定："民法典及其他法律对民事关系没有具体规定的，可以遵循民法典关于基本原则的规定。"

[例1]（2016-3-3）潘某去某地旅游，当地玉石资源丰富，且盛行"赌石"活动，买者购买原石后自行剖切，损益自负。潘某花5000元向某商家买了两块原石，切开后发现其中一块为极品玉石，市场估价上百万元。商家深觉不公，要求潘某退还该玉石或补交价

款。商家可否基于公平原则要求潘某适当补偿？

《民法典》第510条规定："合同生效后，当事人就质量、价款或者报酬、履行地点等内容没有约定或者约定不明确的，可以协议补充；不能达成补充协议的，按照合同相关条款或者交易习惯确定。"在交易行为当地或者某一领域、某一行业通常采用并为交易对方订立合同时所知道或者应当知道的做法，可以认定为《民法典》所称的"交易习惯"。本题中，旅游地当地盛行"赌石"活动，且约定购买者购买原石后自行剖切，损益自负，很显然商家必然知道这一约定，应属于当地的"交易习惯"。本题中关于买卖标的物的质量可通过交易习惯确定，无须诉诸于公平原则。

[例2]（2013-3-51）甲以20万元从乙公司购得某小区地下停车位。乙公司经规划部门批准在该小区以200万元建设观光电梯。该梯入梯口占用了甲的停车位，乙公司同意为甲置换更好的车位。甲要求拆除电梯，是滥用权利行为。甲车位使用权固然应予保护，但置换车位更能兼顾个人利益与整体利益。《民法典》第132条规定"民事主体不得滥用民事权利损害国家利益、社会公共利益或者他人合法权益。"这是《民法典》关于禁止权利滥用的规定。禁止权利滥用是民事权利行使的规则，不是民法的基本原则，可以直接适用。

三、民法的法源

处理民事纠纷，应当依照法律；法律没有规定的，可以适用习惯，但是不得违背公序良俗。（《民法典》第10条）

在一定地域、行业范围内长期为一般人从事民事活动时普遍遵守的民间习俗、惯常做法等，可以认定为民法典第10条规定的习惯。

当事人主张适用习惯的，应当就习惯及其具体内容提供相应证据；必要时，人民法院可以依职权查明。适用习惯，不得违背社会主义核心价值观，不得违背公序良俗。（《民法典总则编解释》第2条）

[例]据说，我国四川某地方有一个习惯，女人的丈夫去世后，该女不能再嫁，或者只能嫁给亡夫的哥哥或弟弟。该习惯违反公序良俗，且违反了婚姻自由原则，当然不能成为《民法典》第10条所规定的习惯。

第2讲

民事法律关系

一、民事法律事实

民事法律事实，是指依法能够引起民事法律关系**产生**、**变更**和**消灭**的客观现象。民事法律事实包括行为和自然事实。

[例1] 甲乙双方签订买卖"玛莎拉蒂总裁"汽车的合同，属于法律事实。合同生效后，买方甲享有请求卖方乙交付标的物玛莎拉蒂汽车的权利和承担支付汽车价款的义务；卖方乙相应享有请求买方甲支付价款的权利和承担向买方交付标的物玛莎拉蒂汽车的义务。

[例2] 法人的合并和分立这一法律事实，导致债的关系中的主体发生变更。甲公司吸收合并乙公司，乙公司所负担的债务由甲公司承担；乙公司所享有的权利，由甲公司享有。

[例3] 甲将自己所有的一颗"大白兔"糖果吃了，则所有权关系因此消灭；乙的债务被清偿，则债的关系因而消灭。

[例4] 杨某，自己拥有一辆"林肯NAVIGATOR"汽车。该汽车被郭某放火烧毁，则所有权关系消灭，同时原所有权人杨某和侵害人郭某之间产生债的关系(侵权之债)。

(一) 行为

行为包括民事法律行为、准民事法律行为及事实行为。

民事法律行为是民事主体通过意思表示设立、变更、终止民事法律关系的行为。因为行为人有预期的效果意思，所以该行为能使得当事人意欲达到的民事法律关系产生、变更和终止。

准民事法律行为是指行为人以法律规定的条件业已满足为前提，将一定的内心意思表示于外，从而引起一定法律效果的行为。准民事法律行为包括：意思通知、观念通知和感情表示。

事实行为是行为人主观不一定具有发生、变更或消灭民事法律关系的意思，但客观上能够某种后果的行为。主要的事实行为有创作作品的行为、建造等行为。

(二) 自然事实

自然事实，又称为非行为事实，是指与人的意志无关，能够引起民事法律关系发生、变更和消灭的客观现象。自然事实又可分为事件和状态。

事件，是指某种客观现象的发生。例如，人的出生、死亡，发生自然灾害等。

状态，是指某种客观现象持续，如人的下落不明、对物继续占有、权利继续不行使等。

民事法律事实	行为	民事法律行为（表意行为）	有效的民事法律行为
			效力未定的民事法律行为
			可撤销的民事法律行为
			无效的民事法律行为
		准民事法律行为	意思通知：催告等； 观念通知：债权让与通知、承诺迟到通知等； 感情表示：宽恕行为等。
		事实行为（非表意行为）	无因管理、正当防卫、紧急避险、先占、建造、创作、拾得遗失物、侵权行为、违约行为、缔约过失行为。
	自然事实	**事件：** 人的出生、死亡，发生自然灾害、不当得利等。	
		状态： 人的下落不明、对物继续占有、权利继续不行使等。	

[例] 杨某，人称烁哥，平生慷慨大方，颇有豪侠之风。烁哥刚到深圳新购买了一台华为M60手机，将原有的一台Iphone6手机抛弃于垃圾桶。甲，10岁，恰好拾得该iPhone6手机，将手机以3600元的价格出卖给邻居乙，并交付。乙的儿子丙是社会一混混，见到后将该手机抢走，并虐待其父亲乙，情节特别严重。在乙临死之前，丙悔悟，多番悔改照顾父亲，且在父亲面前痛哭流涕，求父亲原谅。乙也释然，感觉自己儿子丙会痛改前非，原谅了儿子，随后去世。

（1）烁哥抛弃iPhone6手机后，手机成为无主物。甲先占，取得所有权。先占无主物是事实行为，不要求行为人甲有行为能力。

（2）甲将手机出卖给乙，属于民事法律行为。因为甲有将手机出卖给乙的意思表示，乙有购买该手机的意思表示，民事法律行为以意思表示为核心要素。当然，因甲是限制民事行为能力人，该民事法律行为效力未定，须其法定代理人追认。

（3）丙是乙的儿子，本可以继承乙的遗产。《民法典》第1125条第1款规定："继承人有下列行为之一的，丧失继承权：（1）故意杀害被继承人；（2）为争夺遗产而杀害其他继承人；（3）遗弃被继承人，或者虐待被继承人情节严重；（4）伪造、篡改、隐匿或者销毁遗嘱，情节严重；（5）以欺诈、胁迫手段迫使或者妨碍被继承人设立、变更或者撤回遗嘱，情节严重。"但是第2款又规定："继承人有前款第三项至第五项行为，确有悔改表现，被继承人表示宽恕或者事后在遗嘱中将其列为继承人的，该继承人不丧失继承权。"继承人丙确有悔改表现，且被继承人乙表示宽恕原谅了丙，因此法律效果是丙不丧失继承权。乙的宽恕行为，是感情表示，法律后果是由法律规定，而不是由当事人决定的。请区分：民事法律行为的法律后果是由当事人的意思决定的，如上述的手机买卖行为。

三种行为比较			
民事法律行为	有意思表示	法律效果根据当事人意思表示发生	要求行为人有行为能力
准民事法律行为	内心意思表示于外	法律效果根据法律规定而发生	准用行为能力制度
事实行为	无意思表示	法律效果根据法律规定而发生	不要求行为人有行为能力

二、不属于民事法律事实的情形★★

（一）好意施惠

1. 好意施惠关系指当事人之间无意设定法律上的权利义务关系，而由当事人一方基于良好的道德风尚实施的使另一方受恩惠的关系。其旨在增进情谊。好意施惠关系常考之类型主要有：（1）搭乘便车；（2）乘客叫醒另一乘客到站下车；（3）顺路代为投递信件（或者替人购买物品）；（4）约定请人吃饭；（5）相约参加宴会、舞会、旅游、看电影；（6）为人指路等。

2. 好意施惠关系之法律效果：不产生合同关系，因此不会产生违约责任或者缔约过失责任，但如果符合侵权责任的构成要件，仍能产生侵权责任。

3. 无偿搭乘。非营运机动车发生交通事故造成无偿搭乘人损害，属于该机动车一方责任的，应当减轻其赔偿责任，但是机动车使用人有故意或者重大过失的除外。（《民法典》第1217条）

[例1] 甲购买了一套新房屋，单独邀请朋友乙到家中吃饭，乙爽快答应并表示一定赴约。甲为此精心准备，开车到菜市场购买了肉、菜，并特意到超市买了一瓶茅台酒。甲久不下厨，还因炒菜被热油烫伤。但当日乙因其他应酬而未赴约，也未及时告知甲，致使甲准备的饭菜浪费。

（1）甲能否要求乙承担违约责任？当然不行。这属于好意施惠，不产生合同关系。

（2）甲能否请求乙承担侵权责任？也不行，因为乙没有侵权行为。

（3）但是，若甲请乙吃饭，并故意劝酒，导致乙肝脏破裂，符合侵权责任的构成要件，则乙可以请求甲承担侵权责任。

[例2]（2016-3-1）丙对女友书面承诺："如我在上海找到工作，则陪你去欧洲旅游。"属于好意施惠；

[例3]（2013-3-1）张某驾车违章发生交通事故致搭车的李某残疾，尽管李某搭车的行为与张某之间并没有形成民法上的合同关系，属于好意施惠，但是，张某在李某搭车后，应尽到正常人之注意，否则对李某造成的损害就存在过错，应当承担侵权责任，构成侵权法律关系。

何某心情不好邀好友郑某喝酒，郑某畅饮后驾车撞树致死。尽管何某没有强行劝酒的行为，但在郑某畅饮后，没有尽到照顾饮酒者的义务，依然让其驾车，因此存在一定的过错，应当承担与其过错相应的责任。

[例4]（2010-3-1）甲应允乙同看演出，但迟到半小时。属于好意施惠。

甲对乙承诺，如乙比赛夺冠，乙出国旅游时甲将陪同，后乙果然夺冠，甲失约。属于好意施惠。

真题演练

1. 乙无偿搭乘甲的车上班，与一辆车发生事故，乙受伤。据调查甲开车时玩手机造成事故负全责。下面说法正确的是：（2021-回忆版）①

A. 甲可以主张减轻责任

B. 甲对乙承担责任的归责原则是无过错责任

C. 甲对乙承担责任的归责原则是过错责任

D. 甲属于好意施惠，不需要承担责任

考点 好意施惠、侵权责任

（二）婚约

婚约不是民事法律事实，不具有法律效力，婚约不是合同，不是民事法律事实。与婚约有关的问题是彩礼。"支付彩礼"性质是**以结婚为目的**之赠与合同，自然是民事法律事实。《民法典婚姻家庭编解释（一）》以及《彩礼纠纷规定》对彩礼的认定及返还作出了具体的新规定。

1. 彩礼的认定

（1）法院在审理涉彩礼纠纷案件中，可以根据一方给付财物的**目的**，综合考虑双方当地**习俗**、**给付的时间和方式**、**财物价值**、**给付人及接收人**等事实，认定彩礼范围。

（2）下列情形给付的财物，不属于彩礼：

①一方在节日、生日等有特殊纪念意义时点给付的**价值不大**的**礼物、礼金**；

②一方为表达或者增进感情的**日常消费性支出**；

③其他**价值不大**的财物。

2. 彩礼的返还

（1）支付彩礼，原则上不能请求返还，但是有以下三种情形之一，可以请求返还彩礼：

①双方未办理结婚登记手续；

②双方办理结婚登记手续但确未共同生活（应当以双方离婚为条件）；

③婚前给付并导致给付人生活困难（应当以双方离婚为条件）。

3. 比例返还（《彩礼纠纷规定》第5、6条）

（1）双方登记结婚且共同生活

双方**已办理结婚登记**且**共同生活**，离婚时一般不能请求返还彩礼。但是，如果**共同生活时间较短**且彩礼**数额过高**的，法院可以根据彩礼**实际使用**及嫁妆情况，综合考虑彩礼数额、共同生活及孕育情况、双方过错等事实，结合当地习俗，确定**是否返还**以及返还的**具体比例**。

法院认定彩礼数额是否过高，应当综合考虑彩礼给付方所在地居民人均可支配收入、给付方家庭经济情况以及当地习俗等因素。

（2）双方未登记结婚但已共同生活

双方**未办理结婚登记**但**已共同生活**，一方请求返还按照习俗给付的彩礼的，法院应当

---

① 答案：C。【解析】《民法典》第1217条规定："非营运机动车发生交通事故造成无偿搭乘人损害，属于该机动车一方责任的，应当减轻其赔偿责任，但是机动车使用人有故意或者重大过失的除外。"车内人损害，归责原则是过错责任，C正确，B、D错误。甲开车时玩手机造成事故，有重大过失，不能主张减轻责任，A错误。

根据彩礼实际使用及嫁妆情况，综合考虑共同生活及孕育情况、双方过错等事实，结合当地习俗，确定**是否返还**以及返还的**具体比例**。

（3）禁止借婚姻索取财物（《彩礼纠纷规定》第2条）

一方以彩礼为名借婚姻索取财物，另一方要求返还的，人民法院应予支持。

（4）诉讼当事人（《彩礼纠纷规定》第4条）

①婚约财产纠纷案件。婚约财产纠纷中，婚约一方及其实际给付彩礼的父母可以作为共同原告；婚约另一方及其实际接收彩礼的父母可以作为共同被告。

②离婚纠纷案件。离婚纠纷中，一方提出返还彩礼诉讼请求的，当事人仍为夫妻双方。

真题演练

1. 刘男按当地习俗向戴女支付了结婚彩礼现金10万元及金银首饰数件，婚后不久刘男即主张离婚并要求返还彩礼。关于该彩礼的返还，下列哪一选项是正确的？（2017-3-18单）①

A．因双方已办理结婚登记，故不能主张返还

B．刘男主张彩礼返还，不以双方离婚为条件

C．已办理结婚登记，未共同生活的，可主张返还

D．已办理结婚登记，并已共同生活的，仍可主张返还

考点 彩礼返还

（三）民法之外的空间

起床、刷牙、散步；友情关系、师生关系、爱情关系等，属于法外空间，不属于民事法律事实，不能引起民事法律关系的产生、变更或消灭。预言不是民事法律事实，婚姻中的忠诚协议关于财产方面的约定不违背公序良俗，有效，属于民事法律事实。

[例1]（2010-3-1）预言：甲听说某公司股票可能大涨，便告诉乙，乙信以为真大量购进，事后该支股票大跌。预言不具有法律意义，不属于民事法律事实，乙无权要求甲赔偿损失。

[例2]（2010-3-1）甲与其妻乙约定，如因甲出轨导致离婚，甲应补偿乙50万元，后二人果然因此离婚。乙有权要求甲依约赔偿。

（四）戏谑行为(缺乏真意)

戏谑行为，就是戏言，是指表意人基于游戏目的而做出表示，并预期他人可以认识其表示欠缺诚意。不属于民事法律事实，不能引起民事法律关系的产生、变更或消灭。构成要件：

1. 行为人的目的意思能够为受领人识破；

---

① 答案：C。【解析】考点：彩礼返还。《婚姻家庭编解释（一）》第5条规定："当事人请求返还按照习俗给付的彩礼的，如果查明属于以下情形，人民法院应当予以支持：（一）双方未办理结婚登记手续；（二）双方办理结婚登记手续但确未共同生活；（三）婚前给付并导致给付人生活困难。适用前款第二项、第三项的规定，应当以双方离婚为条件。"已办理结婚登记，未共同生活的，可主张返还彩礼，故C选项正确，D选项错误。双方已经办理登记，但也有可能须返还彩礼，故A选项错误。刘男主张彩礼返还，应以双方离婚为条件，B选项错误。

（有正当的理由期待对方正确理解自己的意思，明了自己内心的真意）；

2. 行为人的行为不具有效果意思；

3. 行为人的表示行为并不反映其真意。

[例] 甲，天地间一茶痴，辛苦赚钱，花了10万，购买两片"88青饼"普洱茶，爱不释手；第二天甲之朋友乙到甲家做客，甲取出此茶与乙一同欣赏（乙亦颇知甲爱茶并赚钱买此茶之艰辛）。乙对该茶赞不绝口，甲于是对乙说："送给你吧！"，乙立马回道："兄弟，谢了！"

（1）甲的意思表示属于戏谑行为；

（2）无论乙是否对甲的话信以为真，甲的意思表示（赠与的要约）都是无效的，甲、乙间未成立赠与合同。

模考演练

1. 2006年4月1日，素有"陶王"之称的大连人邢某，在央视《乡约》展示了他的五层吊球陶艺作品，称该作品至今仍为"世界之谜"，并说："如有人能仿制出来，我这个楼（指位于大连市联合路73号的艺术中心）都给他了，3层2000平方米，包括里面的资产都给他……"洛阳陶艺爱好者孙某经过一年的摸索，仿制出"五层吊球陶器"。孙某将作品让邢某看，但邢某未回应，2007年6月8日，孙某委托律师向洛阳市涧西区人民法院提交了民事起诉状，请求法院判决确认自己和邢某关于"五层吊球陶器制作悬赏广告合同"成立并生效。下列表述正确的是：①

A. 邢某的许诺是要约

B. 邢某的许诺是构成悬赏广告，须履行承诺

C. 邢某的许诺是戏谑行为

D. 邢某的许诺是要约邀请

考点 戏谑行为

三、民事法律关系的要素

民事法律关系是由民法规范调整的、以权利义务为内容的社会关系，它包括人身关系和财产关系。生活事实层面的社会关系经由民法规范调整后，被赋予权利义务内容，就此转化为法律关系。

（一）民事法律关系的主体

民事法律关系的主体，简称民事主体，是指民事法律关系中享受权利、承担义务的参与者当事人。民事主体主要包括：自然人、法人、非法人组织。国家有时也直接参与民事活动，但基于民事主体的平等性，国家出现在民事活动中时其身份只是公法人。

[例] 2002年11月7日，某国土局在当地报纸上刊登了《挂牌出让公告》，主要内容：

---

① 【答案】C。【解析】考点：戏谑行为、悬赏广告。邢良坤的行为，是一种开玩笑、说大话行为，不属于要约，不构成悬赏广告。"如有人能仿制出来，我这个楼（指位于大连市联合路73号的艺术中心）都给他了，3层2000平方米，包括里面的资产都给他……"可见，当事人根本没有真实的意思表示，也能够使得受领人明白其内心真意，故属于戏谑行为，无效。所以C选项正确。要约须有订立合同的意图，悬赏广告须有真实的意思表示，要约邀请须有邀请他人向自己发出要约，均不准确，所以A选项、B选项、D选项错误。

国土局定于 2002 年 11 月 21 日 8 时到同年 12 月 4 日 15 时,在县地产交易窗口挂牌出让下列一宗国有土地使用权;该地块挂牌起拍价为 4300 万元,成交地价在成交后付 40%,余额在合同中约定付清;参加竞买者在报名时须交纳保证金 2000 万元等。

2002 年 11 月 20 日,国土局收到 A 公司的"挂牌出让竞买申请书"。同日,A 公司依约汇入 2000 万元,国土局出具了收据一份,确认收到该笔款项。次日,A 公司向国土局提供了"挂牌出让竞买报价单",报价为 5000 万元。

本案中国土局便是以民事主体参与民事活动,属于民事法律关系的主体。

(二)民事法律关系的客体

民事法律关系的客体与主体相对应,是指民事权利和民事义务所指向的对象。民事法律关系的客体主要有五类,即物、行为、智力成果、人身利益和权利。其中,物权法律关系的客体主要是物,例如所有权、用益物权法律关系的客体一般仅限于物;担保物权法律关系的客体一般也是物,但不限于物,还包括权利,如权利质押等;债权法律关系的客体是给付行为,行为所指向的对象包括物和行为;人身权法律关系的客体是人身利益,如生命、肖像、名誉、隐私等;知识产权法律关系的客体是智力成果。

民事法律关系的客体	
物权法律关系的客体	物、权利
债权法律关系的客体	给付行为(作为、不作为)
人身权法律关系的客体	人身利益,如生命、肖像、名誉、隐私等
知识产权法律关系的客体	智力成果,如作品、发明、实用新型、外观设计、商标等

[例 1] 烁哥去 4S 店购买一辆"玛莎拉蒂总裁",价格 160 万元,与 4S 店签订汽车买卖合同。该买卖合同关系(债权关系之一)的客体是双方的给付行为,即烁哥支付价款的行为及 4S 店交付汽车并转移汽车所有权的行为。而玛莎拉蒂汽车并不是合同关系的客体,仅仅是合同的标的物,是给付行为指向的对象。给付行为,是债权法律关系的客体。

[例 2] 上例,4S 店交付玛莎拉蒂后,烁哥取得该车的所有权。此时所有权法律关系的客体就是物(玛莎拉蒂汽车)。

[例 3] 杨某,南方一茶人,常对人言:"中国之茶,胜于西方之咖啡,何故中国茶行业没有类似星巴克这样的大企业?悲乎!"为振兴中国茶业,杨某向银行借钱设立公司经营中国茶。银行要求杨某提供担保。杨某遂将自己对万科地产的股权向银行质押,借款 1000 万元,并登记。股权质押关系,是物权法律关系的一种,其客体是股权(权利)。因此,注意:物权法律关系的客体可以是物,也可以是权利。

[例 4] 周某,政治小说家,创作政治小说《人民的名义》。周某对《人民的名义》这部作品享有著作权。著作权法律关系的客体是"作品",是智力成果。

(三)民事法律关系的内容

民事法律关系的内容指民事主体之间基于客体所形成的具体联系,即民事权利和民事义务。

真题演练

1. 根据法律规定，下列哪一种社会关系应由民法调整？（2016-3-1 单）①
   A. 甲请求税务机关退还其多缴的个人所得税
   B. 乙手机丢失后发布寻物启事称："拾得者送还手机，本人当面酬谢"
   C. 丙对女友书面承诺："如我在上海找到工作，则陪你去欧洲旅游"
   D. 丁作为青年志愿者，定期去福利院做帮工

   考点 民事法律关系

第3讲

民事权利、义务及责任

民事权利，是指民事主体为实现某种利益而依法为某种行为或不为某种行为的自由。

一、民事权利的分类★★★

根据权利客体的不同	财产权	财产权是指以实现财产利益的自由为内容，直接体现某种物质利益的权利。 [例] 如物权、债权、知识产权中的财产权、股权、继承权等；数据、网络虚拟财产也受保护。
	非财产权	非财产权是与权利主体的人格、身份不可分割的、没有直接经济利益的权利。包括：人身及其他非财产权。 [例] 人身权包括：人格权（具体人格权、一般人格权）及身份权。其他非财产权，如自然人对其集合之个人信息所享有的支配、控制并排除他人侵害的权益。
根据权利的作用的不同	支配权	支配权是指可以对标的**物直接支配**并排除他人干涉的权利。 [例] 人身权、物权、知识产权。
	请求权	请求权是指**请求**他人为一定行为或不为一定行为的权利。 [例] 如债权。支配权受到侵害，产生请求权。

---

① 答案：B。【解析】考点1：平等主体之间的关系。《民法典》第2条规定："民法调整平等主体的自然人、法人和非法人组织之间的人身关系和财产关系。"甲和税务机关之间所为的退税行为中，税务机关并不是作为平等主体参与民事法律关系，其和甲之间不是平等主体之间的关系，而是一种行政法律关系，故A选项错误。考点2：悬赏广告。《民法典》第499条规定："悬赏人以公开方式声明对完成特定行为的人支付报酬的，完成该行为的人可以请求其支付。"乙发布寻物启事的行为是悬赏广告，性质上是单方允诺，属于民法调整范围，故B选项正确。考点3：好意施惠。好意施惠关系指当事人之间无意设定法律上的权利义务关系，而由当事人一方基于良好的道德风尚实施的使另一方受恩惠的关系，又称情谊行为。丙对于女友作出的承诺属于情谊行为，欠缺效果意思，故不由民法调整，所以C选项错误。考点4：志愿行为。丁作为志愿者，其和福利院之间在法律上没有互相帮助的义务，不涉及人身关系或财产关系，丁定期做帮工的行为属于《慈善法》等社会法的调整范围，不属于民法调整范围。如果帮工的过程中出现侵权行为，则侵权行为属于民法的调整范畴，但选项没有交代这一条件，故D选项错误。

续表

根据权利的作用的不同	抗辩权	1. 抗辩权是指**对抗**请求权的权利。 （1）永久的抗辩权：诉讼时效经过的抗辩权。 （2）一时的抗辩权：同时履行抗辩权、先履行抗辩、不安抗辩权、先诉抗辩权。 2. **否认**对方的权利，属于狭义的抗辩或否认权。 （1）权利障碍的抗辩，如合同无效、合同未生效等； （2）权利消灭的抗辩。 **区别：**诉讼中，狭义的抗辩，法院可依职权主动适用；抗辩权的须由当事人主张，法院不能依职权主动适用。
	形成权	形成权是指当事人一方**单方意思表示**可以以自己的行为使法律关系发生变动的权利。形成权行使不得附条件或期限，行使后不得撤销。 ［例］撤销权、解除权、追认权，选择之债中的选择权，抵销权等。
根据权利人可以对抗的义务人的范围为标准	绝对权	绝对权，又称对世权，是指义务人不确定，权利人无须通过义务人实施一定的积极协助行为即可实现的权利。 ［例］如物权、人身权等。
	相对权	相对权，又称对人权，是指权利人和义务人均为特定人，权利人必须通过义务人的积极实施或者不实施一定行为才能实现的权利。 ［例］债权。
根据权利的相互关系	主权利	主权利是指在相互关联着的两个民事权利中可以独立存在的权利。
	从权利	从权利则指以主权利的存在为其存在前提的权利。主权利移转或者消灭时，从权利也随之移转和消灭。 ［例］典型的从权利是担保物权。
根据民事权利的成立要件是否全部实现	既得权	既得权是指成立要件已经全部具备并被主体实际享有的权利。
	期待权	期待权是指成立要件尚未全部具备，将来有可能实现的权利。 ［例］在所有权保留的买卖合同中，买受人对其购买的物品在获得完全的所有权之前所享有的权利就是期待权。 附生效条件或附始期合同当事人对合同项下的权利属于期待权。

真题演练

1. 甲被乙家的狗咬伤，要求乙赔偿医药费，乙认为甲被狗咬与自己无关拒绝赔偿。下列哪一选项是正确的？（2009-3-1 单）[①]

A. 甲乙之间的赔偿关系属于民法所调整的人身关系

B. 甲请求乙赔偿的权利属于绝对权

[①] 答案：C。【解析】考点1：财产关系与人身关系。甲乙之间的赔偿关系是侵权损害赔偿关系，属于债权关系，当然是财产关系，而非人身关系，所以A选项错误。考点2：债的性质。侵权损害赔偿请求权属于债权，是相对权，而非绝对权，故B选项错误。债权请求权一般适用诉讼时效，故C选项正确。考点3：抗辩权与狭义的抗辩。（1）抗辩权是指对抗请求权的权利，其效果是暂时或者永久阻止请求权得以行使。行使抗辩权的前提是承认对方的权利，然后基于正当的理由而不履行对方的请求。（2）否认对方的权利，属于狭义的抗辩或否认权。乙拒绝赔偿是因为认为甲被狗咬伤与自己无关，根本不承认对方有权利，此为否认对方的权利，不是行使抗辩权，而是否认权，故D选项错误。

C. 甲请求乙赔偿的权利适用诉讼时效
D. 乙拒绝赔偿是行使抗辩权

考点 民事权利

二、民事权利的保护

民事权利的保护措施根据性质的不同可以分为私力救济和公力救济两种。

私力救济	指权利人自己采取各种合法手段来保护自己的权利不受侵犯。民事权利主体可以以法律许可的方式在法律允许的限度内保护自己的权利。 （1）自卫行为：正当防卫、紧急避险； （2）自助行为、救助行为等。如紧急救助行为，救助人免责。
公力救济	指民事权利受到侵害时，由国家机关给予保护。民事主体的民事权利受到侵犯时，民事主体的民事权利受到侵犯时，可以诉请人民法院或仲裁机关予以裁判，也可以依法请求有关的国家机关给予保护。 （1）**形成之诉**：请求分割共有财产、撤销合同关系、解除收养关系等形成的诉讼，主要针对的是形成权。 （2）**给付之诉**：请求履行合同、请求支付违约金、请求损害赔偿等，主要针对请求权。 （3）**确认之诉**：请求确认法律关系，如确认合同效力、请求确认亲子关系等身份关系等，一般请求确认物权、知识产权、人身权等绝对权。

三、民事义务

民事义务和民事权利相对应，是指义务人为满足权利人的利益而受到的为一定行为或不为一定行为的约束。民事义务与民事权利相对应，因此可以与民事权利的分类相对应。除此之外，民事义务还有独立的分类，按照不同的标准可做如下分类：

法定义务与约定义务	以民事义务的发生根据为标准分类： （1）法定义务是指民法规定的民事主体应负的义务。 （2）约定义务是由当事人协商约定的义务，约定的义务不得违反法律的强行性规定。
作为义务和不作为义务	根据民事义务主体行为的方式为标准分类： （1）作为义务是指义务人应当做出一定积极行为的义务，又称为积极义务。 （2）不作为义务是指义务人应为消极行为或者容忍他人的行为，又称为消极义务。

四、民事责任★★

民事责任，是指民事主体违反民事义务应当承担的民事法律后果。民事责任是法律责任的一种类型。法律责任是指实施违法行为或者违约行为而应承受的某种不利法律后果。

（一）民事责任的承担方式

按照《民法典》第179条的规定，承担民事责任的方式主要有：（1）停止侵害；（2）排除妨碍；（3）消除危险；（4）返还财产；（5）恢复原状；（6）修理、重作、更换；（7）继续履行；（8）赔偿损失；（9）支付违约金；（10）消除影响、恢复名誉；（11）赔礼道歉。法律规定惩罚性赔偿的，依照其规定。承担民事责任的方式，可以单独适用，也可以合并适用。

停止侵害	（1）概念。停止侵害是指被侵权人要求侵权人停止正在实施过程中的侵害行为。 （2）适用范围。该方式可以适用于权利遭受持续性侵害的场合，但是对于尚未发生或者已经停止的侵权行为，则不得适用。 （3）作用。停止侵害的作用在于及时制止侵害行为，防止损害后果的扩大。
排除妨碍	排除妨碍是指侵权人的侵害行为已经使被侵权人无法行使或者难以正常行使其权利的，被侵权人可以要求侵权人将妨碍权利实施的有关障碍予以排除。
消除危险	消除危险是指侵权行为虽然尚未对他人的权利造成实际损害，也没有产生现实的持续侵害或妨碍，但是却存在造成他人权利受损害或受妨害的现实危险，被侵权人有权要求侵权人消除此危险。
返还财产	（1）返还财产，既包括物权法上的返还财产，也包括债权法上的返还财产。 （2）返还财产的前提是该财产还存在，如果原物已经灭失，则权利人只能要求赔偿损失。
修理、重作、更换、恢复原状	（1）概念。在被侵权人的财产遭受侵权人侵害后，可以通过修理、重作、更换等方式使受损的财产恢复到被损坏前的状况。 （2）适用条件。采用恢复原状的方式必须符合一定条件： 一是受到损坏的财产仍然存在且恢复原状有可能； 二是恢复原状有必要，即受害人认为恢复原状是必要的且具有经济上的合理性。
赔偿损失	赔偿损失是指侵权人因侵权行为造成他人损害的，应向被侵权人支付一定数额的金钱或给付同样的物来弥补被侵权人所遭受的损害。包括人身损害赔偿、财产损害赔偿和精神损害赔偿。
赔礼道歉	（1）概念。赔礼道歉是指侵权人以口头形式或书面形式向被侵权人公开认错、表达歉意。 （2）适用范围。赔礼道歉仅适用于那些给被侵权人造成精神损害的侵权行为，如侵害名誉权、肖像权、隐私权等人格权，或者侵害死者的肖像、隐私、名誉等人格利益，又或者侵害著作权等一些包含明显精神利益的权利。 （3）强制执行。赔礼道歉应由侵权人主动履行，如其拒不履行的，则法院可以把判决书的内容在媒体上予以公开，强制执行赔礼道歉，并且由此支出的费用，应由侵权人承担。
消除影响、恢复名誉	（1）消除影响是指侵权人在其给被侵权人的人格权利造成不良影响的范围之内，消除此不利后果。 （2）恢复名誉是指侵权人使被侵权人的名誉权恢复到未曾遭受侵权人的侵权行为损害时的状态。

[例1]（2009案例）甲未经出租人乙同意，擅自让丁公司派工人对别墅进行了较大装修，已经对出租人构成了侵权行为。依照《民法典》第715条第2款的规定，承租人甲未经出租人乙同意，对租赁物进行改善或者增设他物的，出租人乙可以要求承租人甲**恢复原状**或者赔偿损失。

[例2]（2014-3-58）作为门面房的违章建筑被推倒，不能采取恢复原状的保护方式。

（二）民事责任的特征

1.民事责任是民事主体一方对他方承担的责任。

2.民事责任主要是为了补偿权利人所受损失和恢复民事权利的圆满状态。民事责任侧重于补偿，一般不具有惩罚性。

3.民事责任既有过错责任又有无过错责任。有些民事责任的构成以民事主体有过错为要件，有些民事责任的构成不以民事主体有过错为要件。

4.民事责任的内容可以由民事主体在法律允许的范围内协商。

（三）民事责任的分类

民事责任按照不同的标准可做如下分类：

财产责任和非财产责任	（1）财产责任，指以一定的财产为内容的责任。 （2）非财产责任，指不具有财产内容的责任。
违约责任、侵权责任和其他责任	（1）违约责任，指因违反合同义务而产生的责任。 （2）侵权责任，指因侵害他人的财产权益或者人身权益而产生的责任。 （3）其他民事责任，指违约责任与侵权责任之外的民事责任，主要包括基于不当得利和无因管理产生的责任等。 区分的意义：责任的构成要件和责任方式有所不同。
无限责任和有限责任	（1）无限责任，是指责任主体以自己的全部财产承担责任。 （2）有限责任，是指责任主体以其有限的财产承担责任。
单独责任和共同责任	（1）单独责任，是指由一个民事主体独立承担责任。 （2）共同责任，是指两个以上的民事主体共同承担的责任。根据各责任主体的共同关系，还可将共同责任分为按份责任、连带责任和补充责任。 **按份责任：** 二人以上依法承担按份责任的，能够确定责任大小的，各自承担相应的责任；难以确定责任大小的，平均承担责任。 **连带责任：** 二人以上依法承担连带责任的，权利人有权请求部分或者全部连带责任人承担责任。连带责任人的责任份额根据各自责任大小确定；难以确定责任大小的，平均承担责任。实际承担责任超过自己责任份额的连带责任人，有权向其他连带责任人追偿。连带责任，由法律规定或者当事人约定。 **补充责任：** 补充责任是指在责任人的财产不足以承担起应负责任时，由有关的人对不足部分予以补充的责任。

[例1]【按份责任】甲、乙、丙分别对丁实施侵害，法院依法判决甲、乙、丙承担按份责任，甲承担10万元，乙承担20万元，丙承担30万元。

（1）丁只能分别请求甲赔偿10万元，乙赔偿20万元，丙赔偿30万元。

（2）甲赔偿10万元后，甲对丁的债务清偿。丁不能请求任何一人承担超过规定的份额。

（3）甲承担10万元的责任后，也不能向其他人追偿，按份责任没有内部的追偿关系。

[例2]【连带责任】甲、乙、丙共谋对丁实施侵害，造成损失60万元。法院依法判决甲、乙、丙承担连带责任。

（1）丁有权向任何一人或者数人请求赔偿60万元的全部或部分。

（2）丁获得60万元的赔偿后，丁的债权消灭。

（3）甲、乙、丙有内部份额的分担问题。内部份额，有约定按约定，没有约定的，按照过错程度和原因力大小确定;还是不能确定的,推定份额均等。

(4)若其中一人承担的责任超出自己的应承担的份额,就超出自己份额的部分,有权按照内部份额比例向其他连带责任人追偿。连带责任,对外承担连带责任,对内按份且可追偿。

[例3]【补充责任】杨某,与香港商人李某谈妥了一笔大生意,李某要求支付10万元现金作为定金。因此杨某到银行柜台取钱,钱刚取出在营业大厅被一强悍女子抢走。银行值班之保安不理不睬,没有采取任何措施。

(1)杨某的损失,由侵权人强悍女子赔偿。

(2)如果强悍女子不能赔偿或下落不明,根据《民法典》第1198条第2款,银行未尽到安全保障义务,应当承担相应的补充责任。

(3)补充责任具有顺序性。先由第一顺位的责任人承担责任,仅在第一顺位的责任人无力赔偿时,才有第二顺位的责任人补充承担责任。

【易错考点提示】

有限责任、无限责任是出资人的责任。公司的股东、合伙企业的合伙人等都属于出资人。	
1	有限责任:当企业财产不足以清偿企业债务时,如果出资人依法无须继续清偿债务,则出资人对企业债务承担有限责任。
2	无限责任:当企业财产不足以清偿企业债务时,如果出资人依法须继续清偿债务,则出资人对企业债务承担无限责任。

第2章 民事主体

第4讲 自然人

一、民事权利能力 ★★★

民事权利能力指民事主体依法享有民事权利和承担民事义务的资格。自然人从出生时起到死亡时止，具有民事权利能力，依法享有民事权利，承担民事义务。（《民法典》第13条）

出生（民事权利能力开始）	出生（死亡）时间的认定：（《民法典》第15条） 其他有力证据＞出生（死亡）证明＞户籍登记或者其他有效身份登记记载的时间
胎儿（《民法典》第16条）	涉及遗产继承、接受赠与等胎儿利益的保护，胎儿视为具有民事权利能力。但是胎儿娩出时为死体的，其民事权利能力自始不存在。 （1）涉及遗产继承、接受赠与等胎儿利益保护，父母在胎儿娩出前有权作为法定代理人主张相应权利。（《民法典总则编解释》第4条） （2）**遗腹子的继承问题：**① ①胎儿的父亲死亡，分割遗产时，胎儿作为第一顺序法定继承人继承遗产。应当为胎儿保留的遗产份额没有保留的，应从继承人所继承的遗产中扣回。 ②胎儿出生后死亡的，由胎儿的继承人继承；如胎儿娩出时是死体的，由被继承人（胎儿的父亲）的继承人继承。
死亡（民事权利能力终止）	民法上的死亡，包括自然死亡和宣告死亡。这两种方式无论是哪一种，只要死亡的事实存在，都会导致民事权利能力的消灭。 **推定死亡一：** 相互有继承关系的数人在同一事件中死亡，难以确定死亡时间的：（《民法典》第1121条第2款） （1）推定没有其他继承人的人先死亡。 （2）都有其他继承人，辈份不同的，推定长辈先死亡； （3）辈份相同，推定同时死亡，相互不发生继承。 **推定死亡二：** 受益人与被保险人在同一事件中死亡，且不能确定死亡先后顺序的，推定受益人死亡在先。（《保险法》第42条第2款）

---

① 《民法典》第1155条规定："遗产分割时，应当保留胎儿的继承份额。胎儿娩出时是死体的，保留的份额按照法定继承办理。"

[例1] 甲，河北一凤凰男；乙，北京一孔雀女。两人结婚，并生有5岁之女丙。适逢国家放开二孩政策，甲、乙响应国家号召，乙又怀有身孕。11月11日上午，乙住进北京某医院妇产科，并于当天下午5时30分生产男婴丁。男婴丁先天残疾，于6时10分在医院保温箱内死亡。甲在河北老家闻悉其妻入院，马上驱车偕其女儿丙赶回北京，不幸发生车祸，丙负伤成为植物人，甲则于11月11日下午6时3分死亡。甲是一宠物保护主义者，立有遗嘱，将其遗产的三分之一遗赠给他的爱犬"小强"，由戊动物爱心基金会照顾。

（1）倘若丁并未死亡，也无后面悲剧的发生，丁的户籍登记的出生时间是11月12日，而医院出具的出生证明是11月11日，请问丁的出生时间以哪个时间为准？根据《民法典》第15条，丁的出生时间以医院出具的出生证明11月11日为准。

（2）丁可否继承其父甲之遗产？可以。甲于11月11日下午6时3分死亡，继承开始。丁于下午5时30分出生，出生时为活体，具有民事权利能力，享有继承权。且丁于11月11日下午6时10分死亡，后于其父亲死亡。

（3）甲的爱犬"小强"能否获得甲三分之一的遗赠？不可以。可以作为权利主体者是"人"，不及于动物。动物不具有权利能力。对动物遗赠，应属无效。可以对自然人或法人为遗赠，附以保护动物的义务，更可以捐助遗产成立保护动物基金会。

（4）甲的遗产应当如何继承？甲的遗产由其妻子乙、女儿丙、男婴丁平均继承。丁死亡后，其所分得的遗产由丁的继承人乙继承。

[例2] 甲，开辟鸿蒙一情种，甚爱其妻乙。一日，其妻乙问："老公，你究竟爱我有多深？"甲一听，问对了，把自己到保险公司投保的人寿保险保单从抽屉里取出，放到妻子乙面前，说："你问我爱你有多深，保单代表我的心。"乙一看，保单指定受益人是乙，保额2000万，感动流涕。

2年后，甲与妻子乙、10岁的儿子丙到黄山旅游，途中发生车祸，救援队赶到时，三人已经死亡，无法确定死亡先后顺序。甲，尚有哥哥丁在世，没其他亲人；乙，尚有妹妹戊一人在世，没有其他亲人。

（1）2000万的保险金，因为不能确定甲、乙的死亡先后顺序，按照《保险法》42条，应推定乙先死亡，甲后死亡。2000万保险金属于甲的遗产，由甲之哥哥丁继承。

（2）除了保险金，为确定甲、乙其他遗产的归属，按照《民法典》第1121条第2款，应推定没有继承人的丙先死亡，甲、乙同时死亡，相互不继承，甲的除了2000万保险金之外的遗产，由甲之哥哥丁继承；乙的全部遗产由其妹妹戊继承。

若甲为天地间一孝子，人寿保险的指定受益人为其哥哥丁，则上例中，2000万保险金由丁取得，不列入甲之遗产。

二、民事行为能力★★

（一）民事行为能力的类型

自然人的民事行为能力，指自然人能够独立实施一个有效民事法律行为的资格。

行为能力类型	行为效果
完全民事行为能力： （1）十八周岁以上自然人；（≧18） （2）十六周岁以上不满十八周岁，以自己的劳动收入为主要生活来源的（视为完全民事行为能力人）。**(16≦未成年人<18)**	不会因欠缺行为能力而被认为无效。
无民事行为能力： （1）不满八周岁的未成年人；**(未成年人<8)** （2）不能辨认自己行为的自然人。	（1）单独实施的民事法律行为，无效。 （2）法定代理人代理，有效。
限制民事行为能力： （1）八周岁以上不满十八周岁的未成年人；**(8≦未成年人<18)** （2）不能完全辨认自己行为的成年人。	（1）纯获利益的民事法律行为，有效； （2）与其年龄、智力（精神状况）相适应的民事法律行为，有效； （3）超越能力范围的合同行为，效力未定； （4）遗嘱行为，无效。

[例] 甲，9岁。文学天赋极高，写了小说《人在草木间》，并与某网站签订该小说的网络传播权转让合同。

（1）甲是限制民事行为能力人，可以取得该小说的著作权。因为创作行为是事实行为，不是法律行为，不要求甲具有完全民事行为能力。

（2）网络传播权转让合同效力未定，须甲的法定代理人追认。

（3）若甲接受赠与(纯获利益的法律行为)，有效；花零花钱购买文具(与其年龄、智力相适应的民事法律行为)，有效。

真题演练

1. 肖特有音乐天赋，16岁便不再上学，以演出收入为主要生活来源。肖特成长过程中，多有长辈馈赠：7岁时受赠口琴1个，9岁时受赠钢琴1架，15岁时受赠名贵小提琴1把。对肖特行为能力及其受赠行为效力的判断，根据《民法典》相关规定，下列哪一选项是正确的？（2017-3-2 单）[1]

A. 肖特尚不具备完全的民事行为能力

B. 受赠口琴的行为无效，应由其法定代理人代理实施

C. 受赠钢琴的行为无效，因与其当时的年龄智力不相当

---

[1] 答案：B。【解析】考点1：自然人民事行为能力。（1）视为完全民事行为能力人。《民法典》第18条2款规定："十六周岁以上的未成年人，以自己的劳动收入为主要生活来源的，视为完全民事行为能力人。"肖特有音乐天赋，16岁便不再上学，以演出收入为主要生活来源。故肖特被视为完全民事行为能力人，A选项错误。（2）无民事行为能力人。《民法典》第20条规定，不满八周岁的未成年人为无民事行为能力人，由其法定代理人代理实施民事法律行为。7岁的肖特，是无民事行为能力人。（3）《民法典》第19条规定："八周岁以上的未成年人为限制民事行为能力人，实施民事法律行为由其法定代理人代理或者经其法定代理人同意、追认，但是可以独立实施纯获利益的民事法律行为或者与其年龄、智力相适应的民事法律行为。"9岁的肖特，是限制民事行为能力人。考点2：民事法律行为的效力。《民法典》第144条规定："无民事行为能力人实施的民事法律行为无效。"肖特7岁时受赠口琴1个，肖特是无民事行为能力人，所以单独实施的受赠口琴的行为无效，B选项正确。肖特9岁时受赠钢琴1架，15岁时受赠名贵小提琴1把，属于"纯获利益的民事法律行为"，有效，所以C选项、D选项错误。

D. 受赠小提琴的行为无效，因与其当时的年龄智力不相当

考点 民事行为能力

（二）自然人欠缺行为能力的认定

《民法典》第24条规定："不能辨认或者不能完全辨认自己行为的成年人，其利害关系人或者有关组织，可以向人民法院申请认定该成年人为无民事行为能力人或者限制民事行为能力人。

被人民法院认定为无民事行为能力人或者限制民事行为能力人的，经本人、利害关系人或者有关组织申请，人民法院可以根据其智力、精神健康恢复的状况，认定该成年人恢复为限制民事行为能力人或者完全民事行为能力人。

本条规定的有关组织包括：居民委员会、村民委员会、学校、医疗机构、妇女联合会、残疾人联合会、依法设立的老年人组织、民政部门等。"

认定申请	申请人：**利害关系人或有关组织**	向人民法院申请	结果：认定该成年人为无民事行为能力人或者限制民事行为能力人
恢复申请	申请人：**本人、利害关系人或者有关组织**	向人民法院申请	结果：认定该成年人恢复为限制民事行为能力人或者完全民事行为能力人
有关组织： 居民委员会、村民委员会、学校、医疗机构、妇女联合会、残疾人联合会、依法设立的老年人组织、民政部门等。			

总结	
无民事行为能力人与胎儿	无民事行为能力人**单独**实施的民事法律行为无效； 胎儿的法定代理人**代理**胎儿实施的民事法律行为若无其他效力瑕疵，则有效。
纯获利益的民事法律行为	限制民事行为能力人可以单独实施纯获利益的民事法律行为及与其年龄、智力相适应的民事法律行为； 无民事行为能力人的任何民事法律行为，包括纯获利益的民事法律行为均须其监护人代理。
代理与追认	"**代理**"可以适用于限制民事行为能力人、无民事行为能力人，如父母作为法定代理人，可以代理限制民事行为能力人或无民事行为能力人实施民事法律行为； "**追认**"只能适用于限制民事行为能力人，而不能适用于无民事行为能力人，因为无民事行为能力人单独实施的民事法律行为无效，自然无所谓"**追认**"。
事实行为与民事法律行为	事实行为不要求行为人有民事行为能力； 民事法律行为的实施有行为能力要求。

三、监护★★★

监护是对未成年人和成年无民事行为能力人或者限制民事行为能力人设定专人保护其利益，监督其行为，并且管理其财产的法律制度。限制民事行为能力人和无民事行为能力人享有民事权利能力，但欠缺民事行为能力，不能自主参与民事活动。所以，为了实现民

事权利能力平等，就需要对民事行为能力欠缺实施救济。监护就是这样一种对民事行为能力欠缺者的救济制度，无民事行为能力人和限制民事行为能力人通过监护人得以间接参加民事法律活动。

（一）监护的种类

法定监护	**当然监护**：父母是未成年子女的监护人。（《民法典》第27条第1款）
	顺序监护：在无当然监护人，也无法通过遗嘱监护和协议监护确定监护时，按照法定顺序来确定监护人。 （1）未成年人的父母已经死亡或者没有监护能力的，由下列**有监护能力的人**按顺序担任监护人：（《民法典》第27条第2款） ①祖父母、外祖父母； ②兄、姐； ③其他愿意担任监护人的个人或者组织，但是须经未成年人住所地的居民委员会、村民委员会或者民政部门同意。 （2）无民事行为能力或者限制民事行为能力的成年人，由下列**有监护能力的人**按顺序担任监护人：（《民法典》第28条） ①配偶； ②父母、子女； ③其他近亲属； ④其他愿意担任监护人的个人或者组织，但是须经被监护人住所地的居民委员会、村民委员会或者民政部门同意。 人民法院认定自然人的监护能力，应当根据其年龄、身心健康状况、经济条件等因素确定；认定有关组织的监护能力，应当根据其资质、信用、财产状况等因素确定。（《民法典总则编解释》第6条）
协议监护	依法具有监护资格的人之间可以协议确定监护人。协议确定监护人应当尊重被监护人的真实意愿。 （1）未成年人的父母与其他依法具有监护资格的人订立协议，不能约定免除具有监护能力的父母的监护职责。协议可以约定在未成年人的父母丧失监护能力时由该具有监护资格的人担任监护人。（《民法典总则编解释》第8条第1款） （2）依法具有监护资格的人之间依据民法典第30条（协议监护）的规定，可以约定由民法典第27条第2款、第28条规定的不同顺序的**人共同担任监护人**，或者由**顺序在后的人担任监护人**。（《民法典总则编解释》第8条第2款）
遗嘱监护	被监护人的父母担任监护人的，可以通过遗嘱指定监护人。（以没有当然监护人为适用前提） （1）担任监护人的被监护人父母通过遗嘱指定监护人，遗嘱生效时被指定的人不同意担任监护人的，人民法院应当适用民法典第27条、第28条（法定顺序监护）的规定确定监护人。（《民法典总则编解释》第7条第1款） （2）未成年人由父母担任监护人，父母中的一方通过遗嘱指定监护人，另一方在遗嘱生效时有监护能力，有关当事人对监护人的确定有争议的，人民法院应当适用民法典第27条第1款（当然监护）的规定确定监护人。（《民法典总则编解释》第7条第2款）

续表

委托监护	**1. 一般委托监护** 监护人可以将监护职责委托给他人。监护人因患病、外出务工等原因在一定期限内不能完全履行监护职责，将全部或者部分监护职责委托给他人，当事人主张受托人因此成为监护人的，人民法院不予支持。(《民法典总则编解释》第13条) **2. 意定监护** 意定监护是指具有完全民事行为能力的成年人，可以与其近亲属、其他愿意担任监护人的个人或者组织事先协商，以书面形式确定自己的监护人，协商确定的监护人在该成年人丧失或者部分丧失民事行为能力时履行监护职责的监护。 （1）任意解除权（《民法典总则编解释》第11条第1款） ①具有完全民事行为能力的成年人与他人依据民法典第33条（意定监护）的规定订立书面协议事先确定自己的监护人后，协议的**任何一方**有权在该成年人**丧失或者部分丧失民事行为能力前**请求解除协议。 ②该成年人**丧失或者部分丧失民事行为能力后**，协议确定的监护人无正当理由不能请求解除协议。 （2）撤销监护人资格（《民法典总则编解释》第11条第2款） 该成年人丧失或者部分丧失民事行为能力后，协议确定的监护人有民法典第36条第1款规定的情形之一，该条第2款规定的有关个人、组织有权申请撤销其监护人资格。
指定监护	**（1）指定程序** 程序一：对顺序监护人的确定有争议的，由被监护人住所地的居民委员会、村民委员会或者民政部门指定监护人，有关当事人对指定不服的，可以向人民法院申请指定监护人； ①有关当事人不服居民委员会、村民委员会或者民政部门的指定，在接到指定通知之日起**30内**向人民法院申请指定监护人的，人民法院经审理认为指定并无不当，依法裁定驳回申请；认为指定不当，依法判决撤销指定并另行指定监护人。(《民法典总则编解释》第10条第1款) ②有关当事人在接到指定通知之日起**30后**提出申请的，人民法院应当按照变更监护关系处理。(《民法典总则编解释》第10条第2款) 程序二：有关当事人也可以直接向人民法院申请指定监护人。 **（2）临时监护人** 指定监护人前，被监护人的人身权利、财产权利以及其他合法权益处于无人保护状态的，由被监护人住所地的居民委员会、村民委员会、法律规定的有关组织或者民政部门担任临时监护人。 **（3）不得擅自变更监护人** 监护人被指定后，不得擅自变更；擅自变更的，不免除被指定的监护人的责任。
机关监护	没有依法具有监护资格的人的，监护人由民政部门担任，也可以由具备履行监护职责条件的被监护人住所地的居民委员会、村民委员会担任。

总结	
当然监护人	只有未成年人，才有当然的法定监护人，即父母； 成年人无当然的法定监护人，其监护人只能通过其他方式确定。
监护人确定的顺序	若是未成年人监护人的确定，首先考虑父母，父母不能担任监护人时，才考虑协议监护、遗嘱监护； 若是成年人监护人的确定，首先考虑协议监护、遗嘱监护。
遗嘱监护	父母未担任监护人，无权通过遗嘱为子女设立监护人；父母以外的人担任监护人，也无权通过遗嘱设立监护人。
监护人数量	监护人可以是数人。

（二）监护人的职责与法律责任

监护人职责	**（1）监护原则** ①最有利于被监护人原则。 ②尊重被监护人意愿原则。 **（2）监护人的职责** 代理被监护人实施民事法律行为，保护被监护人的人身权利、财产权利以及其他合法权益等。监护人依法履行监护职责产生的权利，受法律保护。监护人不履行监护职责或者侵害被监护人合法权益的，应当承担法律责任。 **（3）监护人应当按照最有利于被监护人的原则履行监护职责** 监护人除为维护被监护人利益外，不得处分被监护人的财产。 **（4）紧急照料** 因发生突发事件等紧急情况，监护人暂时无法履行监护职责，被监护人的生活处于无人照料状态的，被监护人住所地的居民委员会、村民委员会或者民政部门应当为被监护人安排必要的临时生活照料措施。（《民法》第34条第4款）【《民法典》新增】
监护人变更 （《民法典》 第1096条）	（1）监护人送养孤儿的，应当征得有抚养义务的人同意。 （2）有抚养义务的人不同意送养、监护人不愿意继续履行监护职责的，应当依照民法典总则编的规定另行确定监护人。
监护责任	**（1）无过错替代责任** ①有财产的无、限制民事行为能力人造成他人损害的，以自己财产承担责任； ②诉讼时已满十八周岁，并有经济能力的，应当承担民事责任； ③非上述①及②情形：监护人承担侵权责任；（无过错替代责任）；监护人尽到监护职责的，可以减轻其侵权责任。 **（2）委托监护的责任承担** 无民事行为能力人、限制民事行为能力人造成他人损害，监护人将监护职责委托给他人的，由监护人承担侵权责任；受托人有过错的，承担相应的责任。（《民法典》第1189条）【《民法典》修改】

［例］（2016-3-52）甲8周岁，多次在国际钢琴大赛中获奖，并获得大量奖金。甲的父母乙、丙为了甲的利益，考虑到甲的奖金存放银行增值有限，遂将奖金全部购买了股

票，但恰遇股市暴跌，甲的奖金损失过半。

（1）监护人除为维护被监护人利益外，不得处分被监护人的财产，所以乙、丙不能随意处分甲的财产。

（2）监护人不履行监护职责或者侵害被监护人合法权益的，应当承担法律责任，所以乙、丙应对投资股票给甲造成的损失承担责任。

（三）监护人资格的撤销及恢复

申请撤销监护人资格的主体	受理机构	理由	法律效果
有监护资格的人（包括居民委员会、村民委员会、学校、医疗机构、妇女联合会、残疾人联合会、未成年人保护组织、依法设立的老年人组织、民政部门等。）前述主体未及时申请的，民政部门**应当**向人民法院提出申请。	人民法院	有下列情形之一：（1）实施严重损害被监护人**身心健康的**行为；（2）**怠于**履行监护职责，或者**无法**履行监护职责且拒绝将监护职责部分或者全部委托给他人，导致被监护人处于**危困状态**；（3）实施**严重侵害**被监护人合法权益的其他行为。	（1）由人民法院撤销其监护人资格；（2）安排必要的临时监护措施；（3）根据最有利于被监护人的原则依法指定监护人；（4）依法负担被监护人抚养费、赡养费、扶养费的父母、子女、配偶等，继续履行负担的义务。

监护人资格恢复的条件：（《民法典》第38条）
（1）主体限制：被撤销监护人资格的**"父母或者子女"**
（2）行为要求：确有悔改表现
（3）程序要求：经其申请
（4）法律后果：人民法院可以在尊重被监护人真实意愿的前提下，视情况恢复其监护人资格，人民法院指定的监护人与被监护人的监护关系同时终止
（5）除外条件：对被监护人实施**故意犯罪**的不能恢复监护人资格

真题演练

1. 余某与其妻婚后不育，依法收养了孤儿小翠。不久后余某与妻子离婚，小翠由余某抚养。现余某身患重病，为自己和幼女小翠的未来担忧，欲作相应安排。下列哪些选项是正确的？（2017-3-51 多）[①]

A. 余某可通过遗嘱指定其父亲在其身故后担任小翠的监护人

[①] 答案：ABC。【解析】考点1：遗嘱监护。《民法典》第29条规定："被监护人的父母担任监护人的，可以通过遗嘱指定监护人。"此处的父母，包括养父母。余某是小翠的养父，且正在当任监护，可通过遗嘱指定其父亲在其身故后担任小翠的监护人，所以A选项正确。考点2：协议监护。《民法典》第30条规定："依法具有监护资格的人之间可以协议确定监护人。协议确定监护人应当尊重被监护人的真实意愿。"余某与其妻婚后依法收养了孤儿小翠，余某可与前妻协议确定由前妻担任小翠的监护人，B选项正确。但此项有一瑕疵：余某与其妻是小翠的当然监护人，并无协议确定监护人之必要。考点3：附条件的委托监护。《民法典》第33条规定："具有完全民事行为能力的成年人，可以与其近亲属、其他愿意担任监护人的个人或者组织事先协商，以书面形式确定自己的监护人。协商确定的监护人在该成年人丧失或者部分丧失民事行为能力时，履行监护职责。"余某可与其堂兄事先协商以书面形式确定堂兄为自己的监护人，所以C选项正确。考点4：当然监护。《民法典》第27条第1款规定："父母是未成年子女的监护人。"若余某病故，余某前妻作为养母，是小翠的当然监护人，故D选项错误。

B. 余某可与前妻协议确定由前妻担任小翠的监护人
C. 余某可与其堂兄事先协商以书面形式确定堂兄为自己的监护人
D. 如余某病故，应由余某父母担任小翠的监护人

考点 监护

四、宣告失踪

宣告失踪是自然人下落不明达到法定期，人民法院宣告为失踪人并为其设立财产代管人的法律制度。宣告失踪的主要法律意义，在于为失踪人设定财产代管人。而在未成年人或成年民事行为能力欠缺者，法律已为其设置了监护人制度，即使其失踪，监护人即可担负财产代管责任，无须再另设财产代管人。照此推理，宣告失踪，仅对有完全行为能力的成年人才有意义。

条件及申请人	（1）**宣告失踪的条件** 自然人下落不明满二年，利害关系人申请宣告其失踪的，向下落不明人住所地基层人民法院提出。 （2）**下落不明期间的起算** ①自然人下落不明的时间自其失去音讯之日起计算。 ②战争期间下落不明的，下落不明的时间自战争结束之日或者有关机关确定的下落不明之日起计算。 （3）**申请人为利害关系人** 主要包括：（《民法典总则编解释》第14条） ①被申请宣告失踪人的近亲属：配偶、父母、子女、兄弟姐妹、祖父母、外祖父母、孙子女、外孙子女； ②代位继承人； ③尽了主要赡养义务的丧偶儿媳、丧偶女婿； ④债权人、债务人、合伙人等与被申请人有民事权利义务关系的民事主体，但是不申请宣告失踪不影响其权利行使、义务履行的除外。
公告期	3个月
法律后果	（1）**财产代管人的确定**（《民法典》第42条） ①由失踪人的配偶、成年子女、父母或者其他愿意担任财产代管人的人代管； ②**代管有争议，没有前款规定的人**，或者**前款规定的人无代管能力的，**由人民法院指定的人代管。 （2）**财产代管人的职责与责任**（《民法典》第43条） ①职责：财产代管人应当妥善管理失踪人的财产，维护其财产权益。失踪人所欠税款、债务和应付的其他费用，由财产代管人从失踪人的财产中支付。 ②责任：财产代管人因**故意或者重大过失**造成失踪人财产损失的，应当承担赔偿责任。 （3）**财产代管人的变更**（《民法典》第44条） ①利害关系人申请变更：财产代管人不履行代管职责、侵害失踪人财产权益或者丧失代管能力的，失踪人的利害关系人可以向人民法院申请变更财产代管人。 ②财产代管人自己申请变更：财产代管人有正当理由的，可以向人民法院申请变更财产代管人。 ③法律后果：人民法院变更财产代管人的，变更后的财产代管人有权要求原财产代管人及时移交有关财产并报告财产代管情况。

续表

法律后果	**(4) 诉讼当事人** 失踪人的财产代管人向失踪人的债务人请求偿还债务的，人民法院应当将财产代管人列为原告。 债权人提起诉讼，请求失踪人的财产代管人支付失踪人所欠的债务和其他费用的，人民法院应当将财产代管人列为被告。经审理认为债权人的诉讼请求成立的，人民法院应当判决财产代管人从失踪人的财产中支付失踪人所欠的债务和其他费用。
撤销失踪宣告	(1) **条件**：失踪人重新出现 (2) **程序**：本人或者利害关系人申请 (3) **后果**：人民法院应当撤销失踪宣告，并有权请求财产代管人及时移交有关财产并报告财产代管情况。

五、宣告死亡★★★

宣告死亡是自然人下落不明达到法定期间，经利害关系人申请，由法院推定其死亡，宣告结束失踪人以生前住所地为中心的民事法律关系的制度。宣告死亡是生理死亡的对称，与生理死亡不同的是，宣告死亡是一种法律推定。

宣告死亡的程序	**(1) 下落不明达法定期间** ①一般情形下下落不明的，满4年；自然人在战争期间下落不明的，利害关系人申请宣告死亡的期间是4年，自**战争结束之日**或者**有关机关确定的下落不明之日**起计算。 ②因意外事故下落不明的，自下落不明之日起满2年。 ③因意外事故下落不明，经有关机关证明不可能生存的，无期间的限制，可以直接申请宣告死亡。 **(2) 利害关系人申请人**（《民法典总则编解释》第16条） ①被申请人的配偶、父母、子女； ②尽了主要赡养义务的丧偶儿媳、丧偶女婿； ③符合下列情形之一的，被申请人的**其他近亲属**，以及**代位继承人**： 其一，被申请人的配偶、父母、子女均已死亡或者下落不明的； 其二，不申请宣告死亡不能保护其相应合法权益的。 ④被申请人的债权人、债务人、合伙人等民事主体**不能**认定为民法典第46条规定的利害关系人，但是不申请宣告死亡不能保护其相应合法权益的除外。 **(3) 法院依法宣告** 公告期1年；因意外事故下落不明，并经有关机关证明不可能生存的，公告期为3个月。
宣告死亡的法律效果	**(1) 死亡时间认定**（《民法典》第48条） ①宣告死亡的判决作出之日视为其死亡的日期； ②因意外事件下落不明宣告死亡的，意外事件发生之日视为其死亡的日期。 **(2) 法律后果** ①继承开始，婚姻关系消除； ②自然人被宣告死亡但是并未死亡的，不影响该自然人在被宣告死亡期间实施的民事法律行为的效力。 ［例］有民事行为能力人在被宣告死亡期间实施的民事行为有效，错误。因为有民事行为能力人在被宣告死亡期间实施的民事行为可能有效，也可能无效、效力未定或可撤销。

续表

撤销死亡宣告的要件	（1）被宣告死亡的人重新出现； （2）本人或者利害关系人提出申请； （3）人民法院依法撤销死亡宣告。
死亡宣告被撤销的法律效果	（1）**婚姻关系上的后果** ①死亡宣告被撤销的，婚姻关系自撤销死亡宣告之日起自行恢复； ②例外：其配偶再婚或者向婚姻登记机关书面声明不愿意恢复的除外。 （2）**收养关系上的后果** 被宣告死亡的人在被宣告死亡期间，其子女被他人依法收养的，在死亡宣告被撤销后，不得以未经本人同意为由主张收养行为无效。 （3）**返还财产**（《民法典》第53条） ①被撤销死亡宣告的人有权请求依照民法第六编（继承编）取得其财产的民事主体返还财产。无法返还的，应当给予适当补偿。 ②利害关系人隐瞒真实情况，致使他人被宣告死亡取得其财产的，除应当返还财产外，还应当对由此造成的损失承担赔偿责任。
宣告失踪与宣告死亡的关系	（1）宣告失踪不是宣告死亡的必经程序，以申请人的申请为准； （2）对同一自然人，有的利害关系人申请宣告死亡，有的利害关系人申请宣告失踪，符合本法规定的宣告死亡条件的，人民法院应当宣告死亡。

	总结
宣告失踪的制度价值	解决财产问题，为自然人下落不明导致财产关系不稳定状态提供救济，通过设立财产代管人保管失踪人财产，处理债权债务关系，维护失踪人和利害关系人的利益，不涉及失踪人的人生关系。
宣告死亡的制度价值	解决财产及人身问题，维护生者的利益，包括配偶的再婚权、继承人的继承权、债权人的受偿权等。

[例1] 杨烁之弟，杨过，兄弟俩一文一武，羡煞乡邻。杨过之妻，小龙女在绝情谷旅游时失踪，从此再无音讯。杨过伤心欲绝，几欲自杀但最终未遂，一直与神雕为伴。郭芙，因丈夫耶律齐叛变身死，伤心欲绝，与杨过偶遇，两人同是天涯沦落人。后日久生情，杨过遂向法院申请宣告小龙女死亡，与郭芙双宿双飞，过着只羡鸳鸯不羡仙的生活。16年后，小龙女几经艰辛，终于从绝情谷底爬上来，三人相见，欲语泪先流。

（1）杨过已再婚，杨过与郭芙的婚姻关系受法律保护；

（2）若杨过亦天地间一情种，苦等姑姑小龙女16年尚未再婚，当年容颜绝世、清丽脱俗、美胜天仙的小龙女已经变成小笼包面孔，如何是好？婚姻关系自撤销死亡宣告之日起自行恢复，但杨过书面向婚姻登记机关声明不愿意恢复的除外。

（3）若婚后，郭芙因练外公黄药师之九阴真经走火入魔死亡，杨过与姑姑小龙女的夫妻关系并不自行恢复。

[例2]（2016-3-51）甲、乙为夫妻，长期感情不和。2010年5月1日甲乘火车去外地出差，在火车上失踪，没有发现其被害尸体，也没有发现其在何处下车。2016年6月5日法院依照法定程序宣告甲死亡。之后，乙向法院起诉要求铁路公司对甲的死亡进行赔偿。

（1）甲的继承人可以继承其财产；

（2）甲、乙婚姻关系消灭；

（3）2016年6月5日为甲的死亡日期。

真题演练

1. 甲出境经商下落不明，2015年9月经其妻乙请求被K县法院宣告死亡，其后乙未再婚，乙是甲唯一的继承人。2016年3月，乙将家里的一辆轿车赠送给了弟弟丙，交付并办理了过户登记。2016年10月，经商失败的甲返回K县，为还债将登记于自己名下的一套夫妻共有住房私自卖给知情的丁；同年12月，甲的死亡宣告被撤销。下列哪些选项是正确的？（2017-3-52 多）①

A. 甲、乙的婚姻关系自撤销死亡宣告之日起自行恢复

B. 乙有权赠与该轿车

C. 丙可不返还该轿车

D. 甲出卖房屋的行为无效

考点 宣告死亡

2. 袁某与祖某是夫妻，因家庭琐事发生争吵，袁某离家出走，自此杳无音讯。两年后祖某向法院申请宣告失踪。关于本案，下列说法正确的是：②（2022-回忆版）

A. 若袁某重新出现，袁某父母可向法院申请撤销失踪宣告

B. 被宣告失踪后，则袁某为无民事行为能力人

C. 袁某被宣告失踪后，祖某可继承袁某的财产

D. 若祖某欲再婚，须先诉请法院判决离婚

考点 宣告失踪

六、住所

《民法典》第25条规定，自然人以户籍登记或者其他有效身份登记记载的居所为住所；经常居所与住所不一致的，经常居所视为住所。

---

① 答案：ABC。【解析】考点1：撤销死亡宣告婚姻关系上的法律后果。《民法典》第51条规定："被宣告死亡的人的婚姻关系，自死亡宣告之日起消除。死亡宣告被撤销的，婚姻关系自撤销死亡宣告之日起自行恢复，但是其配偶再婚或者向婚姻登记机关书面声明不愿意恢复的除外。"乙因为没有再婚，也没有书面向婚姻登记机关书面声明不愿意恢复，所以甲、乙的婚姻关系自撤销死亡宣告之日起自行恢复，所以A选项正确。考点2：法定继承。甲被宣告死亡，乙是甲唯一的继承人，所以乙继承了甲的遗产，取得轿车的所有权，当然有权赠与轿车，B选项正确。考点3：撤销死亡宣告财产上的法律后果。《民法典》第53条第1款规定："被撤销死亡宣告的人有权请求依照本法第六编（继承编）取得其财产的民事主体返还财产；无法返还的，应当给予适当补偿。"2016年3月，乙将家里的一辆轿车赠送给了弟弟丙，交付并办理了过户登记。丙已经取得该车的所有权，所以丙可不返还轿车，因此C选项正确。考点4：民事法律行为的效力。《民法典》第49条规定："自然人被宣告死亡但是并未死亡的，不影响该自然人在被宣告死亡期间实施的民事法律行为的效力。"2016年10月，经商失败的甲返回K县，为还债将登记于自己名下的一套夫妻共有住房私自卖给知情的丁，当事人有相应的民事行为能力、意思表示真实，不违反法律、行政法的强制性效力性规定，所以有效，D选项错误。

② 【答案】AD。【解析】《民法典》第45条第1款规定："失踪人重新出现，经本人或者利害关系人申请，人民法院应当撤销失踪宣告。"袁某父母可以向法院申请撤销失踪宣告。A选项正确。被宣告失踪的人，不因此成为无行为能力人，B选项错误。宣告失踪解决财产问题，而不是身份问题，不会发生财产继承关系，C选项错误。宣告失踪后，袁某并未死亡，婚姻关系不会终止。配偶若想再婚，须先诉请法院离婚，D选项正确。

经常居所，指自然人离开住所地，最后连续居住1年以上的地方，但住院治病的除外。

[例] 张三户籍地在广州，欲到深圳工作，并将户籍从广州迁往深圳。户籍从广州迁出后，迟迟不能落户深圳，此时张三的住所是广州。

若张三户籍地在广州，在深圳工作3年后，生病到北京住院2年，此时张三的住所是深圳。

七、个体工商户及农村承包经营户

概念	（1）自然人从事工商业经营，经依法登记，为个体工商户。个体工商户可以起字号。 （2）农村集体经济组织的成员，依法取得农村土地承包经营权，从事家庭承包经营的，为农村承包经营户。
责任承担	（1）个体工商户的债务，个人经营的，以个人财产承担；家庭经营的，以家庭财产承担；无法区分的，以家庭财产承担。 （2）农村承包经营户的债务，以从事农村土地承包经营的农户财产承担；事实上由农户部分成员经营的，以该部分成员的财产承担。

模考演练

1. 女童小玲2004年10月出生于河南，父亲邵某徐州人，母亲王某为河南焦作一名残疾人。在小玲1岁多时，邵某独自带她回徐州市生活。平时，邵某打工赚的钱基本都是自己花销，酒后还经常殴打小玲。为了生存，小玲在邵某外出打工的时候，只好四处讨饭吃。令人发指的是，2013年，邵某竟然强奸、猥亵了当时不满十岁的亲生女儿。2014年6月该案案发，法院于2014年10月以强奸罪、猥亵儿童罪数罪并罚依法判处邵某有期徒刑十一年、剥夺政治权利一年。下列表述正确的是：①

A. 有关个人或组织可以申请撤销邵某的监护人资格
B. 邵某被撤销监护人资格后仍须负担小玲的抚养费
C. 若邵某将来确有悔改表现，经其申请可以恢复监护人资格
D. 若邵某被撤销监护人资格后，可以用遗嘱为小玲指定监护人

考点 监护资格的撤销

---

① 答案：AB。【解析】《民法典》第36条第1款，监护人有下列情形之一的，人民法院根据有关个人或者组织的申请，撤销其监护人资格，安排必要的临时监护措施，并按照最有利于被监护人的原则依法指定监护人：（一）实施严重损害被监护人身心健康的行为；（二）怠于履行监护职责，或者无法履行监护职责且拒绝将监护职责部分或者全部委托给他人，导致被监护人处于危困状态；（三）实施严重侵害被监护人合法权益的其他行为。所以A选项正确。《民法典》第37条，依法负担被监护人抚养费、赡养费、扶养费的父母、子女、配偶等，被人民法院撤销监护人资格后，应当继续履行负担的义务。故B选项正确。《民法典》第38条，被监护人的父母或者子女被人民法院撤销监护人资格后，除对被监护人实施故意犯罪的外，确有悔改表现的，经其申请，人民法院可以在尊重被监护人真实意愿的前提下，视情况恢复其监护人资格，人民法院指定的监护人与被监护人的监护关系同时终止。邵某对小玲实施故意犯罪，所以不能恢复监护人资格。C选项错误。《民法典》第29条，被监护人的父母担任监护人的，可以通过遗嘱指定监护人。邵某已经被撤销监护人资格，不可以通过遗嘱指定监护人，故D选项错误。

第5讲

法人及非法人组织

法人，是具有民事权利能力和民事行为能力，依法独立享有民事权利和承担民事义务的组织。

一、法人的特征

（一）法人是组织（团体）

法人区别于自然人的特点，就在于自然人是由个体充任民事主体，而法人由自然人及其财产的集合而组成的团体或说是社会组织，这个社会组织被法律确认为民事主体。

（二）法人有独立财产

法人的出资人一旦将财产所有权移转于法人，其享有的就只是股东权而不再是所有权，出资财产与出资人"脱钩"，使该部分财产成了法人的独立财产。法人能够独立享有民事权利能力和民事行为能力，就是依赖于其有独立财产。

（三）法人能独立承担民事责任

以法人名义所为的行为，其后果由法人承担，即使行为的作出者是作为法人成员的自然人，也由法人承担该行为的后果。易言之，法人的出资人仅负有限责任。

（四）法人能以自己名义参加民事法律关系

法人既为民事主体，任何自然人在代表法人从事民事活动时，其人格就被法人吸收，不再代表自己，其行为名义上属于法人，其效果自然也由法人承担。

二、法人分类★★

（一）公法人与私法人

按法人的设立行为及所依据的法律对法人的区分。公法人是依公法或者公权设立的法人。《民法总则》特别法人类型中的机关法人、基层群众性自治组织法人等，都是依公法设立的法人。私法人是以私法为依据设立的法人。如公司、合作社、社会团体、民办学校等。

	公法人	私法人
设立方式	依法律或者行政命令设立	依设立人意思设立
是否登记	无须登记	须登记
财产来源	根据财政预算拨款	设立人或捐赠人出资
是否营利	不得以营利为目的	营利或非营利

（二）社团法人与财团法人

社团法人，是指以人为基础而集合成立的法人，如公司为股东之集合，工会为会员之集合，均属社团法人。社团法人的成员统称社员，其享有的权利亦称社员权，如股东权就属社员权。财团法人，是指以财产为基础而集合成立的法人，财团法人的主要形式就是基金，故民法总则称之捐助法人。

	社团法人（人的集合）	财团法人（目的财产）
设立人地位	设立人或其成员的出资，属于取得社员权的合同行为，根据合同成为社员或股东。	设立人或出资人的出资，属于捐赠或遗赠，因此，法人成立或捐赠完成后，所赠财产即移转为法人所有，捐赠人或遗赠人并不获得社员权对价。
意思机关	社团法人由社员组成意思机关，属自律法人，其从事的活动在章程范围内，由意思机关决定。	财团法人参与民事活动，须以捐赠人的意思进行，所以，财团法人属于他律法人，没有自己的意思机关。如捐赠人捐赠的扶贫基金，只能用于扶贫，而不能移作他用。
财产来源	成员出资	社会捐赠
监督机关	社团法人，原则上不受外部监督。	财团法人因无意思机关，其执行机关是否按捐助人意思行事就需要有人监督。
目的事业不同	营利性或公益性	公益性
设立方式	生前多方民事法律行为设立	单方民事法律行为设立、遗嘱设立
剩余财产分配	社团法人终止时，经清算后有剩余财产的，须按章程或者社员大会的决议分配给社员。	财团法人终止时，其剩余财产不得向出资人、设立人或者会员分配。

（三）民法典的法人分类

营利法人	**（1）概念**：以**取得利润**并**分配给其股东**等出资人为目的成立的法人，为营利法人。营利法人包括有限责任公司、股份有限公司和其他企业法人等。 **（2）出资人责任**（《民法典》第83条） ①出资人对法人或其他出资人的责任：营利法人的出资人不得滥用出资人权利损害法人或者其他出资人的利益。滥用出资人权利造成法人或其他出资人损失的，应当依法承担民事责任。 ②出资人对债权人的责任：营利法人的出资人不得**滥用法人独立地位**和**出资人有限责任**损害法人的债权人利益。滥用法人独立地位和出资人有限责任，逃避债务，严重损害法人的债权人利益的，应当对法人债务承担**连带责任**。（法人人格否认制度）
非营利法人	为公益目的或者其他非营利目的成立，不向其出资人或者设立人分配所取得利润的法人，为非营利法人。**非营利法人包括事业单位、社会团体、捐助法人**。捐助法人又包括基金会、社会服务机构、宗教活动场所等。 **（1）事业单位法人** ①**概念**：事业单位法人是指由国家出资的，以公益或社会服务为目的事业的非营利法人。 ②**分类**：事业单位按设立人和经费来源的不同分为两类：一类是由国家机关举办，如公办的大学、医院、科研院所、艺术团体等；另一类是国有企业、事业单位开办的具有法人资格的研究所、学校、医院等事业单位。

续表

非营利法人	③**法人资格取得**：依法需要办理法人登记的，经依法登记成立，取得事业单位法人资格；依法不需要办理法人登记的，从成立之日起，具有事业单位法人资格。 **(2) 社会团体法人** ①**概念**：社会团体是指中国公民自愿组成，为实现会员共同意愿，按照其章程开展活动的非营利性社会组织。 ②**人民团体**：人民团体属于特别类型的社会团体，根据法律的规定担负一定的社会管理职能，且无须登记，如全国总工会、全国妇联等。 ③**法人资格取得**：依法需要办理法人登记的，经依法登记成立，取得社会团体法人资格；依法不需要办理法人登记的，从成立之日起，具有社会团体法人资格。 **(3) 捐助法人** ①**基金会、社会服务机构**：具备法人条件，为公益目的以捐助财产设立的**基金会、社会服务机构**等，经依法登记成立，取得**捐助法人**资格。 ②**宗教活动场所**：依法设立的**宗教活动场所**，具备法人条件的，可以申请法人登记，取得捐助法人资格。 **(4) 为公益目的成立的非营利法人终止时财产处理**：（《民法典》第95条） ①**不得**向出资人、设立人或者会员分配剩余财产； ②剩余财产应当按照法人章程的规定或者权力机构的决议用于公益目的； ③无法按照法人章程的规定或者权力机构的决议处理的，由**主管机关主持转给宗旨相同或者相近的法人，并向社会公告**。
特别法人	**(1) 机关法人** ①机关法人是指有独立预算经费的国家各级领导机关及法定机构，在性质上属公法人。机关法人的设立，直接以法律规定和行政决定为依据，无需经登记。 ②根据我国宪法规定的政体，国家各级领导机关通常指中央及地方各级人民代表大会、国务院和地方各级人民政府、各级法院和检察院、中央军事委员会和独立编制的各级军事组织。 ③有独立经费的机关和承担行政职能的法定机构从成立之日起，具有机关法人资格，可以从事为履行职能所需要的民事活动。机关法人被撤销的，法人终止，其民事权利和义务由继任的机关法人享有和承担；没有继任的机关法人的，由作出撤销决定的机关法人享有和承担。 **(2) 农村集体经济组织法人** ①农村集体经济组织法人是农村集体所有土地的所有人和管理经营农村集体资产的特别法人。 ②农村集体经济组织法人作为集体土地所有权人，是土地承包合同的发包方，也可以从事经营活动，并将营利分配给成员或用于农村公共事务或基础设施建设。 **(3) 城镇农村的合作经济组织法人** ①城镇农村的合作经济组织法人是根据《农民专业合作社法》登记，或者依法律规定取得法人资格的特别法人。 ②从城镇农村的合作经济组织法人的经营事业区分，有以承包经营土地权入股为特征的土地股份合作组织，及为农业生产服务的专业合作社；从入股的出资形式区分，有以土地承包经营权入股的，也有以资金入股的。

续表

特别法人	**（4）基层群众性自治组织法人** ①基层群众性自治组织法人是根据《城市居民委员会组织法》或者《村民委员会组织法》成立的特别法人。居委会和村委会的设立、调整和撤销，由法律直接规定，无须登记，在性质上属于公法人。 ②居委会和村委会作为基层群众性自治组织，原则上不得营利，但在农村，因集体经济组织解体后，没有再设立农村集体经济组织的，村民委员会可以依法代行村集体经济组织法人的职能。

［例］（2015-3-1）甲以自己的名义，用家庭共有财产捐资设立以资助治疗麻风病为目的的基金会法人，由乙任理事长。后因对该病的防治工作卓有成效使其几乎绝迹，为实现基金会的公益性，现欲改变宗旨和目的。

（1）设立人或出资人的出资设立财团法人，属于捐赠或遗赠，因此，法人成立或捐赠完成后，所赠财产即移转为法人所有，捐赠人或遗赠人并不获得社员权对价。改变宗旨和目的不是设立人所能决定。

（2）《基金会管理条例》第15条规定："基金会、基金会分支机构、基金会代表机构和境外基金会代表机构的登记事项需要变更的，应当向登记管理机关申请变更登记。基金会修改章程，应当征得其业务主管单位的同意，并报登记管理机关核准。"要改变基金会法人的宗旨和目的，应当经过主管单位同意，并经登记机关核准。

总结1	
宗教协会	宗教协会属于社会团体法人，如中国佛教协会、中国道教协会等。
宗教活动场所	宗教场所，如寺庙、道观、教堂、清真寺等经合法登记的宗教场所，也可以登记为捐助法人。如不符合法人条件的，则登记为非法人组织。

总结2：法人人格否认的重要考虑因素	
制度目的	法人人格否认的制度价值就是要遏制出资人或其他人利用法人规避自身责任，使权利义务的分配符合公平正义的要求。 法人人格否认不是对法人人格的永久剥夺，而只是在某一特定的法律关系中，否认法人的独立性。
人格混同	认定公司人格与股东人格是否存在混同，最根本的判断标准是公司是否具有独立意思和独立财产，最主要的表现是公司的财产与股东的财产是否混同且无法区分。在认定是否构成人格混同时，应当综合考虑以下因素：（1）股东无偿使用公司资金或者财产，不作财务记载的； （2）股东用公司的资金偿还股东的债务，或者将公司的资金供关联公司无偿使用，不作财务记载的； （3）公司账簿与股东账簿不分，致使公司财产与股东财产无法区分的； （4）股东自身收益与公司盈利不加区分，致使双方利益不清的； （5）公司的财产记载于股东名下，由股东占有、使用的； （6）人格混同的其他情形。

续表

人格混同	在出现人格混同的情况下，往往同时出现以下混同： （1）公司业务和股东业务混同； （2）公司员工与股东员工混同，特别是财务人员混同； （3）公司住所与股东住所混同。 人民法院在审理案件时，关键要审查是否构成人格混同，而不要求同时具备其他方面的混同，其他方面的混同往往只是人格混同的补强。
过度支配与控制	公司控制股东对公司过度支配与控制，操纵公司的决策过程，使公司完全丧失独立性，沦为控制股东的工具或躯壳，严重损害公司债权人利益，应当否认公司人格，由滥用控制权的股东对公司债务承担连带责任。实践中常见的情形包括： （1）母子公司之间或者子公司之间进行利益输送的； （2）母子公司或者子公司之间进行交易，收益归一方，损失却由另一方承担的； （3）先从原公司抽走资金，然后再成立经营目的相同或者类似的公司，逃避原公司债务的； （4）先解散公司，再以原公司场所、设备、人员及相同或者相似的经营目的另设公司，逃避原公司债务的； （5）过度支配与控制的其他情形。 控制股东或实际控制人控制多个子公司或者关联公司，滥用控制权使多个子公司或者关联公司财产边界不清、财务混同，利益相互输送，丧失人格独立性，沦为控制股东逃避债务、非法经营，甚至违法犯罪工具的，可以综合案件事实，否认子公司或者关联公司法人人格，判令承担连带责任。

三、法人的能力★★★

法人的民事权利能力是法律赋予法人参加民事法律关系，取得民事权利、承担民事义务的资格。法人的民事行为能力，是法律赋予法人独立进行民事活动的能力。

法人民事权利能力	（1）**与自然人权利能力的区别**：不能享有专属于自然人的权利（如生命权、健康权、身体权），法人的名誉权受到侵害，不得主张精神损害赔偿； （2）**受法律、行政法规的限制**：如国有独资公司、国有企业、上市公司以及公益性的事业单位、社会团体不得成为普通合伙人。 （3）**受目的范围的限制** 原则上，企业法人的权利能力不受目的范围的限制。当事人超越经营范围订立的合同的效力，应当依照民事法律行为的效力及合同效力的有关规定确定，不得仅以超越经营范围确认合同无效。（《民法典》第505条）
法人民事行为能力	（1）法人的民事权利能力和民事行为能力，从法人成立时产生，到法人终止时消灭。 （2）法人民事权利能力与民事行为能力"同生共死"，法人民事行为能力由法人机关予以实现。

续表

法人民事责任能力	（1）用人单位的工作人员因执行工作任务造成他人损害的，由用人单位承担侵权责任。用人单位承担侵权责任后，可以向有故意或者重大过失的工作人员追偿。（《民法典》第1191条第1款） （2）法人的法定代表人或者非法人组织的负责人超越权限订立的合同，除相对人知道或者应当知道其超越权限外，该代表行为有效，订立的合同对法人或者非法人组织发生效力。（《民法典》第504条）
法人设立的责任承担 （《民法总则》第75条）	（1）设立人为设立法人从事的民事活动，其法律后果由法人承受；法人未成立的，其法律后果由设立人承受，设立人为二人以上的，享有连带债权，承担连带债务。 （2）设立人为设立法人以自己的名义从事民事活动产生的民事责任，第三人有权选择请求法人或者设立人承担。

【总结】

法定代表人的职务行为	《民法典》第61条第2款："法定代表人**以法人名义**从事的民事活动，其法律后果由法人承受。"（代表理论：法人机关在执行职务时，无独立人格，法人机关的人格被吸收，法人机关的行为就是法人的行为。） 《民法典》第61条第3款："法人章程或者法人权力机构对法定代表人代表权的限制，**不得对抗善意相对人**。"（表见代表理论）
法定代表人的侵权行为	《民法典》第62条第1款："法定代表人因执行职务造成他人损害的，由法人承担民事责任。" 《民法典》第62条第2款："法人承担民事责任后，依照法律或法人章程的规定，可以向有过错的法定代表人追偿。"
其他工作人员实施的民事法律行为	《民法典》第170条第1款："执行法人或者非法人组织工作任务的人员，就其职权范围内的事项，以法人或者非法人组织的名义实施民事法律行为，对法人或者非法人组织发生效力。"（职务代理） 《民法典》第170条第2款："法人或者非法人组织对执行其工作任务的人员职权范围的限制，不得对抗善意相对人。"
其他工作人员实施的侵权行为	《民法典》第1191条第1款："用人单位的工作人员因执行工作任务造成他人损害的，由用人单位承担侵权责任。用人单位承担侵权责任后，可以向有故意或者重大过失的工作人员追偿。" 《民法典》第1191条第2款："劳务派遣期间，被派遣的工作人员因执行工作任务造成他人损害的，由接受劳务派遣的用工单位承担侵权责任；劳务派遣单位有过错的，承担相应的责任。"

真题演练

1. 黄逢、黄现和金耘共同出资，拟设立名为"黄金黄研究会"的社会团体法人。设立过程中，黄逢等3人以黄金黄研究会名义与某科技园签署了为期3年的商铺租赁协议，月租金5万元，押3付1。此外，金耘为设立黄金黄研究会，以个人名义向某印刷厂租赁了

第 2 章 民事主体

一台高级印刷机。关于某科技园和某印刷厂的债权,下列哪些选项是正确的?(2017-3-53 多)①

A. 如黄金黄研究会未成立,则某科技园的租赁债权消灭
B. 即便黄金黄研究会未成立,某科技园就租赁债权,仍可向黄逢等 3 人主张
C. 如黄金黄研究会未成立,则就某科技园的租赁债务,由黄逢等 3 人承担连带责任
D. 黄金黄研究会成立后,某印刷厂就租赁债权,既可向黄金黄研究会主张,也可向金耘主张

考点 法人设立的责任承担

四、法人机构

权力机构（意思机构）	(1) 意思机构是营利法人和社会团体法人的必设机构。 ①该机构通常是社员大会或社员代表大会,如公司的股东会、律师协会的会员代表大会等。在社员人数不多时可以全体社员大会为意思机构,在社员人数太多无法召开全体社员大会时,可以社员代表大会为意思机构。 ②公司法人的权力机构是股东会或股东大会。 ③社会团体法人应当设会员大会或者会员代表大会等权力机构。 (2) 财团法人无意思机构。 根据财团法人的性质,其不得有意思机构,其以捐助人的意思为法人的意思,如"扶贫基金会"只能以捐助人的意思将捐助财产用于扶贫,自己不得另设意思机构,决定将该扶贫财产另作他用。 (3) 机关法人等公法人应是按法律宗旨行事,也不得有意思机构,例如,法院须按法院组织法规定的宗旨和权限行事。 (4) 国有企事业单位原则上也不得有意思机构。例如,公立高等院校的宗旨、目标、主要任务等都是由教育法、高等教育法等规定的,不得任意改变。《公司法》第 66 条第 1 款明确规定:"国有独资公司不设股东会,由国有资产监督管理机构行使股东会职权。"
执行机构	(1) 执行机关是执行法人意思机构的决定、法人章程、捐助人意思或法律规定的法人宗旨等事项的机构。 (2) 任何法人皆须有执行机构,否则法人的目的事业无法完成。 (3) 社团法人的执行机构由单个自然人担任时,称执行董事或执行理事等,由自然人团体担任时称董事会或理事会等;财团法人的执行机构,通常是自然人团体,如理事会等;机关法人、事业单位法人的执行机构通常采用首长负责制,法人负责人担当执行机构。

---

① 答案:BCD。【解析】考点 1:法人设立责任。《民法典》第 75 条第 1 款规定:"设立人为设立法人从事的民事活动,其法律后果由法人承受;法人未成立的,其法律后果由设立人承受,设立人为二人以上的,享有连带债权,承担连带债务。"黄金黄研究会未成立,某科技园租赁债权并未消灭。某科技园仍可向黄逢等 3 人主张,由该 3 人承担连带责任,所以 A 选项错误,B 选项正确,C 选项正确。考点 2:第三人的选择权。《民法典》第 75 条第 2 款规定:"设立人为设立法人以自己的名义从事民事活动产生的民事责任,第三人有权选择请求法人或者设立人承担。"黄金黄研究会成立后,某印刷厂就租赁债权,既可向黄金黄研究会主张,也可向金耘主张,所以 D 选项正确。

续表

法定代表人（法人代表）	**1. 法定代表人的职务行为** 《民法典》第61条第2款："法定代表人**以法人名义**从事的民事活动，其法律后果由法人承受。"法人机关在执行职务时，无独立人格，法人机关的人格被吸收，法人机关的行为就是法人的行为。 《民法典》第61条第3款："法人章程或者法人权力机构对法定代表人代表权的限制，**不得对抗善意相对人**。" **2. 法定代表人的侵权行为**（《民法典》第62条） （1）法人承担责任。法定代表人因执行职务造成他人损害的，由法人承担民事责任。 （2）追偿。法人承担民事责任后，依照法律或者法人章程的规定，可以向有过错的法定代表人追偿。
	［例］甲公司章程规定，公司的法定代表人为张某；公司签订金额1000万元以上的合同须经董事会决议。后张某擅自以甲公司名义与不知情的乙公司签订了一份金额为1500万元的合同。张某的代表行为有效。
监督机构	监督机构是根据法人章程和意思机构的决议对法人执行机构、代表机构实施监督的机构。《民法典》第93条第3款规定："捐助法人应当设监事会等监督机构。"对其他法人而言，监督机构为任意机构，可设立也可不设立。

对比总结	
代理	（1）代理人有独立的意思表示； （2）代理形成三方结构； （3）无权代理实施的民事法律行为效力未定； （4）代理行为须被代理人授权。
代表	（1）代表人的行为在执行职务时视为法人的行为； （2）代表行为形成法人与相对人的双方结构； （3）超越权限订立的合同不能对抗善意相对人； （4）代表行为无须法人授权。

［例1］代表机构的权限由章程或捐助人的意思决定，担任法人代表的自然人在代表法人对外为意思表示时，其自然人人格被法人吸收，不再代表自己。故代表人所作的意思表示的效力归于法人，即使代表人变更也不影响该意思的效力。如，前一法人代表与他人订了合同，更换法人代表后，该合同仍然有效，后一法人代表拒绝履行，仍然是法人的不履行，须由法人承担责任，而不是由前一法人代表个人承担责任。若法人意思机构或章程对法人代表的权限有限制，该限制不得对抗善意第三人。

［例2］（2014-3-3）甲公司和乙公司在前者印制的标准格式《货运代理合同》上盖章。《货运代理合同》第四条约定："乙公司法定代表人对乙公司支付货运代理费承担连带责任。"乙公司法定代表人李红在合同尾部签字。后双方发生纠纷，甲公司起诉乙公司，并要求此时乙公司的法定代表人李蓝承担连带责任。

《民法典》第61条第2款规定："法定代表人以法人名义从事的民事活动，其法律后果由法人承受。"公司法定代表人以法人名义签字，此时法定代表人的人格被法人吸收，其代表法人的行为后果由法人承担。但对于法定代表人承担连带责任的条款，只能认定为李红作为个人对于连带责任条款的认可，该条款只对于李红本人有效力，对法人并没有效力，对该行为，李红的行为并未被公司吸收。只有代表法人的行为才具有连续性，个人责任的设定对于后来的法定代表人没有约束力。

[例3] 王某是甲公司的法定代表人，以甲公司名义向乙公司发出书面要约，愿以10万元价格出售甲公司的一块清代翡翠。王某在函件发出后2小时意外死亡，乙公司回函表示愿意以该价格购买。甲公司新任法定代表人以王某死亡，且未经董事会同意为由拒绝。

法人的法定代表人或者非法人组织的负责人超越权限订立的合同，除相对人知道或者应当知道其超越权限外，该代表行为有效，订立的合同对法人或者非法人组织发生效力。（《民法典》第504条）王某作为甲公司的法定代表人以甲公司的名义发出的要约，到达乙公司即为生效，王某的死亡并不能导致要约的失效。

真题演练

1. 下列哪些情形下，甲公司应承担民事责任？（2013-3-52 多）[1]

A. 甲公司董事乙与丙公司签订保证合同，乙擅自在合同上加盖甲公司公章和法定代表人丁的印章

B. 甲公司与乙公司签订借款合同，甲公司未盖公章，但乙公司已付款，且该款用于甲公司项目建设

C. 甲公司法定代表人乙委托员工丙与丁签订合同，借用丁的存款单办理质押贷款用于经营

D. 甲公司与乙约定，乙向甲公司交纳保证金，甲公司为乙贷款购买设备提供担保。甲公司法定代表人丙以个人名义收取该保证金并转交甲公司出纳员入账

五、法人分立与合并★★

（一）法人的分立

法人的分立是一个法人分裂设立为两个以上法人的法律行为。分为创设式分立和存续式分立。前者是解散原法人，而分立为两个以上的新法人；后者是原法人继续存在，只是从中又独立出一个或多个新的法人。《民法典》第67条第2款，法人分立的，其权利和义务由分立后的法人享有连带债权，承担连带债务，但债权人和债务人另有约定的除外。

---

[1] 答案：ABCD。【解析】考点1：表见代理。乙作为甲公司的董事，没有代理权，但由于乙在合同上加盖了公司的公章和法定代表人丁的印章，相对人丙公司有合理的理由相信乙有代理权，属于表见代理，丙公司有权主张有权代理的法律后果，甲公司应当承担责任，所以A选项正确。考点2：合同成立。《民法典》第490条规定："当事人采用合同书形式订立合同的，自当事人均签名、盖章或者按指印时合同成立。在签名、盖章或者按指印之前，当事人一方已经履行主要义务，对方接受时，该合同成立。"甲公司与乙公司签订借款合同，甲公司未盖公章，但乙公司已付款，且该款用于甲公司项目建设，甲公司、乙公司间借款合同已经成立。该款用于甲公司项目建设，属于为了生产、经营需要订立的民间借贷合同，有效。所以甲公司负有向乙公司返还的义务，违反该义务，则须承担民事责任，故B选项正确。考点3：职务代理。《民法典》第170条第1款规定："执行法人或者非法人组织工作任务的人员，就其职权范围内的事项，以法人或者非法人组织的名义实施民事法律行为，对法人或者非法人组织发生效力。"丙是甲公司的员工及代理人，借用丁的存款单以甲公司的名义设立质押，法律效果归属于甲公司，甲公司应当对丁承担相应的责任，故C选项正确。考点4：法定代表人。甲公司的法定代表人虽以个人名义收取保证金，甲公司法定代表人丙以个人名义收取该保证金并转交甲公司出纳员入账，甲公司应当承担责任，故D选项正确。

[例1] 北京市蓝瘦香菇实业发展有限公司，分立为北京市蓝瘦实业发展有限公司和北京市香菇实业发展有限公司，北京市蓝瘦香菇实业发展有限公司解散，此为创设分立。

[例2] 广州市赚他一个亿发展有限公司公司，分出广州市一个亿发展有限公司，广州市赚他一个亿发展有限公司继续存在，此为存续分立。

（二）法人的合并

法人的合并是指两个以上的法人，无需清算而归并为一个法人的法律行为。合并分为创设式和吸收式。创设式合并是两个以上的法人归并为一个新法人，原有的法人均告消灭的合并方式。吸收式合并是指一个法人或多个法人归并于其他法人，被归并的法人人格消灭，该其他法人仍然存续的合并方式。因法人合并而消灭的法人的权利和义务概括地由新设立或存续的法人承受。

[例1] 甲公司、乙公司合并为丙公司，甲公司、乙公司消灭，此为创设合并。

[例2] 甲公司、乙公司合并成为甲公司，乙公司消灭，此为吸收合并。

六、法人解散

法人之解散，是指法人因章程、意思机关的决议或者法律规定的法人终止事由发生时，停止积极活动，并进入清算程序之事实。《民法典》第70条第1款规定："法人解散的，除合并或者分立的情形外，清算义务人应当及时组成清算组进行清算"。法人解散，法人权利能力并不终止，但法人行为能力受到限制，只能从事清算范围内的事务。

自愿解散	自愿解散，也称任意解散，是指法人因章程规定的存续期间届满或者法人章程规定的其他解散事由出现或法人的权力机构决议而解散。在法人章程规定的解散事由出现时，根据意思自治，法人也可以通过修改章程不解散而继续存续。
法定解散	法定解散，即出现法律规定解散事由而解散，如法人合并或者分立，以及法人宣告破产。因分立或合并解散，无须清算解散法人可以直接注销终止；法人被宣告破产，则进入破产清算。
责令解散	责令解散，是因法人有违法行为，由行政机关责令该法人解散，营利法人是被吊销营业执照，非营利法人则是被吊销登记证书。
法律规定的其他情形	法律规定的其他情形，如裁判解散，公司法规定，对公司股东、董事之间因对峙而导致股东会、董事会等公司机关不能正常运行，使公司经营产生重大困难，陷入瘫痪状态的所谓"公司僵局"，经部分股东申请即可由法院裁判决定解散法人。

七、非法人组织

（一）非法人组织的类型

非法人组织，是指虽不具有法人资格但可以自己的名义从事民事活动的组织体。《民法总则》规定，非法人组织是不具有法人资格，但是能够依法以自己的名义从事民事活动的组织。非法人组织包括个人独资企业、合伙企业、不具有法人资格的专业服务机构等。非法人组织的财产不足以清偿债务的，其出资人或者设立人承担无限责任。法律另有规定的，依照其规定。

（二）非法人组织的特征

1. 非法人组织是具有稳定性的人合组织。

2. 非法人组织具有相应的民事权利能力和民事行为能力。非法人组织不具有一般意义上的民事权利能力和民事行为能力。

3. 非法人组织不能完全独立的承担民事责任。

	【指导案例15号】 徐工集团工程机械股份有限公司诉成都川交工贸有限责任公司等买卖合同纠纷案
裁判 要点	1.关联公司的人员、业务、财务等方面交叉或混同，导致各自财产无法区分，丧失独立人格的，构成人格混同。 2.关联公司人格混同，严重损害债权人利益的，关联公司相互之间对外部债务承担连带责任。

第3章 民事法律行为

第6讲 民事法律行为的分类

民事法律行为是民事主体通过意思表示设立、变更、终止民事法律关系的行为。（《民法典》第133条）民事法律行为作为抽象概念，体现在民法典各分编主要包括下列行为：合同行为、婚姻行为、收养行为、遗嘱行为、遗赠扶养行为、形成权的行使、权利的抛弃等等。民事法律行为特征如下：

1. 民事法律行为以意思表示为基本要素。意思表示是指民事主体将设立、变更或消灭一定民事法律关系的内在意思以一定的方式表示于外部的行为。意思表示是民事法律行为的基本构成要素，没有意思表示就没有法律行为。

［例］虽然也有某些国家交替使用这两个概念，但我国大部分学者认为，意思表示并不等于法律行为。民事法律行为在多数情况下，需要双方当事人意思表示一致，才能成立；有的民事法律行为除了当事人意思表示一致外，还必须要交付实物，才能成立。即使是只有当事人一方意思表示就能成立的民事法律行为，也应将意思表示理解为法律行为的构成要素，而不能将二者混淆。

2. 民事法律行为是以设立、变更、终止民事权利和民事义务为目的的行为。任何有意识的活动，都是有一定目的的活动，都能引起一定的后果，但民事法律行为不是要达到一般的目的，而是要设立、变更、终止某种民事权利和民事义务关系，并能引起行为人预期的法律后果。

［例］现实生活中，如邀请朋友看电影、去饭馆吃饭等，并没有产生某种民事权利义务关系的目的，所以，就不是民事法律行为；有的虽然产生了一定的权利义务关系，但并不是行为人所预期的或与预期正好相反，如侵权行为所引起的赔偿对方损失的结果等，这些都不是民事法律行为。

一、单方行为、双方行为、多方行为和决议行为

根据民事法律行为的成立是仅需一方意思表示还是必须双方或多方意思表示，民事法律行为分为单方行为、双方行为和多方行为。

区分的意义：法律对其成立要求有所不同：单方行为只要有一方当事人意思表示即可成立；双方及多方行为需要各方当事人意思表示一致，仅有意思表示却没有达成一致的，行为仍不成立；决议行为则通过多数决方式或程序形成意思表示的合致而成立。

单方行为	依一方当事人的意思表示而成立的法律行为。 （1）有相对人的单方行为：代理权授予、委托代理权撤销、继承权抛弃、解除合同等；（涉及他人权利的发生、变更和消灭） （2）无相对人的单方行为：抛弃所有权。（仅发生个人权利的变动）
双方行为	双方当事人的意思表示一致而成立的法律行为。 ［例］合同、结婚等。
多方行为	具有相同内容的多方意思表示合致（平行的合致）而成立的民事法律行为，也称共同行为。 ［例］合伙协议、设立公司的协议、社团章程订立行为等。
决议行为	法人、非法人组织依照法律或者章程规定的议事方式和表决程序作出决议的，该决议行为成立。 ［例］股东会决议、董事会决议。

二、诺成性行为与实践性行为

在双方民事法律行为中，根据民事法律行为在意思表示之外，是否以标的物的交付为成立要件，可以把民事法律行为分为诺成性行为和实践性行为。

区分意义：实践性民事法律行为，仅有意思表示，行为还不能成立，只有当按照该意思表示完成标的物交付时，行为才告成立，才能发生设定民事权利义务的效果。实践性行为因意思表示完成，还不能发生效力，所以，属于民事法律行为成立的例外，通常须按约定或法律规定确定。双方民事法律行为如未有约定的，应认定其为诺成性行为。

诺成性行为	又称不要物行为，只要行为人意思表示一致即可成立的法律行为。
实践性行为	又称要物行为，除了意思表示一致外还需要交付标的物才能成立的法律行为。 ［例］定金合同、借用合同、保管合同、自然人之间的借款合同。

三、财产行为与身份行为

民事法律行为依发生的效果是身份关系抑或财产关系，区分为身份行为与财产行为。

	内容不同	适用法律不同	法律限制不同
财产行为	财产行为是发生财产变动效果的民事法律行为。 （1）物权行为：抛弃、交付； （2）债权行为：买卖、租赁、承揽合同、订立遗嘱等。	财产行为适用财产法规范，如买卖适用合同编规范。	财产行为自由度相对高些，只要有民事行为能力即可为之。
身份行为	身份行为是发生身份变动效果的民事法律行为。 （1）单方行为：辞去委托监护、撤销婚姻等； （2）双方行为：结婚、协议离婚、收养、协议解除收养等。	婚姻、收养、监护等有关身份关系的协议，适用有关该身份关系的法律规定；没有规定的，可以根据其性质参照适用合同编规定。	身份行为涉及伦理关系，法律有较多的限制，如离婚协议不得代理、收养人的年龄限制等。

四、有偿行为与无偿行为

对于财产性双方民事法律行为，根据当事人是否因给付而取得对价，可以分为有偿和无偿的民事法律行为。只有双方民事法律行为才存在有偿与无偿的问题，单方民事法律行为，不存在有偿或无偿的问题。

	内容不同	意思表示瑕疵效力不同	承担法律责任要件不同
有偿行为	有偿民事法律行为是双方当事人各因给付而取得对价利益的行为，即约定各方当事人均需履行义务，并获得有对价利益的权利。买卖、租赁等合同就是有偿行为。所谓对价或对价利益，是按市场法则判断当事人在交易中各得其所，而不是按观念判断的绝对均等。	因显失公平等意思表示有瑕疵的行为，为有偿行为。	有偿行为因当事人负担的义务属于取得对价利益的给付，有一般过失时就要承担责任。
无偿行为	无偿民事法律行为是当事人约定一方当事人履行义务，对方当事人不给予对价利益的行为。这种行为的特点是，双方不形成对应报偿关系。典型的无偿法律行为：赠与、借用、担保合同。 运输、保管、委托可以有偿，也可以无偿。	无偿行为本身就没有对价给付，不能适用显失公平撤销。	无偿行为因义务人不获对价，承担赔偿责任通常以重大过失为要件，如《民法典》第897条规定，无偿保管人证明自己没有故意或者重大过失的，不承担赔偿责任。

五、单务行为与双务行为

单务行为	只有一方当事人承担给付义务或双方的义务不具有对待给付关系的行为。［例］赠与行为。
双务行为	当事人互负对待给付义务的行为。 ［例］买卖行为。

六、要式行为与不要式行为

根据民事法律行为是否必须依照一定方式实施，可以把它分为要式行为与不要式行为。

	内容不同	适用范围	效力不同
要式行为	要式民事法律行为是必须依照法律规定的形式实施的行为。一定的方式常见的有书面形式、履行登记手续等。	民事法律行为是否为要式，须有当事人约定或者法律规定为限，否则为不要式。 ［例］不动产买卖合同、金融借款合同、融资租赁合同、建设工程合同、技术开发合同、技术转让合同、担保合同均为要式合同。	要式行为如未完成特定形式，该行为不成立，但法律另有规定的除外。如《民法典》第490条第2款规定："法律、行政法规规定或者当事人约定合同应当采用书面形式订立，当事人未采用书面形式但是一方已经履行主要义务，对方接受时，该合同成立。"此例外规定，应该能适用于所有的债权合同。
不要式行为	不要式民事法律行为是不拘形式的民事法律行为，即当事人可以自由决定行为的形式，只要该行为意思表示合法，行为即可生效。	没有法律规定或约定时，为不要式。	

七、有因行为与无因行为

在两个相互关联的民事法律行为中，根据后一个法律行为的效力是否须以前一个法律行为为条件，法律行为可分为有因行为及无因行为。

	内容不同	区分意义
有因行为	有因行为是以原因为条件的民事法律行为，即该民事法律行为的效力受原因行为的制约，原因行为如有欠缺、不合法、不可能或与该行为不一致的，则该行为不成立。	（1）确认法律行为效果的独立性，如票据行为属无因行为，有偿合同中价金以票据支付的，即使作为原因行为的合同无效，该票据行为仍然有效，不受原因行为效力的影响。 （2）交付、他物权的设定等处分行为，若是有因行为，就是否认物权行为；反之，则为肯定物权行为。
无因行为	无因行为是不以原因为条件的民事法律行为，即不论原因是否欠缺、违法等，该行为自完成时起发生效力，不受原因行为的制约。	

八、负担行为与处分行为

负担行为	处分行为
负担行为，是指以发生债权债务为其内容的民事法律行为，也称为债权行为。令义务人负担一项义务，是权利变动的准备阶段。如买卖合同、租赁合同。	处分行为，是指直接使某种权利发生、变更或消灭的民事法律行为。处分行为包括物权行为和准物权行为。处分行为的对象是一项既存权利。 ［例］抛弃所有权导致所有权消灭，物权行为；债务免除导致债务消灭，债权转让导致债权易主，均属准物权行为。
一个交易过程，一般情形下，既有负担行为，又有处分行为，如签订买卖房屋的合同（负担行为），转移房屋的所有权（处分行为）。 特殊情形，仅有处分行为，如抛弃所有权。	

第7讲

民事法律行为的成立与生效

一、民事法律行为之成立要件

（一）一般成立要件

民事法律行为的成立，强调的是民事法律行为客观上已经存在，属于事实判断。民事法律行为成立的一般要件：

（1）有当事人；

（2）标的须确定、可能并合法。标的，即行为的内容，行为人通过其行为所要达到的效果；

（3）有意思表示。民事法律行为可以基于双方或者多方的意思表示一致成立，也可以基于单方的意思表示成立。意思表示一致，民事法律行为成立；单方行为则意思表示完成，民事法律行为成立。

（二）特别成立要件

（1）要式行为：须践履一定方式，遗嘱必须依照《民法典》继承编第三章作成法定形式（七种），否则遗嘱未成立。

（2）要物行为（实践行为）：须交付标的物，如定金合同、保管合同、借用合同、自然人之间的借款合同。

二、民事法律行为之生效要件★★

一般情况下，民事法律行为的成立和生效在时间上同一的，成立即生效。在附条件、附期限或者需要审批的民事法律行为中，成立之后暂时尚不能生效。

（一）一般生效要件

（1）行为人具有相应的民事行为能力；

（2）意思表示真实；

（3）不违反法律、行政法规的效力性强制规定，不违背公序良俗。

（二）特别生效要件

（1）附生效条件和附始期的民事法律行为，在条件成就或期限届至前，成立但未生效。

（2）效力未定的民事法律行为、无效的民事法律行为，成立但未生效。

（3）遗嘱行为，须待遗嘱人死亡，始生效力。

（4）法律、行政法规规定某类合同应当办理批准手续生效的，依据《民法典》第502条第2款的规定，批准是合同的法定生效条件，未经批准的合同因欠缺法律规定的特别生效条件而未生效。

三、附条件和附期限的民事法律行为★★

附条件的民事法律行为	条件是将来的、不确定的、可能的、约定的、合法的事实。 **（1）延缓条件与解除条件** ①延缓条件：又称停止条件、生效条件，指民事法律行为中所确定的民事权利和民事义务，要在所附条件成就时发生法律效力的条件； ②解除条件：又称消灭条件，是指民事法律行为中所确定的民事权利和民事义务，在所附条件成就时，就失去法律效力的条件。 民事法律行为所附条件不可能发生，当事人约定为生效条件的，人民法院应当认定民事法律行为不发生效力；当事人约定为解除条件的，应当认定未附条件，民事法律行为是否失效，依照民法典和相关法律、行政法规的规定认定。（《民法典总则编解释》第24条） ［例］（2014-3-59）刘某欠何某100万元货款届期未还且刘某不知所踪。刘某之子小刘为替父还债，与何某签订书面房屋租赁合同，未约定租期，仅约定："月租金1万元，用租金抵货款，如刘某出现并还清货款，本合同终止，双方再行结算。" 属于附解除条件的租赁合同。 **（2）积极条件与消极条件** ①积极条件是以所设事实发生为内容的条件。 ②消极条件是以所设事实不发生为内容的条件。 ［例］"留学归国并需要住房，就终止合同，"属积极条件，而反过来约定"如留学后定居不归国，就续租合同"，则属消极条件。两者条件内容并无不同，但条件的性质，却有积极与消极之分。 **（3）条件成就的拟制** 附条件的民事法律行为，当事人为自己的利益不正当地阻止条件成就的，视为条件已经成就；不正当地促成条件成就的，视为条件不成就。 ［例］甲打算卖房，问乙是否愿买，乙一向迷信，就跟甲说："如果明天早上7点你家屋顶上来了喜鹊，我就出100万块钱买你的房子。"甲同意。乙回家后非常后悔。第二天早上7点差几分时，恰有一群喜鹊停在甲家的屋顶上，乙正要将喜鹊赶走，甲不知情的儿子拿起弹弓把喜鹊打跑了，至7点再无喜鹊飞来。 （1）甲、乙的买卖合同是附生效条件，合同已经成立，自所附条件成就时生效。第二天早上7点并无喜鹊来屋顶，所附条件不成就，买卖合同确定不生效。 （2）若不是甲的儿子赶走喜鹊，而是乙故意赶走喜鹊，则属于恶意阻碍条件成就的，视为条件已经成就，买卖合同生效。
附期限的民事法律行为	期限则是当事人可以预知的，是必然要到来的。 **（1）延缓期限：** 始期；附生效期限的民事法律行为，自期限届至时生效。 **（2）解除期限：** 终期。附终止期限的民事法律行为，自期限届满时失效。 ［例1］如甲乙双方约定，租赁合同自9月1日开始生效，则9月1日即为始期。 ［例2］如租赁合同中规定的"2016年9月9日"到期，这里的"2016年9月9日"就是终期。

[例1] 如"甲与租车公司约定周六天晴即租车春游",这里的"周六天晴"即是延缓条件。

[例2] 甲将自行车借与乙,双方约定,甲的儿子要用自行车时,乙即还车。这里的"甲的儿子要用自行车"即是解除条件。当条件成就时,甲和乙之间的借用合同即解除。

四、未经批准的合同★★★(《合同编通则解释》第12条)

(一)合同成立未生效

法律、行政法规规定某类合同应当办理批准手续生效的,依据《民法典》第502条第2款的规定,批准是合同的法定生效条件,未经批准的合同因欠缺法律规定的特别生效条件而未生效。

[例] 商业银行法、证券法、保险法等法律规定购买商业银行、证券公司、保险公司5%以上股权须经相关主管部门批准,依据《民法典》第502条第2款的规定,批准是合同的法定生效条件,未经批准的合同因欠缺法律规定的特别生效条件而未生效。

(二)报批义务及相关违约条款独立生效

1. 独立生效。须经行政机关批准生效的合同,对报批义务及未履行报批义务的违约责任等相关内容作出专门约定的,**该约定独立生效**。《民法典》第502条第2款后段规定:"应当办理申请批准等手续的当事人未履行义务的,对方可以请求其承担违反该义务的责任。"

2. 请求履行报批义务。合同依法成立后,负有报批义务的当事人不履行报批义务或者履行报批义务不符合合同的约定或者法律、行政法规的规定,对方**有权**请求其**继续履行报批义务**;对方**有权**主张解除合同并请求其承担违反报批义务的赔偿责任。

(三)释明义务(《合同编通则解释》第12条第3款)

合同获得批准前,当事人一方起诉请求对方履行合同约定的主要义务,经释明后拒绝变更诉讼请求的,人民法院应当判决驳回其诉讼请求,但是不影响其另行提起诉讼。

1. 释明变更诉讼请求。须经行政机关批准生效的合同,一方请求另一方履行合同主要权利义务的,人民法院应当向其释明,将诉讼请求变更为请求履行报批义务。一方变更诉讼请求的,人民法院依法予以支持。

2. 拒绝变更的,驳回诉讼请求。经释明后当事人拒绝变更的,应当驳回其诉讼请求,但不影响其另行提起诉讼。

(1)驳回诉讼请求,不是驳回起诉。在未生效合同中,一方直接请求另一方承担违约责任缺乏法律依据,但其起诉形式上是符合民诉法规定的起诉条件,驳回起诉缺乏依据。而且某一合同是否为批准生效合同、报批义务人应否履行报批义务等事实,只有在实体审理后才能确定,简单地驳回起诉难以解决实践问题。

(2)可以另行起诉。因为驳回的是一方直接请求履行合同承担违约责任的诉讼请求,而非继续履行报批义务的诉讼请求，诉讼请求不同，不属于重复诉讼，当事人仍可另行提起诉讼，请求报批义务人履行报批义务。

（四）判令履行报批义务后的处理

1. 拒绝履行报批义务的后果

人民法院判决当事人一方履行报批义务后，其仍不履行，对方有权主张解除合同并参照违反合同的违约责任请求其承担赔偿责任。

［例］合同未生效的情况下，判令当事人承担违约责任有争议，关键在于能否类推适用《民法典》第159条。《民法典》第159条规定："附条件的民事法律行为，当事人为自己的利益不正当地阻止条件成就的，视为条件已经成就；不正当地促成条件成就的，视为条件不成就。"

批准本质上是行政机关的监督行为，是否批准属于行政裁量权行使的范围，不属于当事人意思自治的范围。因此，一方拒不履行报批义务的，原则上不能类推适用《民法典》第159条的规定，视为已经获得批准，进而认定合同有效。只有在特殊情况下，如生效判决已经判令当事人履行报批义务，当事人仍拒不履行的，可以类推适用《民法典》第159条规定，从而让当事人承担违约责任。

2. 批准机关不批准的后果

（1）纯粹是因为批准机关不批准所导致的，无须承担赔偿责任。负有报批义务的当事人已经办理申请批准等手续或者已经履行生效判决确定的报批义务，批准机关决定不予批准，对方无权请求其承担赔偿责任。

（2）因迟延履行报批义务等可归责于当事人的原因导致合同未获批准，对方请求赔偿因此受到的损失的，人民法院应当依据民法典第157条（民事法律行为无效、被撤销或确定不发生效力的法律后果）的规定处理。

3. 批准机关予以批准的后果

行政机关予以批准，合同确定发生效力。

第8讲

意思表示

一、意思表示的要件 ★★

意思表示是民事法律行为的要素。意思表示，是指向外部表明意欲发生一定私法上效果的意思的行为。意思表示是私的行为，政府机关行为如税务机关征税通知、法院裁判均不属于意思表示；或者虽然属于私人行为，但以发生一定公法上效果为目的，如投票选举公职人员，也不是意思表示。意思表示由两个要件构成：内心意思（主观要件）与表示行为（客观要件），内心意思又包括行为意思、表示意识与效果意思。

表示行为 （客观要件）	指外部的表示行为，即在客观上可认为其在表示某种法律效果意思。 ［例］在合同书上签名、在拍卖场举手、在自助餐厅取食物食之、将硬币投入自动贩卖机。	欠缺客观上的外部表示时，意思表示不成立。 ［例］甲内心意欲订立遗嘱，但表示于外部前即死亡。
内心意思 （主观要件）	（1）行为意思 行为意思，即表意人自觉地从事某项行为。 ［例］在自助餐厅取用食物、在收费停车场停车等。贱卖古董，虽遭胁迫，仍是基于行为意思。如果以药物麻醉他人，执其手签名于文书之上，则被麻醉（或催眠）之人系受物理上的强制，失其知觉，仅为加害人的机械作用，当无行为意思之可言。 （2）表示意识 表示意识，或称表示意思，即行为人认识其行为具有某种法律行为上的意义。 ［例］以电子邮件订货、打电话表示解除合同等。反之，不知身处拍卖场中举手招呼朋友，行为人不自知其行为在法律上有何意义，即不具表示意识。 （3）效果意思 效果意思，即行为人欲依其表示发生特定法律效果的意思。效果意思与表示意识应严予区别：于后者，行为人认识其表示具有"某种"法律上意义；于前者，行为人企图依其意思表示发生一定的法律效果。 ［例］甲写信给乙，欲以800万元购买某洋楼。首先，甲知其表示具有某种法律行为上的意义，是有表示意识；甲欲以800万元购买该洋楼，是效果意思。如果甲误写为900万元购买某别墅，虽仍具有表示意识，但其外部表示与"效果意思"属不一致。	（1）**行为意思系意思表示必备的构成要件部分**。欠缺行为意思时（如受催眠而签字，决议时被强制举手），意思表示并不成立。行为意思的作成是被诈欺或胁迫者，不影响意思表示的成立，但可以撤销。 （2）**效果意思的欠缺不影响意思表示的存在**。外部的表示与内心的意思不一致时，乃意思表示错误问题。 （3）**表示意识与意思表示**。当事人因其外部行为而有所表示，相对人仅能就其客观上的表示行为予以信赖，表意人于为此表示时，是否具有表示意识，既难查知，相对人对其表示行为的信赖，应予保护。易言之，即原则上表意人应对其表示行为负责，以维护交易之安全，表意人可类推适用意思表示错误撤销其意思表示，但应对相对人的信赖利益，负赔偿责任。

［例］甲公司在年会上宣布以 2 万元优惠价向员工出售无人机 1 台，同意购买者签名确认。员工 A 迟到以为是签到，遂签名。2 万元出售 1 台无人机是要约，员工 A 签名是承诺。员工 A 虽欠缺表示意识，不知道其签名具有某种法律上的意义，但对意思表示成立不产生影响，买卖合同成立。员工 A 可以适用重大误解撤销合同。

二、意思表示的形式★★

《民法典》第 135 条规定："民事法律行为可以采用书面形式、口头形式或者其他形式；法律、行政法规规定或者当事人约定采用特定形式的，应当采用特定形式。"第 140 条规定："行为人可以明示或者默示作出意思表示。沉默只有在有法律规定、当事人约定或者符合当事人之间的交易习惯时，才可以视为意思表示。"

（一）明示形式

1. 口头形式，指用语言进行意思表示，包括面对面地交谈、电话交谈等。
2. 书面形式，书面形式是合同书、信件、电报、电传、传真等可以有形地表现所载内容的形式。以电子数据交换、电子邮件等方式能够有形地表现所载内容，并可以随时调取查用的数据电文，视为书面形式。
3. 公告形式，是指以文字或言辞等方式使不特定的多数人得知其意思表示的方法。以公告方式作出的意思表示，公告发布时生效。

（二）**默示形式**

默示形式，是指行为人并不直接表示其内在的意思，而是根据其某种法律事实，按逻辑推理的方法或按生活习惯，推断其内在意思表示的形式。默示的形式包括两种：作为的默示和不作为的默示。

1. 作为的默示(推定)。行为人进行了某种积极行为，根据这种行为，可以推断出行为人的内在意思。

[例]如租赁合同期满，承租人继续支付租金并租用房屋，而出租人继续收取租金，即可推定双方同意延长租期。因为《民法典》第734条第1款规定："租赁期间届满，承租人继续使用租赁物，出租人没有提出异议的，原租赁合同继续有效，但是租赁期限为不定期。"

2. 不作为的默示(沉默)。行为人没有任何积极行为，但从其沉默就可以推断其内在意思。沉默只有在有法律规定、当事人约定或者符合当事人之间的交易习惯时，才可以视为意思表示。

【总结】	
沉默视为同意	沉默视为拒绝
《民法典》第638条第1款："试用买卖的买受人在试用期内可以购买标的物，也可以拒绝购买。试用期间届满，买受人对是否购买标的物未作表示的，**视为购买**。"	《民法典》第478条："有下列情形之一的，**要约失效**：(三) **承诺期限届满，受要约人未作出承诺**。"
《民法典》第522条第2款规定："法律规定或者当事人约定第三人可以直接请求债务人向其履行债务，**第三人未在合理期限内明确拒绝**，债务人未向第三人履行债务或者履行债务不符合约定的，第三人可以请求债务人承担违约责任；债务人对债权人的抗辩，可以向第三人主张。"	
《民法典》第575条规定："债权人免除债务人部分或者全部债务的，债权债务部分或者全部终止，**但是债务人在合理期限内拒绝的除外**。"	《民法典》第145条第2款："相对人可以催告法定代理人自收到通知之日起三十日内予以追认。**法定代理人**未作表示的，**视为拒绝追认**。民事法律行为被追认前，善意相对人有撤销的权利。撤销应当以通知的方式作出。"
第552条规定："第三人与债务人约定加入债务并通知债权人，或者第三人向债权人表示愿意加入债务，**债权人未在合理期限内明确拒绝的**，债权人可以请求第三人在其愿意承担的债务范围内和债务人承担连带债务。"	

续表

《民法典》第718条规定："出租人知道或者应当知道承租人转租，但是在六个月内未提出异议的，视为出租人同意转租。"	《民法典》第171条第2款："相对人可以催告被代理人自收到通知之日起三十日内予以追认。**被代理人**未作表示的，**视为拒绝追认**。行为人实施的行为被追认前，善意相对人有撤销的权利。撤销应当以通知的方式作出。"
《民法典》第1124条第1款："继承开始后，继承人放弃继承的，应当在遗产处理前，以书面形式作出放弃继承的表示。没有表示的，视为接受继承。"	《民法典》第1124条第2款："受遗赠人应当在知道受遗赠后六十日内，作出接受或者放弃受遗赠的表示。到期没有表示的，视为放弃受遗赠。"
《民法典》第621条第1款规定："当事人约定检验期间的，买受人应当在检验期间内将标的物的数量或者质量不符合约定的情形通知出卖人。买受人怠于通知的，视为标的物的数量或者质量符合约定。"	

三、意思表示的生效★★★

意思表示，依其是否以向相对人实施为要件，分为有相对人的意思表示与无相对人的意思表示。

有相对人的意思表示	向相对当事人作的意思表示，为有相对人的意思表示，如要约与承诺、债务免除、合同解除、授予代理权等。 ①了解主义：以**对话方式**作出的意思表示，相对人**了解**其内容时生效。 ②到达主义：以**非对话方式**作出的意思表示，**到达**相对人时生效。 ③以非对话方式作出的采用数据电文形式的意思表示，相对人指定特定系统接收数据电文的，该数据电文进入该特定系统时生效；未指定特定系统的，相对人知道或者应当知道该数据电文进入其系统时生效。
无相对人的意思表示	无相对人的意思表示，如捐助行为、抛弃等，类似"自说自话"，该意思表示自完成时生效。法律另有规定的，依照其规定，如遗嘱。

四、意思表示的撤回及撤销

意思表示的撤回，是指表意人对尚未生效的意思表示阻止其生效的意思通知。《民法典》第141条规定，行为人可以撤回意思表示。撤回意思表示的通知应当在意思表示到达相对人前或者与意思表示同时到达相对人。

意思表示的撤销，是指表意人对已生效但未获承诺的意思表示消灭其拘束力之意思通知。撤销仅限于未被承诺的意思表示，若相对人已作出承诺，双方意思表示已获一致，法律行为已成立，就再无撤销之余地。倘若相对人尚未作出回复表示，那么允许表意人撤销，即撤销之意思通知须于相对人发信之前或者同时到达，撤销才生效。

五、意思表示的解释

有相对人的意思表示解释	应当按照所使用的词句,结合相关条款、行为的性质和目的、习惯以及诚信原则,确定意思表示的含义。
无相对人的意思表示解释	不能完全拘泥于所使用的词句,而应当结合相关条款、行为的性质和目的、习惯以及诚信原则,确定行为人的真实意思。

第9讲 意思表示的瑕疵

民事法律行为以意思表示为核心要素,并要求意思表示须真实,若意思表示有瑕疵,将要影响民事法律行为的效力,使当事人的意思无法达成预定的目的。

意思表示不一致	有意不一致 (表意人于表意时知道表示出来的意思与其内心真意不一致)	单独虚伪表示(真意保留): 原则有效,例外无效。
		通谋虚伪表示(双方虚假行为): 无效,隐藏行为无瑕疵则有效。
	无意不一致 (表意人于表意时不知其表示出来的意思与其内心真意不一致)	重大误解(错误): 可撤销。
		动机错误: 不可撤销。
意思表示不自由	欺诈(相对人欺诈及第三人欺诈): 可撤销,第三人欺诈须相对人知道或应当知道方可撤销。	
	胁迫(相对人胁迫及第三人胁迫):可撤销。	
	显失公平:可撤销。	

一、意思表示不一致★★★

(一)单独虚伪表示

单独虚伪表示,又称真意保留,指行为人故意隐瞒其真意,而表示与其真意不同之意思的意思表示。构成要件:

1. 有意思表示存在;
2. 表示与内心真意不一致;
3. 表意人明知其表示与真意不符,而故为表示。

法律效力:原则,有效;例外,其不一致为相对人所明知者,无效。

[例] 甲、乙兄弟二人,受父亲影响,皆为茶痴,父死;依遗嘱,甲继承了父收藏的

全部普洱茶，包括将近 200 年历史的"金瓜贡茶"，兄弟因而失和。某日，甲母病笃，招甲、乙至其床前，泣告甲说："你弟弟，素好普洱茶，可否将你所分得的'金瓜贡茶'赠与你弟？"甲一直不愿意，为了暂时安慰老母，假意同意，乙表示接受，乙明知其兄内心无赠与'金瓜贡茶'的意思。

（1）甲发出的赠与要约是真意保留。
（2）若乙不知甲真意保留，赠与合同成立且有效。
（3）若乙知道甲真意保留，赠与合同无效。

（二）通谋虚伪表示

通谋虚伪表示，又称双方虚假行为，指表意人与相对人通谋而为虚假的意思表示。构成要件：

1. 有相对人的意思表示之存在；
2. 表示与真意不符；
3. 其非真意的表示与相对人通谋。所谓"通谋"，指表意人与相对人互相故意为非真意的表示。

法律效力：无效。

[例] 甲出卖房屋与丙，后见房价高涨，意图避免丙之要求实际履行合同；甲找来朋友乙，甲、乙约定，甲假装该套房屋出卖给乙，双方签订了虚假的买卖合同，并给乙办理了过户登记。

（1）甲、乙间的买卖合同属于通谋虚伪表示，无效。
（2）因买卖合同无效，虽给乙办理了过户登记，乙不能因此取得房屋所有权。

（三）隐藏行为

隐藏于双方虚假行为中依其真意所欲发生效力的法律行为。隐藏行为与双方虚假行为乃一个问题之两面。构成要件：

1. 须表意人具有真实的意思表示；
2. 须表意人另外作成虚伪行为；
3. 以双方虚假行为隐藏真实的意思表示。

法律效力：

1. 双方虚假行为无效；
2. 以虚假的意思表示隐藏的民事法律行为的效力，依照有关法律规定处理。

[例1] 甲欲以 Iphone 6S 赠与乙，为避免人情困扰，甲、乙双方签订买卖合同，赠与是被隐藏的法律行为，并不因隐藏而无效，仍应当适用关于赠与之规定。

[例2] 甲出售房屋，乙同意购买。为了少缴纳税款，双方约定，房屋价款1000万元，但双方签订的书面买卖合同写明的价款为 600 万元。后乙支付了 1000 万元房款，甲也给乙办理了过户登记。

（1）价款为 600 万元的书面买卖合同（"阳合同"）属于双方虚假行为，无效；
（2）价款为 1000 万元的买卖合同（"阴合同"）为隐藏行为，无效力瑕疵，有效。

（四）重大误解

行为人对行为的性质、对方当事人或者标的物的品种、质量、规格、价格、数量等产生错误认识，按照通常理解如果不发生该错误认识行为人就不会作出相应意思表示的，人民法院可以认定为民法典第 147 条规定的重大误解。

行为人能够证明自己实施民事法律行为时存在重大误解，并请求撤销该民事法律行为的，人民法院依法予以支持；但是，根据交易习惯等认定行为人无权请求撤销的除外。（《民法典总则编解释》第 19 条）

行为人以其意思表示存在第三人转达错误为由请求撤销民事法律行为的，适用重大误解的规定。（《民法典总则编解释》第 20 条）

1. 重大误解之构成要件

1. 表意人发生对行为的性质、对方当事人、标的物的品种、质量、规格和数量等的错误认识；
2. 因为错误，致使其表示出来的意思与其内心真意不一致；
3. 表意人因错误遭受较大损失。

法律效力：可撤销。

[例1] 甲收藏有一幅署名"徐悲鸿"之《八骏图》。甲以为是仿真度较高的赝品，就以 50 万元的价格出卖给乙并交付。事后得知，该画乃徐悲鸿的真迹，价值约 1 亿元。

（1）甲对画的品种发生误认（系对标的物的性质错误），且符合重大误解的构成要件。

（2）甲可撤销与乙的买卖合同，但（一般而言）甲需承担缔约过失责任。

[例2]（2014-3-3）甲入住乙宾馆，误以为乙宾馆提供的茶叶是无偿的，并予以使用，是对行为性质的误解，属于重大误解。

2. 动机错误——表意人自己承担风险的原则

重大误解须为对法律行为所形成之法律关系的要素错误（即对法律关系的主体、内容与客体发生错误），如果意思表示的内容并无错误，仅仅是作出意思表示的内心起因发生错误，属于动机错误，不构成重大误解。

动机错误是意思表示缘由的错误，即表意人在其意思表示形成的过程中，对其决定某特定内容意思表示具有重要性的事实。动机存于内心，他人无法窥知，自不许表意人撤销，而害及交易安全。

[例1] 甲误认其所有之《茶与法律》（作者：杨烁）一书遗失，心急如焚，遂向乙另行购买。后于其床底下找到该书。

[例2] 甲之女朋友丙，面圆体厚，甲初学面相，认为此乃旺夫之相，遂前往乙珠宝店购买 10 万元之订婚钻戒欲与丙结婚，后得知丙乃有夫之妇。

二、意思表示不自由的法律行为★★★

（一）欺诈

1. 构成要件

故意告知虚假情况，或者负有告知义务的人故意隐瞒真实情况，致使当事人基于错误认识作出意思表示的，可以认定为民法典规定的欺诈。（《民法典总则编解释》第 21 条）

构成要件	一方故意告知虚假事实或者隐瞒真实事实；
	对方因此陷入错误认识（欺诈与错误具有因果关系）；
	对方因此作出不真实的意思表示； （认识错误与不真实的意思表示之间具有因果关系）
	欺诈具有不正当性。
法律效力	可撤销。

2. 第三人实施欺诈

实施欺诈者为第三人时，须以相对人明知或应当知道第三人欺诈的事实，受欺诈人享有撤销权；相对人不知或不应当知道第三人欺诈的事实，受欺诈人不享有撤销权。

真题演练

1. 齐某扮成建筑工人模样，在工地旁摆放一尊廉价购得的旧蟾蜍石雕，冒充新挖出文物等待买主。甲曾以 5000 元从齐某处买过一尊同款石雕，发现被骗后正在和齐某交涉时，乙过来询问。甲有意让乙也上当，以便要回被骗款项，未等齐某开口便对乙说："我之前从他这买了一个貔貅，转手就赚了，这个你不要我就要了。"乙信以为真，以 5000 元买下石雕。关于所涉民事法律行为的效力，下列哪一说法是正确的？（2017-3-3 单）①

A. 乙可向甲主张撤销其购买行为

B. 乙可向齐某主张撤销其购买行为

C. 甲不得向齐某主张撤销其购买行为

D. 乙的撤销权自购买行为发生之日起 2 年内不行使则消灭

考点 第三人实施欺诈

（二）胁迫

1. 构成要件

以给自然人及其近亲属等的人身权利、财产权利以及其他合法权益造成损害或者以给法人、非法人组织的名誉、荣誉、财产权益等造成损害为要挟，迫使其基于恐惧心理作出意思表示的，可以认定为民法典规定的胁迫。（《民法典总则编解释》第 22 条规定）。

（1）故意告知实施危害；

（2）对方因此陷入恐惧（胁迫与恐惧具有因果关系）；

（3）对方因恐惧作出不真实的意思表示（恐惧与不真实的意思表示具有因果关系）；

（4）胁迫具有不法性（手段不法、目的不法、手段目的关联之不法）。

---

① 答案：B。【解析】考点1：第三人欺诈。《民法典》第 149 条规定："第三人实施欺诈行为，使一方在违背真实意思的情况下实施的民事法律行为，对方知道或者应当知道该欺诈行为的，受欺诈方有权请求人民法院或者仲裁机构予以撤销。"甲有意让乙也上当，以便要回被骗款项，未等齐某开口便对乙说："我之前从他这买了一个貔貅，转手就赚了，这个你不要我就要了。"乙信以为真，以 5000 元买下石雕。甲是合同当事人以外的第三人，对乙实施欺诈行为，且齐某知道甲的欺诈行为，故受欺诈方乙有权向齐某主张撤销其购买行为，B 选项正确。乙与甲并无合同关系，所以乙不得向甲主张撤销权，而应当向齐某主张撤销，故 A 选项错误。考点2：当事人欺诈。甲受齐某欺诈订立买卖石雕的合同，当然有权撤销合同，故 C 选项错误。考点3：除斥期间。因欺诈订立合同，行使撤销权的除斥期间是自知道或者应当知道撤销事由之日起一年，最长的除斥期间是自民事法律行为发生之日起五年，故 D 选项错误。

2. 法律效力：可撤销。

[例1] 甲，尘世间一迷途小书童，有一部相传乃陆羽亲笔书写的《茶经》，珍贵异常；乙闻悉，遂对甲说："10万元，把那本珍藏版《茶经》卖给我，否则将你扔进珠江。"乙曾于10年前因故意伤害入狱，甲无奈，答应把书卖给乙，双方签订合同并交付。（手段不法）

[例2] 甲，澳门赌业大亨，回大陆，对乙说："与你在珠海合资经营赌场，否则告发你偷税之事。"告发偷税，合法，且为人民应尽之义务，但其目的在于达成法律禁止或违反公序良俗的行为，因而具有不法性。（目的不法）

[例3] 甲，茫茫人海一屌丝，经营茶叶店，因茶专业不足，亏损严重，欲向高富帅之乙借款500万，乙要求甲提供担保。屌丝甲知道医生丙误用药物致人死亡，以告发其事胁迫丙做保证人。保证行为乃法律允许，揭发犯罪亦无不当，但以告发犯罪为手段，胁迫为人作保，其目的不在于回复所生的损害，与犯罪行为不具有内在关系，显失平衡，具有不法性。（手段目的关联之不法）

[例4] 甲，深富二代，无照驾车违规超速撞伤乙，乙对甲说："如果不马上赔偿，就告发你违章超速。"因其目的（赔偿）与手段（告发违章超速）具有内在关联，无不法性，不构成胁迫。

🔽真题演练

1. 下列哪一情形下，甲对乙不构成胁迫？（2013-3-3 单）①
   A. 甲说，如不出借1万元，则举报乙犯罪。乙照办，后查实乙构成犯罪
   B. 甲说，如不将藏獒卖给甲，则举报乙犯罪。乙照办，后查实乙不构成犯罪
   C. 甲说，如不购甲即将报废的汽车，将公开乙的个人隐私。乙照办
   D. 甲说，如不赔偿乙撞伤甲的医疗费，则举报乙醉酒驾车。乙照办，甲取得医疗费和慰问金

   考点 胁迫

2. 第三人实施胁迫

合同以外的第三人实施胁迫，无论相对人于订立合同时是否知悉第三人的胁迫行为，受胁迫人均享有撤销权。此点与第三人欺诈不同，原因是，胁迫具有难以容忍的违法性。

[例] 甲为购买年预期收益率20%的P2P理财产品，向乙借款100万，乙要求甲提供担保。甲要求朋友丙为其借款提供担保，丙不愿意，甲遂说："不提供担保，杀你全家。"丙惧之，提供担保。甲借款后，100万全部用于购买P2P理财产品。保证合同的当事人为丙、乙，第三人甲实施胁迫。与第三人欺诈不同，无论乙订立合同时是否知悉第三人甲的胁迫行为，受胁迫人丙均享有撤销权。

---
① 答案：D。【解析】考点1：胁迫。以给公民及其亲友的生命健康、荣誉、名誉、财产等造成损害，或者以给法人的荣誉、名誉、财产等造成损害为要挟，迫使对方作出违背真实的意思表示的，可以认定为胁迫行为。乙构成犯罪，举报其犯罪，手段合法，但强制他人借款目的不合法，构成胁迫，所以A选项错误。乙不构成犯罪，举报其犯罪，手段不法；强制出卖藏獒，目的不法，构成胁迫，因此B选项错误。公开他人隐私，手段不法，强制购买报废汽车目的也不合法，构成胁迫，C选项错误。举报醉驾，手段合法，同时是为了实现自己的合法权益，目的合法，且二者之间具有正当的关联性，故不成立胁迫，D选项正确。

（三）显失公平

一方利用对方处于危困状态、缺乏判断能力等情形，致使民事法律行为成立时权利义务明显不对等，违反公平、等价有偿原则。

1. 构成要件：

（1）合同当事人的权利义务明显不对等，违反公平、等价有偿原则；

（2）显失公平的事实发生在"民事法律行为成立时"；

（3）一方利用对方处于危困状态、缺乏判断能力等情形。

2. **缺乏判断能力的认定**（《合同编通则解释》第 11 条）

当事人一方是**自然人**，根据该当事人的年龄、智力、知识、经验并结合交易的复杂程度，能够认定其对合同的性质、合同订立的法律后果或者交易中存在的特定风险缺乏应有的认知能力的，可以认定该情形构成民法典第 151 条规定的"缺乏判断能力"。

3. 法律效力：可撤销。

甲，广州猎德村一土豪，以市价 2000 万元将自己位于广州二沙岛豪宅区独栋别墅出卖给乙，并交付房屋，但尚未办理过户登记。越明年，该房屋所在地区被国家征收，该房屋的拆迁补偿费用高达 4000 万元。显失公平的事实须发生在"合同订立之时"，甲、乙的买卖合同订立时，并无显失公平的情形。不构成显失公平。

💧真题演练

1. 陈老伯考察郊区某新楼盘时，听销售经理介绍周边有轨道交通 19 号线，出行方便，便与开发商订立了商品房预售合同。后经了解，轨道交通 19 号线属市域铁路，并非地铁，无法使用老年卡，出行成本较高；此外，铁路房的升值空间小于地铁房。陈老伯深感懊悔。关于陈老伯可否反悔，下列哪一说法是正确的？（2017-3-10 单）①

A. 属认识错误，可主张撤销该预售合同

B. 属重大误解，可主张撤销该预售合同

C. 该预售合同显失公平，陈老伯可主张撤销该合同

D. 开发商并未欺诈陈老伯，该预售合同不能被撤销

考点 欺诈、重大误解、显失公平

---

① 答案：D。【解析】考点 1：动机错误。陈老伯购买房屋内心想法是使用老年卡出行成本低，这是动机错误，对方无从知悉，不属于重大误解，故不能撤销。所以 A 选项错误、B 选项错误。考点 2：显失公平。《民法典》第 151 条规定："一方利用对方处于危困状态、缺乏判断能力等情形，致使民事法律行为成立时显失公平的，受损害方有权请求人民法院或者仲裁机构予以撤销。"题干中并无利用对方处于危困状态或缺乏判断能力等情形，不属于显失公平，C 选项错误。考点 3：欺诈。《民法典》第 148 条规定："一方以欺诈手段，使对方在违背真实意思的情况下实施的民事法律行为，受欺诈方有权请求人民法院或者仲裁机构予以撤销。"题干中销售经理介绍周边有轨道交通 19 号线，并无欺诈行为，所以 D 选项正确。

第10讲

有效的民事法律行为

一、民事法律行为的有效要件★★★

《民法典》第143条,具备下列条件的民事法律行为有效:(一)行为人具有相应的民事行为能力;(二)意思表示真实;(三)不违反法律、行政法规的强制性规定,不违背公序良俗。

(一)行为人具有相应的民事行为能力

民事法律行为是要设立、变更或消灭民事法律关系的行为,没有民事行为能力的主体,不能正确判断自己行为的性质和正确预见自己的行为后果,就不能独立实施民事法律行为,所以,当事人的民事行为能力是民事法律行为的首要条件。

[例]"相应的民事行为能力"指行为能力与其所进行的民事法律行为要相适应。如完全民事行为能力人,可以独立进行法律允许的一切民事活动;8周岁以上的未成年人可以进行与其年龄、智力相适应的民事法律行为,其他民事活动,由其法定代理人代理,或征得其法定代理人的同意。

(二)行为人意思表示真实

所谓意思表示真实,是指行为人的外部表示与其内心的真实意思相一致。

(三)不违反法律、行政法规的强制性规定,不违背公序良俗

不违法指行为内容和形式都不违法。公序良俗是民法的基本原则之一,民事主体进行民事活动必须与之相符,违背公序良俗的行为无效。

[例]如不得买卖禁止流通物,否则行为无效。又如中外合资经营企业合同必须经审批机构批准,否则合同不生效。

二、无权处分订立合同★★★(《合同编通则解释》第19条)

《民法典》第597条第1款规定:"因出卖人未取得处分权致使标的物所有权不能转移的,买受人可以解除合同并请求出卖人承担违约责任。"第2款规定:"法律、行政法规禁止或者限制转让的标的物,依照其规定。"

无权处分订立的买卖合同,不影响合同的效力,若无其他效力瑕疵,合同有效。此处须与善意取得结合理解。在无权处分情形下,即使买卖合同有效,也不一定发生物权变动。若符合善意取得的构成要件,则发生物权变动;否则不发生物权变动,受让人有权根据有效的合同请求出卖人承担违约责任。

1. 无权处分的合同效力

以转让或者设定财产权利为目的订立的合同,当事人或者真正权利人**不能**仅以让与人在订立合同时对标的物没有所有权或者处分权为由主张合同无效。

2. 权利人的救济

因未取得真正权利人事后同意或者让与人事后未取得处分权导致合同不能履行,受让

人**有权**主张**解除合同**并请求让与人承担**违反合同的赔偿责任**。

3. 权利变动

（1）符合民法典第311条善意取得的构成要件，受让人可以善意取得。

（2）不符合善意取得构成要件：无权处分的合同被认定有效，且让与人已经将财产交付或者移转登记至受让人，但不符合善意取得构成要件的，真正权利人有权请求认定财产权利未发生变动或者请求返还财产。

[例] 甲将其所有的 MacBookPro 笔记本电脑交由乙保管。乙声称该笔记本电脑是自己所有出卖给丙。

（1）乙、丙之间的买卖合同，不因乙没有处分权而被认定无效，如果没有其他效力瑕疵，该合同有效。

（2）但合同有效并不代表丙能取得该笔记本电脑的所有权。如果丙为善意，且以合理的价格受让，并完成交付，符合《民法典》第311条关于善意取得的构成要件，则丙取得该笔记本的所有权。

（3）若不符合《民法典》第311条关于善意取得的构成要件，如未完成交付，则丙不能取得该笔记本电脑的所有权。此时，如何保护丙的利益？因为合同有效，丙有权根据有效的合同，请求乙承担违约责任。

（4）当然，无权处分订立的买卖合同，有欺诈、胁迫等情形，则是可撤销；若有无效的事由，当然无效。

真题演练

1. 甲公司将1台挖掘机出租给乙公司，为担保乙公司依约支付租金，丙公司担任保证人，丁公司以机器设备设置抵押。乙公司欠付10万元租金时，经甲公司、丙公司和丁公司口头同意，将6万元租金债务转让给戊公司。之后，乙公司为现金周转将挖掘机分别以45万元和50万元的价格先后出卖给丙公司和丁公司，丙公司和丁公司均已付款，但乙公司没有依约交付挖掘机。关于乙公司与丙公司、丁公司签订挖掘机买卖合同的效力，下列表述错误的是：（2016-3-86 不定项）①

A. 乙公司可以主张其与丙公司的买卖合同无效

B. 丙公司可以主张其与乙公司的买卖合同无效

C. 乙公司可以主张其与丁公司的买卖合同无效

D. 丁公司可以主张其与乙公司的买卖合同无效

考点 有效的民事法律行为

---

① 答案：ABCD。【解析】考点：无权处分。《民法典》第597条第1款规定："因出卖人未取得处分权致使标的物所有权不能转移的，买受人可以解除合同并请求出卖人承担违约责任。"第2款规定："法律、行政法规禁止或者限制转让的标的物，依照其规定。"乙公司对挖掘机不享有所有权，擅自出卖给丙、丁挖掘机，属于无权处分。当事人有相应的民事行为能力，意思表示真实，不违反法律、行政法规的强制性规定，不违背公序良俗，有效。所以，A选项、B选型、C选项、D选项均错误，当选。

第 11 讲

效力未定民事法律行为

效力未定民事法律行为之效力有待于第三人意思表示，在第三人意思表示前，效力处于不确定状态的民事法律行为。效力未定的民事法律行为与可撤销民事法律行为不同，可撤销民事法律行为在撤销前是有效的民事法律行为，只是在撤销后溯及开始发生无效后果，其效力有效或无效有待表意人定夺；而效力未定民事法律行为的法律效力处于不确定状态，在确定前既非有效亦非无效，究竟是有效或无效有待第三人定夺。

效力未定民事法律行为与无效民事法律行为也不同，无效民事法律行为自始无效，不可能起死回生；而效力未定民事法律行为，效力既可能向有效发展，也可能归于无效。

效力未定民事法律行为之类型
（1）限制民事行为能力人依法不能独立订立的民事法律行为；
（2）狭义无权代理（不包括表见代理）订立的民事法律行为。

一、限制民事行为能力人依法不能独立订立的民事法律行为★★

这是指限制民事行为能力人实施超越其民事行为能力范围的行为。这类行为若获法定代理人同意或追认，即变为有效民事法律行为；反之，则为无效民事法律行为。（《民法典》第 145 条）

追认权	经法定代理人追认，民事法律行为自始有效；追认的意思表示到达相对人时，追认生效；追认具有溯及力，追认生效时，合同自始有效（自成立时有效）。
拒绝追认	法定代理人拒绝追认的，民事法律行为确定不发生效力；
催告权	相对人催告的，法定代理人应在三十日内予以追认，期满未作表示的，视为拒绝追认。
撤销权	法定代理人的追认表示到达相对人之前，善意的相对人享有撤销权，应当通知撤销民事法律行为。

[例1] 王聪，13 岁，富二代。2016 年 3 月 1 日与乙汽车 4S 店签订玛莎拉蒂汽车买卖合同，支付 150 万元，并将车开走带着自己的女票兜风。后王聪的父亲王林知道此事，深感该儿子有乃父之风。3 月 15 日乙汽车 4S 店电话催告王林，王林追认购车合同。追认具有溯及力，购车合同溯及于 2016 年 3 月 1 日生效。

二、狭义无权代理（不包括表见代理）订立的民事法律行为★★★

无代理权人所为之"代理行为"对本人没有效力，若本人事后追认，就成为名正言顺的代理行为，对本人发生效力；若本人否认，则该行为对行为人生效。在本人承认与否认前，该行为的效力处于不确定状态。（《民法典》第 171 条）

追认权	（1）经被代理人追认，民事法律行为自始有效； （2）追认的意思表示到达相对人时，追认生效；追认具有溯及力，追认生效时，合同自始有效（自成立时有效）。 （3）无权代理人以被代理人的名义订立合同，被代理人已经开始履行合同义务或者接受相对人履行的，视为对合同的追认。（《民法典》第503条）
拒绝追认	被代理人拒绝追认的，对被代理人不发生效力；
催告权	相对人可以催告被代理人自收到通知之日起三十日内予以追认。被代理人未作表示的，视为拒绝追认。
撤销权	行为人实施的行为被追认前，善意相对人有撤销的权利。撤销应当以通知的方式作出。
善意相对人的救济	1. 行为人实施的行为未被追认的，**善意相对人**有权请求行为人： （1）**履行债务**或者； （2）就其受到的损害**请求行为人赔偿**，但是赔偿的范围不得超过被代理人追认时相对人所能获得的利益。 2. 举证责任 （1）无权代理行为未被追认，相对人请求行为人履行债务或者赔偿损失的，由行为人就相对人知道或者应当知道行为人无权代理承担举证责任。 （2）行为人不能证明的，人民法院依法支持相对人的相应诉讼请求；行为人能够证明的，人民法院应当按照各自的过错认定行为人与相对人的责任。（《民法典总则编解释》第27条）

[例] 甲委托乙购买一批手机，乙以甲的名义向丙购买一批电脑。无权代理，签订的买卖合同效力未定，须被代理人的追认。甲追认，买卖合同自始有效；甲不追认，合同对甲不生效。善意相对人丙有权请求行为人履行债务或者就其受到的损害请求行为人赔偿，但是赔偿的范围不得超过被代理人追认时相对人所能获得的利益。

真题演练

1. 张某到王某家聊天，王某去厕所时张某帮其接听了刘某打来的电话。刘某欲向王某订购一批货物，请张某转告，张某应允。随后张某感到有利可图，没有向王某转告订购之事，而是自己低价购进了刘某所需货物，以王某名义交货并收取了刘某货款。关于张某将货物出卖给刘某的行为的性质，下列哪些说法是正确的？（2010-3-51 多）①

A. 无权代理
B. 无因管理
C. 不当得利
D. 效力未定

考点 效力未定的民事法律行为

---

① 答案：AD。【解析】考点1：无权代理与无因管理的区别。无权代理不以行为人有为本人谋利益的意思为条件，而无因管理却要求管理人须有为本人谋利益的意思。张某感到有利可图，没有得到王某的授权，以王某的名义将货物出卖给刘某并收取了刘某货款，并非为了王某的利益，因此张某的行为应为无权代理行为而非无因管理行为，可见 A 选项正确，B 选项错误。考点2：不当得利。张某的无权代理行为，若得到王某的追认，则张某与刘某所订立买卖合同的法律后果由王某承担。作为代理人的张某收取占有刘某的货款是合法的，不属于不当得利。若王某不追认，该无权代理行为由张某自担其责，承担向刘某供货的责任，此时王某收取占有刘某的货款也不属于不当得利，故 C 选项错误。考点3：效力未定的民事法律行为。《民法典》第 171 条第 1 款规定："行为人没有代理权、超越代理权或者代理权终止后，仍然实施代理行为，未经被代理人追认的，对被代理人不发生效力。"无权代理订立的民事法律行为，在被代理人追认前，处于效力未定状态，所以 D 选项正确。

第 12 讲

可撤销的民事法律行为

可撤销民事法律行为，简称可撤销行为，是因行为有法定的重大瑕疵而须以诉撤销的民事法律行为。民事法律行为如果意思表示有缺陷，不符合民事法律行为生效要件的，按理说都是无效的。但民法基于意思自治原则，对于只涉及当事人而不涉及国家或第三人利益的意思有缺陷的民事法律行为，将其有效还是无效的选择权赋予行为人自己，即赋予当事人撤销权，其若选择有效则放弃行使权利，若选择无效，则可行使撤销权。一旦当事人行使了撤销权，则被撤销部分的行为，就视同无效民事法律行为，自始不发生效力。

一、可撤销民事法律行为之类型

可撤销民事法律行为之类型	因欺诈订立的民事法律行为
	因胁迫订立的民事法律行为
	因重大误解订立的民事法律行为
	民事法律行为成立时显失公平

二、可撤销民事法律行为的效果 ★★★

民事法律行为符合法律规定的可撤销原因时，法律赋予行为人撤销权。撤销权是形成权，具有溯及力。

（一）撤销权行使及消灭

撤销之溯及力	（1）撤销前，可撤销的民事法律行为已经成立并生效。 （2）撤销权人依法行使撤销权的，民事法律行为自始无效。撤销具有溯及力。
撤销权之行使	（1）**撤销权的主体**：因欺诈、胁迫、显失公平产生的可撤销民事法律行为，撤销权只能由受害方行使；因重大误解产生的可撤销民事法律行为，撤销权则可以由行为人行使。 （2）**撤销权行使方式**：撤销权人须以**起诉**或者**申请仲裁**的方式行使撤销权。撤销权应当由当事人行使。当事人未请求撤销的，人民法院不应当依职权撤销合同。
撤销权之消灭 （《民法典》第152条）	（1）有下列情形之一的，撤销权消灭： ①当事人自知道或者应当知道撤销事由之日起一年内、重大误解的当事人自知道或者应当知道撤销事由之日起九十日内没有行使撤销权； ②当事人受胁迫，自胁迫行为终止之日起一年内没有行使撤销权； ③当事人知道撤销事由后明确表示或者以自己的行为表明放弃撤销权。 （2）当事人自民事法律行为发生之日起五年内没有行使撤销权的，撤销权消灭。

（二）以抗辩方式提出撤销权

1. 以抗辩方式提出撤销权

一方请求另一方履行合同，另一方以合同具有可撤销事由提出抗辩的，人民法院应当在审查合同是否具有可撤销事由以及是否超过法定期间等事实的基础上，对合同是否可撤销作出判断，不能仅以当事人未提起诉讼或者反诉为由不予审查或者不予支持。

2. 依据可撤销事由主张无效的处理

（1）一方主张合同无效，依据的却是可撤销事由，此时人民法院应当全面审查合同是否具有无效事由以及当事人主张的可撤销事由。

（2）当事人关于合同无效的事由成立的，人民法院应当认定合同无效。

（3）当事人主张合同无效的理由不成立，而可撤销的事由成立的，因合同无效和可撤销的后果相同，人民法院也可以结合当事人的诉讼请求，直接判决撤销合同。

3. 可撤销事由的确定

可撤销合同毕竟不同于无效合同，人民法院只能基于当事人主张的可撤销事由对合同效力进行审查，而不能无视当事人的主张依职权对全部的可撤销事由进行全面审查。为避免当事人在一审中以某一项可撤销事由提起诉讼（包括反诉）或抗辩，二审中又以另一项可撤销事由提起上诉或抗辩，导致人民法院在审查合同效力时处于不确定状态，一旦当事人以合同可撤销为由提起诉讼（包括反诉）或抗辩，一审法院就要向其释明，告知其明确可撤销事由。该事由一经明确，人民法院仅须针对当事人主张的该一项或多项可撤销事由进行审查即可，无须审查其他可撤销事由。

[例]（2009-3-56）乙公司以国产牛肉为样品，伪称某国进口牛肉，与甲公司签订了买卖合同，后甲公司得知这一事实。此时恰逢某国流行疯牛病，某国进口牛肉滞销，国产牛肉价格上涨。

（1）甲公司有权自知道样品为国产牛肉之日起一年内主张撤销该合同；

（2）甲公司有权决定履行该合同，乙公司无权拒绝履行；

（3）在甲公司决定撤销该合同前，乙公司有权按约定向甲公司要求支付货款。

可撤销民事法律行为与无效民事法律行为比较		
	可撤销民事法律行为	无效民事法律行为
事由不同	可撤销民事法律行为大多属于意思表示瑕疵。	无效民事法律行为既有意思瑕疵的，也有主体不合格的，还有违法的。
是否起诉	可撤销民事法律行为之撤销，须以诉为之。	无效民事法律行为是当然确定的无效，无须宣告。
效力不同	可撤销民事法律行为只有经过审判或者仲裁程序确定之后，才属无效，在当事人不申请撤销，或者虽然申请，但审判或者仲裁机关尚未作出撤销判决时，则还具有其效力。因此，它不是当然和绝对无效，而是相对无效行为。	无效的民事法律行为属于自始当然和绝对无效行为，无论表意人或利害关系人是否主张，都从行为开始就确定地不能发生法律行为的固有效力。法院或仲裁庭发现民事法律行为属无效时，可以不经当事人请求，径行认定无效。

真题演练

1. 甲用伪造的乙公司公章，以乙公司名义与不知情的丙公司签订食用油买卖合同，以次充好，将劣质食用油卖给丙公司。合同没有约定仲裁条款。关于该合同，下列哪一表述是正确的？（2013-3-4 单）[①]

   A. 如乙公司追认，则丙公司有权通知乙公司撤销
   B. 如乙公司追认，则丙公司有权请求法院撤销
   C. 无论乙公司是否追认，丙公司均有权通知乙公司撤销
   D. 无论乙公司是否追认，丙公司均有权要求乙公司履行

   考点 可撤销民事法律行为

【指导案例17号】	
张莉诉北京合力华通汽车服务有限公司买卖合同纠纷案	
【裁判要点1】	为家庭生活消费需要购买汽车，发生欺诈纠纷的，可以按照《中华人民共和国消费者权益保护法》处理。
【裁判要点2】	汽车销售者承诺向消费者出售没有使用或维修过的新车，消费者购买后发现系使用或维修过的汽车，销售者不能证明已履行告知义务且得到消费者认可的，构成销售欺诈，消费者要求销售者按照消费者权益保护法赔偿损失的，人民法院应予支持。

第 13 讲

无效民事法律行为

无效民事法律行为是指欠缺法律行为根本生效要件，自始、确定和当然不发生行为人意思之预期效力的民事法律行为。《民法典》第 55 条规定："无效的或者被撤销的民事法律行为自始没有法律约束力。"

一、无效民事法律行为的类型★★★

（一）无行为能力人实施的行为

无民事行为能力人实施的行为，因没有意思能力，不发生法律行为之效果意思的效力。《民法典》第 144 条规定："无民事行为能力人实施的民事法律行为无效。"

（二）通谋虚伪表示（《合同编通则解释》第 14 条）

《民法典》第 146 条第 1 款规定："行为人与相对人以虚假的意思表示实施的民事法律

[①] 答案：B。【解析】考点1：无权代理。甲无代理权，构成无权代理，所以乙公司名义签订的合同效力未定。如乙公司追认，则合同有效。如果不予追认，则合同自始无效。所以，C 选项、D 选项错误。考点2：欺诈。在乙公司追认之前，由于丙公司是不知情的善意第三人，可以通知的方式进行撤销，但此撤销权的行使，以被代理人没有追认为前提，故 A 选项错误。甲在签订合同之时，以次充好，存在欺诈，在乙公司追认之后，合同在乙丙之间生效，但属于可撤销的合同，因没有约定仲裁条款，丙公司作为被欺诈方，有权请求法院进行撤销，故 B 选项正确。

行为无效。"第2款："以虚假的意思表示隐藏的民事法律行为的效力，依照有关法律规定处理。"

通谋虚伪表示，又称双方虚假行为，无效。隐藏行为，按照该合同本身的效力来决定，有两种情形需注意：（1）规避法律、行政法规的强制性规定的，隐藏合同无效；但是，该强制性规定不导致该民事法律行为无效的除外。（2）规避法律、行政法规关于合同应当办理批准等手续的规定的，根据未经批准的合同规则认定隐藏合同效力。

[例] 甲欲以 IphoneX 赠与乙，为避免人情困扰，甲、乙双方签订买卖合同，赠与是被隐藏的法律行为，并不因隐藏而无效，仍应当适用关于赠与之规定。买卖合同是通谋虚伪表示，双方并无真实的买卖的意思表示，买卖合同无效。

（三）违反法律、行政法规效力性强制性规定的民事法律行为（《合同编通则解释》第16条）

违反法律、行政法规的强制性规定的民事法律行为无效。《民法典》第153条第1款规定："违反法律、行政法规的强制性规定的民事法律行为无效，但是该强制性规定不导致该民事法律行为无效的除外。"

1. 狭义的法律

本条所规定的"法律"是狭义的法律，仅包括全国人大及其常委会制定的法律。

2. 法律规范的分类

法律规范分为任意性规定和强制性规定。违反法律、行政法规的强制性规定的民事法律行为无效，但是该强制性规定不导致该民事法律行为无效的除外。此处的强制性规定，理论上认为是公法上的强制性规定。

[例] 要求企业须在核准登记的经营范围内经营，属于强制性规定。违反此规定超范围经营的，其行为不当然无效。违法经营需要许可证的食品药品等，其行为当然、绝对无效。反之，超范围经营一般产品的，其行为在民法上有效，因违反该规定可能会受到市场监督管理部门警告、罚款甚至吊销营业执照的处罚，能够实现该规定的立法目的，故不影响合同的效力。

3. 违反强制性规定不影响合同效力的情形

合同违反法律、行政法规的强制性规定，有下列情形之一，由行为人承担行政责任或者刑事责任能够实现强制性规定的立法目的的，不影响合同效力：

（1）强制性规定虽然旨在维护社会公共秩序，但是合同的实际履行对社会公共秩序造成的影响显著轻微，认定合同无效将导致案件处理结果有失公平公正。这是比例原则在合同效力中的具体运用。

（2）强制性规定旨在维护政府的税收、土地出让金等国家利益或者其他民事主体的合法利益而非合同当事人的民事权益，认定合同有效不会影响该规范目的的实现。

[例] 阴阳合同规避税收征管中，阳合同属于双方虚假行为无效，阴合同有效不影响税收征管规范目的的实现。

（3）强制性规定旨在要求当事人一方加强风险控制、内部管理等，对方无能力或者无义务审查合同是否违反强制性规定，认定合同无效将使其承担不利后果。

[例] 商业银行违反资本充足率等规定，与借款人签订借款合同。借款人无能力也无

义务对银行进行审查，认定借款合同无效将使借款人承担不利后果，故合同仍有效。

（4）当事人一方虽然在订立合同时违反强制性规定，但是在合同订立后其已经具备补正违反强制性规定的条件却违背诚信原则不予补正。

[例]《建设工程施工合同解释》第3条规定："当事人以发包人未取得建设工程规划许可证等规划审批手续为由，请求确认建设工程施工合同无效的，人民法院应予支持，但发包人在起诉前取得建设工程规划许可证等规划审批手续的除外。发包人能够办理审批手续而未办理，并以未办理审批手续为由请求确认建设工程施工合同无效的，人民法院不予支持。"

（5）法律、司法解释规定的其他情形。

[例]租赁合同未依法办理备案登记，不影响合同效力；法律、行政法规规定合同须经行政机关批准，属于成立未生效的合同。

只要不存在上述列举的违反强制性规定不导致合同无效的情形，就可以认定违反强制性规定的合同无效。

4.合同效力与合同履行

法律、行政法规的强制性规定旨在**规制合同订立后的履行行为**，当事人以合同违反强制性规定为由请求认定合同无效的，人民法院不予支持。但是，合同履行必然导致违反强制性规定或者法律、司法解释另有规定的除外。

[例]货车不得超载的规定是法律、行政法规的强制性规定，如果双方在货物运输合同中约定的内容是托运人可以要求承运人超载运输，则该约定因违反强制性规定而应当被认定无效；如果双方签订的是正常的货物运输合同，只是承运人在履行合同中超载运输了，则不影响合同效力。

如果当事人在订立运输合同时就知道或者应当知道承运人只能通过违反不得超载的规定才能履行货物运输合同，则该货物运输合同也应当被认定无效。

5.不适用《民法典》第153条第1款的情形（《合同编通则解释》第18条）

法律、行政法规的规定虽然有"应当""必须"或者"不得"等表述，但是该规定旨在限制或者赋予民事权利，行为人违反该规定将构成**无权处分、无权代理、越权代表**等，或者导致合同相对人、第三人因此获得撤销权、解除权等民事权利的，人民法院应当依据法律、行政法规规定的关于违反该规定的民事法律后果认定合同效力。

（四）违背公序良俗的民事法律行为

1.公序良俗的类型。公共秩序分为国家安全和社会公共秩序，前者指国家存在及发展所必需的一般秩序，包括国家的政治安全、经济安全、军事安全等；后者是社会的存在及发展所必需的一般秩序，主要包括社会管理秩序、生产秩序、工作秩序、交通秩序和公共场所秩序等。善良风俗一般包括涉及社会公德的善良风俗、涉及家庭伦理的善良风俗、涉及性道德的善良风俗、涉及人格尊严的善良风俗等。

2.违背公序良俗的民事法律行为无效（《民法典》第153条第2款）

合同虽然不违反法律、行政法规的强制性规定，但是有下列情形之一，人民法院应当依据民法典第153条第2款的规定认定合同无效：（《合同编通则解释》第17条第1款）

（1）合同影响政治安全、经济安全、军事安全等国家安全的；

（2）合同影响社会稳定、公平竞争秩序或者损害社会公共利益等违背社会公共秩序的；

（3）合同背离社会公德、家庭伦理或者有损人格尊严等违背善良风俗的。

3. 违背公序良俗的认定（《合同编通则解释》第 17 条第 2 款）

人民法院在认定合同是否违背公序良俗时，应当以社会主义核心价值观为导向，综合考虑当事人的主观动机和交易目的、政府部门的监管强度、一定期限内当事人从事类似交易的频次、行为的社会后果等因素，并在裁判文书中充分说理。当事人确因生活需要进行交易，未给社会公共秩序造成重大影响，且不影响国家安全，也不违背善良风俗的，人民法院不应当认定合同无效。

［例1］损害公共秩序：如以从事犯罪或帮助犯罪为内容的合同。

［例2］违背善良风俗：如约定断绝亲子关系的合同、代孕合同、换妻合同。

（五）恶意串通行为

行为人与相对人恶意串通，损害他人合法权益的民事法律行为无效。（《民法典》第 154 条）表意人与相对人通谋实施虚伪的意思表示，是专为侵害他人合法权益的，而他人不是表意人，既无从阻遏，又无权补救，甚至还可能"蒙在鼓里"，故法律直接干预，使它无效。该行为须具备下列条件：

1. 须表示与内心不一致

即外部表示与内心意思不一致，所表示的并不是行为人的真实意思，行为人内心存在谋取不正当利益或损害他人的意思，但是却故意制造某种进行民事法律行为的虚假现象。

［例］为逃避强制执行而假装把财产赠与相对人，事实上当事人并没有出赠和受赠的意思。

2. 须有恶意通谋

即表意人与相对人恶意串通。不但表意人单方面了解自己的表示是虚伪的，而且相对人也了解这一情况。串通指他们之间有勾结，有意思联络。而恶意则指对于该串通是完全了解的，表意人自己了解其表示与意思的不一致，不一致是恶意造成的，而不是出于认识上的错误。

3. 须损害他人的合法权益

恶意串通的意思表示，必须具有损害他人合法权益的目的。串通人之所以恶意串通，必然有其损人利己的非法目的。

［例］甲将一套房屋出卖给乙，交付房屋，但未办理过户登记。此后，甲又与"知情"的丙串通签订买卖合同，给丙办理过户登记。

甲、丙恶意串通，损害第三人乙的利益，乙得依照《商品房买卖合同解释》第 10 条以及《民法典》第 154 条，主张甲、丙合同无效。

若丙"不知情"，则无恶意串通适用之余地，甲丙合同有效，丙取得房屋所有权。

（六）免责条款无效（《民法典》第 506 条）

合同中的下列免责条款无效：

(1) 造成对方人身损害的；

(2) 因故意或者重大过失造成对方财产损失的。

民事法律行为部分无效，不影响其他部分效力的，其他部分仍然有效。(《民法典》第 156 条）

［例］甲、乙签订合同，其中有一条款约定："因甲方一般过失造成乙方人身损害的，甲方无须承担责任。"该条款针对人身损害，免责条款无效。

甲、乙签订合同，其中有一条款约定："因甲方重大过失造成乙方财产损害的，甲方无须承担责任。"该条款针对财产损害，无效；但是如果是一般过失，则有效。

二、无效民事法律行为的法律后果

《民法典》第 157 条规定："民事法律行为**无效**、**被撤销**或者**确定不发生效力**后，行为人因该行为取得的财产，应当予以返还；不能返还或者没有必要返还的，应当折价补偿。有过错的一方应当赔偿对方由此所受到的损失；各方都有过错的，应当各自承担相应的责任。法律另有规定的，依照其规定。"民事法律行为**不成立**，当事人请求返还财产、折价补偿或者赔偿损失的，参照适用民法典第 157 条的规定。(《民法典总则编解释》第 23 条、《合同编通则解释》第 24 条）

民事行为被确认无效以后会发生以下法律后果：

1. 返还财产或折价补偿。民事法律行为被确认无效，当事人因该行为取得的财产应当返还给对方。如果一方取得，取得方应返还给对方；如果双方取得，则双方返还。返还资金占用费：占用资金一方有过错，按照 LPR 计算；占用资金一方无过错，按照央行同期同类存款基准利率计算。

【注 1】合同不成立、无效、被撤销或者确定不发生效力，当事人请求返还财产，经审查财产能够返还的，人民法院应当根据案件具体情况，单独或者合并适用返还占有的标的物、更正登记簿册记载等方式；经审查财产不能返还或者没有必要返还的，人民法院应当以认定合同不成立、无效、被撤销或者确定不发生效力之日该财产的市场价值或者以其他合理方式计算的价值为基准判决折价补偿。(《合同编通则解释》第 24 条第 1 款）

【注 2】合同不成立、无效、被撤销或者确定不发生效力，有权请求返还价款或者报酬的当事人一方请求对方支付资金占用费的，人民法院应当在当事人请求的范围内按照中国人民银行授权全国银行间同业拆借中心公布的一年期贷款市场报价利率（LPR）计算。但是，占用资金的当事人对于合同不成立、无效、被撤销或者确定不发生效力没有过错的，应当以中国人民银行公布的同期同类存款基准利率计算。(《合同编通则解释》第 25 条第 1 款）

双方互负返还义务，当事人主张同时履行的，人民法院应予支持；占有标的物的一方对标的物存在使用或者依法可以使用的情形，对方请求将其应支付的资金占用费与应收取的标的物使用费相互抵销的，人民法院应予支持，但是法律另有规定的除外。(《合同编通则解释》第 25 条第 2 款）

2. 赔偿损失。民事法律行为被确认无效后，**有过错**的当事人应当赔偿对方的损失；双方有过错的，则应各自承担相应的责任。

[注] 除前款规定的情形外，当事人还请求赔偿损失的，人民法院应当结合财产返还或者折价补偿的情况，综合考虑财产增值收益和贬值损失、交易成本的支出等事实，按照双方当事人的过错程度及原因力大小，根据诚信原则和公平原则，合理确定损失赔偿额。（《合同编通则解释》第 24 条第 2 款）

3. 收归国家、集体所有或者返还第三人。双方恶意串通，实施民事法律行为损害国家、集体或者第三人利益的，应当追缴双方取得的财产，收归国家、集体所有或者返还第三人。

4. 在双方民事法律行为无效后，该行为中关于解决双方争议的意思表示，可以独立发生效力，不因该行为无效或被撤销不发生效力。《民法典》第 507 条规定："合同不生效、无效、被撤销或者终止的，不影响合同中有关解决争议方法的条款的效力。"

5. 民事法律行为部分无效，不影响其他部分效力的，其他部分仍然有效。（《民法典》第 156 条）

真题演练

1. 下列哪些情形属于无效合同？（2012-3-52 多）[①]

A. 甲医院以国产假肢冒充进口假肢，高价卖给乙

B. 甲乙双方为了在办理房屋过户登记时避税，将实际成交价为 100 万元的房屋买卖合同价格写为 60 万元

C. 有妇之夫甲委托未婚女乙代孕，约定事成后甲补偿乙 50 万元

D. 甲父患癌症急需用钱，乙趁机以低价收购甲收藏的 1 幅名画，甲无奈与乙签订了买卖合同

考点 无效的民事法律行为

[①] 答案：BC。【解析】考点 1：欺诈。甲医院以国产假肢冒充进口假肢，高价卖给乙，构成欺诈，是可撤销合同，A 选项错误。考点 2：双方虚假行为。《民法典》第 146 条第 1 款规定："行为人与相对人以虚假的意思表示实施的民事法律行为无效。"第 2 款："以虚假的意思表示隐藏的民事法律行为的效力，依照有关法律规定处理。"60 万元的房屋买卖合同，当事人并无真实意思表示，是双方虚假行为，无效；100 万元的房屋买卖合同，属于隐藏行为，没有效力瑕疵，有效。B 选项所提问的是 60 万元的合同，当然无效，正确。考点 3：违背公序良俗的民事法律行为无效。《民法典》第 153 条第 2 款规定："违背公序良俗的民事法律行为无效。"代孕合同违背公序良俗，而无效，所以 C 选项正确。考点 4：显失公平。甲父患癌症急需用钱，乙趁机以低价收购甲收藏的 1 幅名画，利用对方处于困境状态，为显失公平，属于可撤销合同，D 选项错误。

第4章 代理

第14讲 代理的特征及类型

《民法典》第162条规定:"代理人在代理权限内,以被代理人名义实施的民事法律行为,对被代理人发生效力。"代理是代理人于代理权限内,以本人(被代理人)名义向第三人(相对人)为意思表示或受领意思表示,而该意思表示直接对本人生效的民事法律行为。代理是一种至少有三方(被代理人、代理人、第三人)参加的民事法律关系。

[例]丙接受甲的委托,在甲授权的范围内,以甲的名义,同乙订立合同。在这种代理关系中,丙是代理人,甲是被代理人,也称本人,乙是第三人,也称相对人。实质上丙去签订的合同是甲和乙之间的合同。

一、代理的特征

(一)代理人是以被代理人的名义在代理权限范围内进行民事活动

代理人与法人代表不同。法人代表在代表法人时,自己的人格被法人吸收,法人代表的行为就是法人的行为;代理人在代理时,仍是以自己的意思独立实施行为,只是该行为的法律效果归属于本人。两者相似之处在于行为人均不承担行为的效果。

代理	(1)代理人有独立的意思表示; (2)代理形成三方结构; (3)无权代理实施的民事法律行为效力未定; (4)代理行为须被代理人授权。
代表	(1)代表人的行为在执行职务时视为法人的行为; (2)代表行为形成法人与相对人的双方结构; (3)超越权限订立的合同不能对抗善意相对人; (4)代表行为无须法人授权。

(二)代理实施的行为必须是有法律效果的行为

代理人所进行的代理活动,能够在被代理人和第三人之间设立、变更或终止某种民事法律关系。《民法典》第161条第1款规定:"民事主体可以通过代理人实施民事法律行为。"第2款规定:"依照法律规定、当事人约定或者民事法律行为的性质,应当由本人亲自实施的民事法律行为,不得代理。"

1. 代理的适用范围

(1) 代理的适用范围主要是民事法律行为。

(2) 民事法律行为以外的变动或者救济民事权利的行为也可准用代理,如代理申请专利商标、办理登记、代理诉讼等。

2. 不得适用代理的行为

(1) 具有人身性质的行为,如立遗嘱、婚姻登记、收养子女等;

(2) 法律规定或当事人约定应当由特定的人亲自为之的行为,如演出、讲课等;

(3) 事实行为,如代人算账、代人抄写、代拟合同文本等。

(三) 代理人进行代理活动时独立地进行意思表示

传达人	传达人仅是向第三人转告本人已作出的意思表示,易言之,本人只是借传达人的嘴作媒介而已,若有传达错误由传达人负过失赔偿责任。
中介人	中介人只是在当事人之间进行介绍,促使双方当事人缔约或交易,而双方成立民事法律行为中并无中介人自己的意思,而代理人则是以自己的意思表示在授权范围内为本人设定权利义务。
代理人	代理人是自己为意思表示,即本人是借代理人的脑袋为自己服务,代理人行为就是本人的行为。简而言之,传达是代理本人的"嘴";代理还包括"借脑"。

(四) 代理行为所产生的法律效果直接由被代理人承担

代理是被代理人经由代理人进行的民事法律行为,是为了设定本人自己的民事权利并负担民事义务。有关的撤销权、解除权等由被代理人享有,代理人须经被代理人授权方能以被代理人的名义行使。

[例] 中介人是受委托人的委托,为其报告签订合同的机会或充当双方当事人的媒介,而由委托人给付报酬的人。中介人不得代委托人签订合同,此是与代理人不同之处。

二、代理的类型★★★

(一) 直接代理与间接代理

1. 直接代理,代理人于代理权限内,以本人(被代理人)名义所为之意思表示或所受之意思表示,直接对本人发生效力的代理。

内部关系(产生代理权)	(1) **法定代理**:代理权来源于法律的规定; (2) **委托代理**:代理权来源于授权行为。
外部关系(代理行为关系)	代理人于代理权限内,以本人(被代理人)名义(显名)所为之意思表示或所受之意思表示。
法律效果归属关系	合同关系的当事人是被代理人、相对人。

2. 间接代理,是指受托人以自己的名义处理委任事务,其效果间接或直接归属于

委托人的代理。所谓间接，是受托人以自己的名义承受处理事务的效果后，再转给委托人；所谓直接，是在特定情形下，因委托人主张权利或被披露，委托事务之效果直接对其发生。

显名间接代理 （《民法典》 第925条）	（1）**以受托人名义订立合同**：受托人以自己的名义，在委托人的授权范围内与第三人订立的合同； （2）**第三人知情**：第三人在订立合同时知道受托人与委托人之间的代理关系； （3）**法律后果**：该合同直接约束委托人和第三人，但有确切证据证明该合同只约束受托人和第三人的除外。
隐名间接代理 （《民法典》 第926条）	（1）**以受托人名义订立合同** （2）**第三人不知情**：受托人以自己的名义与第三人订立合同时，**第三人不知道受托人与委托人之间的代理关系**； （3）**法律后果：** ①**委托人的介入权**：受托人因第三人的原因对委托人不履行义务，受托人应当向委托人披露第三人，委托人因此可以行使受托人对第三人的权利，但第三人与受托人订立合同时如果知道该委托人就不会订立合同的除外。 ②**第三人选择权**：受托人因委托人的原因对第三人不履行义务，受托人应当向第三人披露委托人，第三人因此可以**选择**受托人或者委托人作为相对人主张其权利，但第三人**不得变更**选定的相对人。

（二）意定代理与法定代理

这是以代理权产生的原因划分。意定代理之代理权基于本人的意思表示发生，如委托代理、职务代理等；法定代理之代理权由法律规定产生。

意定代理	委托代理	委托代理是代理人根据被代理人授权而进行的代理，即委托代理的代理权产生自本人的授权行为。	委托代理和职务代理等意定代理的基础关系可以各不相同，但共同特点是代理权皆产生于授权行为。因此，即使由于某种原因致使委托合同等基础关系不能成立或失去效力，也不影响代理人的代理权。这既是为了充分发挥代理制度的作用，又有利于维护正常的社会经济秩序和善意第三人的利益。《民法典》第170条第2款规定，法人或者非法人组织对执行其工作任务的人员职权范围的限制，不得对抗善意相对人。
	职务代理	职务代理是因劳动合同、聘用合同或雇佣合同之法律关系，受雇人就其职权范围内的事项，以法人或者非法人组织的名义实施民事法律行为，对法人或者非法人组织发生效力的代理。	
法定代理		法定代理是指以法律的直接规定为根据而产生的代理。法定代理主要是为民事法律行为能力欠缺者设计的，法律根据自然人之间的亲属关系，如父母子女、夫妻等而直接规定的代理权。如果有法定监护资格的人之间对担任监护人有争议，则需要由指定机关指定法定代理人，故指定代理在本质上还是法定代理。法定代理人原则上应代理被代理人的有关财产方面的一切民事法律行为和其他允许代理的行为，在性质上属于全权代理。	

职务代理，是委托代理的特殊形式。职务代理是因劳动合同、聘用合同或雇佣合同之法律关系，受雇人就其职权范围内的事项，以法人或者非法人组织的名义实施民事法律行为，对法人或者非法人组织发生效力的代理。《民法典》第 170 条第 2 款规定，法人或者非法人组织对执行其工作任务的人员职权范围的限制，不得对抗善意相对人。

1. 超越职权范围订立合同的效力

（1）法人、非法人组织的工作人员就**超越其职权范围的事项**以法人、非法人组织的名义订立合同，该合同对法人、非法人组织**不发生效力**。

（2）法人、非法人组织有过错的，承担**缔约过失责任**。

（3）构成表见代理的，应当依据民法典第 172 条**表见代理**的规定处理。

2. 超越职权范围的认定

合同所涉事项有下列情形之一的，应当认定法人、非法人组织的工作人员在订立合同时超越其职权范围：

（1）依法应当由法人、非法人组织的**权力机构**或者**决策机构**决议的事项；

（2）依法应当由法人、非法人组织的**执行机构**决定的事项；

（3）**依法应当由法定代表人、负责人**代表法人、非法人组织实施的事项；

（4）不属于通常情形下依其职权可以处理的事项。

上述情形属于非日常的重大交易，须法人、非法人组织**特别授权**，否则构成越权代理。

3. 未超越职权范围

（1）合同所涉事项未超越职权范围，但是**超越法人、非法人组织对工作人员职权范围的限制**，相对人**有权**主张该合同对法人、非法人组织发生效力并由其承担违约责任。但是，法人、非法人组织举证证明相对人知道或者应当知道该限制的除外。（推定相对人善意）

（2）该授权属于职务**概括授权**，仅适用于日常交易，相对人应从工作人员的职位判断该交易是否为日常交易。

4. 追偿

法人、非法人组织无论是承担表见代理的情况下的违约责任，还是承担无权代理情况下的缔约过失责任，其承担民事责任后，均可以向**故意或者有重大过失**的工作人员追偿。

（三）一般代理与特别代理

这是按代理权限的范围划分的。在委托代理中，对代理权限无特别限制的代理，称一般代理；对代理权限有特别限制的代理，称特别代理。

（四）本代理与复代理

这是按由谁选任代理人来区分的。由本人选任代理人的代理，称本代理；由代理人基于复任权选任代理人的代理，称复代理，又称再代理或转委托代理。

甲（被代理人），丙（代理人），乙（相对人）。若丙以自己的名义选择丁作为甲的代理人，则丁为复代理人。

丙须有复任权	（1）丙如为法定代理人，丙始终有复任权； （2）若丙为委托代理人，丙享有复任权的情形： ①甲事先同意的； ②甲事后追认的； ③在紧急情况下，为了保护甲利益而需要转托他人代理的。 （由于急病、通讯联络中断、疫情防控等特殊原因，委托代理人自己不能办理代理事项，又不能与被代理人及时取得联系，如不及时转委第三人代理，会给被代理人的利益造成损失或者扩大损失的，人民法院应当认定为民法典第169条规定的紧急情况。（《民法典总则编解释》第26条））
丁为甲的代理人	（1）丁是甲的代理人，而不是丙之代理人。 （2）复代理权不得大于本代理权，大于部分成为无权代理。
法律后果（《民法典》第169条）	（1）转委托代理经被代理人同意或者追认的，被代理人可以就代理事务**直接指示**转委托的第三人； （2）代理人仅就第三人的**选任**以及对第三人的**指示**承担责任； （3）转委托代理未经被代理人同意或者追认的，代理人应当对转委托的第三人的行为承担责任。

（五）单独代理与共同代理

按代理人是一人还是数人，代理区分为单独代理和共同代理。

单独代理	代理权属于一人。
共同代理	代理权属于两人以上。如数个代理人代理同一事项的，除当事人特别约定，数个代理人应当共同行使代理权。（《民法典》第166条规定） 数个委托代理人共同行使代理权，其中一人或者数人未与其他委托代理人协商，擅自行使代理权的，依据民法典第171条（无权代理）、第172条（表见代理）等规定处理。（《民法典总则编解释》第25条）

📖 真题演练

1. 下列哪些情形属于代理？（2012-3-53 多）[①]
   A. 甲请乙从国外代购1套名牌饮具，乙自己要买2套，故乙共买3套一并结账

[①] 答案：ABC。【解析】考点1：直接代理与间接代理。直接代理，代理人于代理权限内，以本人（被代理人）名义所为之意思表示或所受之意思表示，直接对本人发生效力的代理。间接代理，是指受托人以自己的名义处理委任事务，其效果间接或直接归属于委托人的代理。A选项中代理人以自己的名义订立合同，构成间接代理，所以正确。B选项代理人乙以其朋友(被代理人)名义购买茶叶，属于直接代理，正确。甲律师接受法院指定担任被告人乙的辩护人，属于指定代理，C选项正确。考点2：居间合同。居间合同是居间人向委托人报告订立合同的机会或者提供订立合同的媒介服务，委托人支付报酬的合同。居间合同不是代理，故D选项错误。

B. 甲请乙代购茶叶，乙将甲写好茶叶名称的纸条交给销售员，告知其是为自己朋友买茶叶

C. 甲律师接受法院指定担任被告人乙的辩护人

D. 甲介绍歌星乙参加某演唱会，并与主办方签订了三方协议

考点 代理

第15讲
代理权

代理权是能够据之进行代理并使行为的效力直接归属于被代理人的权限。代理权并不属于民事权利，而是一种权限、资格或法律地位。在代理关系中，代理权最为重要，不仅代理人的地位取决于它，而且代理人代理民事法律行为的范围，也取决于代理权。

一、代理权的产生★★

法定代理权因具备法律规定的法律事实而取得。委托代理权的取得根据是被代理人的授权行为。《民法典》第165条，委托代理授权采用书面形式的，授权委托书应当载明代理人的姓名或者名称、代理事项、权限和期间，并由被代理人签名或者盖章。授权行为与基础关系不同。

	基础关系	授权行为
性质不同	基础关系如委托、雇佣等均是契约，属双方民事法律行为。	授权行为是单方民事法律行为。
效果不同	契约基础关系只对缔约的当事人有效，受托人与他人之行为并不当然对本人生效。	授权行为发生代理权，代理人行使代理权得与第三人为民事法律行为并由本人承受该行为效果。
两者关系	授权行为是独立的民事法律行为，并不以基础关系为必要。	

[例] 茶叶店雇佣员工，叮嘱其只能观察学习，并未授权其销售茶叶，基础关系是雇佣合同，但并未授予代理权；员工深谙茶叶销售门道后，茶叶店授权其销售茶叶，则员工有代理权。代理权授予行为具有无因性，不受基础关系效力影响。当然，也可能在无基础关系情况下，茶叶店授权朋友甲销售茶叶，此时甲不负担出卖茶叶义务，可以卖也可以不卖。

二、滥用代理权★★★

代理权制度的价值在于"为本人计算"，因此代理人行使代理权当以为本人利益计算作为衡量；若非为被代理人计算，而是为自己计算或为他人计算的，则为代理权滥用，法律予以限制。

自己代理	（1）概念：指代理人以被代理人的名义与自己为法律行为，如代理人将自己房屋出租于本人。 （2）效力：《民法典》第168条第1款规定："代理人不得以被代理人的名义与自己实施民事法律行为，但是被代理人同意或者追认的除外。" （3）例外：证券公开交易为格式化买卖，证券公司自己代理时，因证券价格是由交易所竞价系统确定的，合同意思由格式条款充任，所以可以有效。
双方代理	（1）概念：指同时代理本人和相对人为同一法律行为。 （2）效力：《民法典》第168条第2款规定："代理人不得以被代理人的名义与自己同时代理的其他人实施民事法律行为，但是被代理的双方同意或者追认的除外。"
代理人与相对人恶意串通	代理人和相对人恶意串通，损害被代理人合法权益的，代理人和相对人应当承担**连带责任**。（《民法典》第164条） （1）法人、非法人组织不承担责任 法定代表人、负责人或者代理人与相对人恶意串通，以法人、非法人组织的名义订立合同，损害法人、非法人组织的合法权益，法人、非法人组织主张不承担民事责任的，人民法院应予支持。 此处的恶意串通，并非《民法典》第154条规定的导致合同绝对无效的恶意串通，因为此处的恶意串通损害的是法人、非法人组织的利益，不是"他人"利益。 （2）连带责任 法人、非法人组织请求法定代表人、负责人或者代理人与相对人对因此受到的损失承担连带赔偿责任的，人民法院应予支持。 （3）合同效力 法定代表人、负责人或者代理人与相对人恶意串通，损害法人、非法人组织的合法权益，是代表权或者代理权滥用的典型情形，其订立合同的行为自应构成越权代表或者无权代理，应当根据越权代表或者无权代理的规定认定合同效力：法人、非法人组织不予追偿，则不发生有权代理或者代表的后果，法人、非法人组织不承担任何责任；予以追认的，构成有权代理或者有权代表。即便法人、非法人组织予以追认，也不影响其基于民法典的规定，请求恶意串通的法定代表人、代理人与相对人承担连带责任。 （4）恶意串通的举证责任 根据法人、非法人组织的举证，综合考虑当事人之间的交易习惯、合同在订立时是否显失公平、相关人员是否获取了不正当利益、合同的履行情况等因素，人民法院能够认定法定代表人、负责人或者代理人与相对人存在恶意串通的高度可能性的，可以要求前述人员就合同订立、履行的过程等相关事实作出陈述或者提供相应的证据。其无正当理由拒绝作出陈述，或者所作陈述不具合理性又不能提供相应证据的，人民法院可以认定恶意串通的事实成立。

[例]（2016-3-4）甲公司员工唐某受公司委托从乙公司订购一批空气净化机，甲公司对净化机单价未作明确限定。唐某与乙公司私下商定将净化机单价比正常售价提高200元，乙公司给唐某每台100元的回扣。商定后，唐某以甲公司名义与乙公司签订了买卖合同。唐某与乙公司恶意串通损害甲公司的利益，应对甲公司承担连带责任。

三、代理权终止

法定代理终止的原因	《民法典》第175条规定："有下列情形之一的，法定代理终止： （一）被代理人取得或者恢复完全民事行为能力； （二）代理人丧失民事行为能力； （三）代理人或者被代理人死亡； （四）法律规定的其他情形。"
委托代理终止的原因（《民法典》第173条及174条）	（1）代理期限届满或者代理事务完成。 （2）被代理人取消委托或者代理人辞去委托。 ①授权行为如是向第三人表示的，撤回之意思表示也得告知第三人，或以公示方式（如将意思表示发表）进行。 ②辞去代理属于单方民事法律行为，于意思表示通知本人时生效，至于辞去代理是否构成对原因行为的违反，在所不问。 [例] 律师辞去代理导致违反与本人的委托合同，辞去行为仍有效，本人可追究代理人的违约责任。 （3）代理人丧失民事行为能力。 （4）代理人或者被代理人死亡。 （5）作为代理人或者被代理人的法人、非法人组织终止。 当然，被代理人死亡情形比较特殊： 《民法典》第174条规定，被代理人死亡后，有下列情形之一的，委托代理人实施的代理行为有效： （1）代理人不知道并且不应当知道被代理人死亡； （2）被代理人的继承人予以承认； （3）授权中明确代理权在代理事务完成时终止； （4）被代理人死亡前已经实施，为了被代理人的继承人的利益继续代理。 作为被代理人的法人、非法人组织终止的，参照适用前款规定。

真题演练

1. 甲公司与15周岁的网络奇才陈某签订委托合同，授权陈某为甲公司购买价值不超过50万元的软件。陈某的父母知道后，明确表示反对。关于委托合同和代理权授予的效力，下列哪一表述是正确的？（2015-3-4 单）[①]

A. 均无效，因陈某的父母拒绝追认

B. 均有效，因委托合同仅需简单智力投入，不会损害陈某的利益，其父母是否追认并不重要

C. 是否有效，需确认陈某的真实意思，其父母拒绝追认，甲公司可向法院起诉请求

[①] 答案：D。【解析】考点1：委托合同及代理权授予。委托代理权的取得根据是被代理人的授权行为。《民法典》第165条，委托代理授权采用书面形式的，授权委托书应当载明代理人的姓名或者名称、代理事项、权限和期间，并由被代理人签名或者盖章。授权行为是单方民事法律行为。考点2：无权代理。《民法典》第145条第1款规定："限制民事行为能力人实施的纯获利益的民事法律行为或者与其年龄、智力、精神健康状况相适应的民事法律行为有效；实施的其他民事法律行为经法定代理人同意或者追认后有效。"本案中的委托合同，是双方民事法律行为，陈某是限制行为能力人，超出了与年龄智力相适应的范围，属于效力待定的民事法律行为，须陈某的法定代理人追认，如果不追认则委托合同归于无效。陈某的父母知道后，明确表示反对，所以委托合同无效。代理权授予则是委托人甲公司的单方行为，有效。可见，A选项、B选项、C选项错误，D选项正确。

确认委托合同的效力

D. 委托合同因陈某的父母不追认而无效，但代理权授予是单方法律行为，无需追认即有效

考点 委托代理

第16讲

无权代理

狭义无权代理，是不属于表见代理的未授权之代理、越权代理、代理权终止后的代理的情形。表见代理是指虽无代理权但表面上有足以使人信为有代理权而须由本人负授权之责的代理。

广义的无权代理		
	狭义之无权代理	表见代理
构成要件	（1）代理人欠缺代理权； （2）代理人以被代理人的名义订立合同； （3）代理人订立的合同符合欠缺代理权以外的其他生效要件； （4）非属于表见代理。	（1）行为人欠缺代理权； （2）具有使相对人合理相信行为人具有代理权的外观；① （3）相对人不知道行为人行为时没有代理权，且无过失； （4）本人的行为与权利外观的形成具有牵连关系。 指本人有作为或者不作为实施某种表示，使相对人根据这一表示足以相信行为人有代理权。例如，把印章交付行为人保管，或把盖有印章的空白合同交付行为人，行为人以本人名义与第三人订立合同时，第三人根据行为人握有本人大印的事实，即可信行为人有代理权。即须可归责于被代理人，否则不成立表见代理。下列情形，不构成表见代理： ①行为人伪造、盗窃公章、合同书、授权委托书实施民事法律行为； ②假冒他人名义实施民事法律行为。
法律效力	（1）本人有追认权； （2）相对人有催告权，善意相对人有撤销权； （3）本人与无权代理人之间可形成无因管理之债或损害赔偿之债。 （4）行为人实施的行为未被追认的，善意相对人可以请求行为人履行债务或赔偿损失。	（1）发生有权代理的效果。 （2）被代理人承担有效代理行为所产生的责任后，可以向无权代理人追偿因代理行为遭受的损失。

---

① 同时符合下列条件的，可以认定为民法典第172条规定的相对人有理由相信行为人有代理权：①存在代理权的外观；（相对人就符合该条件承担举证责任）②相对人不知道行为人行为时没有代理权，且无过失。（被代理人就相对人不符合该条件承担举证责任）

【例】甲公司长期委任乙为总代理与丙公司交易，后甲撤销了对乙的授权，却未通知丙公司，乙此后再以甲公司的名义与丙公司订立合同，此即为表见代理。《民法典》第172条规定，行为人没有代理权、超越代理权或者代理权终止后，仍然实施代理行为，相对人有理由相信行为人有代理权的，代理行为有效。

【总结】	
1	无权代理所订立的民事法律行为效力未定，是指是否约束被代理人效力未定。
2	被代理人追认，无权代理行为约束被代理人和相对人；被代理人不追认，无权代理行为约束代理人和相对人。
3	无权代理中，行为人实施的行为被追认前，善意相对人有撤销的权利。撤销应当以通知的方式作出。 可撤销民事法律行为中，撤销权人行使撤销权的方式是诉讼或仲裁。

易错考点对比	
无权处分	（1）欠缺处分权； （2）无权处分以自己名义实施民事法律行为； （3）处分权的欠缺，不影响合同的效力。
无权代理	（1）无代理权； （2）无权代理人以被代理人名义实施民事法律行为； （3）无权代理成立的民事法律行为，效力未定。

真题演练

1. 吴某是甲公司员工，持有甲公司授权委托书。吴某与温某签订了借款合同，该合同由温某签字、吴某用甲公司合同专用章盖章。后温某要求甲公司还款。下列哪些情形有助于甲公司否定吴某的行为构成表见代理？（2014-3-52 多）①

A. 温某明知借款合同上的盖章是甲公司合同专用章而非甲公司公章，未表示反对
B. 温某未与甲公司核实，即将借款交给吴某
C. 吴某出示的甲公司授权委托书载明甲公司仅授权吴某参加投标活动
D. 吴某出示的甲公司空白授权委托书已届期

考点 表见代理

---

① 答案：CD。【解析】考点1：表见代理。《民法典》第172条规定："行为人没有代理权、超越代理权或者代理权终止后，仍然实施代理行为，相对人有理由相信行为人有代理权的，代理行为有效。"盖有合同专用章，无须公章，正是有权签订合同的表见事实，不能否定表见代理，故A选项错误。有授权委托书时，相对人相信其有代理权，具有权利外观，没有向公司核查的义务和必要，B选项的主张也不能否定表见代理，错误。考点2：无权代理。授权书明确载明授权的范围是参加投标而没有授权借款，温某已经知悉吴某没有代理权，当然可以否定构成表见代理，故C选项正确。授权书明确了期限，并且已经过期的情况下，温某也已经知悉吴某没有代理权，欠缺权利外观，可否定表见代理，所以D选项正确。

第5章 诉讼时效与期间

第17讲

诉讼时效之性质及适用范围

一、诉讼时效之性质 ★★

概念	诉讼时效，又称消灭时效，指权利人持续不行使请求权达到法定期间即丧失请求司法机关以强制力保护其请求权的法律制度。 诉讼时效是一种法律事实，是时间对请求权的效力。
性质	（1）诉讼时效具有强制性，**不得延长**或者**缩短**诉讼时效期间，也**不得预先放弃**时效利益。 （2）诉讼时效的期间、计算方法以及中止、中断的事由由法律规定，当事人约定无效。
效力	（1）债权人仍可起诉； （2）债务人可以提出抗辩：一审；二审（须有新证据） 当事人在一审期间未提出诉讼时效抗辩，在二审期间提出的，法院不予支持，但其基于新的证据能够证明对方当事人的请求权已过诉讼时效期间的情形除外。 当事人未按照上述规定提出诉讼时效抗辩，以诉讼时效期间届满为由申请再审或者提出再审抗辩的，法院不予支持。 （3）法院不得主动援引诉讼时效，也不得阐明； （4）债务人仍然享有实体权利，债务人自愿履行仍有效，不构成不当得利。
放弃时效利益	（1）诉讼时效期间届满，当事人一方向对方当事人作出同意履行义务的意思表示或者自愿履行义务后，又以诉讼时效期间届满为由进行抗辩的，人民法院不予支持。 （2）当事人双方就原债务达成新的协议，债权人主张义务人放弃诉讼时效抗辩权的，人民法院应予支持。 （3）超过诉讼时效期间，贷款人向借款人发出催收到期贷款通知单，债务人在通知单上签字或者盖章，能够认定借款人同意履行诉讼时效期间已经届满的义务的，对于贷款人关于借款人放弃诉讼时效抗辩权的主张，人民法院应予支持。

[例]甲、乙签订借款合同，合同约定甲永远要还款，不适用诉讼时效，乙同意。当然不行，诉讼时效是强制性规定，不允许当事人约定排除适用。甲、乙咨询律师后，知道不能排除诉讼时效的适用，改而约定诉讼时效为30年是否可以？不可以。诉讼时效是强制性规定，不得延长、缩短或预先放弃。过了5年，已经过了3年的诉讼时效期间，乙向法院起诉要求甲还款，甲没有主张时效经过的抗辩权，法院能否在判决书中明确时效期间

已经经过？也不允许。法院应当处于中立地位，不应对诉讼时效问题进行释明及主动适用诉讼时效的规定进行裁判。

二、诉讼时效的适用范围★★★

诉讼时效的适用范围，也就是诉讼时效的客体，即哪些权利适用诉讼时效。依据诉讼时效制度的立法目的，诉讼时效仅对请求权适用。请求权以外的权利，如所有权、人格权等支配权不受诉讼时效的限制。但基于所有权和人格权而发生的请求权，则应适用诉讼时效。另外，并非所有的请求权都适用诉讼时效。

依民法理论，适用诉讼时效的请求权为债权请求权。包括基于合同债权的请求权（履行请求权、损害赔偿请求权、违约金请求权等）、基于侵权行为的请求权、基于无因管理的请求权、基于不当得利的请求权等。

不适用诉讼时效的请求权：(《民法典》第196条，《诉讼时效规定》第1条)
（1）请求停止侵害、排除妨碍、消除危险；
（2）不动产物权和登记的动产物权的权利人请求返还财产；
（3）请求支付抚养费、赡养费或者扶养费；
（4）支付存款本金及利息请求权；
（5）兑付国债、金融债券以及向不特定对象发行的企业债券本息请求权；
（6）基于投资关系产生的缴付出资请求权；
（7）其他依法不适用诉讼时效规定的债权请求权。

[例]（2014-3-53）当事人请求撤销合同，不是债权请求权，是形成权，不适用诉讼时效；当事人请求确认合同无效，不是债权请求权，也不适用诉讼时效；业主大会请求业主缴付公共维修基金，属于建筑物区分所有权的内容，并非债权请求权，不适用诉讼时效。按份共有人请求分割共有物，是形成权，不适用诉讼时效。

三、诉讼时效与除斥期间

	诉讼时效	除斥期间
适用范围	主要是债权请求权	形成权
期间性质	可变期间	不变期间
起算点	自权利人知道或者应当知道权利受到损害以及义务人之日	自权利人知道或者应当知道权利产生之日
期间经过之效果	义务人获得抗辩权，实体权利不消灭。	形成权消灭
价值定位不同	诉讼时效的规范功能则是为了维护新事实状态，诉讼时效期间届满，新法律关系状态得到法律肯定。	除斥期间的规范功能旨在维持原事实状态，除斥期间届满原事实状态之法律关系状态得到维持。

第18讲

诉讼时效期间

一、诉讼时效期间★★★

（一）诉讼时效期间的类型

最长诉讼时效期间	20年（自权利受到损害之日起计算）；
普通诉讼时效期间	3年（诉讼时效期间自权利人知道或者应当知道权利受到损害以及义务人之日起计算。）
特殊诉讼时效期间	4年：（1）国际技术进出口合同；（2）国际货物买卖合同。 5年：人寿保险合同中的保险金支付请求权（《保险法》第26条）

（二）诉讼时效期间的起算

最长诉讼时效期间的起算	20年最长时效期间，自权利被侵害之日起计算（开始的当天不算入，下同）。
普通诉讼时效及特殊诉讼时效期间的起算	诉讼时效期间自权利人知道或者应当知道权利受到损害以及义务人之日起计算。法律另有规定的，依照其规定。 无民事行为能力人或者限制民事行为能力人的权利受到损害的，诉讼时效期间自其法定代理人知道或者应当知道权利受到损害以及义务人之日起计算，但是法律另有规定的除外。（《民法典总则编解释》第36条）
	（1）约定有清偿期的债权，自期限届满时起算。 ①当事人约定同一债务分期履行的，诉讼时效期间自最后一期履行期限届满之日起计算。 ②未约定履行期限的合同，依照法律规定，可以确定履行期限的，诉讼时效期间从履行期限届满之日起计算；不能确定履行期限的，诉讼时效期间从债权人要求债务人履行义务的宽限期届满之日起计算，但债务人在债权人第一次向其主张权利之时明确表示不履行义务的，诉讼时效期间从债务人明确表示不履行义务之日起计算。
	（2）附生效条件的请求权，自条件成就之时起算，因为条件成就前，其权利尚属不可行使的期待权。
	（3）损害赔偿请求权，应视请求权发生的事实性质而定： ①对于因债务不履行而生的债权之损害赔偿请求权的诉讼时效期间，应自债务不履行时起算。

续表

普通诉讼时效及特殊诉讼时效期间的起算	②对于因人身受伤害而发生的损害赔偿请求权，伤害明显的，从受伤害之日起算；伤害当时未曾发现，后经检查确诊并能证明是由侵害引起的，从伤势确诊之日起算。 ③对于其他的因侵权行为而发生的损害赔偿请求权，其时效期间应自权利人已知或应知其权利受损害及侵害人为谁时起计算。
	（4）返还不当得利请求权的诉讼时效期间，从当事人一方知道或者应当知道不当得利事实及对方当事人之日起计算。
	（5）管理人因无因管理行为产生的给付必要管理费用、赔偿损失请求权的诉讼时效期间，从无因管理行为结束并且管理人知道或者应当知道本人之日起计算。本人因不当无因管理行为产生的赔偿损失请求权的诉讼时效期间，从其知道或者应当知道管理人及损害事实之日起计算。
	（6）合同被撤销，返还财产、赔偿损失请求权：诉讼时效期间从合同被撤销之日起计算。
	（7）无民事行为能力人或者限制民事行为能力人对其法定代理人的请求权：诉讼时效期间自该法定代理终止之日起计算。 无民事行为能力人、限制民事行为能力人的权利受到原法定代理人损害，且在取得、恢复完全民事行为能力或者在原法定代理终止并确定新的法定代理人后，相应民事主体才知道或者应当知道权利受到损害的，有关请求权诉讼时效期间的计算自知道或者应当知道权利受到损害以及义务人之日起计算，但是法律另有规定的除外。（《民法典总则编解释》第37条） ［例］甲8周岁，因参加钢琴比赛获得大量奖金。甲的父母乙、丙为了甲的利益，考虑到甲的奖金存放银行增值有限，遂将奖金全部购买了股票，但恰遇股市暴跌，甲的奖金损失过半。如主张赔偿，甲对父母的诉讼时效期间自该法定代理终止之日起计算。
	（8）未成年人遭受性侵害的损害赔偿请求权：诉讼时效期间自受害人年满十八周岁之日起计算。

第19讲

诉讼时效的中断、中止及延长

一、诉讼时效中断★★★

诉讼时效中断是指因有与权利人怠于行使权利相反的事实，使已经过的时效期间失去效力，而须重新起算时效期间的制度。最长诉讼时效期间不会发生中断，仅普通和特殊诉讼时效期间发生中断。

（一）诉讼时效中断的事由（《民法典》第195条）

有下列情形之一的，诉讼时效中断，**从中断、有关程序终结时起，**诉讼时效期间重新计算：

1. 权利人向义务人提出履行请求（权利人向义务人的代理人、财产代管人或者遗产管理人等提出履行请求的，可以认定诉讼时效中断。)

（1）当事人一方直接向对方当事人送交主张权利文书，对方在文书上签名、盖章、按指印或者虽未签名、盖章、按指印但能够以其他方式证明该文书到达对方当事人的；

（2）当事人一方以发送信件或者数据电文方式主张权利，信件或者数据电文到达或者应当到达对方当事人的；

（3）当事人一方为金融机构，依照法律规定或者当事人约定从对方当事人帐户中扣收欠款本息的；

（4）当事人一方下落不明，对方当事人在国家级或者下落不明的当事人一方住所地的省级有影响的媒体上刊登具有主张权利内容的公告的，但法律和司法解释另有规定的，适用其规定；

（5）权利人对同一债权中的部分债权主张权利，诉讼时效中断的效力及于剩余债权，但权利人明确表示放弃剩余债权的情形除外。

[例] 甲向银行借款100万元，乙提供价值80万元房产作抵押，银行实现对乙的抵押权后，会导致剩余的20万元主债务诉讼时效中断。

（6）对于连带债权人中的一人发生诉讼时效中断效力的事由，应当认定对其他连带债权人也发生诉讼时效中断的效力。

（7）对于连带债务人中的一人发生诉讼时效中断效力的事由，应当认定对其他连带债务人也发生诉讼时效中断的效力。

[例] 甲和乙对丙因共同侵权而需承担连带赔偿责任计10万元，丙要求甲承担8万元。丙的行为，导致甲和乙对丙负担的连带债务诉讼时效均中断。

（8）债权人提起代位权诉讼的，应当认定对债权人的债权和债务人的债权均发生诉讼时效中断的效力。

（9）债权转让的，应当认定诉讼时效从债权转让通知到达债务人之日起中断。

（10）债务承担情形下，构成原债务人对债务承认的，应当认定诉讼时效从债务承担意思表示到达债权人之日起中断。

2. 义务人同意履行义务

（1）义务人作出分期履行、部分履行、提供担保、请求延期履行、制定清偿债务计划等承诺或者行为的，自债务人同意履行义务之日起诉讼时效中断。债权人与债务人约定有履行期限的，诉讼时效期间从履行期限届满之日起重新计算；

（2）债务承担情形下，构成原债务人对债务承认的，诉讼时效从债务承担意思表示到达债权人之日起中断。

3. 权利人提起诉讼或者申请仲裁

当事人一方向人民法院提交起诉状或者口头起诉的，诉讼时效从提交起诉状或者口头起诉之日起中断。但是，权利人于起诉后又撤诉的，其起诉是否发生诉讼时效中断的效果呢？法律没有明确规定，一般认为，起诉已表明权利人行使权利的事实，即使撤诉也仅是放弃公力救济，其内含请求之意思并未因撤诉而撤销，故应视为与请求相同的发生中断时效的效果。

4. 与提起诉讼或者申请仲裁具有同等效力的其他情形

（1）权利人向人民调解委员会以及其他依法有权解决相关民事纠纷的国家机关、事业单位、社会团体等社会组织提出保护相应民事权利的请求，诉讼时效从提出请求之日起中断；

（2）权利人向公安机关、人民检察院、人民法院报案或者控告，请求保护其民事权利的，诉讼时效从其报案或者控告之日起中断。该等机关决定不立案、撤销案件、不起诉的，诉讼时效期间从权利人知道或者应当知道不立案、撤销案件或者不起诉之日起重新计算；刑事案件进入审理阶段，诉讼时效期间从刑事裁判文书生效之日起重新计算；

（3）申请支付令；

（4）申请破产、申报破产债权；

（5）为主张权利而申请宣告义务人失踪或死亡；

（6）申请诉前财产保全、诉前临时禁令等诉前措施；

（7）申请强制执行；

（8）申请追加当事人或者被通知参加诉讼；

（9）在诉讼中主张抵销；等等。

（二）诉讼时效中断的法律效果

诉讼时效中断的事由发生后，已经过的时效期间归于无效，中断事由存续期间，时效不进行，中断事由终止时，重新计算时效期间。诉讼时效中断后，在新的诉讼时效期间内，再次出现中断事由，可以认定为诉讼时效再次中断。

（1）因请求或同意中断时效的，书面通知应以到达相对人时为事由终止；口头通知应以相对人了解时为事由终止。在时效期间重新起算后，权利人再次请求或义务人再次同意履行义务的，诉讼时效可再次中断。

（2）因提起诉讼或仲裁中断时效的，应于诉讼终结或法院作出裁判时为事由终止；权利人申请执行程序的，应以执行程序完毕之时为事由终止。

（3）因调解中断时效的，调处失败的，以失败之时为事由终止；调处成功而达成合同的，以合同所定的履行期限届满之时为事由终止。

二、诉讼时效中止★★★

诉讼时效中止，指在诉讼时效期间的**最后 6 个月**内，因发生了债权人不能主张债权的法定事由，停止计算诉讼时效。最长时效期间不发生中止，仅普通和特殊时效期间发生中止。

（一）诉讼时效中止的事由

（1）不可抗力；

（2）无民事行为能力人或者限制民事行为能力人没有法定代理人，或者法定代理人死亡、丧失民事行为能力、丧失代理权；

（3）继承开始后未确定继承人或者遗产管理人；

（4）权利人被义务人或者其他人控制；

（5）其他导致权利人不能行使请求权的障碍。

（二）诉讼时效中止的法律效果

中止时效的法定事由必须在诉讼时效期间的最后 6 个月内发生，或法定事由虽发生于 6 个月前，但持续至最后 6 个月内的，才能发生中止时效的法律效果。

（1）法定事由发生前已经过的时效期间仍为有效，法定事由经过的期间为时效中止期间，不发生时效期间的效力，法定事由消除后，时效期间继续进行；

（2）法定事由发生在最后 6 个月内，中止原因消除后，无论剩余时效期间剩多少，一概再予 6 个月。

三、诉讼时效延长★★

诉讼时效期间延长是指因特殊情况，法院对已经完成的最长诉讼时效期间给予的延展。期间的延长与中止、中断不同，它只适用于最长诉讼时效期间已经完成的情形，《民法典》第188条第2款规定，自权利受到损害之日起超过20年的，人民法院不予保护；有特殊情况的，人民法院可以根据权利人的申请决定延长。

（1）特殊情况。诉讼时效延长适用的原因为"特殊情况"，既谓之特殊，应是民法总则没有规定的，要通过司法实务的经验积累，或有待将来立法或司法解释阐明。

（2）被动适用。适用最长诉讼时效须由权利人申请，未申请的，法院不能决定给予时效延长。

（3）由法院决定延长。决定的结果有同意申请延长或不同意申请延长，若同意延长，延长多长时间，法院有一定的自由裁量权；而一般诉讼时效中止和中断的适用条件都是有法律规定的，只要当事人诉请即可，不用另行申请，法院也无权作出改变适用条件的决定。

真题演练

1.甲8周岁，多次在国际钢琴大赛中获奖，并获得大量奖金。甲的父母乙、丙为了甲的利益，考虑到甲的奖金存放银行增值有限，遂将奖金全部购买了股票，但恰遇股市暴跌，甲的奖金损失过半。关于乙、丙的行为，下列哪些说法是正确的？（2016-3-52多）①

A. 乙、丙应对投资股票给甲造成的损失承担责任

B. 乙、丙不能随意处分甲的财产

C. 乙、丙的行为构成无因管理，无须承担责任

D. 如主张赔偿，甲对父母的诉讼时效期间在进行中的最后6个月内因自己系无行为能力人而中止，待成年后继续计算

考点 诉讼时效中止

第20讲

期间

一、期间的含义

期限是民事权利义务关系发生、变更、消灭的时间，其可分为期日与期间。

期日，是指不可分或视为不可分的特定时间，如某日、某月或某年。期间，是指从起始的时间到终止时间所经过的时之区间，如从某年某月某日至某年某月某日，前一个时间是起

---

① 答案：AB（司法部答案：ABD）。【解析】考点1：监护人的职责及责任。《民法典》第35条规定："监护人应当按照最有利于被监护人的原则履行监护职责。监护人除为维护被监护人利益外，不得处分被监护人的财产。"非为了维护被监护人甲的利益，监护人乙、丙不得随意处分甲的财产，因此B选项正确。乙、丙购买股票的行为存在风险，未尽到监护人的注意义务，给甲造成了财产损失，应当赔偿损失，所以A选项正确。考点2：无因管理。父母乙和丙作为甲的法定监护人具有法律上的义务，不属于无因管理，所以C选项错误。考点3：诉讼时效。《民法典》第190条规定："无民事行为能力人或者限制民事行为能力人对其法定代理人的请求权的诉讼时效期间，自该法定代理终止之日起计算。"甲对父母的请求权的诉讼时效期间自法定代理终止之日起计算，D选项诉讼时效尚未开始计算，当然无所谓的中止问题，所以D选项错误。司法部原答案认为D选项正确，但《民法典》颁布后，答案应当修正，本题答案应改为：AB。

始时间，后一个时间为终止时间，其间继续的时间就是期间。期间的特征是表示时间长度中的某一点到某一点的区间。与期日所表示的时间之"点"不同，它是表示时间之"线"。

二、期间的计算方法

期间的计算方法有两种，一是自然计算法，即以实际经过的时间为计算期间的时间。例如，9月9日下午5时到9月16日上午10时，期间分秒不差。二是历法计算法，即以日历所定的年、月、日为计算单位。《民法典》第201条第1款规定："按照年、月、日计算期间的，开始的当日不计入，自下一日开始计算。"第2款规定："按照小时计算期间的，自法律规定或者当事人约定的时间开始计算。"

（1）按照年、月计算期间的，到期月的对应日为期间的最后一日；没有对应日的，月末日为期间的最后一日。

（2）期间的最后一日是法定休假日的，以法定休假日结束的次日为期间的最后一日。

（3）期间的最后一日的截止时间为二十四时；有业务时间的，停止业务活动的时间为截止时间。

民法所称的"以上""以下""以内""届满"，包括本数；所称的"不满""超过""以外"，不包括本数。

【易错考点提示】

1	适用于诉讼时效的物权请求权，仅限于"未经登记的动产物权返还请求权"，不动产物权或登记的动产物权返还请求权，不适用诉讼时效。
2	普通诉讼时效和特殊诉讼时效不可能并存于一个债权债务关系中。
3	最长诉讼时效与普通或特殊诉讼时效并存于一个债权债务关系中。此时，最长诉讼时效期间与普通或特殊诉讼时效期间任一期间届满，诉讼时效即届满。
4	诉讼时效期间届满后，债务人全部履行或同意全部履行的，全部不得反悔； 诉讼时效期间届满后，债务人部分履行或同意部分履行的，该部分不得反悔。

真题演练

1. 甲公司向乙公司催讨一笔已过诉讼时效期限的10万元货款。乙公司书面答复称："该笔债务已过时效期限，本公司本无义务偿还，但鉴于双方的长期合作关系，可偿还3万元。"甲公司遂向法院起诉，要求偿还10万元。乙公司接到应诉通知后书面回函甲公司称："既然你公司起诉，则不再偿还任何货款。"下列哪一选项是正确的？（2014-3-5单）①

A. 乙公司的书面答复意味着乙公司需偿还甲公司3万元

B. 乙公司的书面答复构成要约

C. 乙公司的书面回函对甲公司有效

D. 乙公司的书面答复表明其丧失了10万元的时效利益

考点 放弃时效利益

---

① 答案：A。【解析】考点1：时效利益放弃。《民法典》第192条第2款规定："诉讼时效期间届满后，义务人同意履行的，不得以诉讼时效期间届满为由抗辩；义务人已自愿履行的，不得请求返还。"甲乙之间的合同之债已过了诉讼时效。乙公司在书面答复中承诺对于过了时效的10万元债务偿还3万元，构成对于3万元时效利益的放弃，因此，应当向甲公司偿还承认的3万元，所以A选项正确，D选项错误。乙公司已经通过书面答复承认了3万元的债务，该3万元的时效利益已经被放弃，书面回函对甲公司不发生效力，因此C选项错误。考点2：要约。要约是希望和他人订立合同的意思表示。乙的书面答复缺少订立合同的意图，不构成要约，因此B选项错误。

02 Part
物 权

第1章 物权基本理论

第21讲 物及物之分类

一、物的特征

物,指存在于人体之外,能为人力所支配,并能满足人类社会生活需要的物体及自然力(如频道)。物具有非人格性,能为人力所能支配,具有独立性,且能满足生产、生活需要,原则上为有体物、特定物。民法上物的特征:

客观存在	物必须是客观存在。物体和自然力是不以人的意志为转移的客观存在。不占据特定空间又无容积体的物不能作为物权之物,如音波、热力、电流等,但能作为债权的交易对象。
能被人支配与控制	物体或自然力只有人支配和控制时,才能成为民法上的物。
具有效用	物体和自然力只有能满足人的物质利益和精神需求时,才能表明物有经济价值,可用来进行交换。

[例] 物具有非人格性,固定于身体的假手、假牙、假眼是身体的组成部分,不是物,但独立的作为医院出卖标的物的假手、假牙、假眼则是物。

日月星辰是有体物,但人力不能支配,是物理上的物,不是法律上的物。空气,不是法律上的物,但空气被分解为氧气后存放于医院之氧气罐中则能为人力所支配,是法律上的物。

二、物的分类

(一)动产与不动产

区分标准	这是以物能否移动和移动后是否会损害物的价值为标准划分。
动产	动产是指能够移动且不因移动损害其价值的物,如生产设备、运输工具等;
不动产	不动产是指不能移动或虽可移动但会因移动损害价值的物,如土地、附着于土地的建筑物及其他定着物、建筑物的固定附属设备等。

续表

区分意义	（1）公示方法不同：动产物权变动的公示方法是交付，不动产物权变动的公示方法是登记。 （2）设立他物权类型不同：物权中的用益物权，如建设用地使用权、土地承包经营权、宅基地使用权、地役权等，只能在不动产上设定。担保物权中，不动产可以设立抵押权，但不能设立质权、留置权；动产则可以设立抵押权、质权、留置权。 （3）不动产发生相邻关系，动产能移动不发生相邻关系。

（二）特定物与种类物

区分标准	这是以物是否有独特特征或是否被特定化而对物的分类。
特定物	特定物既包括独具特征、独一无二的物，也包括经交易当事人指定被特定化的种类物。 ［例1］甲将自己祖上留下来的陆羽亲笔书写的《茶经》出卖给乙。陆羽亲笔书写的《茶经》，独一无二的物，是特定物。 ［例2］甲，北大一法学才子；乙北大一屠户。甲在乙的猪栏中选一头猪，作上标记"北大才子猪"，约定6个月后交付给甲。猪在屠户的猪栏中，本为种类物，经行为人指定而特定化。
种类物	种类物是指具有共同的属性，可以通过品种、规格、型号等加以确定的物。
区分意义	（1）民事法律关系的专属性。民事法律关系，有的只能以特定物为客体，如租赁、借用合同等，而有的只能以种类物为客体，如消费借贷、货币借贷等。 ［例］在租赁合同和借用合同期限届满时，承租人和借用人必须归还原物——特定物。相反，在消费借贷或货币借贷合同期限届满时，借贷人只要归还同种数量的物或同值的货币即可，因为所借之物或钱已被处分掉了，不可能也不需要返还原物或原币，况且原物、原币与返还的物、货币是具有共性、可替代的物——种类物。 （2）所有权移转时间不同。在交易中，种类物的所有权只能在交付后转移，而特定物的所有权转移时间可由当事人约定。 （3）标的物灭失时的法律效果不同。在交付前意外灭失，特定物因不可替代发生债的履行不能，债务人改负赔偿责任；标的物为种类物的，债务人不能免除继续履行的责任。

（三）主物与从物

区分标准	这是根据两个独立存在的物在法律效力中的主从关系作的划分。
主物	主物，指为从物所辅助之物。
从物	从物，非主物的成分，但常助主物发挥经济效用，而与主物同属一人的物。从物之特征： （1）独立于主物，不是主物的成分（既不是重要成分；也不是非重要成分）； （2）须常助主物之经济效用； （3）须与主物同属于一人； （4）须与主物具有一定程度的场所上之结合关系。
区分意义	（1）除非另有规定，**从物与主物同其法律命运。** （2）除非当事人另有约定，只要主物的所有权发生移转，应认定从物的所有权随同移转。

[例1] 神仙姐姐刘姑娘的房屋和大门，是否是主物和从物的关系？侯局长的车和车轮是否主物与从物的关系？非也。房屋与大门、车与车轮是一个物，无所谓的主物和从物之分。主物和从物必须是两个物。

[例2] 发哥的百达翡丽手表和华仔的表带，是否为主物与从物关系？也不是。两个物必须属于同一所有权人，才有主物和从物之分。

[例3] 烁哥的玛莎拉蒂与该车的备胎，属于主物和从物的关系。如果烁哥将玛莎拉蒂出卖给神仙姐姐刘姑娘，则汽车作为主物转让，从物备胎随之转让。当然，烁哥和神仙姐姐约定，以该备胎留作纪念不移转，当然亦无不可。

（四）原物与孳息

区分标准	这是依产生收益的物与所生收益之间的关系而对物的分类。
原物	原物是指依自然属性或法律的规定，能够产生收益的物。
孳息	孳息，指由原物所生之物或收益。 （1）天然孳息，指原物因自然规律或者按照物的用法而产生的物；鸡蛋、牛奶等。天然孳息所有权归属： ①按照当事人的约定； ②没有约定的，由所有权人取得；既有所有权人，又有用益物权人的，由用益物权人取得。 （2）法定孳息，指原物依据法律关系所产生的收益。如租金、利息、彩票中奖所获奖金。法定孳息所有权归属： ①按照当事人的约定； ②没有约定的，按照交易习惯确定。 ③夫妻在婚姻关系存续期间所得的生产、经营、投资的收益，为夫妻的共同财产，归夫妻共同所有。（《民法典》第1062条） ④夫妻一方个人财产在婚后产生的收益，除**孳息**和**自然增值**外，应认定为夫妻共同财产。（《民法典婚姻家庭编解释（一）》第26条）
区分意义	（1）确定孳息归属。标的物在交付之前产生的孳息，归出卖人所有，交付之后产生的孳息，归买受人所有。 （2）确定赔偿范围。当原物的所有权受到侵害，使孳息物的收取发生不能时，侵害人应赔偿原物的损失，并依法律规定，赔偿孳息物的损失。对从事种植业的承包经营户，侵害人不仅要赔偿原物的损失，对于孳息物的损失也要按一定期限内的平均收入酌定补偿。

[例1] 鸡所生的蛋，出生的牛犊，挤出的牛奶，属于孳息，由原物的所有权人取得孳息的所有权。

[例2] 苹果树上的苹果，未收割的庄稼是否是孳息？不是。孳息和原物必须是两个物，若未与原物分离，则仅是一物，无所谓的原物与孳息的分类。

[例3] 甲村的土地承包给村民乙种植果树。果实成熟后摘下，果实归谁？甲村是土地的所有权人，村民乙是土地承包经营权人（用益物权人），因此孳息果实由用益物权人乙村民取得所有权。

[例4] 甲，九零后高富帅，婚前有一套别墅，价值2000万。乙，九零后白富美。因甲、乙父母都不同意孩子早恋，相恋甚苦。后甲突然开窍，曰："妈妈说不准我们早恋，没说我们不准结婚。"甲、乙两人遂结婚。婚后，甲将该别墅出租一年，租金20万元。此

后，甲又用该别墅作为出资与朋友合伙经营六年，获得200万元分红。后甲退出合伙，收回房屋。七年之痒，甲、乙感情破裂离婚，此时该别墅价值3000万元。

（1）甲出租别墅所得租金20万，为法定孳息，属甲之个人财产；

（2）甲以房屋出资所获得分红，为投资收益，属夫妻共同财产；

（3）别墅之自然增值3000万-2000万=1000万，属甲之个人财产。

【总结——孳息归属】		
所有权人、用益物权人	取得孳息所有权	（1）天然孳息，由所有权人取得；既有所有权人又有用益物权人的，由用益物权人取得。当事人另有约定的，按照其约定。 （2）法定孳息，当事人有约定的，按照约定取得；没有约定或者约定不明确的，按照交易习惯取得。（《民法典》第321条）
担保物权人	收取孳息	**(1) 抵押权人**（《民法典》第412条） ①**前提**：债务人不履行到期债务或者发生当事人约定的实现抵押权的情形，致使抵押财产被人民法院依法扣押。 ②收取孳息的开始时间：自**扣押之日**起，且抵押权人须**通知应当清偿法定孳息的义务人**，抵押权人方有权收取该抵押财产的天然孳息或者法定孳息。 ③孳息的抵充顺序：孳息应当先充抵收取孳息的费用。 **(2) 质权人**（《民法典》第430条） ①质权人有权收取质押财产的孳息，但是合同另有约定的除外。 ②孳息应当先充抵收取孳息的费用。 **(3) 留置权人**（《民法典》第452条） ①留置权人有权收取留置财产的孳息。 ②孳息应当先充抵收取孳息的费用。
占有人	返还原物及孳息	不动产或动产被占有人占有的，权利人可以请求返还原物及其孳息，但是，应当支付善意占有人因维护该不动产或动产支出的必要费用。（《民法典》第460条）
合同	孳息归属	**(1) 买卖合同**：标的物在交付之前产生的孳息，归出卖人所有；交付之后产生的孳息，归买受人所有。但是当事人另有约定的除外。（《民法典》第630条） **(2) 提存**：标的物提存后，毁损、灭失的风险由债权人承担。提存期间，标的物的孳息归债权人所有。提存费用由债权人负担。（《民法典》第573条） **(3) 保管合同**：保管期间届满或者寄存人提前领取保管物的，保管人应当将原物及其孳息归还寄存人。（《民法典》第900条）
夫妻财产	孳息归属	夫妻一方个人财产在婚后产生的收益，除孳息和自然增值外，应认定为夫妻共同财产。（《民法典婚姻家庭编解释（一）》第26条）

（五）货币与有价证券

1. 货币

货币是充当一般等价物的特殊商品，属于民法上的种类物。由于货币是一般等价物，有不同于其他物的特殊效力：

（1）在物权法上，货币是所有权的客体，其占有权与所有权合二为一，货币的占有人视为货币所有人；货币所有权的转移以交付为要件，即使"借钱"，借的也是货币所有权，而不是货币的使用权；就货币不能发生返还请求权之诉，仅能基于合同关系、不当得利或侵权行为提出相应的请求。

（2）在债法上，货币具有特殊法律效力。货币之债是一种特殊的种类债，货币的使用价值寓于它的交换价值之中，作为一般等价物能交换其他物品、劳务和外币。所以，它较之其他实物具有更大的流通性。在其他类型的债发生履行不能时，都可以转化为货币之债来履行，而货币之债本身原则上只发生履行迟延，不发生履行不能，债务人不得以履行不能而免除付款义务。

2. 有价证券

有价证券是指设定并证明持券人有权取得一定财产权利的书面凭证。有价证券所代表的一定权利与记载该权利的书面凭证合二为一，权利人行使权利，原则上不得离开证券进行。

（1）有价证券具有下列特征

①代表财产权利。有价证券券面所记载的财产价值就是证券本身的价值。

②证券上的权利行使，离不开证券。有价证券属于特定物，证券与所记载的财产权利不能分离，享有证券上所代表的财产权利，就必须持有证券。权利人一旦丧失证券，就不能行使证券上的权利。

③有价证券的债务人是特定的，即证券的权利人只能请求证券上记载的债务人履行债务，有价证券的持有人转让证券不影响债务人对债务的履行。

④有价证券的债务人的支付是单方义务，即债务人在履行证券义务时，除收回证券外，不得要求权利人支付相应对价，必须"无条件给付"。

（2）有价证券的分类

①依有价证券所设定的财产权利的性质不同，可将有价证券分为：设定等额权利的有价证券，如股票；设定一定物权的有价证券，如提单、仓单；设定一定债权的有价证券，如债券、汇票、本票、支票等。

②依有价证券转移的方式不同，可将其划分为：

一是记名有价证券，是在证券上记载证券权利人的姓名或名称的有价证券，如记名的票据和股票等。记名有价证券可按债权让与方式转让证券上的权利。

二是无记名有价证券，是证券上不记载权利人的姓名或名称的有价证券，如国库券和无记名股票等。无记名有价证券上的权利，由持有人享有，可以自由转让，证券义务人只对证券持有人负履行义务。

三是指示有价证券，指在证券上指明第一个权利人的姓名或名称的有价证券，如指示支票等。指示有价证券的权利人是证券上指明的人，证券义务人只对证券上记载的持券人负履行义务。指示证券的转让，须由权利人背书及指定下一个权利人，由证券债务人向指定的权利人履行。

（六）物的重要成分及非重要成分

区分标准	物的成分指物的构成部分。物的重要成分和非重要成分的区分标准。不在于某特定成分是否重要，而在于它与物分离时是否毁损或变更性质。分离时不毁损也不变更其性质，无论它多么"重要"，也是非重要成分。
物的重要成分	物的各部分相互结合，非经毁损或变更其性质不能分离时，为物的重要成分。如房屋的屋梁、房屋的墙砖、房屋的瓷砖地板、汽车上的油漆、在他人土地上种植果树等。
物的非重要成分	重要成分之外的部分，为非重要成分。就不动产而言，房屋活动门窗；动产而言，画的框架、汽车轮胎等。
区分之意义	（1）**物的重要成分不能成为物权的客体**。物的重要成分与该物具有相同的物权归属； （2）一个物的非重要成分则可以越出该物之外，成为另一个物权的客体。

[例] 甲，公输班（鲁班）之三十六世孙，祖传木工手艺精良，一直认为现代人用木地板，是其师祖鲁班所始创。某日，发现邻居乙有一根良好之木，乃取之作为所建纯木房屋之栋梁；并取邻居丙刚买回来的活动窗户安装在自己房屋上，现已竣工。木屋依山傍水，作为自己隐居之所。

（1）乙能否就栋梁对甲行使返还原物请求权？

甲将乙的良木作为房屋栋梁后，良木成为房屋的重要成分。房屋的栋梁必须与房屋具有相同的物权归属。房屋上的栋梁不能再成为乙的所有权的客体。乙对良木的所有权因附合而消灭，甲取得附合物房屋的所有权，乙只能对甲主张侵权损害赔偿请求权或者不当得利返还请求权，而不能对甲主张返还原物请求权。

（2）丙能否就其活动窗户对甲行使返还原物请求权？

甲将丙的活动窗户安装到房屋上后，活动窗户仅为房屋的非重要成分，活动窗户可以越出房屋之外继续成为另一所有权的客体，故丙依然对活动窗户享有所有权（活动窗户不发生附合），丙可对甲行使返还原物请求权。

【回忆真题】

1. 甲某因车祸双腿高位截瘫，高价安装了科技含量高、只能由专业人员拆卸的假肢，后续保养费用也是极为昂贵。某日乙因与甲发生纠纷，将甲的假肢打断，造成甲极为痛苦。关于该案下列哪些说法是正确的？（2019-8-30 多）[①]

A. 对假肢拥有所有权

---

① 答案：BD。【解析】考点1：物的概念。物具有非人格性，固定于身体的假手、假牙、假眼是身体的组成部分，不是物，但独立的作为医院出卖标的物的假手、假牙、假眼则是物。甲某因车祸双腿高位截瘫，高价安装了科技含量高、只能由专业人员拆卸的假肢，所以该假肢已经成为人体的一部分，不再是物，不能成为所有权的客体，所以 A 选项错误。考点2：身体权。《民法典》第1003条规定："自然人享有身体权。自然人的身体完整和行动自由受法律保护。任何组织或者个人不得侵害他人的身体权。"邻居乙因琐事与甲发生纠纷，愤怒之下将甲的假肢打断，侵害甲保护身体的完整性，构成侵害身体权，但因为是假肢，并未侵害甲的身体机能的健康，所以 B 选项正确、C 选项错误。考点3：精神损害赔偿。《民法典》第1183条第1款规定："侵害自然人人身权益造成严重精神损害的，被侵权人有权请求精神损害赔偿。"甲某因车祸双腿高位截瘫，高价安装了科技含量高、只能由专业人员拆卸的假肢，后续保养费用也是极为昂贵，造成甲极为痛苦。乙侵害甲的身体权，造成严重后果，甲有权请求精神损害赔偿，故 D 选项正确。

B. 侵害了甲的身体权
C. 侵害了甲的健康权
D. 甲可以主张精神损害赔偿

考点 物的概念、精神损害赔偿

第22讲
物权及物权之效力

一、物权的特征

物权是指权利人依法对特定的物享有直接支配和排他的权利，包括所有权、用益物权和担保物权。物权是支配权、绝对权(对世权)。物权具有排他性，同一物上不能并存两个同一内容的物权；物权的客体主要为特定物、独立物。物权与债权相比，具有下列特征：

在权利的性质上，物权是支配权，而债权则是一种请求权。	（1）物权人无须借助他人的行为就能行使其权利，并通过对标的物的直接管领、支配实现自己的利益。 （2）债权是请求权，须请求相对人实施一定的行为，才能实现自己的权利，债权是请求权。
在权利效力范围上，物权是绝对权，债权是相对权。	（1）物权的义务主体是权利人以外的一切人，故又称为对世权。 （2）债权人则只能向特定的义务主体（债务人）主张权利，因此债权是对人权。
在权利的客体上，物权的客体原则上为有体物，债权的客体则为行为。	（1）物权的客体原则上是有体物，还有可能是权利，如权利质权的客体是权利。 （2）债权的客体是给付行为。
在权利的效力上，物权具有优先力、追及力，还具有排他性，而债权则没有这些效力。	（1）物权的优先效力包括两个方面，一是物权对于债权的优先效力，二是物权相互之间的优先效力。 （2）物权的追及效力是指作为物权客体的物无论辗转流向何处，权利人均得追及于物的所在，行使其权利。 （3）物权的排他效力则意味着同一物上不能同时存在两个或两个以上内容互不相容的物权，如一物之上只能存在一个所有权。
在权利的发生上，物权的设定采取法定主义，而债权（合同之债）的设定则采任意主义。		
在权利的保护方法上，物权的保护以回复权利人对物的支配为主要目的，偏重于"物上请求权"的方法，赔偿损失仅为补充方法，而债权的保护则主要采取赔偿损失的方法。		

[例] 甲，魔都一白领，将自己所有之房屋出卖给乙，交付房屋给乙使用但尚未办理过户登记。此后因魔都房价上涨，甲又将房屋出卖给不知情的丙并办理过户登记。丙成为房屋的所有权人，有权对乙行使返还原物请求权。而郁闷的乙只能对甲主张违约责任。这是物权（丙的所有权）优先于债权（乙的债权）的典型案例。

二、物权的优先效力★★

物权的优先效力，是指同一标的物上有数个相互矛盾冲突的权利并存时，具有较强效力的权利排斥具有较弱效力的权利的实现。

（一）物权对物权的优先效力

原则上，设定时间在先，权利在先。法律另有规定的除外。**（担保物权部分详述）**

（二）物权对债权的优先效力

同一物上同时并存物权与债权时，除法律另有规定，物权优先于债权得以实现。

所有权优先于债权	如，不动产一物数卖。
担保物权优先于债权	有物的担保的债权，就担保物得优先于（担保人之）一般债权人而受清偿。
用益物权优先于债权	同一土地上之租赁权及土地承包经营权。土地承包权优先于租赁权。
具有物权效力的债权优先于不具有物权效力的债权	经预告登记之债权优先于一般债权。
例外：特定债权优先于物权	船舶优先权先于船舶留置权受偿，船舶抵押权后于船舶留置权受偿。船舶优先权＞船舶留置权＞船舶抵押权。（《海商法》第25条第1款）

当然，物权优先于债权也有例外，个别情形下法律赋予某些债权以优先于物权的效力，如根据《民法典》第725条确立的"买卖不破除租赁"规则，租赁物的买受人不得以其所有权对抗承租人的债权。如甲将自己的房屋出租给乙，租期3年。1年后甲将该房屋出卖给丙且已登记过户。丙作为新的所有权人仍然须法定承受该租赁合同，承租权优先于所有权。当然租期届满后，所有权人丙可以不续租要求返还房屋。

三、物上请求权★★★

物权人在其权利的实现上遇有某种妨害时，有权请求造成妨害事由发生的人排除此等妨害，称为物上请求权，有时亦称为物权请求权。从性质上来说，物上请求权是以物权为基础的一种独立的请求权。

（1）物上请求权是请求权。所谓请求权，是指权利人请求他人（特定的人）为一定行为（作为或者不作为）的权利。物上请求权属于行为请求权。它不以对物权标的物的支配为内容，故不是物权的本体，而是独立于物权的一种请求权。作为请求权，物上请求权与债权有类似的性质，因而在不与物上请求权性质相抵触的范围内，可以适用债权的有关规定，如过失相抵、给付迟延、债的履行及转让等。

（2）物上请求权是物权的效用。它以恢复物权的支配状态为目的，在物权存续期间不断地发生。

（3）物上请求权附属于物权。这是物上请求权作为物权的效用的必然结果。物上请求权派生于物权，其命运与物权相同，即其发生、移转与消灭均从属于物权，不能与物权分离而单独存在。

第23讲

物权的保护

物权的保护，是指通过法律规定的方法和程序保障物权人在法律许可的范围内对其财产行使占有、使用、收益、处分权利的制度。物权的保护方法：

一、确认物权(《民法典》第234条)

请求确认物权，包括请求确认所有权和请求确认他物权。因物权的归属、内容发生争议的，利害关系人可以请求确认权利。

《民法典物权编解释(一)》第1条规定："因不动产物权的归属，以及作为不动产物权登记基础的买卖、赠与、抵押等产生争议，当事人提起民事诉讼的，应当依法受理。当事人已经在行政诉讼中申请一并解决上述民事争议，且人民法院一并审理的除外。"《民法典物权编解释(一)》第2条规定："当事人有证据证明不动产登记簿的记载与真实权利状态不符、其为该不动产物权的真实权利人，请求确认其享有物权的，应予支持。"

[例1]甲，房地产资深人士，熟悉房地产政策及价格走向；乙，鹏城一村姑，因城市发展而身家过亿。共同出资购买深圳前海一套房屋，价格5500万。双方约定共有房屋，但因乙无文化，申请登记在甲名下。后双方因其他投资不合，乙起诉至法院请求确认房屋共有权。

(1) 实务中，不少法官和法院认为，乙应先提起行政诉讼撤销该登记，才能确认其共有权。

(2) 但是根据《民法典物权编解释(一)》第1条，乙提起民事诉讼法院应当受理。

(3) 根据《民法典物权编解释(一)》第2条，乙提出其出资以及双方关于共有约定的证据，法院应据此认定乙为共有权人。

二、返还原物请求权(《民法典》第235条) ★★★

(一) 构成要件

1. 请求权人是物权人。该物权人应为具有占有权能的物权人，如所有权人、用益物权人、质权人、留置权人(有争议)等；不具有占有权能的物权人，如抵押权人，不能主张返还原物请求权。

2. 被请求人是现在的无权占有人。

(二) 法律效力

被请求人应返还原物及孳息。

《民法典》第235条规定："无权占有不动产或者动产的，权利人可以请求返还原物。"

[例1]甲，房叔一枚，将其100套房屋中一套以200万价格出售给乙，交了钥匙，尚

未办理过户登记;后房价大涨,甲又将该套房屋以 250 万的价格出卖给不知情的丙,并办理过户登记。

(1) 甲、乙之间房屋买卖合同有效,乙依据合同占有房屋,是有权占有,甲对乙无返还原物请求权;

(2) 甲、丙之间房屋买卖合同有效,已办理过户登记,丙取得房屋之所有权。乙相对于丙则为无权占有;

(3) 所有权人丙对现在无权占有人乙有返还原物请求权。

[例2] 甲,经常唠叨着:"老婆是电视,情人是手机,在家看电视,出门带手机",谁知,丢了手机,后被乙捡到,乙以市场价卖给不知情的丙,并交付。

(1) 手机是遗失物,善意的丙不能善意取得手机的所有权。

(2) 甲仍为所有权人,可对丙行使返还原物请求权。

(3) 若甲将手机交由乙保管,乙以自己名义并以合理的价格出卖给善意的丙且已经交付给丙,丙善意取得手机的所有权。甲不能再对丙行使返还原物请求权,因为甲已经丧失了所有权,而丙取得所有权。

三、排除妨害请求权(《民法典》第 236 条)★★

妨害物权或者可能妨害物权的,权利人可以请求排除妨害或者消除危险。

(一) 构成要件

1. 请求权人是物权人;
2. 妨害人以无权占有以外的方式妨害物权之行使;妨害人包括:
(1) 行为妨害人:实施妨害之人;
(2) 状态妨害人:对行为妨害有法律上控制能力的人。
3. 妨害具有不法性或超出了正常的容忍限度;
4. 提出请求时,妨害正在持续中。

(二) 法律效力

1. 妨害人须采取措施排除妨害;
2. 排除妨害费用的承担:
(1) 妨害人具有过错的,应独自承担排除妨害的费用;
(2) 妨害人对妨害无过错的,由双方合理分担排除妨害的费用。
3. 妨害之主要情形:

无权占有他人土地兴建房屋、丢弃垃圾于他人庭院、在他人墙壁悬挂招牌、停车于他人车库等。

[例1] 这种保护方法可以体现为请求侵害人停止侵害行为,如停止往所有人的土地上排注污水;以侵害人的力量或资金排除所造成的侵害,如令侵害人搬走搁置在所有人房屋门口的物品。

[例2]（2013-3-55）叶某将自有房屋卖给沈某，在交房和过户之前，沈某擅自撬门装修，施工导致邻居赵某经常失眠。

（1）赵某有权要求叶某排除妨碍。叶某是状态妨害人。

（2）赵某有权要求沈某排除妨碍。沈某是行为妨害人。

（3）赵某请求排除妨碍不受诉讼时效的限制。

四、消除危险请求权（《民法典》第 236 条）

（一）构成要件

1. 请求权人是物权人；
2. 物权的行使具有受到妨害的现实危险；
3. 被请求人为对危险的除去具有支配力的人；
4. 提出请求之时，危险仍现实存在。

（二）法律效力

1. 消除危险；
2. 消除危险的费用，原则上应由相对人负担。

[例] 甲屋顶加盖铁皮屋，有倾倒的危险，邻居乙备受威胁时，可以请求甲以自己的费用加以防止。

[例] 房屋有倾倒的危险，威胁邻人房屋的安全，邻人有权请求加固、支撑甚至拆除，这样可以预防可能造成的损失，进一步保护所有人的合法权益。

五、恢复原状（《民法典》第 237 条）【《民法典》修改】★★

造成不动产或者动产毁损的，权利人可以依法请求修理、重作、更换或者恢复原状。恢复原状的构成要件：

（1）须有财产损坏的事实存在。

（2）须财产的损坏系出于他人的违法行为，包括故意损坏财产的行为和使用不当而致财产损坏的行为。对于财产在使用中的自然磨损，除非使用人为非法使用人或法律另有规定，否则所有人不得请求使用人修理。

（3）须损坏的财产有修复的可能。

第 24 讲

物权的类型

一、物权法定原则 ★★

《民法典》第 116 条规定："物权的种类和内容，由法律规定。"物权法定原则的确定主要是基于整理旧物权、物尽其用的考虑，是保护交易安全的需要。

物权具有排他性，通常会涉及第三人的利益，所以物权的设立及其变动应力求透明。如果允许当事人自由创设物权，不仅易给第三人造成损害，而且还给物权的公示增加了困难。因为法律不可能对每一种当事人所创设的物权都提供相对应的公示方法。物权的种类和内容法定化，便于物权的公示，以确保交易的安全和快捷。

（一）物权法定原则的内容

类型法定	指哪些权利属于物权，只能由《民法典》或其他法律作出规定。
内容法定	（1）物权的内容由法律确定，当事人不得约定与物权的法定内容不相符合的权能内容； （2）当事人的约定不得违反物权法关于物权内容的强行性规定。

（二）约定违反物权法定原则的效果

1. 不发生物权效力，该权利不属于物权；
2. 若无其他无效事由，可产生债权效力。

物权的种类和内容法定，在这一点上与债权不同。比如合同债权，依合同自由原则，当事人在不违反法律和社会公共利益的范围内，可以创设任何种类的合同债权。法律也往往不限制合同的种类和内容，允许当事人协商确定合同的内容，并承认其效力。

二、民法学上物权的分类

分类标准	：根据对标的物的支配范围的不同，物权分为完全物权和定限物权。
完全物权	完全物权是对标的物为永久全面支配的物权。所有权是最完整、最充分的物权，也是唯一的完全物权。为充分发挥物的效用，从所有权中可以分离、派生出各种其他物权。
定限物权	定限物权也称限制物权，是仅能在特定范围内支配标的物的物权。定限物权除特殊情况外，均设立于他人的所有物上，所以又称之为他物权。定限物权又分为用益物权和担保物权两大类。
分类标准	：对定限物权按照标的物的支配内容上的差异所做的进一步分类。
用益物权	用益物权是以物的使用、收益为内容的定限物权，是对他人所有的物在一定范围内进行支配的他物权。 ［例］依《民法典》的规定，用益物权包括土地承包经营权、建设用地使用权、宅基地使用权、居住权和地役权等。
担保物权	担保物权是为确保债权的实现而设定的，以支配特定财产的交换价值为内容的定限物权。 ［例］典型的担保物权包括抵押权、质权、留置权。
分类标准	：根据物权客体种类的不同，物权分为动产物权、不动产物权和权利物权。
动产物权	存在于动产之上的物权称之为动产物权。 ［例］如动产所有权、动产质权和留置权。

续表

不动产物权	存在于不动产之上的物权称之为不动产物权。 ［例］如不动产所有权、地役权等。将物权区分为动产物权和不动产物权的意义在于两种物权的变动要件和公示方法不同。原则上，动产以占有、不动产以登记为公示方法。
权利物权	存在于权利之上的物权称之为权利物权。 ［例］如股权质权、知识产权质权等。
分类标准：以物权有无属性将物权划分为主物权与从物权。	
主物权	主物权是不需从属其他权利，能够独立存在的物权。 ［例］所有权、土地承包经营权等属于主物权。
从物权	从物权是指从属于其他权利而存在的物权。 ［例］担保物权从属于债权而存在，地役权从属于需役地的所有权而存在，担保物权、地役权均属于从物权。 区分主物权与从物权的意义在于主物权的存在、变动均是独立的，而从物权的得丧变更则从属于所附的主权利。
分类标准：根据物权产生原因的不同，可以将物权分为意定物权和法定物权。	
意定物权	意定物权是指基于当事人的意思和行为而产生的物权。
法定物权	法定物权是指基于法律的规定而直接产生的物权，典型如留置权。 区分意定物权和法定物权的意义在于二者的成立要件和所适用的法律不同。意定物权能否设立取决于当事人行为的效力以及法定设立要件是否具备，法定物权能否成立则取决于法律规定的权利成立要件是否具备。

第 2 章 物权变动

第 25 讲 物权变动的概念

物权的变动，是物权的产生、变更和消灭的总称。从权利主体方面观察，即物权的取、得、变更和丧失。

一、物权的产生

物权的产生，即物权人取得物权，它在特定的权利主体与不特定的义务主体之间形成了物权法律关系，并使特定的物与物权人相结合。物权的取得有原始取得与继受取得之分，前者是指不以他人的权利及意思为依据，而是依据法律直接取得物权，如因先占、取得时效取得一物的所有权；后者则是指以他人的权利及意思为依据取得物权，如因买卖、赠与取得物的所有权。继受取得又可分为创设与移转两种方式。

原始取得	不以他人的权利及意思为依据，而是依据法律直接取得物权。 （1）类型 ①善意取得；②先占；③添附；④取得孳息；⑤合法建造房屋；⑥生产；⑦征收、没收。 （2）效力 原始取得所有权时，标的物上原有的负担（用益物权和担保物权）消灭。
继受取得	以他人的权利及意思为依据取得物权。如基于买卖、遗嘱、继承取得物权。 （1）创设的继受取得，即所有人在自己的所有物上为他人设定他物权，而由该他人取得一定的他物权，如房屋所有人在其房屋上为他人设定抵押权，则该他人基于房屋所有人设定抵押权的行为取得抵押权。 （2）移转的继受取得，即物权人将自己享有的物权以一定法律行为移转给他人，由他人取得该物权，如房屋所有人将房屋出卖或者赠与他人，则该他人根据其出卖或者赠与而取得该房屋的所有权。

二、物权的变更

物权的变更，有广义和狭义之分。广义的物权的变更，是指物权的主体、内容或客体的变更。但是严格来讲，物权主体的变更是权利人的更迭，应属物权的取得与丧失的问题。狭义的物权的变更，仅指物权的内容或者客体的变更。

物权内容的变更，是指在不影响物权整体属性的情况下物权的范围、方式等方面的变化，如地役权行使方法的改变、抵押权所担保的主债权的部分履行等。

物权客体的变更则，是指物权标的物所发生的变化，如所有权的客体因附合而有所增加，抵押权的客体因一部灭失而有所减少。

三、物权的消灭

物权的消灭，从权利人方面观察，即物权的丧失，可以分为绝对的消灭与相对的消灭。

绝对的消灭是指物权本身不存在了，即物权的标的物不仅与其主体相分离，而且他人也未取得其权利，如所有权、抵押权因标的物灭失而消灭。

相对的消灭则是指原主体权利的丧失和新主体权利的取得，如因出卖、赠与等行为，使一方丧失所有权而另一方取得所有权。严格地说，物权的相对消灭并非物权消灭的问题，而应当属于物权的继受取得或主体变更的问题。

第26讲

物权变动的原则及原因

一、物权变动的原则

物权是对物进行直接支配的权利，具有优先权和物上请求权的效力。基于物权这样的性质，如果不以一定的可以从外部查知的方式表现物权的产生、变更、消灭，必然纠纷不已，难以保证交易的安全，因此民法上对于物权的变动，规定了公示原则和公信原则。

（一）公示原则

公示原则要求物权的产生、变更、消灭，须以一定的可以从外部查知的方式表现出来。否则，因为物权具有排他的性质，如果没有通过公示方式将物权的变动表现出来，就会给第三人带来不测的损害，影响交易的安全。例如，在房屋上设定抵押权，如果不以一定的方式表现出该抵押权的存在，那么，不知该抵押权存在的购买该房屋的第三人就可能蒙受损害

物权存在的公示，为物权的静态公示。按各国物权法的规定，"占有"是动产物权存在的公示方式，国家不动产物权登记簿上所作的"登记"记载是不动产物权存在的公示方式

物权变动的公示，为物权的动态公示。按各国物权法的规定，"交付"是动产物权变动的公示方式，变更"登记"是不动产物权变动的公示方式。

对于基于不同法律事实发生的物权变动，公示原则具有不同的意义。对于基于民事法律行为发生的物权变动，原则上非经公示不发生物权变动的效果。而对于基于民事法律行为以外的原因发生的物权变动，不经公示虽然可以发生物权变动的效果，但是在公示完成之前，当事人不得处分之，如因继承、法院判决、事实行为等发生的物权变动。

（二）公信原则

公信，又叫公信力，是指物权变动符合法定公示方式的就具有可信赖性的法律效力。公信原则包括两方面的内容：

其一，记载于不动产登记簿的人推定为该不动产的权利人，动产的占有人推定为该动产的权利人，除非有相反的证据证明。这称为"权利的正确性推定效力"。

其二，凡善意信赖公示的表象而为一定的行为，在法律上应当受到保护，保护的方式就是承认发生物权变动的效力。

公信原则的目的在于保护交易的安全，稳定社会经济秩序，但有时不免会牺牲真正权利享有人的利益，这是法律从促进社会经济发展以及在权利人的个人利益与社会利益之间进行均衡、选择的结果。不动产物权是否采取公信原则，在法律效力上会有显著的差异。善意取得制度与公信原则趣旨存在交叉。

[例] 甲将房屋出卖给乙并且经过产权登记，而乙又将房屋转卖给丙，且也经过产权登记，以后因甲主张其与乙之间的买卖有错误而归于无效时，乙不能取得房屋的所有权，但对于丙来讲，他可否取得房屋的所有权，就要看法律是否赋予不动产物权登记以公信力。

（1）如果予以公信力——因登记的所有权人是乙，丙也相信房屋是乙的所有物——丙取得其所有权；

（2）如果不予以公信力——即使登记的所有人是乙，丙也相信房屋是乙的所有物，即使其相信且无过失——丙不能取得房屋的所有权。从维护交易安全，稳定社会经济秩序出发，应当赋予不动产物权登记以公信力。

对于物权的变动，应采取公示原则，对于不动产则以登记为公示方法，对于动产以交付为公示方法；应采取公信原则，对于动产给予交付（占有）公信力，对于不动产给予登记公信力。公示原则在于使人"知"，公信原则在于使人"信"。

二、物权变动的原因★★★

引起物权取得或丧失的法律事实，正是物权取得或丧失的原因，可以将其划分为两类，即民事法律行为和民事法律行为以外的原因。

物权变动的原因	物权取得的原因	（1）民事法律行为：买卖、互易、赠与、遗赠、设定担保物权等。 （2）民事法律行为以外的原因： ①因取得时效取得物权； ②因征收或者没收取得物权； ③因法律的规定取得物权（如留置权）； ④因附合、混合、加工取得所有权； ⑤因继承取得物权； ⑥因拾得遗失物、发现埋藏物取得所有权； ⑦因合法建造取得物权； ⑧因人民法院、仲裁委员会的法律文书取得物权； ⑨取得孳息。
	物权消灭的原因	（1）民事法律行为：抛弃、合同等。 （2）民事法律行为以外的原因： ①标的物灭失； ②法定期间届满：在法律对他物权的存续规定了期间时，该期间届满，则物权消灭。 ③混同。

不同类型的物权变动，其变动规则不同。主要分为两种类型的物权变动：基于法律行为的物权变动及非基于法律行为的物权变动。

基于法律行为的物权变动，以法律行为的有效为物权变动的要件。若法律行为不成立、无效或被撤销、被解除的，不能发生基于法律行为的物权变动。基于法律行为的物权变动，原则上必须公示。不动产物权变动须完成登记，动产物权变动须完成交付或放弃占有。

非基于法律行为的物权变动，不以生效的法律行为为物权变动的要件，或者与法律行为无关，如先占、合法建造房屋、收取天然孳息等。再者，非基于法律行为的物权变动，无须公示，或者不以登记或移转占而以其他方式如法律文书等为公示方式，或者无须公示。

物权变动的类型	非基于法律行为的物权变动	生效法律文书、征收决定
		法定继承
		合法建造房屋、拆除房屋
		先占
		添附
		取得孳息
		善意取得
	基于法律行为的物权变动	单方法律行为
		双方法律行为
		多方法律行为

第 27 讲

非基于法律行为的物权变动

一、生效法律文书、征收决定★★★

因人民法院、仲裁机构的法律文书或者人民政府的征收决定等，导致物权设立、变更、转让或者消灭的，自法律文书或者征收决定等生效时发生效力。（《民法典》第229条）

《民法典物权编解释（一）》第7条规定："人民法院、仲裁机构在分割共有不动产或者动产等案件中作出并依法生效的改变原有物权关系的判决书、裁决书、调解书，以及人民法院在执行程序中作出的拍卖成交裁定书、变卖成交裁定书、以物抵债裁定书，应当认定为民法典第229条所称导致物权设立、变更、转让或者消灭的人民法院、仲裁机构的法律文书。"

（一）属于《民法典》第 229 条的裁决之类型

属于《民法典》第229条的裁决之类型
（1）离婚判决所涉及的财产分割； （2）共有物分割判决； （3）行使可撤销合同中的撤销权所产生的生效判决； （4）行使债权人撤销权所形成的生效判决； （5）执行程序中作出的拍卖成交裁定书、变卖成交裁定书、以物抵债裁定书。

（二）生效法律文书导致物权变动之理由

《民法典》第 229 条所规定的生效法律文书仅限于行使形成诉权而产生的形成判决、裁决等，不包括行使债权请求权所产生的给付判决以及确认判决。理由如下：

1. 形成权的作用在于按照权利人单方意思表示能够直接引起权利变动，无须履行行为，即不动产无须登记，动产无须交付。

形成诉权须以诉讼或仲裁方式为之，不存在执行问题。如行使离婚请求权所形成的分割财产的生效判决，行使共有物分割请求权所形成的生效判决书、裁决书、调解书，行使可撤销合同中的撤销权所产生的生效判决，行使债权人撤销权所形成的生效判决，人民法院在执行程序中作出的拍卖成交裁定书、以物抵债裁定书等。

《民事诉讼法解释》第 493 条规定："拍卖成交或依法定程序裁定以物抵债的，标的物所有权自拍卖成交裁定或抵债裁定送达买受人或者接受抵债物的债权人时转移。"

[例1] 杨过与小龙女结婚，婚后购买位于终南山下一套别墅，价值1000万元，登记在小龙女名下，别墅名叫活死人墓。七年之痒，感情确已破裂，杨过与小龙女诉讼离婚，3月1日法院终审判决将别墅判归杨过所有。这是基于离婚请求权所产生的分割共有物的判决，判决生效时，杨过已取得该别墅的所有权，无须登记。

[例2] 甲被乙胁迫，将自己所有的玛莎拉蒂总裁版汽车出卖给乙，当场交付汽车。30日后，甲向法院起诉请求撤销汽车买卖合同，法院生效判决撤销该买卖合同。

（1）甲、乙汽车买卖合同成立生效，且已经交付，乙取得汽车的所有权，如果甲不撤销，则乙一直是汽车的所有权人。

（2）甲是受胁迫一方，行使撤销权，法院生效判决撤销了汽车买卖合同，则甲在判决生效时直接取得汽车的所有权，无须交付，乙的所有权丧失。

2. 请求权需要依赖相对人完成一定的行为方能实现，给付之诉需要执行。法院的生效给付判决，须权利人持生效文书办理登记（不动产）或交付（动产）才能发生物权变动。

[例] 甲将自己所有的一台大型设备出卖给乙，约定2016年3月1日交付。到期甲没有交付，乙向法院起诉请求甲继续履行合同交付该设备，法院于2017年5月1日终审判决乙胜诉。

（1）这是基于请求权所产生的生效判决，判决生效时乙尚未取得该大型设备的所有权。

（2）给付判决需要执行，甲依据生效的判决书履行交付义务完成后，乙才能取得设备的所有权。

3. 确认判决是确认物权归属，是对有争议的事实的确认，溯及事实发生之时真正的物权人已经有了相关物权，而非确认判决生效之时才发生物权变动。

［例］杨硕在某四线城市有一建设用地使用权，杨硕在该块土地上建造5层楼的房屋，2015年3月1日封顶并完成外装修。之后，杨硕之弟杨过主张该房是杨硕、杨过兄弟俩共有。杨硕很气愤，向法院提出诉讼。后法院终审判决该房屋是杨硕单独所有。

（1）根据《民法典》第231条规定，杨硕于事实行为成就时即2015年3月1日取得房屋的所有权。

（2）法院生效的终审判决是确认杨硕在2015年3月1日即取得房屋之所有权，而不是确认杨硕在判决生效之日取得所有权。

二、继承【《民法典》修改】★★

《民法典》第230条规定："因继承取得物权的，自继承开始时发生效力。"被继承人死亡时，继承人即取得遗产上的所有权或他物权（不动产无须登记；动产无须交付）。若有两个以上的法定继承人，被继承人死亡后到遗产分割前这段时间内，法定继承人对遗产共同共有。

但须指出的是，因法定继承发生物权变动是非基于法律行为的物权变动，而因遗嘱继承、遗赠发生物权变动则是基于法律行为的物权变动。但是，物权变动的时间点均为继承开始时，故规定于同一法条。

［例］张某于2015年3月3日死亡，留有个人财产：房屋一套，登记在张某名下；张某生前收藏的唐伯虎名下《山路松声图》；汽车两辆，登记在张某名下。张某有三个儿子。没有其他亲人。

（1）根据《民法典》第230条，2015年3月3日，张某死亡时，张某的继承人三个儿子即取得房屋、名画、汽车的所有权，无须登记也无须交付。

（2）在遗产分割前，张某三个儿子对其遗产共同共有，而不是按份共有。

真题演练

1. 蔡永父母在共同遗嘱中表示，二人共有的某处房产由蔡永继承。蔡永父母去世前，该房由蔡永之姐蔡花借用，借用期未明确。2012年上半年，蔡永父母先后去世，蔡永一直未办理该房屋所有权变更登记，也未要求蔡花腾退。2015年下半年，蔡永因结婚要求蔡花腾退，蔡花拒绝搬出。对此，下列哪一选项是正确的？（2016-3-5单）①

A. 因未办理房屋所有权变更登记，蔡永无权要求蔡花搬出

B. 因诉讼时效期间届满，蔡永的房屋腾退请求不受法律保护

C. 蔡花系合法占有，蔡永无权要求其搬出

---

① 答案：D。【解析】考点1：遗嘱继承。《民法典》第29条规定："因继承取得物权的，自继承开始时发生效力。"该房产自继承开始时发生物权变动，所以蔡永在其父母死亡时即可根据遗嘱取得房屋的所有权，无须登记。此时，作为所有权人的蔡永对房屋享有物权请求权，故D选项正确。考点2：诉讼时效。根据《民法典》第196条规定，不动产物权返还请求权不适用诉讼时效，故B选项错误。考点3：合同漏洞的填补。蔡永的姐姐蔡花在父母去世前就已借用此房屋，即蔡永父母与蔡花之间存在借用合同关系，蔡永在继承该房屋的同时也继承了该负担。民法典》第511条规定："当事人就有关合同内容约定不明确，依据民法第510条规定仍不能确定的，适用下列规定：（4）履行期限不明确的，债务人可以随时履行，债权人也可以随时请求履行，但是应当给对方必要的准备时间。"因借用合同的履行期限未明确，蔡永可以随时要求蔡花腾退，但应给予蔡花必要的准备时间，故A选项、C选项错误。

D．蔡永对该房屋享有物权请求权

考点 物权变动、物权请求权

三、合法建造、拆除房屋

因合法建造、拆除房屋等事实行为设立或者消灭物权的，自事实行为成就时发生效力。（《民法典》第231条）

※宣示登记与设权登记	
宣示登记	《民法典》第229条、230条、231条规定的非基于法律行为引起物权变动后，根据《民法典》第232条①办理的登记，是宣示登记，登记本身不发生物权变动，只是为宣示已经发生的物权变动。
设权登记	《民法典》第208条、②第209条③的登记是设权登记，登记的效果是发生物权变动。

[例] 某城建公司依法取得某块土地的建设用地使用权并办理了报建审批手续后，开始了房屋建设并已经完成了外装修。房屋已经建设完成，虽然没有登记，根据《民法典》第231条的规定，某城建公司已经取得房屋之所有权。

四、先占

构成要件	（1）客体为无主动产； （2）先占人以所有的意思占有； （3）不违反法律、法规的禁止性规定。
法律效果	先占人取得无主动产的所有权。先占是事实行为，不是法律行为。

[例] 小乞丐9岁，在垃圾桶里捡到甲抛弃的电风扇。甲抛弃电风扇，丧失所有权，电风扇成为无主动产，小乞丐将该电风扇据为己有，以所有的意思占有电风扇，取得电风扇之所有权。先占是事实行为，不要求行为人有行为能力。

五、添附【《民法典》新增】★★★

因加工、附合、混合而产生的物的归属：
（1）有约定的，按照约定；
（2）没有约定或者约定不明确的，依照法律规定；
（3）法律没有规定，按照充分发挥物的效用以及保护无过错当事人的原则确定。
（4）因一方当事人的过错或者确定物的归属造成另一方当事人损害的，应当给予赔偿或者补偿。（《民法典》第322条）

---

① 《民法典》第232条规定："处分依照本节规定享有的不动产物权，依照法律规定需要办理登记的，未经登记，不发生物权效力。"
② 《民法典》第208条规定："不动产物权的设立、变更、转让和消灭，应当依照法律规定登记。动产物权的设立和转让，应当依照法律规定交付。"
③ 《民法典》第209条第1款规定："不动产物权的设立、变更、转让和消灭，经依法登记，发生效力；未经登记，不发生效力，但是法律另有规定的除外。"第2款规定："依法属于国家所有的自然资源，所有权可以不登记。"

附合 （结合的二物尚能在外观上予以辨认）	**(1) 动产与不动产的附合** ①构成要件： 第一，动产附合于不动产之上； 第二，动产成为不动产之重要成分； 第三，动产与不动产分属于不同的所有人。 ②法律效果： 第一，动产所有权因附合而消灭； 第二，不动产所有权人取得附合物之所有权。 **(2) 动产与动产的附合** ①构成要件： 第一，动产与动产结合，外观尚能区分； 第二，不经毁损不能分离或者分离所需费用过于巨大； 第三，动产分属于不同的所有人。 ②法律效果： 第一，动产与动产的附合应当由原所有人按照其动产的价值，共有合成物。 第二，如果可以区别主物或从物，或者一方动产的价值显然高于他方的动产，则应当由主物或价值较高的物的原所有人取得合成物的所有权，并给对方以补偿。	
混合	**(1) 构成要件：** ①动产与动产混合； ②混合后不能识别原物或者识别所需费用过大； ③动产分属于不同的所有人。 **(2) 法律效果：** 准用动产附合的规定。 ［例］咖啡与糖混合，煤气与煤气混合等。	
加工	**(1) 构成要件：** ①须加工标的物为他人所有之动产； ②须因加工而制成了新物或使原物的价值发生了较大或巨额的增加。 **(2) 法律效果：** ①原则上加工物的所有权归原材料所有人； ②如果因所增加的价值明显超过了原材料的价值，加工物的所有权归加工人。 ［例］甲将乙的木头加工成菩萨像。须注意的是，没有加工合意方能适用加工规则，如果有加工合意，则尊重当事人的意思自治，如基于劳动合同、雇佣合同、承揽合同的加工，其成果归属应依照当事人约定，不能适用加工规则。	

六、混同

混同，是指法律上的两个主体资格归属于一人，无并存的必要，一方为另一方所吸收的关系。混同有债权与债务的混同和物权的混同，这里限于物权的混同。

（一）物权因混同消灭的类型

物权的混同，是指同一物的所有权与他物权归属于一人时，其他物权因混同而消灭。【例1】另外，物权的混同还指所有权以外的他物权与以该他物权为标的之权利归属于一

人时，其权利因混同而消灭。【例2】

[例1] 甲在其房屋上为乙设定抵押权，后来乙购买了该栋房屋取得其所有权，则所有权与抵押权同归于乙一人，抵押权消灭。

[例2] 甲对乙的土地享有建设用地使用权，甲在其建设用地使用权上为丙设定了抵押权，后来丙因某种原因取得了甲的建设用地使用权，这时建设用地使用权与以该建设用地使用权为标的的抵押权归属于丙一人，抵押权消灭。

（二）物权因混同消灭的例外

物权因混同而消灭，是为原则。但在一些特定的情况下，物权虽混同也不消灭。同一物的所有权与他物权归属于一人时，如果对于所有人有法律上的利益，或者对于第三人有法律上的利益时，他物权就不因混同而消灭。【例1】另外，作为一般原则的例外，以他物权为标的的权利，其存续对于权利人或第三人有利益时，也不因混同而消灭。【例2、3】

[例1] 甲将其所有的房屋先抵押给乙，然后又抵押给丙，乙为第一顺位的抵押权人，丙为第二顺位的抵押权人，以后如果甲取得乙的抵押权，依混同消灭的原则，使乙的抵押权消灭，则甲就可能因丙升为第一顺位的抵押权人受到损害，所以从甲的利益出发，乙的抵押权就不因混同而消灭。

[例2] 甲与乙对于丙的建设用地使用权都有抵押权，甲为第一顺位抵押权人，乙为第二顺位抵押权人，以后甲因某种关系取得了丙的建设用地使用权，这时建设用地使用权与以该建设用地使用权为标的的抵押权归属于一人，如依混同一般原则，甲的抵押权应该消灭，但这会影响到甲的利益，所以甲的抵押权不消灭。

[例3] 甲将其建设用地使用权抵押给乙，乙又以该抵押权（连同主债权）为丙设定了权利质权，如果后来乙取得了甲的建设用地使用权，这是建设用地使用权与以该建设用地使用权为标的的抵押权的混合，乙的抵押权应该消灭，但如果这样，就会导致丙的权利质权的消灭，这是有失公平的，所以乙的抵押权不消灭。

🔷 模考演练

1. 高凤与巫龙签订二手房买卖合同，高凤把自己的位于翰林苑小区的房屋出卖给巫龙并登记过户到巫龙名下。后来高凤以自己受到胁迫为由向法院起诉撤销房屋买卖合同，法院支持了高凤的诉讼请求，判决已经生效，但房屋仍登记在巫龙名下。巫龙遂以市价将房屋出卖给张麒麟，并登记过户到张麒麟名下，并于当天双方签订一份租赁合同，张麒麟将房屋出租给巫龙使用。张麒麟从未看过所购买的房屋，巫龙从未交付过租金。下列表述正确的是：①

---

① 答案：D。【解析】《民法典》第229条（原《物权法》第28条）规定："因人民法院、仲裁机构的法律文书或者人民政府的征收决定等，导致物权设立、变更、转让或者消灭的，自法律文书或者征收决定等生效时发生效力。"形成诉权须以诉讼或仲裁方式为之，不存在执行问题。如行使离婚请求权所形成的分割财产的生效判决，行使共有物分割请求权所形成的生效判决书、裁决书、调解书，行使可撤销合同中的撤销权所产生的生效判决，行使债权人撤销权所形成的生效判决，人民法院在执行程序中作出的拍卖成交裁定书、以物抵债裁定书等。本案是行使可撤销合同中的撤销权所产生的生效判决，判决生效时发生物权变动。因此，高凤仍然是房屋的所有权人，A选项、B选项错误。《物权法解释一》第16条第2款："真实权利人有证据证明不动产受让人应当知道转让人无处分权的，应当认定受让人具有重大过失。"张麒麟从未看过所购买的房屋，巫龙从未交付过租金，可以认定张某有重大过失，不能善意取得；也可以认为张麒麟和巫龙是恶意串通损害高凤的利益，该房屋买卖合同无效，所以C选项错误，D选项正确。

A. 判决生效时因房屋仍然登记在巫龙名下，所以巫龙仍然是所有权人
B. 巫龙出卖房屋是有权处分，该买卖合同有效
C. 张麒麟已经善意取得房屋之所有权
D. 高凤有权要求巫龙返还房屋

考点 物权变动

第28讲
基于法律行为的物权变动

一、区分原则★★

当事人之间订立有关设立、变更、转让和消灭不动产物权的合同，除法律另有规定或者当事人另有约定外，自合同成立时生效；未办理物权登记的，不影响合同的效力。（《民法典》第215条）

1. 法律行为是否生效，应依照法律行为制度确定；
2. 物权变动效果是否发生，应依照物权变动的规则确定；
3. 因欠缺公示手段导致不能发生物权变动效果的，法律行为的效力不因此而受影响。登记或交付，是合同的履行行为，未登记或未交付并不影响债权合同的效力。而债权合同不成立、无效或被撤销，也不能发生物权变动的效果。

[例1] 房屋买卖，若未办理过户登记，物权变动不能发生，买受人尚未取得房屋所有权，但登记不是房屋买卖合同的生效要件，房屋买卖合同是否生效依照民法合同编确定。

[例2] 动产质押时，未交付动产（或者采用占有改定方式交付）的，质权未设立，但不因此影响质押合同的效力。

二、基于法律行为的不动产物权变动★★★

（一）债权形式主义（登记生效主义）

不动产物权的设立和转让，除了有权处分、债权合同有效外，还须登记才能发生物权变动。适用范围：

1. 建设用地使用权
2. 房屋所有权
3. 不动产抵押权
4. 居住权

（二）债权意思主义（登记对抗主义）

此类不动产物权，可以登记，也可以不登记。有权处分、债权合同生效，不登记，物权仍然变动，只是不能对抗善意第三人。适用范围：

1. 土地承包经营权

（设立时，未登记亦可产生对抗效力；转让时，未经登记不得对抗善意第三人。）

2. 地役权
3. **五年以上的土地经营权**

真题演练

1. 吴某和李某共有一套房屋，所有权登记在吴某名下。2010年2月1日，法院判决吴某和李某离婚，并且判决房屋归李某所有，但是并未办理房屋所有权变更登记。3月1日，李某将该房屋出卖给张某，张某基于对判决书的信赖支付了50万元价款，并入住了该房屋。4月1日，吴某又就该房屋和王某签订了买卖合同，王某在查阅了房屋登记簿确认房屋仍归吴某所有后，支付了50万元价款，并于5月10日办理了所有权变更登记手续。下列哪些选项是正确的？（2011-3-55 多）①

A. 5月10日前，吴某是房屋所有权人
B. 2月1日至5月10日，李某是房屋所有权人
C. 3月1日至5月10日，张某是房屋所有权人
D. 5月10日后，王某是房屋所有权人

考点 非基于法律行为的不动产物权变动、善意取得

三、基于法律行为的动产物权变动★★★

（一）动产物权变动规则

基于法律行为的动产物权变动，除法律另有规定外，以交付作为物权设立和转让的生效要件。即：

有权处分 + 合同 + 交付 = 物权变动。

当然也有例外，如动产抵押权、动产浮动抵押权，抵押合同生效时发生物权变动，无须交付。

[例] 甲将自己所有的一幅画出卖给乙，签订买卖合同，尚未交付；后来甲又将该画以更高的价格出卖给丙，也没有交付。乙担心甲将画交付给丙，诱使甲9岁的儿子将画偷出交给自己，此时该画的所有权人是谁？

（1）交付须符合两个构成要件，一是移转占有，二是有交付的合意。
（2）该画已经移转由乙占有，但是甲、乙没有达成交付的合意，故不成为民法上的交付，乙不能取得该画的所有权。

---

① 答案：BD。【解析】考点1：非基于法律行为的物权变动：形成判决。2010年2月1日，法院判决吴某和李某离婚，并且判决房屋归李某所有，但是并未办理房屋所有权变更登记。离婚判决属于分割共有物判决，是基于形成诉权所产生的形成判决，判决生效时发生物权变动，无须登记或交付。所以，2月1日，法院作出生效判决后，李某已经取得房屋所有权。所以，A选项错误。考点2：基于法律行为的物权变动。3月1日，李某将该房屋出卖给张某，张某基于对判决书的信赖支付了50万元价款，并入住了该房屋。这属于基于法律行为的不动产物权变动，要求买卖合同有效，且须完成不动产过户登记。因为没有办理房屋所有权变更登记手续，故所有权还没有移转，仍归李某所有，C选项错误。考点3：善意取得。4月1日，吴某又就该房屋和王某签订了买卖合同，王某在查阅了房屋登记簿确认房屋仍归吴某所有后，支付了50万元价款，并于5月10日办理了所有权变更登记手续。吴某并非房屋之所有权人，构成无权处分，王某是善意的，且以合理价格受让，完成所有权变更登记，善意取得该房屋的所有权。所以，D选项正确，B选项正确。

（二）交付

交付，即移转占有，须符合两个要件：一是移转占有，二是有交付的合意。

以交付作为公示方法是为一般原则，但对于船舶、航空器和机动车等特殊动产，法律规定以登记作为物权变动的对抗要件，即非经登记，关于这些特殊动产的物权变动不能对抗善意第三人。

现实交付	当事人以物权变动的意思，直接移转标的物的占有。 ［例］甲将300册藏书送给乙，并约定乙不得转让给第三人，否则甲有权收回藏书。其后甲向乙交付了300册藏书。赠与合同有效，完成交付，乙已经取得藏书的所有权。
观念交付	**简易交付**：即受让人已经占有动产，如受让人已经通过寄托、租赁、借用等方式实际占有了动产，则于物权变动的合意成立时，视为交付。【例1】 动产物权设立和转让前，权利人已经占有该动产的，物权自民事法律行为生效时发生效力。（《民法典》第226条）
	指示交付：（精确而言，为返还原物请求权之让与），即动产由第三人占有时，出让人将其对于第三人的返还请求权让与受让人，以代替交付。【例2】 动产物权设立和转让前，第三人占有该动产的，负有交付义务的人可以通过转让请求第三人返还原物的权利代替交付。（转让协议达成，物权变动）《民法典》第227条）
	占有改定：即动产物权的让与人与受让人之间特别约定，标的物仍然由出让人继续占有，由此，在物权让与的合意成立时，即视为交付，而受让人取得间接占有。【例3】 动产物权转让时，当事人又约定由出让人继续占有该动产的，物权自该约定生效时发生效力。（《民法典》第228条）
	拟制交付：即出让人将标的物的权利凭证（如仓单、提单）交给受让人，以代替物的现实交付。这时如果标的物仍由出让人或第三人占有时，受让人则取得该物的间接占有。

【例1】甲将自己的相机出租给乙使用，8月1日签订租赁合同，租期1个月，甲将相机交付给乙。乙在使用过程中不小心将相机损坏，8月8日电话向甲表明欲按照原价买下相机，甲同意。8月15日，乙向甲支付了相机款。这是简易交付，根据《民法典》第226条规定，乙在8月8日取得所有权。

【例2】甲将自己的钢琴出租给乙使用，8月1日签订租赁合同，租期1个月，甲将钢琴交付给乙使用。后甲与丙在8月8日签订钢琴买卖合同，甲、丙约定将甲对乙的返还请求权让与给丙以代替交付。8月15日，甲才将该钢琴已经出卖给丙的事实通知乙。这是指示交付，根据《民法典》第227条规定，物权在8月8日发生变动。

【例3】甲将自己的钢琴出卖给乙，8月1日签订买卖合同，尚未交付。8月8日甲与乙约定借用该钢琴7天。8月15日，甲将钢琴返还给乙。

（1）这是占有改定方式取得所有权，根据《民法典》第228条规定，8月8日乙取得钢琴的所有权。

（2）在占有改定中，出让人与受让人实际上达成了两个合意，一是转让动产所有权的合意，二是借用、租赁等能够使出让人继续占有转让动产的合意。之所以称占有改定，是因为出让人对出让动产的占有由原来的所有人占有改变为非所有人的占有，而受让人则根据前述第二个合意取得对转让动产的间接占有。在占有改定中，受让人取得物权的时点为出让人与受让人之间达成的由出让人继续占有动产的约定生效时。

> **真题演练**

1. 庞某有 1 辆名牌自行车，在借给黄某使用期间，达成转让协议，黄某以 8000 元的价格购买该自行车。次日，黄某又将该自行车以 9000 元的价格转卖给了洪某，但约定由黄某继续使用 1 个月。关于该自行车的归属，下列哪一选项是正确的？（2017-3-5 单）①

A. 庞某未完成交付，该自行车仍归庞某所有
B. 黄某构成无权处分，洪某不能取得自行车所有权
C. 洪某在黄某继续使用 1 个月后，取得该自行车所有权
D. 庞某既不能向黄某，也不能向洪某主张原物返还请求权

考点 交付

四、抛弃

抛弃所有权的，所有人的所有权消灭，原物成为无主物，动产可由他人依先占取得所有权；不动产由国家取得所有权；抛弃他物权的，他物权消灭，设立他物权的所有权上的负担消灭。

抛弃只要权利人一方作出意思表示即生效力，故抛弃是一种单方民事法律行为。抛弃的意思表示不一定向特定人为之，只要权利人抛弃其占有、表示其抛弃的意思，即生抛弃的效力。但他物权的抛弃，须向因抛弃而受利益的人为意思表示；不动产物权的抛弃，还须办理注销登记才发生效力。

抛弃不动产所有权	（1）具有抛弃不动产所有权的意思，且抛弃的行为有效； （2）完成所有权的注销登记。
抛弃动产所有权	（1）具有抛弃动产所有权的意思，且该单方法律行为有效； （2）具有放弃动产占有的行为。

原则上物权一经权利人抛弃即归消灭，但是，如果因为物权的抛弃会妨害他人的权利时则物权人不得任意抛弃其权利。例如，农村承包经营户的承包经营权，因有对农村集体组织的义务，所以不能随意抛弃，以免损害农村集体组织的权利。

---

① 答案：D。【解析】考点 1：简易交付。《民法典》第 226 条规定："动产物权设立和转让前，权利人已经占有该动产的，物权自民事法律行为生效时发生效力。"这是简易交付的规定。庞某有 1 辆名牌自行车，在借给黄某使用期间，达成转让协议，黄某以 8000 元的价格购买该自行车，庞某与黄某通过简易交付的方式完成了交付，黄某已经取得自行车的所有权，所以 A 选项错误。考点 2：占有改定。《民法典》第 228 条规定："动产物权转让时，当事人又约定由出让人继续占有该动产的，物权自该约定生效时发生效力。"黄某已经是自行车的所有权人，黄某将自行车转卖给洪某，是有权处分，约定黄某继续使用 1 个月，通过占有改定的方式完成交付，洪某已取得该车的所有权。故 B 选项错误。根据《民法典》第 228 条规定，洪某于约定由黄某继续使用 1 个月时取得该车的所有权，而不是 1 个月后取得所有权，故 C 选项错误。考点 3：返还原物请求权。《民法典》第 235 条规定："无权占有不动产或者动产的，权利人可以请求返还原物。"庞某已经不是自行车的所有权人，当然不能向黄某，也不能向洪某主张原物返还请求权，所以 D 选项正确。

五、登记【《民法典》修改】★★★

(一) 不动产登记的概念

不动产,是指土地、海域以及房屋、林木等定着物。不动产登记是指不动产登记机构依法将不动产权利归属和其他法定事项记载于不动产登记簿的行为。国家对不动产实行统一登记制度。统一登记的范围、登记机构和登记办法,由法律、行政法规规定。不动产登记费按件收取,不得按照不动产的面积、体积或者价款的比例收取。

不动产登记,由不动产所在地的登记机构办理。不动产物权的设立、变更、转让和消灭,依照法律规定应当登记的,自记载于不动产登记簿时发生效力。

(二) 不动产登记簿与权属证书

不动产登记簿是物权归属和内容的根据,由登记机构管理,具有权利推定的效力。不动产权属证书是权利人享有该不动产物权的证明。不动产权属证书记载的事项应与不动产登记簿一致;记载不一致的,除有证据证明不动产登记簿确有错误外,以不动产登记簿为准。但当事人有证据证明不动产登记簿的记载与真实权利状态不符、其为该不动产物权之真实权利人的,应依法确认其享有的物权。

《物权法解释一》第1条规定:"因不动产物权的归属,以及作为不动产物权登记基础的买卖、赠与、抵押等产生争议,当事人提起民事诉讼的,应当依法受理。当事人已经在行政诉讼中申请一并解决上述民事争议,且人民法院一并审理的除外。"《物权法解释一》第2条规定:"当事人有证据证明不动产登记簿的记载与真实权利状态不符、其为该不动产物权的真实权利人,请求确认其享有物权的,应予支持。"

权利人、利害关系人可以申请查询、复制不动产登记资料,登记机构应当提供。利害关系人不得公开、非法使用权利人的不动产登记资料。

(三) 不动产登记的效力(《民法典》第209条)

(1) 不动产物权的设立、变更、转让和消灭,经依法登记,发生效力;

(2) 未经登记,不发生效力,但是法律另有规定的除外。

(3) 依法属于国家所有的自然资源,所有权可以不登记。

(四) 更正登记、异议登记及预告登记(《民法典》第220、221条)

更正登记	异议登记	预告登记
(1) **申请人**:权利人、利害关系人 (2) **理由**:权利人、利害关系人认为不动产登记簿记载的事项错误的,可以申请更正登记。	(1) **前提**:不动产登记簿记载的权利人不同意更正; (2) **申请人**:利害关系人可以申请异议登记; (3) 登记机构予以异议登记的,申请人须在异议登记之日起十五日内起诉。 一种临时性保护措施。	(1) **前提**:当事人签订买卖房屋的协议或者签订其他不动产物权的协议; (2) **目的**:为保障将来实现物权; (3) **双方约定**:按照约定可以向登记机构申请预告登记。

续表

法律效果： （1）不动产登记簿记载的权利人**书面同意**更正或者**有证据证明**登记确有错误的，登记机构应当予以更正。 （2）消除错误登记； （3）以更正后的登记确定不动产物权的归属与内容。	法律效果： （1）登记簿上所记载的权利失去正确性推定的效力，排除善意取得的适用； （2）申请人在异议登记之日起**15日**内不起诉，异议登记失效； （3）若登记名义人为真正的物权人，真正物权人之处分行为在法律上不受异议登记的影响； （4）异议登记不当，造成权利人损害的，权利人可以向申请人请求损害赔偿。	法律效果： （1）未经预告登记权利人同意，**处分**该不动产的，不发生物权效力； （处分的理解：未经预告登记的权利人同意，**转移不动产所有权**，或者**设立建设用地使用权、居住权、地役权、抵押权**等其他物权） （2）预告登记自动失效： ①**债权消灭**：预告登记的买卖不动产物权的协议被认定**无效**、被**撤销**，或者预告登记的权利人**放弃债权**。 ②自能够进行不动产登记之日起的九十日内未申请本登记。

[例1] 深圳炒房一族，杨某与刘某购买深圳前海自贸区一房屋，各占50%，登记在刘某名下。刘某见有利可图，谎称房屋是自己所有，将该房屋以市场价出卖给善意的方某，并办理了过户登记。杨某后来知道此事，特别气愤，向登记机关申请更正登记。

（1）方某已经根据《民法典》第311条，善意取得该房屋的所有权。

（2）杨某、刘某已经不是所有权人，即使原来有错误登记，再予以更正已无意义，且也不可能，因为此时方某是房屋的所有权人。

[例2] 上海炒房一族，耿某与幸某按份共有一套房屋，各占50%，登记在耿某名下。后两人产生纠纷，幸某办理了异议登记。异议登记后的第三天，耿某将房屋市场价出卖给田某，并去房管局办理过户登记。

（1）不动产登记机构应当书面告知申请人该权利已经存在异议登记的有关事项。

（2）若当事人继续申请办理过户登记，应当予以办理，但申请人应当提供知悉异议登记存在并自担风险的书面承诺。

（3）登记过户后，幸某向法院请求确认自己是共有人，法院支持了幸某的诉讼请求。根据《民法典》第301条的规定，耿某是无权处分，而田某是恶意的，即使办理了过户登记，不符合善意取得的构成要件，故不能取得房屋的所有权。

[例3] 房地产开发商科达公司和杨某签订商品房预售合同，按照约定办理了预告登记。房屋建成后，科达公司看到上涨的房价，又与赵某签订该房屋的买卖合同，并办理了过户登记。

（1）已经办理了预告登记，科达公司与赵某去不动产登记机构办理转移登记，不动产登记机构应当不予办理。

（2）但科达公司或赵某朝中有人好办事，办理了登记过户手续。

（3）根据《民法典》第221条第1款规定，预告登记后，未经预告登记的权利人同意，处分该不动产的，不发生物权效力。所以，赵某不能取得房屋的所有权。

（4）但是买卖合同仍然有效，赵某有权依据买卖合同要求科达公司承担违约责任。

（五）抵押预告登记

《担保制度解释》第 52 条第 1 款规定："当事人办理抵押预告登记后，预告登记权利人请求就抵押财产优先受偿，经审查存在尚未办理建筑物所有权首次登记、预告登记的财产与办理建筑物所有权首次登记时的财产不一致、抵押预告登记已经失效等情形，导致不具备办理抵押登记条件的，人民法院不予支持；经审查已经办理建筑物所有权首次登记，且不存在预告登记失效等情形的，人民法院应予支持，并应当认定抵押权自预告登记之日起设立。"

第 2 款规定："当事人办理了抵押预告登记，抵押人破产，经审查抵押财产属于破产财产，预告登记权利人主张就抵押财产优先受偿的，人民法院应当在受理破产申请时抵押财产的价值范围内予以支持，但是在人民法院受理破产申请前一年内，债务人对没有财产担保的债务设立抵押预告登记的除外。"

1. 抵押预告登记的效力

（1）抵押权设立

经审查已经办理建筑物所有权首次登记，且不存在预告登记失效等情形的，并应当认定抵押权自预告登记之日起设立。

（2）抵押权不设立

经审查存在尚未办理建筑物所有权首次登记、预告登记的财产与办理建筑物所有权首次登记时的财产不一致、抵押预告登记已经失效等情形，导致不具备办理抵押登记条件的，抵押权不设立。

2. 抵押人破产

（1）当事人办理了抵押预告登记，抵押人破产，经审查抵押财产属于破产财产，预告登记权利人有权主张就抵押财产优先受偿；

（2）但是在人民法院受理破产申请前一年内，债务人对没有财产担保的债务设立抵押预告登记的除外。

（六）登记错误的责任（《民法典》第 222 条）

（1）当事人提供虚假材料申请登记，造成他人损害的，应当承担赔偿责任。

（2）因登记错误，造成他人损害的，登记机构应当承担赔偿责任。登记机构赔偿后，可以向造成登记错误的人追偿。

第3章 所有权

所有权概述

一、所有权的概念及特征

（一）所有权的概念

《民法典》第240条规定："所有权人对自己的不动产或者动产，依法享有占有、使用、收益和处分的权利。"所有权是对标的物全面支配的物权，是所有人在法定限度内对物最充分、最完全的支配。所有权的内容包括人对物和人对人两个方面的权利：

（1）人对物的权利。所有权是所有人对物全面支配的权利，包括占有、使用、收益、处分几项具体的权利，属于原权，是所有权的核心内容，属于所有权的积极内容。

（2）人对人的权利。在受到他人非法干预或侵害时，所有人有权行使包括返还请求权、妨害排除请求权、妨害预防请求权、恢复原状请求权等项权利在内的请求权。上述请求权属于救济权，是所有人基于对特定范围内财产的权利而产生的对非所有人的权利，属于所有权的消极内容。

（二）所有权的特征

全面性	所有权是所有人在法定限制范围内对所有物加以全面支配的权利，所有权是绝对权。所有权关系的义务主体是所有人以外的一切人，他们负有不作为的义务。
整体性	整体性又称为单一性。所有权并非占有、使用、收益、处分等各种权能的简单相加，而是一个整体的权利，所有人对于标的物有统一的支配力。
弹力性	弹力性又称为归一性。所有权人在其所有的财产上为他人设定他物权后，虽然占有等权能与所有权人发生分离，但所有权并不消灭。当所有物上设定的其他权利消灭，所有权的负担除去以后，所有权恢复其圆满的状态。
排他性	排他性也叫独占性，是指所有权是独占的支配权，非所有人不得对所有人的财产享有所有权。同一物上只能有一个所有权存在，而不能同时并存两个或两个以上的所有权。但是，同一个物上可以有两个以上的所有权人，这就是共有。
恒久性	恒久性又称为永久存续性，是指所有权不因时效而消灭，也不得预定其存续期间。所有权不以期限为要件，除因标的物灭失、所有人抛弃等事由而消灭外，本质上可以永久存续。

二、所有权的分类

不动产所有权与动产所有权（客体不同）	区别意义： （1）基于法律行为的不动产所有权变动原则上以登记为生效要件，基于法律行为的动产所有权变动原则上以交付为生效要件。 （2）先占、拾得遗失物等原始取得方式仅适用于动产所有权。 （3）只有不动产所有权才涉及相邻关系以及建筑物区分所有权问题。
单一所有权与多数人所有权（所有权人多寡）	单一所有权是指所有权人为单独一人的所有权。
	多数人所有权是指所有权人为多数人的所有权，多数人所有即共有。
国家所有权、集体所有权和私人所有权（生产资料所有制形式不同）	（1）专属国家所有。下列财产专属于国家所有，任何单位和个人不能取得所有权：城市土地、矿藏、水流、海域、无居民海岛、无线电频谱资源、国防资产等。 （2）法律规定为国家所有。 ①法律规定属于国家所有的农村和城市郊区的土地，属于国家所有。 ②森林、山岭、草原、荒地、滩涂等自然资源，属于国家所有，但是法律规定属于集体所有的除外。 ③法律规定属于国家所有的野生动植物资源，属于国家所有。 ④法律规定属于国家所有的文物，属于国家所有。 ⑤铁路、公路、电力设施、电信设施和油气管道等基础设施，依照法律规定为国家所有的，属于国家所有。 （3）集体所有权的客体包括： ①法律规定属于集体所有的土地和森林、山岭、草原、荒地、滩涂； ②集体所有的建筑物、生产设施、农田水利设施； ③集体所有的教育、科学、文化、卫生、体育等设施； ④集体所有的其他不动产和动产。 农民集体所有的财产，属于本集体成员集体所有。 （4）除了专属于国家的财产和集体所有的财产外，所有财产均可以成为私人所有权的客体。

三、所有权的权能和限制

（一）所有权的权能

所有权的权能是指所有人为利用所有物以实现其对所有物的独占利益，而于法律规定的范围内可以采取的各种措施与手段，以及对他人不法干预的排除。在理论上，所有权的权能包括积极权能和消极权能。

积极权能	所有权的积极权能包括占有、使用、收益和处分。 （1）占有权能，是对所有物加以实际管领或控制的权利。占有权可与所有人发生分离。占有权与占有是两个不同的概念。民法上的占有是指主体对物的实际控制。占有本身只是一种事实而不是权利。 （2）使用权能，是在不损毁所有物或改变其性质的前提下，依照物的性能和用途加以利用的权利。使用权能也可以转移给非所有人行使，并且使用权能仅适用于非消耗物。 （3）收益权能，是收取所有物所生利益（孳息）的权利。收益权是与使用权有密切联系的所有权权能，因为通常收益是使用的结果，但使用权不能包括收益权。 （4）处分权能，是对所有物依法予以处置的权利。处分包括事实上的处分和法律上的处分。处分权能是所有权内容的核心和拥有所有权的根本标志，其通常只能由所有人自己行使。
消极权能	所有权的消极权能即排除他人的不法干预，如请求排除妨害、消除危险、恢复原状、赔偿损失等。

（二）所有权的限制

所有权进行的限制主要表现为：

（1）行使所有权不得违反法律规定。

（2）行使所有权不得妨害他人的合法权益。

（3）行使所有权时必须注意保护环境、自然资源和生态平衡。

（4）为了公共利益的需要，依照法律规定的权限和程序可以**征收**集体所有的土地和组织、个人的房屋以及其他不动产。

①征收集体土地。征收集体所有的土地，应当依法及时足额支付土地补偿费、安置补助费以及农村村民住宅、其他地上附着物和青苗等的补偿费用，并安排被征地农民的社会保障费用，保障被征地农民的生活，维护被征地农民的合法权益。

②征收房屋及其他不动产。征收组织、个人的房屋以及其他不动产，应当依法给予征收补偿，维护被征收人的合法权益；征收个人住宅的，还应当保障被征收人的居住条件。

③任何组织或者个人不得贪污、挪用、私分、截留、拖欠征收补偿费等费用。

④国家对耕地实行特殊保护，严格限制农用地转为建设用地，控制建设用地总量。不得违反法律规定的权限和程序征收集体所有的土地。

（5）征用。因**抢险救灾、疫情防控**等紧急需要，依照法律规定的权限和程序可以征用组织、个人的不动产或者动产。被征用的不动产或者动产使用后，应当返还被征用人。组织、个人的不动产或者动产被征用或者征用后毁损、灭失的，应当给予补偿。

第30讲

业主的建筑物区分所有权

所谓建筑物区分所有权，指业主对于一栋建筑物中自己**专有部分的单独所有权**、对**共有部分的共有权**以及因共有关系而产生的**管理权**相结合所形成的"三位一体"的所有权。《民法典》第271条规定："业主对建筑物内的住宅、经营性用房等专有部分享有所有权，对专有部分以外的共有部分享有共有和共同管理的权利。"

业主的范围包括：（1）依法登记取得或者依据民法典第229条至第231条规定取得建筑物专有部分所有权的人，应当认定为民法典第二编第六章所称的业主。（2）基于与建设单位之间的商品房买卖民事法律行为，已经合法占有建筑物专有部分，但尚未依法办理所有权登记的人，可以认定为民法典第二编第六章所称的业主。

业主对建设单位、物业服务企业或者其他管理人以及其他业主侵害**自己合法权益**的行为，有权请求其承担民事责任。

一、专有权【《民法典》修改】★★

专有权特征	（1）专有权具有所有权的效力。 （2）专有权在区分所有权中占主导地位：业主转让建筑物内的住宅、经营性用房，其对共有部分享有的共有和共同管理的权利一并转让。 （3）专有权受到限制：（《民法典》第279条） ①业主不得违反法律、法规以及管理规约，将住宅改变为经营性用房。 ②业主将住宅改变为经营性用房的，除遵守法律、法规以及管理规约外，应当经**有利害关系的业主一致**同意。有利害关系的业主包括： 第一，**本栋建筑物内的其他业主**。 第二，建筑区划内，**本栋建筑物之外的业主**，主张与自己有利害关系的，应证明其**房屋价值、生活质量受到或者可能受到不利影响**。
专有权客体	（1）建筑区划内符合下列条件的房屋，以及车位、摊位等特定空间，应当认定为民法典第二编第六章所称的专有部分： ①具有构造上的独立性，能够明确区分； ②具有利用上的独立性，可以排他使用； ③能够登记成为特定业主所有权的客体。 规划上专属于特定房屋，且建设单位销售时已经根据规划列入该特定房屋买卖合同中的露台等，应当认定为前款所称的专有部分的组成部分。 （2）具体包括： ①业主专有的住宅或经营性用房（地板、天花板和四壁形成的空间）。 ②合同明示由业主单独所有的车位、车库（《民法典》第275条）。 ③合同明示由业主单独所有的绿地（《民法典》第274条）。 ④具有构造上、利用上的独立性，能够进行房屋登记的摊位（《建筑物区分所有权解释》第2条）。 ⑤合同明示归业主专有的露台（《建筑物区分所有权解释》第2条）。

二、共有权【《民法典》修改】★★

共有权的客体	（1）全体业主共有与部分业主共有。共有部分既有由全体业主共同使用的部分，如承重结构、外墙、屋顶等；也有仅为部分业主共有的部分，如各相邻专有部分之间的楼板、隔墙，部分业主共同使用的楼梯、走廊、电梯等。 （2）建筑区划内的道路。建筑区划内的道路，属于业主共有，但属于城镇公共道路的除外。 （3）建筑区划内的绿地。建筑区划内的绿地，属于业主共有，但是属于城镇公共绿地或者明示属于个人的除外。 （4）建筑区划内的其他场所、设施。建筑区划内的其他公共场所、公用设施和物业服务用房，属于业主共有。 （5）车位、车库。 ①建筑区划内，规划用于停放汽车的车位、车库的归属，由当事人通过出售、附赠或者出租等方式约定。建筑区划内，规划用于停放汽车的车位、车库应当首先满足业主的需要。①建设单位按照配置比例将车位、车库，以出售、附赠或者出租等方式处分给业主的，应当认定其行为符合"应当首先满足业主的需要"的规定。此处所称配置比例是指规划确定的建筑区划内规划用于停放汽车的车位、车库与房屋套数的比例。 ②占用业主共有的道路或者其他场地用于停放汽车的车位，属于业主共有。 （6）建筑物的基础、承重结构、外墙、屋顶等基本结构部分，通道、楼梯、大堂等公共通行部分，消防、公共照明等附属设施、设备，避难层、设备层或者设备间等结构部分； （7）其他不属于业主专有部分，也不属于市政公用部分或者其他权利人所有的场所及设施等应当为共有部分。 （8）土地使用权。建筑区划内的土地，依法由业主共同享有建设用地使用权，但属于业主专有的整栋建筑物的规划占地或者城镇公共道路、绿地占地除外。
共有原则	（1）费用分摊、收益分配。建筑物及其附属设施的费用分摊、收益分配等事项，有约定的，按照约定；没有约定或者约定不明确的，按照业主专有部分面积所占比例确定。 （2）建设单位、物业服务企业或者其他管理人等利用业主的共有部分产生的收入，在扣除合理成本之后，属于业主共有。 （3）不得以放弃权利不履行义务。 （4）业主基于对住宅、经营性用房等专有部分特定使用功能的合理需要，无偿利用屋顶以及与其专有部分相对应的外墙面等共有部分的，不应认定为侵权。但违反法律、法规、管理规约，损害他人合法权益的除外。
业主对共有部分的权利义务	（1）对共有部分的权利包括 ①使用权，业主有权共同使用和轮流使用共有部分； ②收益权，业主有权依照其持有份取得因共有部分产生的收益。 （2）对共有部分的义务包括 ①以共有部分的本来用途使用共有部分； ②按照各自的持有份分担共同费用和其他负担，并且不得以放弃权利为由不履行义务。

三、管理权【《民法典》修改】★★★

行使共同管理权的组织包括业主大会及业主委员会。

---

① 这里的"应当首先满足业主的需要"，是要求建设单位按照配置比例将车位、车库，以出售、附赠或者出租等方式处分给业主。而此处的配置比例是指规划确定的建筑区划内规划用于停放汽车的车位、车库与房屋套数的比例。

（1）业主有权设立业主大会并选举业主委员会。业主可以设立业主大会，选举业主委员会。业主大会、业主委员会成立的具体条件和程序，依照法律、法规的规定。

（2）业主大会或者业主委员会的决定，对业主具有法律约束力。

业主大会或者业主委员会作出的决定侵害业主合法权益的，受侵害的业主可以请求人民法院予以撤销，但应当在知道或者应当知道决定作出之日起 1 年内行使。

（3）业主大会、业主委员会、业主的权利义务。

①业主大会或者业主委员会，对任意弃置垃圾、排放污染物或者噪声、违反规定饲养动物、违章搭建、侵占通道、拒付物业费等损害他人合法权益的行为，有权依照法律、法规以及管理规约，请求行为人停止侵害、排除妨碍、消除危险、恢复原状、赔偿损失。

②业主应当遵守法律、法规以及管理规约，相关行为应当符合节约资源、保护生态环境的要求。对于物业服务企业或者其他管理人执行政府依法实施的应急处置措施和其他管理措施，业主应当依法予以配合。

（一）业主大会的表决规则

表决程序	业主共同决定事项，应当由专有部分面积占比三分之二以上的业主且人数占比三分之二以上的业主参与表决。【新增】
双绝对多数规则	应当经**参与表决**专有部分面积四分之三以上的业主且**参与表决**人数四分之三以上的业主同意： （1）**筹集**建筑物及其附属设施的维修资金；（仅"筹集"，无"使用"。） （2）改建、重建建筑物及其附属设施； （3）**改变共有部分的用途或者利用共有部分从事经营活动。【新增】**
双简单多数规则	应当经**参与表决**专有部分面积过半数的业主且**参与表决**人数过半数的业主同意： （1）制定和修改业主大会议事规则； （2）制定和修改管理规约； （3）选举业主委员会或者更换业主委员会成员； （4）选聘和解聘物业服务企业或者其他管理人； （5）**使用**建筑物及其附属设施的维修资金；（仅"使用"，无"筹集"。） （6）有关共有和共同管理权利的其他重大事项。处分共有部分，以及业主大会依法决定或者管理规约依法确定应由业主共同决定的事项，应当认定为"其他重大事项"。
维修资金归属与使用（《民法典》第281条）	（1）归属。建筑物及其附属设施的维修资金，属于业主共有； （2）经业主共同决定，可以用于电梯、屋顶、外墙、无障碍设施等共有部分的维修、更新和改造； （3）建筑物及其附属设施的维修资金的筹集、使用情况应当定期公布； （4）紧急情况下需要维修建筑物及其附属设施的，业主大会或者业主委员会可以依法申请使用建筑物及其附属设施的维修资金。

（二）物业服务人的义务（《民法》第 285 条）

1. 管理义务及接受监督义务。物业服务企业或者其他管理人根据业主的委托，依照本法第三编有关物业服务合同的规定管理建筑区划内的建筑物及其附属设施，接受业主的监督，并及时答复业主对物业服务情况提出的询问。

2. 配合政府执法义务。 物业服务企业或者其他管理人应当执行政府依法实施的应急处置措施和其他管理措施，积极配合开展相关工作。

（三）物业服务合同

业主可以自行管理建筑物及其附属设施，也可以委托物业服务企业或者其他管理人管理。对建设单位聘请的物业服务企业或者其他管理人，业主有权依法更换。物业服务企业或者其他管理人根据业主的委托，依照物业服务合同的规定管理建筑区划内的建筑物及其附属设施，并接受业主的监督。物业服务企业或者其他管理人应当及时答复业主对物业服务情况提出的询问。

物业服务合同是物业服务人在物业服务区域内，为业主提供建筑物及其附属设施的维修养护、环境卫生和相关秩序的管理维护等物业服务，业主支付物业费的合同。物业服务人包括物业服务企业和其他物业管理人。

合同形式	物业服务合同应当采用书面形式。
合同内容	（1）物业服务合同的内容一般包括服务事项、服务质量、服务费用的标准和收取办法、维修资金的使用、服务用房的管理和使用、服务期限、服务交接等条款。 （2）物业服务人公开作出的有利于业主的服务承诺，为物业服务合同的组成部分。
合同签订主体	（1）建设单位与物业服务人签订前期物业服务合同。 （2）业主委员会与业主大会依法选聘的物业服务人订立的物业服务合同。 （3）合同对业主有约束力。建设单位依法与物业服务人订立的前期物业服务合同，以及业主委员会与业主大会依法选聘的物业服务人订立的物业服务合同，对业主具有法律约束力。
前期物业服务合同终止	建设单位依法与物业服务人订立的前期物业服务合同约定的服务期限届满前，业主委员会或者业主与新物业服务人订立的物业服务合同生效的，前期物业服务合同终止。
转委托	（1）专项服务转委托。物业服务人将物业服务区域内的部分专项服务事项委托给专业性服务组织或者其他第三人的，应当就该部分专项服务事项向业主负责。 （2）禁止全部服务转委托。物业服务人不得将其应当提供的全部物业服务转委托给第三人，或者将全部物业服务支解后分别转委托给第三人。
物业服务人的义务	（1）维修、养护、清洁、绿化、管理共有部分；（《民法典》第942条） （2）维护秩序，保护业主人身、财产安全；（《民法典》第942条） （3）定期向业主大会、业主委员会报告；（《民法典》第943条） （4）物业服务人不得采取停止供电、供水、供热、供燃气等方式催交物业费。
业主的义务	（1）缴纳物业费。物业服务人已经按照约定和有关规定提供服务的，业主不得以未接受或者无需接受相关物业服务为由拒绝支付物业费。业主违反约定逾期不支付物业费的，物业服务人可以催告其在合理期限内支付；合理期限届满仍不支付的，物业服务人可以提起诉讼或者申请仲裁。 （2）告知义务。 ①业主装饰装修房屋的，应当事先告知物业服务人。 ②业主转让、出租物业专有部分、设立居住权或者依法改变共有部分用途的，应当及时将相关情况告知物业服务人。

续表

合同终止	（1）解聘（业主单方解除） ①依照法定程序（双简单多数规则）。业主依照法定程序共同决定解聘物业服务人的，可以解除物业服务合同。 ②书面通知。决定解聘的，应当提前六十日书面通知物业服务人，但是合同对通知期限另有约定的除外。 ③赔偿损失。解除合同造成物业服务人损失的，除不可归责于业主的事由外，业主应当赔偿损失。 （2）续聘（续订合同） ①同意续签合同。物业服务期限届满前，业主依法共同决定续聘的，应当与原物业服务人在合同期限届满前续订物业服务合同。 ②不同意续签合同。物业服务期限届满前，物业服务人不同意续聘的，应当在合同期限届满前九十日书面通知业主或者业主委员会，但是合同对通知期限另有约定的除外。 （3）不定期物业服务合同 ①物业服务期限届满后，业主没有依法作出续聘或者另聘物业服务人的决定，物业服务人继续提供物业服务的，原物业服务合同继续有效，但是服务期限为不定期。 ②双方的任意解除权。当事人可以随时解除不定期物业服务合同，但是应当提前六十日书面通知对方。 （4）合同终止的法律后果 ①做好交接工作。原物业服务人应当退出物业服务区域，交还相关资料，做好交接工作；否则不得请求业主支付物业服务合同终止后的物业费，造成业主损失的，应当赔偿损失。 ②交接前继续处理物业服务事项。物业服务合同终止后，在业主或者业主大会选聘的新物业服务人或者决定自行管理的业主接管之前，原物业服务人应当继续处理物业服务事项，并可以请求业主支付该期间的物业费。

[例] 某小区业主田某将其位于一楼的住宅用于开办茶馆，蒋某认为此举不妥，交涉无果后向法院起诉，要求田某停止开办。

（1）如蒋某是同一栋住宅楼的业主，法院应支持其请求。《民法典》第279条规定，业主不得违反法律、法规以及管理规约，将住宅改变为经营性用房。业主将住宅改变为经营性用房的，除遵守法律、法规以及管理规约外，应当经有利害关系的业主同意。蒋某是同一栋住宅楼的业主，当然是有利害关系的业主。

（2）如蒋某能证明因田某开办茶馆而影响其房屋价值，法院应支持其请求。

（3）或如蒋某能证明因田某开办茶馆而影响其生活质量，法院应支持其请求。建筑区划内，本栋建筑物之外的业主，主张与自己有利害关系的，应证明其房屋价值、生活质量受到或者可能受到不利影响。

真题演练

1. 北林公司是某小区业主选聘的物业服务企业。关于业主与北林公司的权利义务，

下列哪一选项是正确的？（2010-3-8 单）[1]

A. 北林公司公开作出的服务承诺及制定的服务细则，不是物业服务合同的组成部分

B. 业主甲将房屋租给他人使用，约定由承租人交纳物业费，北林公司有权请求业主甲对该物业费的交纳承担连带责任

C. 业主乙拖欠半年物业服务费，北林公司要求业主委员会支付欠款，业主委员会无权拒绝

D. 业主丙出国进修两年返家，北林公司要求其补交两年的物业管理费，丙有权以两年未接受物业服务为由予以拒绝

考点 物业服务合同

第 31 讲

所有权的特别取得方法

一、善意取得★★★

善意取得亦称即时取得，是指无处分权人转让标的物给善意第三人时，善意第三人一般可取得标的物的所有权，所有权人不得请求善意第三人返还原物。根据物权法的规定，善意取得不限于所有权，其他物权也可以善意取得。

《民法典》第 311 条第 1 款规定："无处分权人将不动产或者动产转让给受让人的，所有权人有权追回；除法律另有规定外，符合下列情形的，受让人取得该不动产或者动产的所有权：（1）受让人受让该不动产或者动产时是善意的；（2）以合理的价格转让；（3）转让的不动产或者动产依照法律规定应当登记的已经登记，不需要登记的已经交付给受让人。"第 2 款规定："受让人依照前款规定取得不动产或者动产的所有权的，原所有权人有权向无处分权人请求损害赔偿。"第 3 款规定："当事人善意取得其他物权的，参照适用前两款规定。"

善意取得制度作为所有权保护的一种例外，是对无权处分的特别规定，是对所有权的效力的一种限制，它是法律在所有权的绝对保护与交易的安全快捷之间予以平衡的结果。善意取得理论上属于原始取得。善意受让人取得动产后，该动产上的原有权利消灭。但是，善意受让人在受让时知道或者应当知道该权利的除外。

（一）不动产所有权善意取得之构成要件

1. 无权处分人具有权利外观；
2. 不动产登记名义人以自己名义实施无权处分；

---

[1] 答案：B。【解析】【考点 1】物业服务合同内容。《民法典》第 938 条第 2 款规定："物业服务人公开作出的有利于业主的服务承诺，为物业服务合同的组成部分。"故 A 选项错误。【考点 2】物业费承担。《物业纠纷解释》第 4 条规定："因物业的承租人、借用人或者其他物业使用人实施违反物业服务合同，以及法律、法规或者管理规约的行为引起的物业服务纠纷，人民法院可以参照关于业主的规定处理。"故 B 选项正确。《民法典》第 944 条规定："业主应当按照约定向物业服务人支付物业费。物业服务人已经按照约定和有关规定提供服务的，业主不得以未接受或者无需接受相关物业服务为由拒绝支付物业费。业主违反约定逾期不支付物业费的，物业服务人可以催告其在合理期限内支付；届满仍不支付的，物业服务人可以提起诉讼或者申请仲裁。"业主有交纳物业费的义务，业主不得以未接受或者无需接受相关物业服务为由拒绝支付物业费。故 C 选项、D 选项错误。

3. 第三人受让时为善意，且以合理的价格受让。"合理的价格"，应当根据转让标的物的性质、数量以及付款方式等具体情况，参考转让时交易地市场价格以及交易习惯等因素综合认定。

4. 完成过户登记。

[例] 甲，法学博士，乙高中生，两人青梅竹马。甲对乙说，自己是法学博士，智商比较高，乙是高中生，情商比较高。两人结合生出来的小孩肯定智商情商都比较高。于是两人结婚。婚后购买了北京三环以内一套房屋，甲智商高有私心，登记在自己名下。后甲未经乙同意将该房屋以市场价出卖给善意的丙，签订买卖合同且办理了登记过户手续。

（1）房屋登记在甲名下，但是婚后购买，属于夫妻共同共有财产，若要处分须夫妻双方协商约定，无约定则须经双方同意。甲未经乙的同意擅自出卖房屋，是无权处分。房屋登记在甲名下，有权利外观。丙是善意的，且以合理的价格受让（市价），已经办理了登记手续，丙善意取得房屋的所有权。

（2）须注意的是，如果丙是恶意的，则不能善意取得房屋的所有权。但甲、丙之间的买卖合同是无权处分所订立的，根据《民法典》第597条第1款的规定，该买卖合同仍然有效。

（二）动产所有权善意取得之构成要件

1. 动产为占有委托物（基于租赁、保管、借用等关系占有）；不适用善意取得之物：

（1）占有脱离物：指非基于真正权利人的意思而丧失占有的物。包括盗赃、遗失物、漂流物、埋藏物、隐藏物、失散的动物；

（2）货币：货币属于特殊动产，占有货币即取得所有权，没有适用无权处分之余地；

（3）禁止流通物：如毒品、武器、淫秽书刊，国家不允许私人取得所有权，自不适用善意取得。

2. 动产占有人实施无权处分；

3. 第三人受让时为善意，且以合理的价格受让；

4. 完成交付。包括现实交付、简易交付、指示交付，但不包括占有改定。

[例1] 甲将自己所有的相机交付给乙保管，乙谎称该相机是自己所有，以市场价出卖给善意的丙，且将相机交付给丙。

（1）丙根据《民法典》第311条，善意取得相机的所有权。

（2）甲丧失相机的所有权，可以要求乙承担损害赔偿责任。

[例2]（2015-3-6）甲将一套房屋转让给乙，乙再转让给丙，相继办理了房屋过户登记。丙翻建房屋时在地下挖出一瓷瓶，经查为甲的祖父埋藏，甲是其祖父唯一继承人。丙将该瓷瓶以市价卖给不知情的丁，双方钱物交割完毕。

《民法典》第319条规定："拾得漂流物、发现埋藏物或者隐藏物的，参照拾得遗失物的有关规定。法律另有规定的，依照其规定。"根据《民法典》第312条的规定，遗失物不适用善意取得，所以埋藏物也不能善意取得，丁不能善意取得瓷瓶所有权。

（三）善意的认定标准

受让人受让不动产或者动产时，**不知道转让人无处分权**，且**无重大过失**的，应当认定受让人为善意。**真实权利人**主张受让人不构成善意的，应当承担举证证明责任。善意的判断时间点：**完成不动产登记之时**或**完成动产交付之时。**

不知道转让人无处分权	具有下列情形之一的，应当认定**不动产**受让人**知道**转让人无处分权： （1）登记簿上存在有效的异议登记； （2）预告登记有效期内，未经预告登记的权利人同意； （3）登记簿上已经记载司法机关或者行政机关依法裁定、决定查封或者以其他形式限制不动产权利的有关事项； （4）受让人知道登记簿上记载的权利主体错误； （5）受让人知道他人已经依法享有不动产物权。
无重大过失（重大过失即恶意）	（1）对于不动产 真实权利人有证据证明不动产受让人应当知道转让人无处分权的，应当认定受让人具有重大过失。 （2）对于动产 受让人受让**动产**时，交易的**对象**、**场所**或者**时机**等不符合交易习惯的，应当认定受让人具有重大过失。

（四）原因行为瑕疵与善意取得

具有下列情形之一，受让人不能善意取得：
（1）转让合同被认定无效；
（2）转让合同被撤销。

（五）善意取得与遗失物

所有权人或者其他权利人有权追回遗失物。该遗失物通过转让被他人占有的，权利人有权向无处分权人请求损害赔偿，或者自知道或者应当知道受让人之日起二年内向受让人请求返还原物，但是，受让人通过拍卖或者向具有经营资格的经营者购得该遗失物的，权利人请求返还原物时应当支付受让人所付的费用。权利人向受让人支付所付费用后，有权向无处分权人追偿。（《民法典》第312条）

占有脱离物原则上不发生善意取得	占有脱离物，指非基于占有人的意思而丧失占有的动产，包括盗赃、遗失物、漂流物、埋藏物、隐藏物、失散的动物等。
期间的起算点	自知道或者应当知道受让人之日起二年内向受让人请求返还原物。
原则上无偿回复	受让人通过拍卖或者向具有经营资格的经营者购得该遗失物的，权利人请求返还原物时应当支付受让人所付的费用。 除此之外都是无偿回复。
二年期间届满之后果	2年期间届满，权利人未请求善意受让人返还的，善意受让人取得所有权。
二年期间内	2年期间内，占有脱离物恒为占有脱离物，不论辗转多少手，均不发生善意取得的效果。

【补充考点】

善意取得抵押权	不动产抵押权的善意取得,不要求"合理对价",且以登记为构成要件。动产抵押权的善意取得,不要求"合理对价",且不以登记、交付为构成要件。【见例1】
善意取得质权	动产质权的善意取得,不要求"合理对价",且以交付给构成要件,但不包括占有改定的交付方式。【见例2】
留置权的特殊取得规则	通说认为,即使是占有脱离物也可留置。留置权的成立只要符合法定构成要件,则留置权成立。【见例3】

[例1] 赵某的单反相机交由钱某保管。孙某向李某借钱10万元,李某要求孙某提供担保。孙某请求钱某提供担保。钱某自称该单反相机是自己所有,与李某签订抵押合同。合同成立生效,李某善意取得抵押权。

[例2] 赵某的单反相机交由钱某保管。孙某向李某借钱10万元,李某要求孙某提供担保。孙某请求钱某提供担保。钱某自称该单反相机是自己所有,与李某签订质押合同,将该相机现实交付给李某,李某善意取得质权。钱某与李某之间的质押合同是单务合同,仅钱某有交付质物的义务,李某无对应的主给付义务,所以无"合理对价"的问题。

[例3] 赵某的单反相机交由钱某保管。钱某将该单反相机送到孙某处维修,孙某误以为该相机是钱某所有。钱某不支付维修费,该单反相机被孙某留置。《民法典》第447条第1款规定,债务人不履行到期债务,债权人可以留置已经合法占有的债务人的动产,并有权就该动产优先受偿。可见,留置的必须是债务人的动产,而本案的债务人是钱某,孙某留置的不是债务人的财产。

《民法典担保制度解释》第62条第1款规定:"债务人不履行到期债务,债权人因同一法律关系留置合法占有的第三人的动产,并主张就该留置财产优先受偿的,人民法院应予支持。第三人以该留置财产并非债务人的财产为由请求返还的,人民法院不予支持。"孙某因同一法律关系(承揽合同关系)留置合法占有的第三人的动产,可以取得留置权。

【易错考点提示】

1	善意取得以无权处分为前提,如果是有权处分,则考虑继受取得。
2	遗失物不适用善意取得,但有一例外,规定于《民法典》第312条。民法出于平衡所有权人与善意的受让人之间的利益考量,受2年期间的限制。2年期间届满,符合善意取得构成要件者,发生受让人善意取得的效果。

【总结:无权处分的法律后果】

无权处分订立买卖合同,若无其他效力瑕疵,则该合同有效,符合善意取得的构成要件,善意的受让人善意取得所有权。无权处分人对所有人可构成侵权、违约或不当得利。

[例] 甲将自己所有的一套古籍交由乙保管,乙自称为自己所有将该套古籍出卖给善意的丙,签订买卖合同并交付给丙。
(1)乙无权处分与丙签订的买卖合同有效;
(2)丙善意取得该套古籍的所有权,甲丧失所有权;
(3)甲有权要求乙承担侵害所有权的侵权责任;或请求乙承担违约责任;或要求乙返还不当得利。

真题演练

1. 甲被法院宣告失踪，其妻乙被指定为甲的财产代管人。3个月后，乙将登记在自己名下的夫妻共有房屋出售给丙，交付并办理了过户登记。在此过程中，乙向丙出示了甲被宣告失踪的判决书，并将房屋属于夫妻二人共有的事实告知丙。1年后，甲重新出现，并经法院撤销了失踪宣告。现甲要求丙返还房屋。对此，下列哪一说法是正确的？（2016-3-6 单）①

A．丙善意取得房屋所有权，甲无权请求返还
B．丙不能善意取得房屋所有权，甲有权请求返还
C．乙出售夫妻共有房屋构成家事代理，丙继受取得房屋所有权
D．乙出售夫妻共有房屋属于有权处分，丙继受取得房屋所有权

考点 善意取得、宣告失踪

二、拾得遗失物【《民法典》修改】★★

遗失物，是所有人遗忘于某处，不为任何人占有的物。遗失物只能是动产，不动产不存在遗失的问题。遗失物也不是无主财产。所有人为了安全的目的或其他考虑，将物品埋藏于土地之中或放置于一定的隐秘场所，这时所有人并没有丧失对于物的占有，因此并不是遗失物，如因年长日久，所有人忘其所在，则为埋藏物或者隐藏物。

拾得人的义务	1. 向失主返还遗失物及孳息 2. 拾得人应当及时通知权利人领取，或者送交公安等有关部门 （1）有关部门收到遗失物，知道权利人的，应当及时通知其领取；不知道的，应当及时发布招领公告。 （2）若拾得人通知，或者有关部门发布招领公告，在失主与拾得人或有关部门之间成立无因管理之债。 3. 妥善保管遗失物 拾得人在遗失物送交有关部门前，有关部门在遗失物被领取前，应当妥善保管遗失物。因**故意**或者**重大过失**致使遗失物毁损、灭失的，应当承担民事责任。
拾得人的权利	（1）必要费用返还请求权；（《民法典》第317条第1款） （2）拾得人有权要求悬赏人按照悬赏广告的承诺支付报酬；（《民法典》第317条第2款） （3）若权利人不按照悬赏广告的承诺履行义务，拾得人无权留置遗失物。因为，悬赏人支付报酬的义务与遗失物不属于"同一法律关系"； （4）拾得人侵占遗失物的，无权请求保管遗失物等支出的费用，也无权请求失主按照承诺履行义务。（《民法典》第317条第3款）

《民法典》第318条规定："遗失物自发布招领公告之日起一年内无人认领的，归国家所有。"
《民法典》第319条规定："拾得漂流物、发现埋藏物或者隐藏物的，参照拾得遗失物的有关规定。法律另有规定的，依照其规定。"

---

① 答案：B。【解析】考点1：无权处分、共有。乙为失踪丈夫的财产代管人，出售房屋并非是为了其丈夫的利益，乙对房屋不享有处分权。乙对夫妻共有财产的处分不属于家事代理，须经全体共有人的同意，否则构成无权处分，因此C选项、D选项错误。考点2：善意取得。题目交代"乙向丙出示了甲被宣告失踪的判决书，并将房屋属于夫妻二人共有的事实告知丙。"可见，房屋虽然登记在财产代管人乙的名下，但是属于夫妻共有财产，丙对这一情况知悉，符合《物权法解释(一)》第16条第1款第4项的规定，不是善意第三人，不能善意取得房屋所有权，故A选项错误，B选项正确。

[例] 杨某将一手机遗忘在出租车上，立即发布寻物启事，言明愿以 3000 元现金酬谢返还手机者。出租车司机李某发现该手机及获悉寻物启事后即与杨某联系。现杨某拒绝支付 3000 元给李某。

（1）李某拾得遗失物，有返还手机的义务；

（2）根据《民法典》第 317 条规定，刘某有权要求杨某支付保管遗失物支出的必要费用；

（3）杨某应当按照悬赏广告履行承诺；

（4）如果杨某不履行给付 3000 元的承诺，则李某无权留置该手机，因为不属于同一法律关系，李某无留置权。留置权要求必须属于同一法律关系方能留置。

真题演练

1. 一日清晨，甲发现一头牛趴在自家门前，便将其拴在自家院内，打探失主未果。时值春耕，甲用该牛耕种自家田地。其间该牛因劳累过度得病，甲花费 300 元将其治好。两年后，牛的主人乙寻牛来到甲处，要求甲返还，甲拒绝返还。下列哪一说法是正确的？（2009-3-13 单）①

A. 甲应返还牛，但有权要求乙支付 300 元

B. 甲应返还牛，但无权要求乙支付 300 元

C. 甲不应返还牛，但乙有权要求甲赔偿损失

D. 甲不应返还牛，无权要求乙支付 300 元

考点 拾得遗失物

---

① 答案：B。【解析】考点1：拾得遗失物。根据《民法典》第 314 条规定："拾得遗失物，应当返还权利人。拾得人应当及时通知权利人领取，或者送交公安等有关部门。"甲拾得乙的牛，应当返还，故 C 选项、D 选项错误。考点2：必要费用返还。《民法典》第 317 条第 1 款规定："权利人领取遗失物时，应当向拾得人或者有关部门支付保管遗失物等支出的必要费用。"拾得人有必要费用请求权。但本案中的 300 元是甲用该牛耕种自家田地，该牛因劳累过度得病的治疗费，不属于必要费用，当然不能请求乙支付该 300 元。

第32讲

共有

共有是两个以上的民事主体对同一项财产享有所有权。准共有，是两个以上的民事主体共同享有所有权以外的财产权。如两个以上的民事主体共同拥有他物权、知识产权、债权等。

一、共有的分类★★

按份共有	二人以上按照各自确定的份额对共有物享有权利和承担义务的共有关系。 （1）按份共有的拟制（《民法典》第308条） ①有约定按约定； ②没有约定或者约定不明确的，除共有人具有家庭关系等外，**视为按份共有**。 （2）应有份额的确定（《民法典》第309条） ①有约定按约定； ②没有约定或者约定不明确的，按照出资额确定； ③不能确定出资额的，**视为等额享有**。
共同共有	二人以上根据共同关系对共有物不分份额地共同享有权利并承担义务的共有关系。**类型**： （1）夫妻共同共有关系； （2）家庭共同共有关系； （3）遗产分割前，继承人对遗产的共同共有； （4）合伙财产； （5）被确认无效或者被撤销的婚姻，当事人同居期间所得的财产，除有证据证明为当事人一方所有的以外，按共同共有处理。

二、两种共有之比较【《民法典》修改】★★★

比较事项	按份共有	共同共有
共有物的处分、重大修缮、变更性质或者用途（《民法典》第301条）	（1）有约定按约定； （2）没约定，应当经占**份额**三分之二以上的按份共有人同意。 （1）部分共有人违反《民法典》第301条擅自对共有物进行法律处分，构成无权处分，适用善意取得； （2）按份共有人对其份额享有独立的所有权，按份共有人对自己份额的处分（如转让、设立抵押权）无须其他按份共有人同意，这和对共有物的处分不同。	（1）有约定按约定； （2）没约定，应当经**全体**共同共有人同意。
共有物的保存	共有人皆可行使	

续表

共有物的使用与收益	（1）有约定，按约定； （2）无约定，按份共有人按其份额，对共有物的整体进行占有、使用和收益。但按份共有人超出其份额对共有物占有、使用、收益，对其他共有人构成不当得利。	（1）有约定，按约定； （2）无约定，共同共有人共同占有、使用、收益。
因共有物产生之债的效力	对外： 根据《民法典》第307条的规定，因共有物产生的债权债务（侵权之债、合同之债），在对外关系上，共有人享有连带债权、承担连带债务，但法律另有规定或者第三人知道共有人不具有连带债权债务关系的除外。 对内： 根据《民法典》第307条的规定，因共有物产生的债权债务，在共有人内部关系上，除共有人另有约定外，按份共有人按照份额享有债权、承担债务，共同共有人共同享有债权、承担债务。偿还债务超过自己应当承担份额的按份共有人，有权向其他共有人追偿。	
共有物的分割	（1）**共有人约定不得分割共有的不动产或者动产，以维持共有关系的**： ①应当按照约定，不得分割； ②但共有人有重大理由需要分割的，可以请求分割。 （2）**没有约定或者约定不明确的**： ①按份共有人可以随时请求分割； ②共同共有人在**共有的基础丧失**或者有**重大理由**需要分割时，可以请求分割； ③因分割对其他共有人造成损害的，应当给予赔偿。 （3）**婚姻关系存续期间夫妻共同财产分割**（《民法典》第1066条） 婚姻关系存续期间，有下列情形之一的，夫妻一方可以向人民法院请求分割共同财产： ①一方有隐藏、转移、变卖、毁损、挥霍夫妻共同财产或者伪造夫妻共同债务等严重损害夫妻共同财产利益的行为； ②一方负有法定扶养义务的人患重大疾病需要医治，另一方不同意支付相关医疗费用。 （4）**分割方式** 共有人可以协商确定分割方式。达不成协议，共有的不动产或者动产可以分割并且不会因分割减损价值的，应当对实物予以分割；难以分割或者因分割会减损价值的，应当对折价或者拍卖、变卖取得的价款予以分割。（《民法典》第304条第1款）	

真题演练

1. 红光、金辉、绿叶和彩虹公司分别出资50万、20万、20万、10万元建造一栋楼房，约定建成后按投资比例使用，但对楼房管理和所有权归属未作约定。对此，下列哪一说法是错误的？（2010-3-7 单）[①]

[①] 答案：C。【解析】考点1：共有份额的确定。《民法典》第308条规定："共有人对共有的不动产或者动产没有约定为按份共有或者共同共有，或者约定不明确的，除共有人具有家庭关系等外，视为按份共有。"红光、金辉、绿叶和彩虹公司分别出资50万、20万、20万、10万元建造一栋楼房，对所有权归属未作约定，视为按份共有，所以B选项正确。《民法典》第302条规定："共有人对共有物的管理费用以及其他负担，有约定的，按照其约定；没有约定或者约定不明确的，按份共有人按照其份额负担，共同共有人共同负担。"因此，A选项正确。考点2：共有物的重大修缮。《民法典》第301条规定："处分共有的不动产或者动产以及对共有的不动产或者动产作重大修缮、变更性质或者用途的，应当经占份额三分之二以上的按份共有人或者全体共同共有人同意，但是共有人之间另有约定的除外。"红光公司投资占50%，未达到2/3以上，无权单独决定该楼的重大修缮事宜，C选项错误。考点3：共有份额转让。《民法典》第305条规定："按份共有人可以转让其享有的共有的不动产或者动产份额。其他共有人在同等条件下享有优先购买的权利。"可见，D选项正确。

A. 该楼发生的管理费用应按投资比例承担
B. 该楼所有权为按份共有
C. 红光公司投资占50%，有权决定该楼的重大修缮事宜
D. 彩虹公司对其享有的份额有权转让

考点 共有

三、按份共有人的优先购买权★★★

《民法典》第305条规定："按份共有人可以转让其享有的共有的不动产或者动产份额。其他共有人在同等条件下享有优先购买的权利。"按份共有人转让其享有的共有的不动产或者动产份额的，应当将转让条件及时通知其他共有人。其他共有人应当在合理期限内行使优先购买权。

(一) 按份共有人享有优先购买权的条件

1. 须为对外转让，对内转让份额，其他共有人无优先购买权，按份共有人之间另有约定除外；
2. 须为转让，继承、遗赠，其他共有人无优先购买权
3. 须为同等条件。同等条件应当综合共有份额的转让价格、价款履行方式及期限等因素确定。
4. 须在法定或约定期间行使(《民法典物权编解释(一)》第11条)

优先购买权的行使期间，按份共有人之间有约定的，按照约定处理；没有约定或者约定不明的，按照下列情形确定：

转让人履行通知义务	通知中载明行使期间的，以该期间为准；
	通知中未载明行使期间，或者载明的期间短于通知送达之日起十五日的，为十五日；
转让人未履行通知义务	其他按份共有人知道或者应当知道最终确定的同等条件之日起十五日；
	无法确定其他按份共有人知道或者应当知道最终确定的同等条件的，为共有份额权属转移之日起六个月。

(二) 优先购买权的除外条件(《民法典物权编解释(一)》第12条第2款)

1. 其他按份共有人未在法定或约定的期间内主张优先购买，或者虽主张优先购买，但提出减少转让价款、增加转让人负担等实质性变更要求；
2. 其他按份共有人以其优先购买权受到侵害为由，仅请求撤销共有份额转让合同或者认定该合同无效。

(三) 优先购买权冲突的解决(《民法典》第306条第2款)

1. 两个以上其他共有人主张行使优先购买权的，协商确定各自的购买比例；
2. 协商不成的，按照转让时各自的共有份额比例行使优先购买权。

[例] 甲、乙、丙、丁按份共有一艘货船，份额分别为10%、20%、30%、40%。甲欲将

其共有份额转让，戊愿意以500万元的价格购买，价款一次付清。

（1）甲向戊转让其共有份额，无须经乙、丙、丁同意。《民法典》第305条第1句规定："按份共有人可以转让其享有的共有的不动产或者动产份额。"所以，甲转让自己的份额，无须其他按份共有人的同意。

（2）但是，如果甲欲将整艘货船出卖给戊，则是对共有物的处分，根据《民法典》第301条规定，须经份额三分之二以上按份共有人同意。（提请考生注意：对份额的处分与对共有物处分的差别，千万别混淆。）

（3）如甲改由向乙转让其共有份额，丙、丁在同等条件下则不享有优先购买权，因为这是对内转让，而不是对外转让份额。

（4）如丙在法定期限内以500万元分期付款的方式要求购买该共有份额，是否可以？当然不行，因为这不是同等条件。

（5）如乙、丙、丁均以同等条件主张优先购买权，《民法典》第306条第2款规定，应当先协商，协商不成，按照转让时的共有份额比例行使优先购买权。

【易错考点提示】

1	共有物的处分。《民法典》第301条规定："处分共有的不动产或者动产以及对共有的不动产或者动产作重大修缮、变更性质或者用途，应当经占份额三分之二以上的按份共有人或者全体共同共有人同意，但是共有人之间另有约定的除外。"
2	份额的处分。按份共有人对外转让份额，其他共有人在同等条件下有优先购买权。 对内转让份额，其他共有人无优先购买权； 对外须为转让份额，若对外是继承、遗赠份额，其他共有人无优先购买权。

真题演练

1. 甲、乙、丙、丁按份共有某商铺，各自份额均为25%。因经营理念发生分歧，甲与丙商定将其份额以100万元转让给丙，通知了乙、丁；乙与第三人戊约定将其份额以120万元转让给戊，未通知甲、丙、丁。下列哪些选项是正确的？（2017-3-54 多）①

A. 乙、丁对甲的份额享有优先购买权

B. 甲、丙、丁对乙的份额享有优先购买权

C. 如甲、丙均对乙的份额主张优先购买权，双方可协商确定各自购买的份额

D. 丙、丁可仅请求认定乙与戊之间的份额转让合同无效

考点 按份共有人的优先购买权

2. 陈某、李某、张某、黄某、何某出资购买一套别墅，分别出资30万元、30万元、20万元、10万元、10万元，没有约定份额及共有物如何管理。何某欲将自己的份额转让

---

① 答案：BC。【解析】考点1：对内转让份额，其他共有人不能主张优先购买权。甲与丙商定将其份额以100万元转让给丙，是对内转让，乙、丁对甲的份额不享有优先购买权，A选项错误。考点2：对外转让份额，其他按份共有人可以主张优先购买权。乙与第三人戊约定将其份额以120万元转让给戊，是对外转让，甲、丙、丁对乙的份额享有优先购买权，B选项正确。考点3：优先购买权冲突的解决。《民法典》第306条第2款规定："两个以上其他共有人主张行使优先购买权的，协商确定各自的购买比例；协商不成的，按照转让时各自共有份额比例行使优先购买权。"如甲、丙均对乙的份额主张优先购买权，双方可协商确定各自购买的份额，C选项正确。考点4：份额转让合同的的效力。《物权法解释一》第12条第2款第2项规定："其他按份共有人的请求具有下列情形之一的，不予支持：（二）以其优先购买权受到侵害为由，仅请求撤销共有份额转让合同或者认定该合同无效。"以其优先购买权受到侵害为由，仅请求撤销共有份额转让合同或者认定该合同无效，不予支持。所以，D选项错误。

给赵某，与赵某私下签订份额转让合同，无法确定其他共有人是否知道该份额转让行为。下列表述正确的是：①

A. 陈某、李某、张某、黄某、何某是共同共有
B. 何某出让自己份额，须经全体三分之二以上共有人同意
C. 陈某、李某、张某、黄某主张优先购买权的时间是份额权属移转之日起六个月
D. 陈某、李某、张某、黄某主张优先购买权的时间是份额转让合同之日起 15 日

考点 按份共有人的优先购买权

第33讲 相邻关系

一、相邻关系的概念和特点

（一）相邻关系的概念

相邻关系，是指相互毗邻的不动产的所有人或使用人因对不动产行使所有权或使用权而发生的权利义务关系。相邻关系实质上是对财产所有人或占有人、使用人行使所有权或占有、使用权的合理延伸和必要的限制。

[例] 某农户承包的土地处于其他农户承包的土地范围之中，某农户在耕种土地时，必须通过其他农户的土地，其他农户都应当允许其通行。这对某农户来说，是使用权的延伸，而对其他农户则是使用权的限制。这种延伸和限制是法律允许的，是双方的权利或义务。

（二）相邻关系的特征

相邻关系总是发生在两个以上权利主体之间	权利主体既可以是自然人、个体工商户、农村承包经营户，也可以是法人；既可以是不动产所有人，也可以是不动产的使用人，如承包人、租用人、借用人等。
相邻关系的内容是相邻人间的权利、义务	它是按照法律的规定或者相邻各方的协议确定的。相邻一方有为了维护其合法权益行使方便的权利，他方负有提供这种便利的义务。相邻一方的权利受到法律的保护，但其不得滥用权利。
相邻关系是在不动产毗邻或相近的特定条件下因对财产的使用而发生的	它不仅涉及占有、使用土地、房屋、建筑物、通行道路等不动产本身的相邻关系，还包括截水、排水、通风、采光、眺望、蒸汽、烟尘、臭气、噪声、垃圾等所发生的不利影响或有害侵扰。这种来自邻人的侵害，既可能是财产上的损害，也可能是人身上的损害。

---

① 【答案】C。【解析】《民法典》第308条规定："共有人对共有的不动产或者动产没有约定为按份共有或者共同共有，或者约定不明确的，除共有人具有家庭关系等外，视为按份共有。"所以，A 选项错误。《民法典》第305条规定："按份共有人可以转让其享有的共有的不动产或者动产份额。其他共有人在同等条件下享有优先购买的权利。"可见何某有权出让自己份额，无须其他按份共有人同意。故 B 选项错误。《物权法解释一》第 11 条："优先购买权的行使期间，按份共有人之间有约定的，按照约定处理；没有约定或者约定不明的，按照下列情形确定：（一）转让人向其他按份共有人发出的包含同等条件内容的通知中载明行使期间的，以该期间为准；（二）通知中未载明行使期间，或者载明的期间短于通知送达之日起十五日的，为十五日；（三）转让人未通知的，为其他按份共有人知道或者应当知道最终确定的同等条件之日起十五日；（四）转让人未通知，且无法确定其他按份共有人知道或者应当知道最终确定的同等条件的，为共有份额权属转移之日起六个月。"C 选项正确，D 选项错误。

二、相邻关系处理的原则和依据

（一）相邻关系处理的原则

《民法典》第288条规定，不动产的相邻权利人应当按照有利生产、方便生活、团结互助、公平合理的原则，正确处理相邻关系。

（二）相邻关系处理的依据

《民法典》第289条规定，法律、法规对处理相邻关系有规定的，依照其规定；法律、法规没有规定的，可以按照当地习惯。

三、几种主要的相邻关系

相邻关系主要包括：相邻不动产通行或利用关系；相邻用水、排水关系；相邻通风、采光关系；相邻不可量物侵害防免关系。

相邻不动产通行或利用关系	（1）不动产权利人原则上有权禁止他人进入其土地，但他人因通行等必须利用或进入其土地的，不动产权利人应当提供必要的便利。 ［例］被相邻土地包围以致与公用道路隔离的土地所有人或使用人，有权通行邻地以直达公用道路。通行人在选择道路时，应当选择最必要、损失最少的路线，如只需小道即可，就不得开辟大道；可以在荒地上开辟道路，就不得在耕地上开辟。 （2）对邻地享有通行权的人，应当依法赔偿邻人遭受的相应损失。 （3）对于历史上形成的通道，土地所有人或使用人无权任意堵塞或改道，以免妨碍邻人通行，如果确实需要改道，应取得邻人的同意。 （4）不动产权利人因建造、修缮建筑物以及铺设电线、电缆、水管、暖气和燃气管线等必须利用相邻土地、建筑物的，该土地、建筑物的权利人应当提供必要的便利。因铺设管线利用相邻不动产的，应当尽量避免对相邻的不动产权利人造成损害；造成损害的，应当给予赔偿。
相邻用水、排水关系	（1）相邻用水关系： ①相邻人应当保持水的自然流向，在需要改变流向并影响相邻他方用水时，应征得他方同意，并对由此造成的损失给予适当的赔偿。 ②为了灌溉土地，需要提高上游的水位，建筑水坝，必须附着于对岸时，对岸的土地所有人或使用人应当允许；如果对岸的土地所有人或使用人也使用水坝或其他设施时，应按受益的大小，分担一部分费用。 ③水流经过地的所有人或使用人，均应遵循"由近及远，由高至低"的原则依次用水。一方擅自改变、堵截或独占自然水流，影响他方正常的生产和生活的，他方有权请求排除妨碍，造成他方损害的，应负责赔偿损失。 （2）相邻排水关系。高地所有人或使用人有向低地排水的权利。但低地所有人或使用人对高地的排水所承担的义务，则因排放的水是自然流水或人工流水的不同而有所不同。 ①对自然流水，低处的土地所有人或使用人有承水的义务，高处的土地所有人或使用人没有将水一直引到江河或公用排水系统的义务，对自然流水给低地所有人或使用人造成的损害，若高处土地的所有人或使用人无过错，则不承担任何民事责任。

续表

相邻用水、排水关系	②对于人工流水，低地所有人或使用人没有承水义务，只有过水义务，即允许流水通过的义务。高处土地所有人或使用人必须采取适当措施，将其人工流水安全通过低地，直达江河或公共排水系统。排放人工流水给他人造成损害或危险的，受害方有权请求停止侵害、消除危险及赔偿损失。 ③修建房屋时不得将屋檐滴水向邻人屋面排流，以防对邻人房屋的侵害。因屋檐滴水造成邻人损害的，受害人有权请求排除妨碍、赔偿损失。
相邻通风、采光和日照关系	《民法典》第293条规定，建造建筑物，不得违反国家有关工程建设标准，妨碍相邻建筑物的通风、采光和日照。
相邻不可量物侵害防免关系	《民法典》第294条规定，不动产权利人不得违反国家规定弃置固体废物，排放大气污染物、水污染物、土壤污染、噪声、光辐射、电磁辐射等有害物质。此规定列举的侵害即不可量物侵害。相邻各方可能产生有害气体的设施，应与邻人的生产、生活建筑物保持安全距离，并应采取预防和应急措施。相邻各方不得以持续的噪音、震动等妨碍邻人。

四、相邻关系与地役权

比较事项	相邻关系	地役权
性质	不动产相邻关系	独立的用益物权
设定方式	法定	意定
登记	无须登记	登记对抗
内容	最低限度内的必要限制	超越相邻关系限度的限制

第4章 用益物权

用益物权是指权利人对他人所有的财产依法享有的占有、使用和收益的权利。用益物权以对标的物的使用、收益为其主要内容,并以对物的占有为前提。用益物权是他物权、限制物权和有期限的物权。

第34讲 土地承包经营权

农村集体经济组织实行家庭承包经营为基础、统分结合的双层经营体制。农民集体所有和国家所有由农民集体使用的耕地、林地、草地以及其他用于农业的土地,依法实行土地承包经营制度。《民法典》第331条规定:"土地承包经营权人依法对其承包经营的耕地、林地、草地等享有占有、使用和收益的权利,有权从事种植业、林业、畜牧业等农业生产。"

一、土地承包经营权的内容

家庭承包	（1）**主体** 本集体经济组织成员。 （2）**设立** ①土地承包经营权的生效采债权意思主义,自土地承包经营合同生效时设立。即使未登记,也产生对抗效力。 ②登记机构应当向土地承包经营权人发放土地承包经营权证、林权证等证书,并登记造册,确认土地承包经营权。该行为是行政管理手段,既非生效要件,也非对抗要件。 （3）**互换、转让** ①互换须向发包方备案。承包方之间为方便耕种或者各自需要,可以对属于同一集体经济组织的土地的土地承包经营权进行**互换**,并**向发包方备案**。 ②转让须发包方同意。经**发包方同意**,承包方可以将全部或者部分的土地承包经营权**转让**给本集体经济组织的其他农户,由该农户同发包方确立新的承包关系,原承包方与发包方在该土地上的承包关系即行终止。 ③登记对抗。土地承包经营权互换、转让的,当事人可以向登记机构申请登记。未经登记,不得对抗善意第三人。

续表

其他方式承包（招标、拍卖、公开协商）	（1）**权利性质** 以其他方式承包农村土地的，承包方取得土地经营权。① （2）**土地范围** 不宜采取家庭承包方式的荒山、荒沟、荒丘、荒滩等农村土地。 （3）**主体** 荒地承包的主体包括本集体经济组织成员以及本集体以外的组织和个人。 （4）**模式** ①直接通过**招标、拍卖、公开协商**等方式实行承包经营； ②也可以将**土地经营权折股**分给本集体经济组织成员后，再实行承包经营或者股份合作经营。 （5）**程序** 发包方将农村土地发包给本集体经济组织**以外的单位或者个人**承包： ①应当事先经本集体经济组织成员的**村民会议三分之二以上成员或者三分之二以上村民代表**的同意； ②并报乡（镇）人民政府**批准**。 （6）**流转** 通过招标、拍卖、公开协商等方式承包农村土地，**经依法登记取得权属证书**的，可以依法采取出租、入股、抵押或者其他方式流转土地经营权。 （7）**优先承包** 以其他方式承包（荒地承包）农村土地，在同等条件下，本集体经济组织成员有权优先承包。
承包期限	（1）耕地的承包期为30年。草地的承包期为30年至50年。林地的承包期为30年至70年。 （2）耕地承包期届满后再延长30年，草地、林地承包期届满后依照前款规定相应延长。
承包人的权利义务	（1）**承包方的权利**（《土地承包法》第17条） ①依法享有承包地使用、收益的权利，有权自主组织生产经营和处置产品；②依法互换、转让土地承包经营权； ③依法流转土地经营权； ④承包地被依法征收、征用、占用的，有权依法获得相应的补偿； ⑤法律、行政法规规定的其他权利。 （2）**自愿交回承包地** ①承包期内，承包方可以自愿将承包地交回发包方。 ②承包方自愿交回承包地的，可以获得合理补偿，但是应当提前半年以书面形式通知发包方。 ③承包方在承包期内交回承包地的，在承包期内不得再要求承包土地。

---

① 《土地承包法》第49条规定："以其他方式承包农村土地的，应当签订承包合同，承包方取得土地经营权。当事人的权利和义务、承包期限等，由双方协商确定。以招标、拍卖方式承包的，承包费通过公开竞标、竞价确定；以公开协商等方式承包的，承包费由双方议定。"

续表

发包人的权利义务	（1）发包人在承包期内不得收回承包地、不得调整承包地。 （2）不得以退出土地承包经营权作为农户进城落户的条件。 （3）承包期内，承包农户进城落户的，引导支持其按照自愿有偿原则依法在本集体经济组织内： ①转让土地承包经营权； ②或者将承包地交回发包方； ③也可以鼓励其流转土地经营权。 （4）发包方有下列行为之一的，应当承担停止侵害、排除妨碍、消除危险、返还财产、恢复原状、赔偿损失等民事责任： ①干涉承包方依法享有的生产经营自主权； ②违反本法规定收回、调整承包地； ③强迫或者阻碍承包方进行土地承包经营权的互换、转让或者土地经营权流转； ④假借少数服从多数强迫承包方放弃或者变更土地承包经营权； ⑤以划分"口粮田"和"责任田"等为由收回承包地搞招标承包； ⑥将承包地收回抵顶欠款； ⑦剥夺、侵害妇女依法享有的土地承包经营权； ⑧其他侵害土地承包经营权的行为。
继承	原则上土地承包经营权不能作为遗产继承，但承包收益可以继承。承包人死亡时尚未取得承包收益的，可以将死者生前对承包所投入的资金和所付出的劳动及其增值和孳息，由发包单位或者接续承包合同的人合理折价、补偿。其价额作为遗产。 （1）通过招标、拍卖、公开协商等方式取得土地经营权的，该承包人死亡，其应得的承包收益，依照继承编的规定继承；在承包期内，其继承人可以继续承包。 （2）林地承包的承包人死亡，其继承人可以在承包期内继续承包。

二、土地经营权【《民法典》新增】★★★

《民法典》第339条规定："土地承包经营权人可以自主决定依法采取出租、入股或者其他方式向他人流转土地经营权。"承包方承包土地后，享有土地承包经营权，可以自己经营，也可以保留土地承包权，流转其承包地的土地经营权，由他人经营。土地经营权人有权在合同约定的期限内占有农村土地，自主开展农业生产经营并取得收益。通过招标、拍卖、公开协商等方式承包农村土地，经依法登记取得权属证书的，可以依法采取出租、入股、抵押或者其他方式流转土地经营权。

（一）土地经营权流转

1. 流转方式

出租、入股或者**其他方式**。

2. 初次流转须向发包方备案

承包方可以自主决定依法向他人流转土地经营权，并向发包方备案。承包方流转土地经营权的，其与发包方的承包关系不变。

3. 再流转须承包方书面同意并向集体经济组织备案

经承包方**书面同意**，并向本集体经济组织备案，受让方可以**再流转土地经营权**。

4. 工商企业等社会资本通过流转取得土地经营权的，本集体经济组织可以收取适量管理费用。

（二）土地经营权流转原则

（1）依法、自愿、有偿，任何组织和个人不得强迫或者阻碍土地经营权流转；

（2）不得改变土地所有权的性质和土地的农业用途，不得破坏农业综合生产能力和农业生态环境；

（3）流转期限不得超过承包期的剩余期限；

（4）受让方须有农业经营能力或者资质；

（5）在同等条件下，**本集体经济组织成员享有优先权**。

（三）土地经营权流转合同

1. 合同形式

（1）土地经营权流转，当事人双方应当签订书面流转合同。

（2）承包方将土地交由他人代耕不超过一年的，可以不签订书面合同。

2. 登记对抗

土地经营权流转期限为五年以上的，当事人可以向登记机构申请土地经营权登记。未经登记，不得对抗善意第三人。

3. 价款确定

土地经营权流转的价款，应当由当事人双方协商确定。流转的收益归承包方所有，任何组织和个人不得擅自截留、扣缴。

（四）承包方单方解除土地经营权流转合同

承包方不得单方解除土地经营权流转合同，但受让方有下列情形之一的除外：

（1）擅自改变土地的农业用途；

（2）弃耕抛荒连续两年以上；

（3）给土地造成严重损害或者严重破坏土地生态环境；

（4）其他严重违约行为。

上述（1）—（3）三种情形，承包方在合理期限内不解除土地经营权流转合同的，发包方有权要求终止土地经营权流转合同。土地经营权人对土地和土地生态环境造成的损害应当予以赔偿。

（五）土地经营权担保

1. 承包方担保向发包方备案

承包方可以用承包地的土地经营权向金融机构融资担保，并向发包方**备案**。

2. 土地经营权人担保须承包方书面同意并向发包方备案。

受让方通过流转取得的土地经营权，经承包方**书面同意**并向发包方**备案**，可以向金融机构融资担保。

3. 担保物权设立采意思主义

担保物权自融资担保合同生效时设立。

4. 登记对抗

当事人可以向登记机构申请登记；未经登记，不得对抗善意第三人。

5. 优先受偿权

实现担保物权时，担保物权人有权就土地经营权优先受偿。

（六）土地经营权流转无效的规定

任何组织和个人强迫进行土地承包经营权互换、转让或者土地经营权流转的，该互换、转让或者流转无效。

【易错考点提示】

1	土地承包经营权设立：合同生效时物权变动，即使未登记也产生对抗效力； 土地承包经营权互换、转让：合同生效时物权变动，未经登记不得对抗善意第三人。
2	土地承包分为"家庭承包"与"其它方式承包"两种形式，家庭承包的承包人以本集体经济组织的农户为限，其它方式承包的承包人还包括本集体以外的其他单位和个人。

真题演练

1. 季大与季小兄弟二人，成年后各自立户，季大一直未婚。季大从所在村集体经济组织承包耕地若干。关于季大的土地承包经营权，下列哪些表述是正确的？（2014-3-56 多）①

A. 自土地承包经营权合同生效时设立

B. 如季大转让其土地承包经营权，则未经变更登记不发生转让的效力

C. 如季大死亡，则季小可以继承该土地承包经营权

D. 如季大死亡，则季小可以继承该耕地上未收割的农作物

考点 土地承包经营权

---

① 答案：AD。【解析】考点1：意思主义。《民法典》第333条第1款规定："土地承包经营权自土地承包经营权合同生效时设立。"故A选项正确。考点2：登记对抗主义。《民法典》第335条规定："土地承包经营权互换、转让的，当事人可以项登记机构申请登记；未经登记，不得对抗善意第三人。"土地承包经营权的转让采取的是登记对抗主义，B选项错误。考点3：土地承包经营权的继承。《土地承包法》第32条第1款规定："承包人应得的承包收益，依照继承法的规定继承。"第2款规定："林地承包的承包人死亡，其继承人可以在承包期内继续承包。"《土地承包法》第54条规定："依照本章规定通过招标、拍卖、公开协商等方式取得土地经营权的，该承包人死亡，其应得的承包收益，依照继承法的规定继承；在承包期内，其继承人可以继续承包。"原则上土地经营权不能作为遗产继承，但承包收益可以继承。季大没有其他继承人，季小可以作为法定继承人，但只能继承承包收益即农作物。林地才能在承包期限内继续承包，所以C项错误，D项正确。

第 35 讲

建设用地使用权

建设用地使用权是指自然人、社会组织对国家或集体所有的土地依法享有的利用该土地建造及保有建筑物、构筑物及其附属设施的权利。

适用对象与范围	（1）国家或集体所有的土地。 （2）以集体土地为客体的建设用地使用权限于兴办乡镇企业、乡（镇）村公共设施和公益事业，其使用权的取得必须报请有关政府部门批准，且不得转让、出租或抵押。
取得方式	（1）通过土地使用权的出让、转让等方式取得。其中，出让是指从国家取得土地使用权，其方式包括招标、拍卖、协议等；转让是指从土地使用权人取得土地使用权。 （2）通过行政划拨的方式取得。 （3）这两种取得方式的主要区别在于： ①性质不同。前者属于民事方式，后者属于行政方式。 ②是否支付对价不同。前者属于有偿方式，需要支付对价——交付土地出让金或转让金；后者属于无偿方式，不需要支付出让金。 ③取得的权利的内容不同。通过前种方式取得的土地使用权可进入市场，属于民法上可交易的财产范畴，可以转让、互换、出资、赠与或抵押；而通过后一种方式取得的土地使用权只能由权利人自己使用，而不能作如上处分。 ④取得的土地使用权存续期限不同。通过前种方式取得的土地使用权存在一定期限，期限届满后，未申请续展或续展未获批准，使用权即告消灭；而通过后一种方式取得的土地使用权是长期的或无期限的。 ⑤适用范围不同。后者仅限于法律有明文规定的情形，如国家机关用地和军事用地，城市基础设施用地和公益事业用地，国家重点扶持的能源、交通、水利等基础设施用地以及法律、行政法规规定的其他用地等。除此之外的情形只能采取出让方式取得国有土地使用权。
登记效力	登记生效主义，建设用地使用权自登记时设立；
续期【《民法典》修改】★★	（1）住宅建设用地使用权期限届满的，自动续期。续期费用的缴纳或者减免，依照法律、行政法规的规定办理。（《民法典》第359条第1款） （2）非住宅建设用地使用权，依法办理。非住宅建设用地使用权期限届满后的续期，依照法律规定办理。该土地上的房屋及其他不动产的归属，有约定的，按照约定；没有约定或者约定不明确的，依照法律、行政法规的规定办理。

第 36 讲

宅基地使用权

宅基地使用权指的是农村集体经济组织的成员依法享有的在农民集体所有的土地上建造个人住宅的权利。

宅基地使用权的取得	（1）农村村民住宅用地，经乡（镇）人民政府审核，由县级人民政府批准，但如果涉及占用农用地的，应依照土地管理法的有关规定办理审批手续。（2）通过赠与、买卖、继承宅基地上的住宅而取得宅基地使用权。
宅基地使用权的内容	（1）占有宅基地； （2）使用宅基地建造房屋和附属设施并因此取得房屋及附属设施的所有权； （3）取得因行使宅基地使用权而获得的收益。 （4）宅基地使用权不得抵押，不得单独转让，必须与合法建造的住房一并转让。但权利人出卖住房后，再申请宅基地的，不予批准。 （5）宅基地因自然灾害等原因灭失的，宅基地使用权消灭。对失去宅基地的村民，应当**依法**重新分配宅基地。

第 37 讲

居住权

一、居住权的内容【《民法典》新增】★★★

居住权概念	居住权，是按照合同约定，对他人的住宅享有占有、使用，以满足生活居住的需要的用益物权。居住权主要解决以下社会问题： （1）非继承人的居住问题，如捡回小孩抚养； （2）离婚后的经济帮助问题； （3）长期非婚同居者的居住问题； （4）政府和事业单位工作人员在公有房屋中的居住问题等。
居住权设立	（1）书面形式； （2）居住权自登记时设立； （3）原则上是无偿设立，当事人另有约定的除外。 （4）以遗嘱方式设立居住权的，无须登记；未经登记，不能对抗善意第三人。 ［例］根据合同设立居住权：离婚时约定，房屋归女方，男方有终身居住权。遗嘱方式设立居住权：遗嘱将房屋留给子女，但必须留一间房屋给遗嘱人的配偶终身居住。遗赠方式设立居住权：遗赠将房屋留给子女，保姆有终身居住权。
居住权限制	（1）居住权不得转让、继承； （2）设立居住权的住宅不得出租，但是当事人另有约定的除外。
居住权消灭	（1）居住权期间届满或者居住权人死亡的，居住权消灭； （2）居住权消灭的，应当及时办理注销登记。

二、居住权和租赁权的区别

1. 居住权是物权，必须登记设立；租赁权是债权，一般不需要登记；
2. 居住权是长期，甚至可能终身；租赁权一般是短期的；

3. 居住权有浓厚的帮助、扶助色彩，原则上无偿；租赁权是有偿的。通常居住权设立后，居住权人向所有权人支付的费用要大大低于租金的数额，否则居住权的设定就失去其意义。

第38讲

地役权

地役权概念	地役权人有权按照合同约定，利用他人的不动产，以提高自己的不动产的效益。"他人的不动产"为**供役地**，"自己的不动产"为**需役地**。
地役权的取得	（1）地役权自地役权合同生效时设立，不需要登记；**但未经登记，不得对抗善意第三人**； （2）约定的地役权的期限不得超过需役地和供役地上的土地承包经营权、建设用地使用权的剩余期限； （3）土地上已设立土地承包经营权、建设用地使用权、宅基地使用权等权利的，未经用益物权人同意，需役地或者供役地的土地所有权人不得设立地役权。
地役权之性质	**（1）从属性** ①地役权具有从属性，从属于需役地的所有权、用益物权。 ②地役权不得单独转让，建设用地使用权、土地承包经营权等转让的，地役权一并转让； ③地役权不得单独抵押。**土地经营权**、建设用地使用权等抵押的，在实现抵押权时，地役权一并转让。 ④需役地权利主体变更，受让人继续享有地役权，供役地权利主体变更，未登记，地役权人不得向受让人主张地役权。 **（2）不可分性** 地役权及于需役地的全部，也及于供役地的全部，不因需役地或者供役地的分割或部分转让而受影响
地役权消灭	（1）土地灭失。 （2）目的事实不能。如汲水地役权供役地水源枯竭。 （3）供役地权利人解除地役权关系。在下列两种情形下，地役权因供役地权利人解除地役权关系而消灭： 第一，地役权人违反法律规定或者合同约定，滥用地役权； 第二，有偿利用供役地，约定的付款期间届满后在合理期限内经两次催告未支付费用。 （4）抛弃。但如果是有偿的地役权，抛弃地役权后，仍应支付地役权全部期间的租金。 （5）存续期间的届满或者其他预定事由的发生。

[例] 甲村为了灌溉 A 地，与乙村签订书面合同，约定：甲村每年支付乙村 4000 元，在乙村的水库取水 10000 立方米；期限为 20 年。合同签订后，双方办理了权利登记。一年后，甲村将 A 地发包给丙。后丙将部分承包地转包给丁。

（1）甲村与乙村设定的有关取水的权利属于地役权。

（2）在丙将部分承包地转包给丁后，丙、丁仍然是土地承包经营权人，均有权取水。

📖 真题演练

1．2013 年 2 月，A 地块使用权人甲公司与 B 地块使用权人乙公司约定，由甲公司在 B 地块上修路。同年 4 月，甲公司将 A 地块过户给丙公司，6 月，乙公司将 B 地块过户给不知上述情形的丁公司。下列哪些表述是正确的？（2013-3-56 多）①

A．2013 年 2 月，甲公司对乙公司的 B 地块享有地役权

B．2013 年 4 月，丙公司对乙公司的 B 地块享有地役权

C．2013 年 6 月，甲公司对丁公司的 B 地块享有地役权

D．2013 年 6 月，丙公司对丁公司的 B 地块享有地役权

考点 地役权

---

① 答案：AB。【解析】考点 1：地役权设立。《民法典》第 374 条规定："地役权自地役权合同生效时设立。当事人要求登记的，可以向登记机构申请地役权登记；未经登记，不得对抗善意第三人。"2013 年 2 月，A 地块使用权人甲公司与 B 地块使用权人乙公司约定，由甲公司在 B 地块上修路，地役权合同生效，甲取得地役权，故 A 选项正确。考点 2：地役权的从属性。《民法典》第 380 条规定："地役权不得单独转让。土地承包经营权、建设用地使用权等转让的，地役权一并转让，但是合同另有约定的除外。"地役权具有从属性，随着土地使用权的转让而转让。4 月，甲将自己的土地使用权转让给丙，地役权也随之而转让给了丙。丙自然享有地役权，故 B 选项正确。考点 3：登记对抗主义。6 月，乙公司将 B 地块过户给不知上述情形的丁公司，供役地权利主体变更为丁，受让人丁不知情，因为该地役权并未登记，所以丙所享有的地役权不得对抗善意第三人丁。因此，丙公司不能对善意的丁公司主张地役权，D 选项错误。此时，甲公司已经不是土地使用权人，不享有地役权，故 C 选项错误。

第5章 占有

第39讲

占有的法律性质及分类

一、占有的法律性质

占有是对物在事实上的占领、控制。占有的标的以物为限，因而物之外的财产（如专利），只能成立准占有，而不能成立占有。由于占有是在事实上对物的管领、控制，因此它不要求占有人有占有物的权利。占有是一种事实，而非权利。

占有是一种事实，盗贼管领赃物亦成立占有。德国法学家耶林："在占有，小偷与强盗亦同受保护。"占有在于维持社会平和及物之秩序。占有彰显一项基本法律原则：任何人不能以私力改变占有之现状。

二、占有的分类

自主占有和他主占有	（1）以占有人的意思为标准 ①自主占有指以物属于自己所有的意思的占有，如盗贼对盗赃物的占有； ②反之，无所有的意思，仅于某种特定关系支配物的意思的占有是他主占有，如质权人对质物的占有。 （2）区分意义 自主占有与他主占有区别的意义在于，作为所有权取得的时效要件的占有和先占要件的占有，应当是自主占有。另外，在占有物毁损、灭失时，自主占有人与他主占有人的责任范围不同。
直接占有和间接占有	（1）以占有人在事实上是否直接占有特定物为标准。 ①前者指在事实上对物的占有，如穿衣在身； ②后者指对直接占有人享有返还请求权。如在保管关系中，寄存人为间接占有人，保管人为直接占有人。 （2）区分意义 直接占有与间接占有区别的意义在于这两种占有的取得手段不同，保护方法也不一样。

续表

有权占有和无权占有	（1）依占有是否依据本权作此分类。本权是指基于法律上的原因，可对物进行占有的权利，如所有权、质权、留置权等。 ①有权占有就是指有本权的占有，如质权人对质物的占有； ②无权占有是指无本权的占有，如拾得人对遗失物的占有。 （2）区分意义 无权占有人在本权人请求返还原物时，有返还的义务；另外，作为留置权要件的占有，限于有权占有。
善意占有和恶意占有	（1）这是对无权占有的再分类。依照无权占有人是否误信有占有的权源，又分为善意占有与恶意占有。 ①善意占有，指误信自己具有占有的权源，且无怀疑而进行的占有； ②反之，明知无占有的权源，或对有无占有的权源有所怀疑而仍然进行的占有，为恶意占有。 （2）区分意义 取得时效中善意占有与恶意占有的期间不同，即时取得以善意占有为要件；另外，善意占有与恶意占有受保护的程度不同。
自己占有与辅助占有	（1）占有人自己对物进行管领和控制，为自己占有； （2）基于雇佣、学徒等类似关系，受雇主的"指示"而事实上管领控制某物，为辅助占有。

［例］甲拾得乙的手机，以市价卖给不知情的丙并交付。丙把手机交给丁维修。修好后丙拒付部分维修费，丁将手机扣下。

（1）甲为无权占有、自主占有；

（2）丙为无权占有、善意占有；

（3）丁为有权占有、他主占有。

第40讲

占有的效力及保护

一、占有推定★★

（一）事实推定

为保护占有人起见，法律应基于社会生活的一般情况，为占有人设各项推定，免其举证责任。这种推定应当包括：推定占有人以所有的意思，善意和平及公然占有；在占有的前后有占有的证据时，推定其为继续占有。

（二）权利推定

占有人既有占有的事实，一般也有占有的权利，故权利的推定是法律就一般情形而为的推定。不动产以登记为物权公示方法，登记的效力自然要强于占有的推定，所以就不动产而言这种权利的推定没有什么实际意义。

就动产而言，这种推定的权利范围，只要是该权利系对标的物占有的权利（不得占有标的物的权利不在此限）为占有人所行使的，无论为物权（所有权、质权、留置权）还是债权（租赁使用权、借用权）均可。例如，占有人在其占有物上行使所有权时，即推定其有所有权；行使质权时，即推定其有质权；行使借用权时，即推定其有借用权。

（1）受权利推定的占有人，免除举证责任，即在其有无实体权利争议时，占有人可以直接援用该推定对抗相对人，无须证明自己是权利人。当然在相对人提出反证时，占有人为推翻该反证，仍须举证。

（2）权利的推定，不仅权利人自己可以援用，第三人也可以援用。

[例] 从占有人处借用物的人，在物的真正所有人要求其返还时，该借用人也可援用借用人以占有人身份所受的所有人推定，此时所有人要求返还原物，必须证明自己的所有权方可。

（3）权利的推定，一般是为占有人的利益。但在特定情况下为其不利益时也可以援用，例如推定物的占有人为物的所有人时，则物上负担如税收，亦应由占有人负担。

（4）权利的推定属于消极性的，占有人不得利用此项推定作为其行使权利的积极证明。

二、占有的保护★★★

（一）占有人的自力救济

占有人的自力救济权包括：

（1）自力防御权。占有人对于侵夺或者妨害其占有的行为。例如，侵入占有人的房屋，可以以自己的力量进行防御，如将侵入者驱逐出房屋。自力防御权的行使，重在占有的事实状态，因此只有直接占有人可以行使，间接占有人无此权利。

（2）自力取回权，即占有人对于被他人侵夺的占有物，有权取回。例如，占有人的动产被他人非法侵夺时,占有人可以当场或者追踪取回。

(二) 占有保护请求权(《民法典》第462条)

占有的不动产或者动产被侵占的,占有人有权请求返还原物;对妨害占有的行为,占有人有权请求排除妨害或者消除危险;因侵占或者妨害造成损害的,占有人有权依法请求损害赔偿。

占有人返还原物的请求权,自侵占发生之日起一年内未行使的,该请求权消灭。

占有返还请求权	**构成要件:** (1)占有被侵占; (2)请求权人须为占有被侵占的占有人; (3)被请求人为占有的侵占人及其继受人; **概括继受人**(继承、企业合并取得占有):对概括继受人享有占有返还请求权,无论继受人善意还是恶意; **特定继受人**(买卖、出租等取得占有):对善意的特定继受人无占有返还请求权;对恶意继受人有占有返还请求权。 (4)须自侵占之日起1年内行使。
占有的排除妨害、消除危险请求权	(1)占有妨害排除请求权。占有人在其占有受到妨害使占有人无法完全支配其占有物时,占有人有权请求排除妨害。 (2)占有危险消除请求权。在他人的行为还没有对占有人造成现实的妨害,只是有妨害的可能时,占有人也可以请求预防这种妨害的发生。 (3)无期限限制。
占有损害赔偿请求权	因侵占或者妨害造成损害的,占有人有权依法请求损害赔偿。

[例] 甲,喜好收藏字画,将自己收藏之桃花庵主唐伯虎名画《山路松声图》借给乙,丙从乙处抢走该画。

(1)乙不是名画的物权人,乙无权依照《民法典》第235条对丙行使物权请求权;

(2)乙是占有人,且乙的占有被丙侵占,乙有权依照《民法典》第462条的规定对丙行使占有返还请求权,要回该画。

(三) 占有之诉与本权之诉

占有人依据其占有保护请求权提起的诉讼,称为占有之诉,它以维护占有人对物的事实的支配为目的。与占有之诉不同,本权之诉则以确定权利、义务关系为目的。因此占有之诉与本权之诉两不相妨,即占有人如果是有权占有,可以提起占有之诉,也可以提起本权之诉。

二者可以分别提起,也可以同时提起。但本权之诉属于终局的保护,它在某种情况下具有决定性的作用。例如,在本权之诉中,已经确认了他人对物的占有权,占有人就不能再提起占有之诉。

真题演练

1. 甲、乙就乙手中的一枚宝石戒指的归属发生争议。甲称该戒指是其在2015年10月1日外出旅游时让乙保管,属甲所有,现要求乙返还。乙称该戒指为自己所有,拒绝返还。甲无法证明对该戒指拥有所有权,但能够证明在 2015 年 10 月 1 日前一直合法占有该戒指,乙则拒绝提供自 2015 年 10 月 1 日后从甲处合法取得戒指的任何证据。对此,下列哪一说法是正确的?(2016-3-9 单)①

A. 应推定乙对戒指享有合法权利,因占有具有权利公示性
B. 应当认定甲对戒指享有合法权利,因其证明了自己的先前占有
C. 应当由甲、乙证明自己拥有所有权,否则应判决归国家所有
D. 应当认定由甲、乙共同共有

考点 占有推定

三、占有人与返还请求权人的关系

占有人与返还请求权人的关系,是指无权占有在有请求人返还占有物时所发生的权利和义务关系。

	善意占有人	恶意占有人
返还原物、孳息	无论是善意还是恶意占有人,均须返还原物、孳息。	
必要费用	善意占有人有权请求偿还必要费用。	恶意占有人**不能**请求返还必要费用。
占有人在占有物毁损灭失时的赔偿责任	善意占有人因使用占有的不动产或者动产,致使该不动产或者动产受到损害的,善意占有人不承担赔偿责任,仅需返还现存利益(包括从第三人处取得的保险金、赔偿金、补偿金)。	现存利益返还给权利人后,权利人的损害未得到足够弥补的,恶意占有人应当承担赔偿责任。

【返还原物请求权与占有返还请求权的区别】	
请求权人	(1)返还原物请求权的请求权人是物权人,但抵押权人、地役权人无返还原物请求权; (2)占有返还请求权的请求权人是占有人。
被请求权人	(1)返还原物请求权的被请求人是现在的无权占有人,包括直接占有人也包括间接占有人; (2)占有返还请求权的被请求人是侵占人及其继受人。
期间限制	(1)返还原物请求权,如果是未登记的动产须适用诉讼时效,不动产和已经登记的动产不适用诉讼时效; (2)占有返还请求权须适用1年的不变期间。

真题演练

---

① 答案:B。【解析】考点 1:占有的推定效力。就动产而言,这种推定的权利范围,只要是该权利系对标的物占有的权利(不得占有标的物的权利不在此限)为占有人所行使的,无论为物权(所有权、质权、留置权)还是债权(租赁使用权、借用权)均可。乙为现实占有人,本无须证明自己的占有状态,但是甲已经举证证明在 2015 年 10 月 1 日之前自己为合法占有人,则乙的占有状态被推翻,乙应该提出反证,乙不提供证明的应该承担举证不能的不利后果,故 B 选项正确,A 选项、C 选项、D 选项错误。

1. 丙找甲借自行车，甲的自行车与乙的很相像，均放于楼下车棚。丙错认乙车为甲车，遂把乙车骑走。甲告知丙骑错车，丙未理睬。某日，丙骑车购物，将车放在商店楼下，因墙体倒塌将车砸坏。下列哪些表述是正确的？（2012-3-58 多）①
   A. 丙错认乙车为甲车而占有，属于无权占有人
   B. 甲告知丙骑错车前，丙修车的必要费用，乙应当偿还
   C. 无论丙是否知道骑错车，乙均有权对其行使占有返还请求权
   D. 对于乙车的毁损，丙应当承担赔偿责任

   考点 占有

---

① 答案：ABCD。【解析】考点1：无权占有。丙错认乙车为甲车而占有，没有任何占有的本权，属于无权占有，故A选项正确。考点2：善意占有。《民法典》第460条规定："不动产或者动产被占有人占有的，权利人可以请求返还原物及其孳息；但是，应当支付善意占有人因维护该不动产或者动产支出的必要费用。"甲告知丙骑错车前，丙是善意占有人，可以向乙主张必要费用，故B选项正确。考点3：占有返还请求权。《民法典》第462条第1款规定："占有的不动产或者动产被侵占的，占有人有权请求返还原物；对妨害占有的行为，占有人有权请求停止侵害、排除妨碍或者消除危险；因侵占或者妨害造成损害的，占有人有权请求损害赔偿。"乙作为所有权人及占有人，其占有被侵占，可以主张占有返还请求权，也可以主张物权返还请求权。C项中乙主张的是占有返还请求权，由于丙是对乙之占有的直接侵害人，对于丙不需要区分善意还是恶意，乙均可主张丙返还，故C选项正确。考点4：恶意占有人的损害赔偿。甲告知丙骑错车后，丙为恶意占有人，恶意占有人需要承担损害赔偿责任，故D选项正确。

03 Part
合 同

第一分编　合同通则

第 1 章　债的基础理论

第 41 讲　债及债的分类

一、债的概念及要素

（一）债的概念

债是特定当事人之间请求为一定给付的民事法律关系。在债的关系中，一方享有请求对方为一定给付的权利，即债权，该方当事人称为债权人；另一方负有向对方为一定给付的义务，即债务，该方当事人称为债务人。

债的关系与好意施惠关系的区别：好意施惠的行为人主观上仅有负担某种道义责任（义务）的意思，并无确立某种民事法律关系、使自己承担法律上的义务的意思（法效意思），也不获得某种利益，因此，行为人的允诺没有法律拘束力，也不因为未践行其允诺而承担法律责任；而债的关系则是一种受法律保障的权利义务关系，债务的违反将产生法律责任。

（二）债的要素

债的要素，即债的构成所必须具备的要件，包括债的主体、债的内容和债的客体。

债的主体	（1）债权人 （2）债务人
债的内容	（1）债权的特征： ①债权为请求权； ②债权为相对权； ③债权具有相容性和平等性； ④债权为有期限权利。

续表

债的内容	（2）债权的权能： ①请求权（请求力）； ②受领权（保持力）：债务人履行债务时，债权人有权予以接受，并保持因债务人履行所得的利益。 ③救济权：若债务人不履行债务，债权人有权依法采取一定的救济措施以保障其债权的实现。 其一、自力救济（自力实现力）：通过自主行为保障债权的实现。抵销权、解除权均属债权人自主保护债权的法律手段。 其二、公立救济（强制执行力）：债务人不履行其债务时，债权人可请求有关国家机关强制债务人履行债务。 （3）债务 ①主给付义务，是指债所固有的和必备的并用以决定债的类型的基本义务。如买卖合同中，出卖人所负的交付出卖物及转移其所有权的义务，买受人负有支付价款的义务，均属主给付义务。 ［例］买卖合同中交付标的物并移转其所有权、支付价金的义务，是主合同义务，决定合同的性质是买卖合同。 ②从给付义务，是指不具有独立意义，仅具有辅助主给付义务的功能，其存在的目的不在于决定债的类型而在于确保债权人利益能够获得最大满足，如出卖人交付必要证明文件之义务。从给付义务的发生，有的是基于法律的明文规定，有的是基于当事人的约定，有的是基于诚实信用原则。 ［例］如买空调时约定由买方负责安装、营业转让时约定一并转让客户资料等，属于从给付义务。 ③附随义务，是指在债的关系发展过程中，债务人在给付义务之外，基于诚实信用原则，根据债的性质、目的和交易习惯而应履行的义务，如照顾义务、保管义务、协助义务、保密义务、保护义务等。 ［例］《民法典》第509条第2款规定："当事人应当遵循诚实信用原则，根据合同的性质、目的和交易习惯履行通知、协助、保密等义务。"这就是附随义务。 ④不真正义务。所谓不真正义务，是指相对人不得诉请履行，违反该义务并不发生赔偿责任，而仅使义务人承担不利益后果的行为要求。如《民法典》第591条第1款规定："当事人一方违约后，对方应当采取适当措施防止损失的扩大；没有采取适当措施致使损失扩大的，不得就扩大的损失请求赔偿。"
债的客体	债的客体也称债的标的，是指债务人依当事人约定或法律规定应为或不应为的特定行为，统称为给付。 （1）交付财物 （2）支付金钱 （3）转移权利 （4）提供劳务或服务 （5）提交工作成果 （6）不作为

基本案型： 杨某与林肯汽车销售公司签订购买林肯 NAVIGATOR 汽车的合同。杨某已经交付车款，林肯汽车销售公司尚未交付汽车。根据此基本案型，理解下列五个基本问题。

（1）债权为请求权。

［例］因债权是债权人得请求债务人为特定行为的权利，在债务人作出给付前，债权人不能直接支配债务人应给付的标的物，也不能以支配债务人的人身来强制债务人作出给付，只能请求债务人履行债务来实现利益。所以，杨某不能直接支配该林肯 NAVIGATOR 汽车，只能请求林肯汽车销售公司交付汽车。

（2）债权为相对权。

［例］债权是相对权，债权人只能向债务人主张权利，请求债务人履行债务，除法律有明确规定外，即使因第三人的原因致使债权不能实现，债权人也只能以债之关系为基础向债务人主张权利。因此，即使该车因第三人原因致使毁损灭失，杨某也只能根据合同向林肯汽车销售公司主张权利。

（3）债权具有任意性。

［例］因为债权具有任意性，所以杨某和林肯汽车销售公司之债的合同内容，当事人在不违反强行法规定的情况下可以任意设定债的关系，法律并不加以限制。即使是法定之债，当事人也可以通过协商确定债的内容。

（4）债权具有非排他性。

［例］假若林肯汽车销售公司后来又将该林肯 NAVIGATOR 出卖给刘某，并已经交付。杨某不能取得该车的所有权，只能要求林肯汽车销售公司承担违约责任。因为，债权人仅能够向债务人提出给付的请求，不能对债务人应交付的标的物或者债务人的行为予以直接支配，而且，以同一给付为标的而成立的数个内容相同的债权相互之间不发生权利上的冲突，尽管此种情形下可能只有一个债权最终得以实现，但其他债权仍然有效，债权人可以债务不履行为由向债务人主张违约责任。

（5）债权具有平等性。

［例］如果林肯汽车销售公司因经营不善破产，对于同一债务人先后成立的数个债权，效力一律平等。在该债务人陷入破产时，数个债权人则根据债权数额的比例接受清偿。

二、债的分类★★★

（一）意定之债与法定之债

意定之债	基于法律行为而发生之债。 ［例］合同之债；单方允诺之债。
法定之债	基于法律规定而发生之债。 ［例］无因管理之债、不当得利之债、侵权之债、缔约过失之债。

（二）劳务之债与财物之债

劳务之债	债务人须提供一定劳务来履行债务的债；
财物之债	债务人应给付一定财产来履行债务的债。
区分之意义	劳务之债不可强制履行。

（三）特定之债与种类之债（对财物之债的分类）

特定之债	给付的标的物为特定物的债。
种类之债	以种类物为标的物的债，种类物是具有相同品质、可用相同的物替代的物，即种类物可替代履行。
区分之意义	（1）特定之债，债务履行前标的物毁损、灭失的，债权人不得请求实际履行；种类之债一般不发生履行不能，债务人不履行种类之债时，债权人可以请求实际履行； （2）种类物买卖，在种类物特定之前，风险归出卖人。

（四）单一之债与多数人之债

单一之债	债的双方主体均为一人的债；
多数人之债	债的一方或双方为二人以上的债。

（五）简单之债与选择之债【《民法典》新增】★★★

简单之债	仅有一个标的债；
选择之债	债的标的有数个，可选择择一履行的债。
区分之意义	选择之债履行须以选择为前提。选择权的归属及行使： **(1) 债务人有选择权** 债务标的有多项而债务人只需履行其中一项的，债务人享有选择权；但是，法律另有规定、当事人另有约定或者另有交易习惯的除外。 **(2) 选择权转移** 享有选择权的当事人在约定期限内或者履行期限届满未作选择，经催告后在合理期限内仍未选择的，选择权转移至对方。 **(3) 选择权行使** ①通知行使。当事人行使选择权应当及时通知对方，通知到达对方时，债务标的确定。 ②不得变更。确定的债务标的不得变更，但是经对方同意的除外。 ③优先选择能履行的标的。可选择的债务标的之中发生不能履行情形的，享有选择权的当事人不得选择不能履行的标的，但是该不能履行的情形是由对方造成的除外。

［例］（2019-3-9）甲对乙说：如果你在三年内考上公务员，我愿将自己的一套住房或者一辆宝马轿车相赠。乙同意。两年后，乙考取某国家机关职位。甲与乙的约定属于选择之债。

（六）按份之债与连带之债【《民法典》新增】★★★

按份之债	（1）按份债权。债权人为二人以上，标的可分，按照份额各自享有债权的，为按份债权； （2）按份债务。债务人为二人以上，标的可分，按照份额各自负担债务的，为按份债务。 按份债权人或者按份债务人的份额难以确定的，视为份额相同。
连带之债	连带债权或者连带债务，由法律规定或者当事人约定。 　（1）连带债务 债务人为二人以上，债权人可以请求部分或者全部债务人履行全部债务的，为连带债务。 ①份额确定 连带债务人之间的份额难以确定的，视为份额相同。 ②内部效力：追偿 第一，实际承担债务超过自己份额的连带债务人，有权就超出部分在其他连带债务人未履行的份额范围内向其追偿，并相应地享有债权人的权利，但是不得损害债权人的利益。其他连带债务人对债权人的抗辩，可以向该债务人主张。 第二，被追偿的连带债务人不能履行其应分担份额的，其他连带债务人应当在相应范围内按比例分担。 ③外部效力：债消灭 第一，履行、抵销、提存导致债的消灭。部分连带债务人履行、抵销债务或者提存标的物的，其他债务人对债权人的债务在相应范围内消灭；该债务人可以向其他债务人追偿。 第二，免除导致债的消灭。部分连带债务人的债务被债权人免除的，在该连带债务人应当承担的份额范围内，其他债务人对债权人的债务消灭。 第三，混同导致债的消灭。部分连带债务人的债务与债权人的债权同归于一人的，在扣除该债务人应当承担的份额后，债权人对其他债务人的债权继续存在。 第四，债权人受领迟延。债权人对部分连带债务人的给付受领迟延的，对其他连带债务人发生效力。 　（2）连带债权 债权人为二人以上，部分或者全部债权人均可以请求债务人履行债务的，为连带债权。 ①份额确定 连带债权人之间的份额难以确定的，视为份额相同。 ②比例返还 实际受领债权的连带债权人，应当按比例向其他连带债权人返还。 ③连带债权参照适用连带债务的有关规定。
区分之意义	（1）按份之债无内部关系； （2）连带债务，对外承担债务超过自己应承担份额的债务人有权请求其他连带债务人依照内部的份额比例分担。

[例1] 甲公司向银行贷款1000万元，乙公司和丙公司向银行分别出具担保函："在甲公司不按时偿还1000万元本息时，本公司承担保证责任。"

多数人之债的前提是，在同一个合同中，一方主体有两个或者两个以上。本题中乙、丙分别出具了担保函，这意味着乙和丙分别与甲签订了保证合同，乙、丙不是一个合同中的当事人，因此，不是多数人之债。

[例2]甲、乙、丙向陆某借款1000万元，约定三人对陆某承担连带责任。甲、乙、丙内部约定按照4：3：3的比例分担债务。方某以自有一套房屋为陆某设立抵押，担保该1000万元债务的履行，办理了抵押登记。

（1）陆某有权请求任一债务人清偿全部债务。本案中当事人约定三人对陆某承担连带责任，根据《民法典》第518条，陆某有权请求任一债务人清偿全部债务。

（2）甲偿还1000万元后，有权向乙追偿300万元，向丙追偿300万元．甲偿还1000万元后向乙、丙追偿，乙、丙不偿还，甲可以实现对方某房屋的抵押权。实际承担债务超过自己份额的连带债务人，有权就超出部分在其他连带债务人未履行的份额范围内向其追偿，并相应地享有债权人的权利

（3）若陆某免除甲的债务，则乙、丙仍须承担600万元债务。《民法典》第520条第2款规定："部分连带债务人的债务被债权人免除的，在该连带债务人应当承担的份额范围内，其他债务人对债权人的债务消灭。"

【考点比较】

连带之债	外部关系，债权人可以请求任何部分或全部债务人履行债务； 内部关系，连带的多数人之间存在内部按份分配、按份追偿的问题。
不真正连带之债	外部关系，通常具有择一性的特征； 内部关系，多数人债务人中，存在终局责任人。终局责任人对外承担债务后，无追偿问题；其他债务人对外履行全部债务后，有权向终局责任人追偿。

真题演练

1. 甲、乙与丙就交通事故在交管部门的主持下达成《调解协议书》，由甲、乙分别赔偿丙5万元，甲当即履行。乙赔了1万元，余下4万元给丙打了欠条。乙到期后未履行，丙多次催讨未果，遂持《调解协议书》与欠条向法院起诉。下列哪一表述是正确的？（2013-3-12单）①

  A. 本案属侵权之债
  B. 本案属合同之债
  C. 如丙获得工伤补偿，乙可主张相应免责
  D. 丙可要求甲继续赔偿4万元

考点 债的分类

---

① 答案：B。【解析】考点1：合同之债与侵权之债。甲、乙与丙就交通事故在交管部门的主持下达成《调解协议书》，由甲、乙分别赔偿丙5万元，此债务为合同之债，丙多次催讨未果，遂持《调解协议书》与欠条向法院起诉。可见，本案是合同之债而不是侵权之债，故A选项错误，B选项正确。考点2：按份之债与连带之债。甲、乙与丙的协议是甲、乙各自承担5万，可见甲、乙与丙之间形成的是按份之债，甲、乙只需要就自己的份额承担责任即可。甲已经完全履行，其5万元的债消灭，丙只能向乙主张尚未履行的4万元，故D选项错误。考点3：工伤补偿。丙获得工伤补偿，与甲、乙交通事故责任的赔偿并没有必然的关系，《调解协议书》是当事人自愿达成，即使丙获得了工伤补偿，乙也不能因此推翻此前的合意，故C选项错误。

第42讲

无因管理

《民法典》第 121 条规定："没有法定的或约定的义务，为避免他人利益受损失而进行管理的人，有权请求受益人偿还由此支出的必要费用。"因为我国《民法典》并未设置债法总则编，所以立法者在《民法典》合同编单独设置"准合同"分编规定无因管理及不当得利制度。

无因管理的法律性质是事实行为，不要求行为人有行为能力。因无因管理所采取的措施，可能是民事法律行为，如为他人修葺房屋需要而签订原材料买卖合同；也可能是事实行为，如为他人修葺房屋。

一、无因管理的构成要件【《民法典》修改】★★★

有管理他人（本人）事务的行为	（1）"事务"的理解 凡任何适于为债的客体的一切事项均属之。 （2）须管理"他人"事务 误将自己事务当成他人事务管理，即使具有管理意思，也不能成立无因管理。 （3）只要是为了他人利益，管理人即使对本人发生误认，不妨碍就真实的本人成立无因管理。 （4）本人可为多数人 ［例］甲见朋友乙驾悍马撞伤路人丙，立刻送丙到医院救治。于此情形，甲有为乙及丙（两人）管理事务的意思，对乙、丙均可成立无因管理。 （5）目的是否达成与无因管理之成立无关 无因管理重在管理事务本身，目的是否达成，与无因管理之成立无关。 ［例］张某外出，台风将至。邻居李某担心张某年久失修的房子被风刮倒，祸及自家，就雇人用几根木料支撑住张某的房子，但张某的房子仍然不敌台风，倒塌之际压死了李某养的数只鸡。李某的行为构成无因管理。
有为他人管理的意思	管理意思，指具有为他人管理事务的意思（为了他人利益）。 （1）为自己而管理他人事务，缺乏管理意思，不成立无因管理：误信管理——误将他人事务作为自己事务管理。 ［例］甲的一只羔羊走失，混入乙的羊群，乙不知其事，后甲寻知要求乙返还。 ①乙误将甲的事务当成自己事务管理，属于误信管理，缺乏管理意思，甲、乙间不成立无因管理。 ②甲、乙间成立不当得利之债，乙有权请求甲补偿支出的必要费用。 （2）兼为自己利益。为他人利益，兼为自己利益，仍可在他人利益范围内成立无因管理。 （3）不符合受益人真实意思，不成立无因管理，但是受益人的真实意思违反法律或者违背公序良俗的除外。 ［例］救助跳水自杀者。
无法定或约定的义务	管理人出于履行法定义务或者约定义务管理他人事务的，不成立无因管理； ［例］因雇佣、承揽等合同而管理他人事务者，不成立无因管理；消防队从事救火行为，警察救助遭遇灾难之人，是尽公法上之义务，不成立无因管理。

[例]（2014-3-20）甲的房屋与乙的房屋相邻。乙把房屋出租给丙居住，并为该房屋在A公司买了火灾保险。某日甲见乙的房屋起火，唯恐大火蔓延自家受损，遂率家人救火，火势得到及时控制，但甲被烧伤住院治疗。

（1）甲依据无因管理不能向A公司主张医疗费，因甲欠缺为A公司的利益实施管理的主观意思；

（2）乙、丙属于无因管理关系中的本人，甲有权依据无因管理向其主张医疗费；

（3）甲兼为自己的利益，仍构成无因管理。

二、无因管理的法律效果【《民法典》修改】★★★

法律效果：	
（1）**发生法定之债的关系（无因管理之债）**，具有违法阻却的效果。 [例]甲房屋失火，乙破门入内救火，虽侵害甲的所有权，仍不成立侵权。 （2）**不成立不当得利**。 [例]甲为乙修理遭台风毁损的房屋，乙虽受有利益，致甲受损害，但以无因管理为其法律上的原因，不成立不当得利。 （3）**与侵权责任**。 无因管理成立后，管理人因故意或过失不法侵害本人权利的，侵权行为仍可成立。并不是说成立无因管理之后，即可排斥侵权行为之成立。 [例]甲代收乙的包裹，虽不成立侵权行为，但甲因故意或过失毁损包裹内的物品时，应构成侵权责任。	
管理人的义务	（1）适当管理义务。管理人管理他人事务，应当采取有利于受益人的方法。中断管理对受益人不利的，无正当理由不得中断。（《民法典》第981条） （2）通知义务。管理人管理他人事务时，能够通知受益人的，应当及时通知受益人。管理的事务不需要紧急处理的，应当等待受益人的指示。（《民法典》第982条） （3）报告及计算义务。管理结束后，管理人应当向受益人报告管理事务的情况。管理人管理事务取得的财产，应当及时转交给受益人。（《民法典》第983条）
管理人的权利	（1）**管理人有权请求受益人偿还因管理事务而支出的必要费用。** ①因管理支出的必要费用及自支出时起的利息； ②因管理负担的必要债务。 （2）**管理人因管理事务受到损失的，可以请求受益人给予适当补偿。** 【注】管理人享有的以上请求权，不以本人因管理人的管理行为所受的利益范围为限，管理人管理事务的结果即使对本人无任何利益，本人仍对管理人负有以上义务。 （3）**管理人无报酬请求权。**
不成立无因管理的法律后果	（1）管理人管理事务不属于无因管理的情形，但是受益人享有管理利益的，受益人应当在其**获得的利益范围内**向管理人承担义务：（《民法典》第980条） ①偿还因管理事务而支出的必要费用； ②管理人因管理事务受到损失的，给予适当补偿。 （2）事后追认转化为委托合同关系。管理人管理事务经受益人事后追认的，**从管理事务开始时起**，适用委托合同的有关规定，但是管理人另有意思表示的除外。（《民法典》第984条）

三、紧急救助

因自愿实施紧急救助行为造成受助人损害的，救助人不承担民事责任。(《民法典》第 184 条）

四、因保护他人民事权益使自己受到损害

因保护他人民事权益使自己受到损害的，由侵权人承担民事责任，受益人可以给予适当补偿。没有侵权人、侵权人逃逸或者无力承担民事责任，受害人请求补偿的，受益人应当给予适当补偿。(《民法典》第 183 条）

真题演练

1. 下列哪一情形会引起无因管理之债？（2013-3-21 单）[①]

A. 甲向乙借款，丙在明知诉讼时效已过后擅自代甲向乙还本付息

B. 甲在自家门口扫雪，顺便将邻居乙的小轿车上的积雪清扫干净

C. 甲与乙结婚后，乙生育一子丙，甲抚养丙 5 年后才得知丙是乙和丁所生

D. 甲拾得乙遗失的牛，寻找失主未果后牵回暂养。因地震致屋塌牛死，甲出卖牛皮、牛肉获价款若干

考点 无因管理

第 43 讲

不当得利

不当得利，是指没有法律根据而获得利益并使他人利益遭受损失的事实。

一、不当得利的构成要件

一方获得利益	一方获得利益即指财产的增加，财产的增加包括积极增加与消极增加两种情形。 [例] 财产积极增加是指财产或权利范围的增加或扩大，如取得所有权；财产消极增加是指财产本应减少却因一定事实而未减少，如没有支出本应由自己支出的费用，未承担本应承担的债务。

[①] 答案：D。【解析】考点 1："为避免他人利益受损失而进行管理"的理解。《民法典》第 121 条："没有法定的或者约定的义务，为避免他人利益受损失而进行管理的人，有权请求受益人偿还由此支出的必要费用。"过了诉讼时效的债，属于自然之债，债务人可以主张时效经过的抗辩权，无须返还。甲向乙借款，丙在明知诉讼时效已过后擅自代甲向乙还本付息，并非"为避免他人利益受损失而进行管理"，当然不构成无因管理。所以，A 选项错误。考点 2：情谊行为。甲在自家门口扫雪，顺便将邻居乙的小轿车上的积雪清扫干净，属于情谊行为，不产生债的关系，当然不构成无因管理，故 B 选项错误。考点 3：无因管理的构成要件。不知非亲生子而支付抚养费，并未为他人管理的意思，不构成无因管理，当然可认定构成不当得利。故 C 选项错误。甲拾得乙遗失的牛，寻找失主未果后牵回暂养。因地震致屋塌牛死，甲出卖牛皮、牛肉获价款若干，符合无因管理的构成要件，构成无因管理，D 选项正确。

续表

他方受有损失	他方所受损失可以是现有财产利益的减少，也可以是财产本应增加而未增加，即应得利益的损失。 ［例］所谓应得利益是指在正常情形下可以得到的利益，而不是指必然得到的利益。如无合法根据耕种他人土地，所有人丧失的对该土地的收益即属于应得利益，尽管该利益并非所有人必然得到的。
一方获益和他方受损之间具有因果关系	此处的因果关系表现为他方的损失是因一方受益造成的，即一方受益是他方受损的原因。
获益没有法律上的根据	没有法律上的根据指的是一方获益既无法律上的根据，亦无合同上的根据。没有合法根据包括取得利益时即无合法根据和取得利益时虽有合法根据但嗣后丧失两种情形。

二、不当得利的类型

因给付而发生的不当得利	典型如非债清偿。
基于给付以外的事实而发生的不当得利	（1）基于受益人的行为而发生的不当得利； ［例］使用他人财产，出租他人之物。 （2）基于受损人的行为而发生的不当得利； ［例］将他人的羊误认为自己的羊喂养。 （3）基于第三人的行为而发生的不当得利； ［例］甲以丙的木材为乙做家具。 （4）基于自然事件而发生的不当得利； ［例］甲鱼塘的鱼跃入乙的鱼塘。 （5）基于法律规定而发生的不当得利。 ［例］添附。

三、不当得利之债的法律效果【《民法典》新增】★★★

《民法典》第 122 条规定："因他人没有法律根据，取得不当利益，受损失的人有权请求其返还不当利益。"

（一）善意得利人的返还义务

《民法典》第 986 条规定："得利人不知道且不应当知道获得的利益没有法律根据，获得的利益已经不存在的，不承担返还该利益的义务。"

1. 善意得利人。 善意得利人是指于受益时不知其受益无法律根据的得利人。不知无法律根据，不以无过失而不知者为限，因过失而不知者，亦属善意。

2. 现存利益。 善意得利人的返还义务的范围以现存利益为限，现存利益的确定时期为受益人受利益返还请求之时，于此时非现有的利益，免负返还义务。得利人的返还义务以原物为主，当原物依性质或其他情事，如消费、消耗、出卖、被盗、遗失等不能返还时，于现存利益范围内得利人应偿还价额。现存利益：

（1）原物以及利用原物（物或权利）衍生的其他利益，如法定孳息。但得利者受领的孳息或使用利益，在某些情形下，无全部返还义务，如经得利者特殊经营能力而获取巨大收益时，只需返还通常人一般可收取的平均利益。

（2）得利人取得的利益经消费而不存在，但得利人因消费不当取得的他人利益而使自己节省的消费支出。

（3）得利人取得利益原形不存在，但得利人因之取得的对第三人损害赔偿请求权、保险金请求权、对价请求权等代偿利益。

[例] 甲无法律根据取得乙的房屋，致使乙受有损失，甲嗣后又将该房屋卖给丙而获得交换价金也为现有利益。不过此时，如果因为甲的非凡的交易能力，使该房屋的交易价格远远高于一般市场交易价格，则甲只需按房屋的一般市场价格对乙返还其不当得利。

（二）恶意得利人的返还义务

《民法典》第987条规定："得利人知道或者应当知道获得的利益没有法律根据的，受损失的人可以请求得利人返还其获得的利益并依法赔偿损失。"

1. 恶意得利人。 恶意得利人是指明知无法律根据而取得利益的得利人。基于得撤销而经撤销的行为所为的给付，受领人知其撤销原因的，也视为明知无法律根据。得利人于受领时不知其受益无法律根据，其后知晓的，自知晓之日起，成为恶意得利人。

2. 全部利益。 恶意得利人负担较善意得利人更为严厉的返还义务，应当返还其初始所受的一切利益及本于该利益所生的利益。若恶意受领的利益不存在，不论其不存在的原因如何，得利人都应当如数偿还，不得主张因利益不存在而免除偿还义务。

3. 赔偿责任。 恶意得利人依上述方法返还受损者利益仍不足以弥补受损者损失时，恶意得利人应承担赔偿义务。此项赔偿义务为一种特别赔偿义务，不以得利人故意或过失为要件。

[例] 甲、乙鱼塘相邻。甲故意降低鱼塘塘基，乙鱼塘的三条大鱼调入甲的鱼塘。某日，甲的鱼塘被泥石流全部掩埋，所有鱼死亡。甲为恶意，须向乙承担赔偿责任。

（三）第三人的返还义务

《民法典》第988条规定："得利人已经将获得的利益无偿转让给第三人的，受损失的人可以请求第三人在相应范围内承担返还义务。"得利人将其所受领的标的物无偿让与第三人，则于得利人因此免除返还义务的限度内，第三人对受损失者负返还责任，这就是不当得利制度下第三人的返还义务。因为第三人所受利益，是由于得利人的让与行为，第三人受有利益有法律上的根据，与受损者之间不成立不当得利义务，但第三人无偿取得利益，相对于受损者的受有损失，显失公平，故唯有赋予第三人返还的义务才能实现对受损者的保护。

第三人的返还损失义务成立要件为：

（1）得利人人为无偿让与。

（2）得利人因无偿让与而免除返还义务。第三人的返还义务是以得利人的返还义务被免除为前提的，如果受领人仍有返还义务，第三人则无须承担此义务。如受领人为恶意受领人时，由于其返还义务并不因受领利益不存在而免除，第三人无须负返还义务。

四、不构成不当得利的情形【《民法典》新增】★★★

《民法典》第985条规定："得利人没有法律根据取得不当利益的，受损失的人可以请求得利人返还获得的利益，但是有下列情形之一的除外：（1）为履行道德义务进行的给付；（2）债务到期之前的清偿；（3）明知无给付义务而进行的债务清偿。"结合本条及理论观点，有下列六种不构成不当得利的情形。

为履行道德义务进行的给付	［例］对亲属误以为有扶养义务而扶养；对救助自己生命的人支付报酬。
债务到期之前的清偿	债务人于未到期的债务因清偿而给付的，不得请求返还。
明知无给付义务而进行的债务清偿	（1）非债清偿，构成不当得利，本可以请求返还。 （2）对明知无债务之清偿，出于禁止出尔反尔原则（venire contra factum proprium）即明知无给付义务而给付，再请求返还，有违诚信原则，故不许之。
因不法原因而给付	（1）因不法原因而给付，各方均不法。［例］支付赌债、支付嫖资等。 （2）但不法原因仅在受领一方存在的除外。［例］对绑架者支付赎金；索贿。
强迫得利	受损人因其行为使受益人受有利益，但违反了受益人的意思，**不符合其经济计划**的情形。就受益人整个财产，依其经济上计划认定其应偿还的价额为零，不必返还。 ［例］甲误乙的围墙为自己所有而粉刷油漆，而乙已雇工于近日拆除该墙。衡量受益人乙的经济计划，乙应偿还的价额为零，不必返还。
反射利益	一方虽因一定的行为或事实而受益，但并未致他方损害的情形。反射利益并不符合不当得利的构成要件。 ［例］国家海事局甲修建一灯塔，附近的渔民常利用该灯塔夜航捕鱼，从而所捕之鱼较从前显著增加。渔民之获益属于反射利益。
清偿诉讼时效经过的债务	诉讼时效经过，债权仍然存在。清偿诉讼时效经过的债务，有法律上原因，不构成不当得利。

🔹真题演练

1. 下列哪一情形产生了不当得利之债？（2013-3-20 单）①

---

① 答案：D。【解析】考点1：清偿已经过了时效的债不构成不当得利。过了诉讼时效的债务，为自然债务，若债务人履行了自然债务，则债权人的受领具有保持力，不构成不当得利，故A选项错误。考点2：债务到期之前的清偿不构成不当得利。《民法典》第985条规定："得利人没有法律根据取得不当利益的，受损失的人可以请求得利人返还获得的利益，但是有下列情形之一的除外：（1）为履行道德义务进行的给付；（2）债务到期之前的清偿；（3）明知无给付义务而进行的债务清偿。"甲欠乙款，提前支付全部利息后又在借期届满前提前还款，属于债务人对于自己期限利益的放弃，债权人不构成不当得利，故B选项错误。考点3：不法原因给付财产不构成不当得利。打麻将输钱后，向对方支付，属于不法原因给付财产，不构成不当得利，故C选项错误。考点4：不当得利。《民法典》第122条规定："因他人没有法律根据，取得不当利益，受损失的人有权请求其返还不当利益。"由于电脑故障而导致甲的账户多出1万元，甲获得利益，乙银行受有损失，损益之间有因果关系，且甲得利没有正当理由，符合不当得利的构成要件，成立不当得利，D选项正确。

A. 甲欠乙款超过诉讼时效后，甲向乙还款
B. 甲欠乙款，提前支付全部利息后又在借期届满前提前还款
C. 甲向乙支付因前晚打麻将输掉的 2000 元现金
D. 甲在乙银行的存款账户因银行电脑故障多出 1 万元

考点　不当得利

模考演练

1.2011 年，百川公司发现仓库管理员孙某与核算员杨某、生产车间班长张某等人有共同侵占单位面粉及麸皮。百川公司遂委托会计所实施专项审计工作。审计结果出来后，孙某、杨某、张某等人承认了非法侵占公司财产的事实，要求公司不追究刑事责任，口头协商达成退赔协议，由孙某等人向百川公司退赔 40 万元，已经支付。经查所侵占的面粉及麸皮出厂价 2680 元/吨，共 150 吨。2011 年 10 月 21 日，该市公安局接群众举报孙某、杨某、张某三人涉嫌职务侵占后进行刑事立案侦查。2013 年 12 月 16 日，法院作出刑事判决书，认定孙某、杨某、张某构成职务侵占罪。刑事判决书查明：孙某、杨某、张某在清点面粉及麸皮入库数量的过程中，采取少计入库数量的手段，将多出的面粉及麸皮，由孙某负责让他人代为销售，得款人民币 10 万元。下列表述正确的是：①

A. 经刑事判决书查明，孙某等人获利 10 万元，故百川公司应当返还不当得利
B. 百川公司无须返还 30 万元
C. 退赔协议显失公平，孙某等人可以撤销
D. 孙某等人构成共同侵权

考点　不当得利

第 44 讲

法律适用

一、身份协议

《民法典》第 464 条第 1 款规定："合同是民事主体之间设立、变更、终止民事法律关系的协议。"

第 2 款规定："婚姻、收养、监护等有关身份关系的协议，适用有关该身份关系的法律规定；没有规定的，可以根据其性质参照适用本编规定。"

［例］甲、乙签订离婚协议，约定甲给付乙 50 万元离婚补偿，若甲不履行，乙有权解

---

① 答案：BD。【解析】《民法典》第 1168 条规定："二人以上共同实施侵权行为，造成他人损害的，应当承担连带责任。"孙某等人共同侵占单位面粉及麸皮，构成共同侵权，应当承担连带责任。所以 D 选项正确。刑事判决认定的赃款数额并非等同于作案造成损失的范围，不能简单依据刑事判决认定赃款的数额确定损失范围。通常情况下，犯罪行为给受害人造成直接和间接损失的范围要大于作案人所直接获得的赃款。在处理刑事案件造成的民事损失赔偿纠纷时，赔偿所立足的依据是受害人的损失，而不是作案人所直接获得的赃款。所以 A 选项错误，B 选项正确。退赔协议是双方当事人真实意思表示，无显失公平的情形，C 选项错误。

除离婚协议。双方到婚姻登记机关办理离婚手续，在符合离婚冷静期后领取离婚证。后甲不给付离婚补偿款，乙主张解除离婚协议。

《民法典》婚姻家庭编没有关于解除离婚协议的规定，根据性质不适用合同编关于合同解除的规定。

二、无名合同

《民法典》第 467 条第 1 款规定："本法或者其他法律没有明文规定的合同，适用本编通则的规定，并可以参照适用本编或者其他法律最相类似合同的规定。"

对于有名合同，应当直接适用《民法典》合同编的规定。在确定无名合同的法律适用时：

首先，应当考虑适用《民法典》合同编的一般规则；

其次，若无名合同涉及某些有名合同的内容，应当比照类似的有名合同规则，参照合同的经济目的及当事人的意思等予以处理。

[例] 甲、乙两公司约定：甲公司向乙公司支付 5 万元研发费用，乙公司完成某专用设备的研发生产后双方订立买卖合同，将该设备出售给甲公司，价格暂定为 100 万元，具体条款另行商定。《民法典》第 251 条第 1 款规定："承揽合同是承揽人按照定作人的要求完成工作，交付工作成果，定作人给付报酬的合同。"第 2 款规定："承揽包括加工、定作、修理、复制、测试、检验等工作。"甲、乙两公司约定甲公司向乙公司支付 5 万元研发费用，乙公司完成某专用设备的研发生产后双方订立买卖合同，既有承揽合同的内容也有买卖合同的内容，并非有名合同，是一种无名合同。无名合同，适用合同编通则的规定，并可以参照适用本编或者其他法律最相类似合同的规定。

三、非合同之债

《民法典》第 468 条规定："非因合同产生的债权债务关系，适用有关该债权债务关系的法律规定；没有规定的，适用本编通则的有关规定，但是根据其性质不能适用的除外。"

[例] 甲公司与乙公司之间的《装修合同》被宣告无效，乙公司须向甲公司返还 100 万元。乙公司对丙公司有 80 万元的合同债权到期。乙公司怠于行使对丙公司的到期债权，损害甲公司的债权，甲公司可以行使代位权。甲公司对乙公司的债并非合同之债，而是不当得利之债，但根据性质仍有代位权。

第 45 讲

合同的分类

《民法典》第 464 条第 1 款规定："合同是民事主体之间设立、变更、终止民事法律关系的协议。"第 2 款规定："婚姻、收养、监护等有关身份关系的协议，适用有关该身份关系的法律规定；没有规定的，可以根据其性质参照适用本编规定。"合同有如下分类：

一、双务合同与单务合同

双务合同	双务合同是指当事人双方互相承担对待给付义务的合同。
单务合同	单务合同是指只有一方当事人承担给付义务的合同。两种情形： （1）只有单方承担义务。 ［例］在借用合同中，只有借用人负有按约定使用并按期返还借用物的义务，出借人不负合同义务。 （2）一方承担合同的主要义务，另一方只承担附属义务，双方的义务不存在对待给付关系。 ［例］合同法允许赠与附义务，但赠与人交付赠与财产与对方的附属义务之间不存在对价关系，因而赠与合同仍属于单务合同。
区分意义	（1）是否适用合同履行抗辩权。只有双务合同适用履行抗辩权。 （2）风险负担不同。在双务合同中，双方的权利义务互相依存、互为条件，如果一方当事人由于可以免责的事由导致不能履行合同义务，即发生风险负担问题，其具体标准因合同类型的不同而异，有交付主义、合理分担主义、债务人主义等规则；而在单务合同中，如果一方因不可抗力导致不能履行义务，风险一律由债务人负担，不会发生双务合同中的复杂问题。 （3）因一方过错所致合同不履行的后果不同。在双务合同中，如果非违约方已履行合同，可以要求违约方履行合同或承担其他违约责任，条件具备时还可解除合同；解除合同并溯及既往时，守约方有权要求违约方返还受领给付。单务合同不发生上述后果。

二、有偿合同与无偿合同

有偿合同	有偿合同，是指当事人一方享有合同规定的权益，须向对方当事人偿付相应代价的合同。如买卖、租赁、运输、承揽。
无偿合同	无偿合同，是指一方当事人向对方给予某种利益，对方取得该利益时不支付任何代价的合同。如赠与、无偿借用、无偿保管。
区分意义	（1）确定某些合同的性质。有些合同只能是有偿的，不可能是无偿的，如买卖合同、租赁合同；有些合同则相反，如赠与合同；如果变有偿为无偿，或者相反，就会使合同性质发生根本变化（买卖变为赠与或相反）。也有的合同既可以是有偿的，也可以是无偿的，如保管合同、委托合同，是否有偿并不改变其性质。 （2）注意义务程度不同。在无偿合同中，利益出让人原则上只承担较低程度的注意义务，如无偿保管合同中，保管人因故意或过失造成保管物毁损灭失的，应承担赔偿责任，一般过失则无须承担责任；而在有偿合同中，当事人所承担的注意义务较无偿合同为重，例如，有偿保管合同的保管人因其过失造成保管物灭失时，应负全部赔偿责任。 （3）对当事人行为能力的要求不同。订立有偿合同的当事人原则上应具有完全行为能力，限制行为能力人非经其法定代理人同意、追认，不能订立超出其行为能力范围的较为重大的有偿合同；而对于一些纯获利益的无偿合同，如接受赠与等，限制行为能力人也具有缔约能力。 （4）对债权人行使撤销权之意义不同。根据合同法的有关规定，债权人行使撤销权时，其对象仅限于债务人无偿处分和以不合理的低价转让财产权益的行为，故以合理对价有偿处分财产权益的合同不能作为债权人撤销权的对象。

三、诺成合同与实践合同

诺成合同	诺成合同，是指以缔约当事人意思表示一致为充分成立条件的合同，即一旦缔约当事人的意思表示达成一致即告成立的合同。
实践合同	实践合同，是指除当事人意思表示一致以外尚需交付标的物才能成立的合同。如保管合同、借用合同、定金合同和自然人之间的借款合同。
区分意义	在诺成合同中，交付标的物或完成其他给付是当事人的合同义务，违反该义务便产生违约责任；而在实践合同中，交付标的物或完成其他给付只是先合同义务，违反该义务不产生违约责任，可能构成缔约过失责。

四、要式合同与不要式合同

要式合同	要式合同，是指法律规定必须采取一定形式的合同。
不要式合同	不要式合同，法律不要求采取特定形式的合同。
区分意义	某些法律和行政法规对合同形式的要求可能成为影响合同效力的因素。

五、有名合同与无名合同

有名合同	有名合同又称为典型合同，是指在法律上已设有规范并赋予名称的合同。
无名合同	无名合同又称非典型合同，是指在法律上尚未确立一定的名称和专门规则的合同。
区分意义	两者适用的法律规则不同。对于有名合同应当直接适用合同编的规定。民法或者其他法律没有明文规定的合同，适用民法合同编通则的规定，并可以参照适用合同编典型合同或者其他法律最相类似合同的规定。（《民法典》第467条）

六、主合同与从合同

主合同	在两个关联合同中，不依赖其他合同的存在即可独立存在的合同称为主合同。
从合同	在两个关联合同中，以其他合同的存在为前提而存在的合同称为从合同。例如，借款合同与保证合同之间，前者为主合同，后者为从合同。
区分意义	主合同与从合同的区分，主要意义在于认识二者在效力上的关联性和从合同的从属性即从合同不能独立存在，而必须以主合同的有效成立为成立和生效的前提；主合同转让，从合同不能单独存在；主合同被宣告无效或被撤销，从合同也失去效力；主合同终止，从合同也随之终止。

七、束己合同与涉他合同

束己合同	束己合同,是指严格遵循合同相对性原则,当事人为自己设定并承受权利义务,第三人不能向合同当事人主张权利,当事人也不得向第三人主张权利。
涉他合同	涉他合同,是指突破了合同的相对性原则,合同当事人在合同中为第三人设定了权利或约定了义务的合同,包括向第三人履行的合同和由第三人履行的合同。

八、预约与本约(《民法典》第495条)【《民法典》新增】★★★

预约	当事人约定在将来一定期限内订立合同的认购书、订购书、预订书等,构成预约合同。当事人一方不履行预约合同约定的订立合同义务的,对方可以请求其承担预约合同的违约责任,但不得请求强制履行缔约义务。
本约	预约合同与本约合同相对,本约合同就是履行预约合同而订立的合同。
区分	预约的成立须遵循合同订立的一般规则,其内容应体现当事人的法效意思,不具有法律拘束力的协议,如会谈纪要、备忘录等不构成预约。

第46讲

合同相对性与合同的解释

一、合同的相对性

依法成立的合同,受法律保护。依法成立的合同,仅对当事人具有法律约束力,但是法律另有规定的除外。(《民法典》第465条)根据合同相对性,只有当事人才能变更合同。《民法典》第543条规定:"当事人协商一致,可以变更合同。"

即使是因第三人原因造成违约,也只有合同当事人才承担违约责任。《民法典》第593条规定:"当事人一方因第三人原因造成违约的,应当依法向对方承担违约责任。当事人一方和第三人之间的纠纷,依照法律规定或者按照约定处理。"

[例]甲公司购买乙公司的建筑材料,转卖给丙公司。因乙公司违约不交付标的物,导致甲公司违约。根据合同相对性,由甲公司向丙公司承担违约责任。甲公司与乙公司之间的纠纷,按照甲、乙之间的合同处理。

(一)向第三人履行的合同及利他合同

1.向第三人履行的合同(不真正的利益第三人合同):坚持合同相对性。当事人约定由债务人向第三人履行债务,债务人未向第三人履行债务或者履行债务不符合约定的,应当向债权人承担违约责任。

[例]甲、乙签订合同,约定甲向乙购买戒指,乙直接将戒指送给甲的女朋友丙。乙违约并未向丙交付戒指。由乙向甲承担违约责任。

2.利他合同(**真正的利益第三人合同**):突破合同相对性。法律规定或者当事人约定第三人可以直接请求债务人向其履行债务,第三人未在合理期限内明确拒绝,债务人未向第三人履行债务或者履行债务不符合约定的,第三人可以请求债务人承担违约责任;债务人对债权人的抗辩,可以向第三人主张。

(1) 法律规定或者**当事人约定**第三人可以直接请求债务人向其履行债务,第三人未在合理期限内明确拒绝,债务人未向第三人履行债务或者履行债务不符合约定的,第三人可以请求债务人承担违约责任;债务人对债权人的抗辩,可以向第三人主张。如保险受益人作为非保险合同的当事人,可以直接请求保险人支付保险金。

[例] 甲,知天命之年,喜得一子丙,欣喜异常,遂向乙保险公司投保,约定丙18岁时,由保险公司向其儿子丙给付保险金1000万。丙18岁时,可以直接请求乙保险公司支付1000万保险金。

(2)第三人只有请求权,没有撤销权、解除权等(《合同编通则解释》第29条第1款)

民法典第522条第2款规定的第三人可以请求债务人向自己履行债务;第三人不能请求行使撤销权、解除权等民事权利,但是法律另有规定的除外。

第三人虽然取得了独立的请求权,但并未取代债权人地位。因为第三人不是合同当事人,故不能行使合同本身的权利,如解除权、撤销权等。解除权、撤销权等权利仍由债权人行使。

(3)合同撤销或解除的后果(《合同编通则解释》第29条第2款)

合同依法被撤销或者被解除,如果第三人已经自债务人处取得财产,则债务人可以请求**债权人返还财产**。因为有独立请求权的第三人仅取得权利,不应承担义务。债权人承担责任后能否向第三人请求返还,取决于双方之间的关系。

(4)第三人拒绝受领或者受领迟延,债权人须承担损失(《合同编通则解释》第29条第3款)

债务人按照约定向第三人履行债务,第三人拒绝受领,债权人可以请求债务人向自己履行债务,但是债务人已经采取提存等方式消灭债务的除外。第三人拒绝受领或者受领迟延,债务人可以请求债权人赔偿因此造成的损失。

(二)由第三人履行的合同(《民法典》第523条)

当事人约定由第三人向债权人履行债务的,第三人不履行债务或者履行债务不符合约定,债务人应当向债权人承担违约责任。

[例] 甲,南方一隐士,一生崇拜唐伯虎及王阳明。甲和乙约定,由乙负责使丙篆刻印章两枚,一写"天下第一风流才子";一写"一生俯首拜阳明"。

(1)甲为债权人,乙为债务人,丙为第三人;

(2)第三人丙并不因此合同之订立而负给付义务,因而甲、乙只能约定由乙使第三人丙向甲履行,而不能直接约定由丙直接负担义务;

(3)丙不履行篆刻印章的债务,由债务人乙向债权人甲承担违约责任。

二、合同的解释规则

《民法典》第466条第1款规定:"当事人对合同条款的理解有争议的,应当依据本法第 142 条第 1 款（有相对人意思表示的解释）的规定，确定争议条款的含义。"

1. 主观与客观相统一的解释规则。合同解释属于有相对人意思表示的解释，应当以**词句的通常含义为基础**，结合相关条款、合同的性质和目的、习惯以及诚信原则，参考缔约背景、磋商过程、履行行为等因素确定争议条款的含义。(《合同编通则解释》第 1 条第 1 款）

2. 合同解释方法。我国对于合同的解释确立了文义解释、整体解释、目的解释、习惯解释、诚信解释等合同解释方法。

3. 误载无害真意规则。有证据证明当事人之间对合同条款有不同于词句的通常含义的其他共同理解，一方主张按照词句的通常含义理解合同条款的，人民法院不予支持。（《合同编通则解释》第 1 条第 2 款）

4. 合法解释规则与有利于债务人解释规则。对合同条款有两种以上解释，可能影响该条款效力的，人民法院应当选择有利于该条款有效的解释；属于无偿合同的，应当选择对债务人负担较轻的解释。（《合同编通则解释》第 1 条第 3 款）

5. 不同文本的解释规则。合同文本采用两种以上文字订立并约定具有同等效力的，对各文本使用的词句推定具有相同含义。各文本使用的词句不一致的，应当根据合同的相关条款、性质、目的以及诚信原则等予以解释。

6. 格式条款的解释。对格式条款的理解发生争议时，顺序依照下列规则确定格式条款的含义：

（1）通常理解解释。按照通常理解解释；

（2）不利提供方解释。对格式条款有两种以上解释的，应作出不利于提供格式条款一方的解释；

（3）优先解释。格式条款与非格式条款不一致的，应当采用非格式条款。

7. 肖像使用条款解释。当事人对肖像许可使用合同中关于肖像使用条款的理解有争议的，应当作出有利于肖像权人的解释。

第2章 合同订立

第47讲

要约

当事人订立合同，可以采取要约、承诺方式或者其他方式。(《民法典》第471条) 要约是希望与他人订立合同的意思表示。首先，要约是一种意思表示，要约既不是事实行为，也不是法律行为，只是一种意思表示。其次，要约是希望与他人订立合同的意思表示，要约的目的是希望与相对人订立合同，无此目的即不构成要约。

一、要约的构成要件★★

1. 要约是由特定人作出的意思表示。
2. 要约必须有订立合同的意图。
3. 要约必须向要约人希望与之订立合同的受要约人发出。
4. 要约内容须具体、确定。

二、要约邀请【《民法典》修改】★★★

要约邀请是希望他人向自己发出要约的意思表示。要约邀请的典型：(1) 拍卖公告；(2) 招标公告；(3) 招股说明书；(4) 债券募集办法；(5) 基金招募说明书；(6) 商业广告和宣传；(7) 寄送的价目表等。

商业广告和宣传的内容符合要约规定的，构成要约。

三、要约的效力

要约生效	要约生效后，相对人才取得承诺的资格。 (1) 对特定人的要约： ①以对话方式作出的，自相对人了解时生效； ②以非对话方式作出的意思表示，到达相对人时生效。 ③数据电文形式。 其一，以非对话方式作出的采用数据电文形式的意思表示，相对人指定特定系统接收数据电文的，该数据电文进入该特定系统时生效； 其二，未指定特定系统的，相对人知道或者应当知道该数据电文进入其系统时生效。 其三，当事人对采用数据电文形式的意思表示的生效时间另有约定的，按照其约定。 (2) 对不特定人的要约：如构成要约的商业广告和宣传、自动售货机，一经作出即生效。

要约撤回	要约可以撤回。撤回要约的通知应当在要约到达受要约人之前或者与要约同时到达受要约人。（要约撤回阻止要约发生效力，不是要约失效之原因。）
要约撤销	（1）要约可以撤销。 ①对话方式。撤销要约的意思表示以对话方式作出的，该意思表示的内容应当在受要约人作出承诺之前为受要约人所知道； ②非对话方式。撤销要约的意思表示以非对话方式作出的，应当在受要约人作出承诺之前到达受要约人。 （2）有下列情形之一的，要约不得撤销： ①要约人确定了承诺期限或者以其他形式明示要约不可撤销； ②受要约人有理由认为要约是不可撤销的，并已经为履行合同作了准备工作。
要约失效	有下列情形之一的，要约失效： （1）要约被拒绝； （2）要约被依法撤销； （3）承诺期限届满，受要约人未作出承诺； （4）受要约人对要约的内容作出实质性变更。

四、悬赏广告★★

《民法典》第499条规定："悬赏人以公开方式声明对完成特定行为的人支付报酬的，完成该行为的人可以请求其支付。"悬赏广告的法律性质究竟是单方允诺还是要约，存在争议。

（一）单方允诺说

单方允诺说认为悬赏广告是广告人单方的意思表示，因为对完成一定行为的人负有给予报酬的义务，在行为人方面无须有承诺，唯其以一定行为的完成为停止条件（生效条件）。悬赏广告的性质是单方允诺，完成悬赏广告中指定行为的性质属于事实行为。行为人完成特定行为即可以请求支付报酬，无须以行为人具有相应的民事行为能力为要件。2012年司法考试命题者的观点认为悬赏广告是单方允诺。

［例］（2012-3-4）甲与同学打赌，故意将一台旧电脑遗留在某出租车上，看是否有人送还。与此同时，甲通过电台广播悬赏，称捡到电脑并归还者，付给奖金500元。该出租汽车司机乙很快将该电脑送回，主张奖金时遭拒。命题者认为甲的悬赏属于单方允诺。

（二）要约说

要约说认为悬赏广告属于要约，是一种希望与他人订立合同的意思表示，须待对方承诺，合同才成立。广告人向不特定人所提出的悬赏表示是一种要约，此种要约因受要约人完成其指定行为而成立悬赏合同。我国《民法典》将悬赏广告作为一种特殊的缔约方式，广告人发出悬赏广告为要约，行为人完成悬赏广告规定的行为即构成承诺，合同因此而成立。

【真题演练】

1. 甲房产开发公司在交给购房人张某的某小区平面图和项目说明书中都标明有一个

健身馆。张某看中小区健身方便，决定购买一套商品房并与甲公司签订了购房合同。张某收房时发现小区没有健身馆。下列哪些表述是正确的？（2014-3-51 多）[①]
A. 甲公司不守诚信，构成根本违约，张某有权退房
B. 甲公司构成欺诈，张某有权请求甲公司承担缔约过失责任
C. 甲公司恶意误导，张某有权请求甲公司双倍返还购房款
D. 张某不能滥用权利，在退房和要求甲公司承担违约责任之间只能选择一种

考点 商品房销售、缔约过失责任

第 48 讲

承诺

一、承诺的构成要件★★

1. 承诺必须由受要约人做出；
2. 承诺须在承诺期间内到达；
3. 承诺内容与要约内容相一致。受要约人对要约的内容作出实质性变更的，为新要约。有关合同标的、数量、质量、价款或者报酬、履行期限、履行地点和方式、违约责任和解决争议方法等的变更，是对要约内容的实质性变更。

二、承诺的效力

《民法典》第 483 条规定："承诺生效时合同成立，但是法律另有规定或者当事人另有约定的除外。"

以通知方式作出的承诺，生效的时间适用《民法典》第 137 条的规定。承诺不需要通知的，根据交易习惯或者要约的要求作出承诺的行为时生效。

1. 承诺形式

（1）通知承诺

①对话方式：了解主义；

②非对话方式：到达主义；

③数据电文形式。指定特定系统：到达主义；未指定特定系统：了解主义。

[①] 答案：AB。考点1：要约。张某看中小区健身方便，决定购买一套商品房并与甲公司签订了购房合同。健身馆对商品房买卖合同的订立以及房屋价格的确定有重大影响的，应当视为要约。张某承诺，合同成立，健身馆成为合同的内容。考点2：合同解除。因为张某收房时发现小区没有健身馆，不能实现合同目的，构成根本违约，所以张某有权解除合同，要求退房，并要求甲房地产开发公司承担违约责任。所以，A 选项正确。考点3：缔约过失责任。甲公司在宣传资料中声称有健身馆而实际没有，构成欺诈，撤销合同之后，张某可以向甲公司主张缔约过失责任，故 B 选项正确。考点4：商品房买卖合同中的惩罚性损害赔偿。商品房买卖合同不能适用《消费者权益保护法》的规定，故 C 选项错误。考点5：解除合同与违约责任可以并用。《民法典》第 566 条第 1 款规定："合同解除后，尚未履行的，终止履行；已经履行的，根据履行情况和合同性质，当事人可以请求恢复原状或者采取其他补救措施，并有权请求赔偿损失。"第 2 款规定："合同因违约解除的，解除权人可以请求违约方承担违约责任，但是当事人另有约定的除外。"合同解除与承担违约责任之间并不冲突，可以并用。张某在要求退房的同时，可以一并要求甲公司承担赔偿损失等违约责任。

（2）履约承诺

承诺不需要通知的，根据交易习惯或者要约的要求作出承诺的行为时生效。（《民法典》第484条第2款）

[例1] 甲茶叶批发公司与乙茶叶零售公司有长期供茶协议。甲茶叶公司惯常接受乙公司的订单不需要明确承诺，除非缺货会及时通知乙茶叶零售公司。中秋将近，乙茶叶零售公司向甲茶叶批发公司订货。甲茶叶批发公司沉默，承诺生效。因双方已形成习惯做法，沉默视为同意。

[例2] 某茶叶公司以公告方式发出要约，明确：88青饼普洱茶，人民币3万元，愿意购买者，转账到指定账户后发货。杨某向甲发送微信信息表示愿意购买，并非作出承诺。刘某转账到指定账户，承诺生效。

2. 承诺的期限

承诺应当在要约确定的期限内到达要约人。要约没有确定承诺期限的，承诺应当依照下列规定到达：

（1）要约以对话方式作出的，应当即时作出承诺；

（2）要约以非对话方式作出的，承诺应当在合理期限内到达。

3. 承诺的期限的起算

（1）要约以信件或者电报作出的，承诺期限自信件载明的日期或者电报交发之日开始计算。

（2）信件未载明日期的，自投寄该信件的邮戳日期开始计算。

（3）要约以电话、传真、电子邮件等快速通讯方式作出的，承诺期限自要约到达受要约人时开始计算。

三、承诺撤回

承诺可以撤回。撤回承诺的通知应当在承诺通知到达要约人之前或者与承诺通知同时到达要约人。**承诺只能撤回，不能撤销。**

四、承诺迟延【《民法典》修改】★★★

承诺迟延又称迟到的承诺，是指受要约人承诺的意思表示在承诺期限内未到达要约人。

（1）迟发迟到：新要约。受要约人超过承诺期限发出承诺，为新要约，但是，要约人及时通知受要约人该承诺有效的除外。

（2）期内发亦迟到：新要约。在承诺期限内发出承诺，按照通常情形不能及时到达要约人的，为新要约；但是，要约人及时通知受要约人该承诺有效的除外。

（3）期内发本能到而不到：承诺有效。受要约人在承诺期限内发出承诺，按照通常情形能够及时到达要约人，但是因其他原因承诺到达要约人时超过承诺期限的，除要约人及时通知受要约人因承诺超过期限不接受该承诺外，该承诺有效。

五、强制缔约

强制缔约，是指一方因负有应对方的请求与其订立合同的义务，或因负有向对方发出要约的义务而与之订立合同的缔约方式。强制缔约分为直接的强制缔约与间接的强制缔约。

(一) 直接强制缔约

直接的强制缔约,当负有缔约义务的一方不接受他方要约时,要约人得请求公权力强制受要约人为承诺的意思表示,即强制缔结合同,如共有人的优先购买权。

(二) 间接强制缔约

间接的强制缔约,一方虽然对他方的要约有为承诺的义务,但如果其拒绝承诺,要约人只能请求侵权损害赔偿,如能源、交通等公用事业领域和医师等特定职业从业者的强制缔约。国家根据**抢险救灾**、**疫情防控**或者**其他需要**下达指令性任务或者国家订货任务的,有关民事主体之间应当依照有关法律、行政法规规定的权利和义务订立合同。

1. 强制要约。依照法律、行政法规的规定负有发出要约义务的当事人,应当及时发出合理的要约。

2. 强制承诺。依照法律、行政法规的规定负有作出承诺义务的当事人,不得拒绝对方合理的订立合同要求。

第49讲

合同成立与效力

一、合同的形式

当事人订立合同,可以采用书面形式、口头形式或者其他形式。书面形式是合同书、信件、电报、电传、传真等可以有形地表现所载内容的形式。

以电子数据交换、电子邮件等方式能够有形地表现所载内容,并可以随时调取查用的数据电文,视为书面形式。

二、合同成立的时间【《民法典》修改】★★★

(一) 一般规定

1. 承诺生效时合同成立

2. 合同成立的必备条款。当事人对合同是否成立存在争议,人民法院能够确定**当事人姓名或者名称**、**标的**和**数量**的,一般应当认定合同成立。但是,法律另有规定或者当事人另有约定的除外。(《合同编通则解释》第3条第1款)

3. 合同漏洞填补。合同已经成立的,对合同欠缺的内容,人民法院应当依据民法典第510条、第511条等规定予以确定。(《合同编通则解释》第3条第2款)

4. 合同是否成立的争议。当事人主张合同无效或者请求撤销、解除合同等,人民法院认为**合同不成立**的,应当依据《最高人民法院关于民事诉讼证据的若干规定》第53条的规定将合同是否成立作为**焦点问题**进行审理,并可以根据案件的具体情况**重新指定举证期限**。(《合同编通则解释》第3条第3款)

（二）特殊规则

1. 行为默示形式成立

（1）当事人采用合同书形式订立合同的，自当事人均**签名**、盖章或者按指印时合同成立。在签名、盖章或者按指印之前，当事人一方已经履行主要义务，对方接受时，该合同成立。

（2）法律、行政法规规定或者当事人约定合同应当采用书面形式订立，当事人未采用书面形式但是一方已经履行主要义务，对方接受时，该合同成立。

［例］某家具行与某贸易公司达成买卖10套仿古红木家具的协议，约定双方在合同书上盖章后合同成立，但未约定家具的质量标准。家具行盖章后，将合同书寄给贸易公司盖章。贸易公司未盖章，即将10套仿古红木家具发运给家具行。家具行收到家具的当天，将家具卖给某宾馆。

采用合同书形式订立合同，在签名或者盖章之前，当事人一方已经履行主要义务，对方接受的，该合同成立。

2. 确认书形式成立

当事人采用信件、数据电文等形式订立合同要求签订确认书的，签订确认书时合同成立。

3. 网购方式成立

当事人一方通过互联网等信息网络发布的商品或者服务信息符合要约条件的，对方选择该商品或者服务并**提交订单成功时**合同成立，但是当事人另有约定的除外。

（三）以竞价方式订立合同

1. 招标方式

（1）以招标投标方式订立合同的，招标为要约邀请，投标为要约，定标为承诺。定标后，招标人应当向中标人发出中标通知书，中标通知书对招标人和中标人具有法律效力，双方应当自中标通知书发出之日起30日内订立书面合同。

（2）采取招标方式订立合同，当事人有权请求确认**合同自中标通知书到达中标人时成立**。合同成立后，当事人拒绝签订书面合同的，人民法院应当依据招标文件、投标文件和中标通知书等确定合同内容。（《合同编通则解释》第4条第1款）

2. 拍卖方式

（1）以拍卖方式订立合同的，拍卖公告属于要约邀请，竞买人的应价（或称报价）行为构成要约，拍卖人的买定表示构成承诺。在竞买人的最高应价经拍卖师落槌或者以其他公开表示买定的方式确认后，合同成立。其后，买受人和拍卖人应当签署成交确认书。

（2）采取现场拍卖、网络拍卖等公开竞价方式订立合同，当事人有权请求确认**合同自拍卖师落槌、电子交易系统确认成交时成立**。合同成立后，当事人拒绝签订成交确认书的，人民法院应当依据拍卖公告、竞买人的报价等确定合同内容。（《合同编通则解释》第4条第2款）

（3）特殊规则：产权交易所等机构主持拍卖、挂牌交易，其公布的拍卖公告、交易规则等文件公开确定了合同成立需要具备的条件，当事人有权请求确认合同自该条件具备时成立。（《合同编通则解释》第4条第3款）

三、合同成立的地点【《民法典》修改】★★★

1. 一般规定： 合同成立的地点通常为承诺生效的地点。
（1）采用数据电文形式订立合同的，收件人的主营业地为合同成立的地点；
（2）没有主营业地的，其住所地为合同成立的地点。当事人另有约定的，按照其约定。

2. 合同书形式订立合同的成立地点。

当事人采用合同书形式订立合同的，最后**签名**、盖章或者按指印的地点为合同成立的地点，但是当事人另有约定的除外。

[例] 张某和李某采用书面形式签订一份买卖合同，双方在甲地谈妥合同的主要条款，张某于乙地在合同上签名，后李某于丙地在合同上摁了手印，合同在丁地履行。

（1）《民法典》第490条第1款第1句规定："当事人采用合同书形式订立合同的，自当事人均签名、盖章或者按指印时合同成立。"李某于丙地在合同上摁了手印，合同成立。

（2）《民法典》第493条规定："当事人采用合同书形式订立合同的，最后签名、盖章或者按指印的地点为合同成立的地点，但是当事人另有约定的除外。"张某签字名在前而李某摁手印在后，故合同签订地是丙地。

四、预约合同

预约合同，是指要约人与受要约人约定将来订立一定合同的合同。

（一）预约合同成立（《合同编通则解释》第6条第1、2款）

1. 预约合同成立。当事人以**认购书、订购书、预订书**等形式约定在将来一定期限内订立合同，或者为担保在将来一定期限内订立合同**交付了定金**（立约定金），能够确定将来所要订立合同的**主体、标的**等内容的，应当认定预约合同成立。立约定金本质上是预约合同的违约定金。

2. 预约合同不成立。当事人通过签订**意向书或者备忘录**等方式，仅表达交易的意向，未约定在将来一定期限内订立合同，或者虽然有约定但是**难以确定**将来所要订立合同的**主体、标的**等内容，不能主张预约合同成立。

（二）本约合同成立（《合同编通则解释》第6条第3款）

当事人订立的**认购书、订购书、预订书**等已就合同标的、数量、价款或者报酬等主要内容达成合意，符合**合同成立的必备条件**，未明确约定在将来一定期限内另行订立合同，或者虽然有约定但是当事人一方已实施履行行为且对方接受的，本约合同成立。

（三）违反预约合同的认定（《合同编通则解释》第7条）

预约合同生效后，下列两种情形，应当认定该当事人不履行预约合同约定的义务：

1. 当事人一方**拒绝订立本约合同**；

2. 或者在**磋商订立本约合同时违背诚信原则导致未能订立本约合同**。认定当事人一方在磋商订立本约合同时是否违背诚信原则，应当综合考虑该当事人在磋商时提出的条件是否明显背离预约合同约定的内容以及是否已尽合理努力进行协商等因素。

（四）违反预约合同的违约责任（《合同编通则解释》第 8 条）

1. 预约合同生效后，当事人一方不履行订立本约合同的义务，对方有权请求其赔偿因此造成的损失。

2. 损失赔偿的范围，当事人有约定的，按照约定；没有约定的，人民法院应当综合考虑预约合同在内容上的完备程度以及订立本约合同的条件的成就程度等因素酌定。

（五）商品房买卖中的预约和本约

1. 认定为商品房买卖合同。（《商品房买卖合同解释》第 5 条）

商品房的认购、订购、预订等协议具备《商品房销售管理办法》第十六条规定的商品房买卖合同的主要内容，并且出卖人**已经按照约定收受购房款**的，该协议应当认定为商品房买卖合同。

2. 认定为预约合同。认购、订购、预订等协议不具备商品房买卖合同的主要内容，约定将来订立商品房买卖合同，性质为预约。

3. 预约合同中的定金罚则适用。（《商品房买卖合同解释》第 4 条）

（1）出卖人通过认购、订购、预订等方式向买受人收受定金作为订立商品房买卖合同担保的，如果因当事人一方原因未能订立商品房买卖合同，应当按照法律关于定金的规定处理（适用定金罚则）；

（2）因不可归责于当事人双方的事由，导致商品房买卖合同未能订立的，出卖人应当将定金返还买受人（不适用定金罚则）。

［例］甲与乙签订预订书，约定一年内订立房屋买卖合同。后乙拒绝订立买卖合同。预定书属于预约，不能请求继续履行。对于乙违反预订书的行为，甲可以解除预订书，并请求乙承担违约责任。

五、合同效力的特殊规则

合同是民事法律行为的一种类型，故民法典总则编对民事法律行为效力的规范适用于对合同效力的认定。同时，民法典合同编对合同效力作出了一些特殊规范。如未经批准的合同成立未生效、无权代理订立的合同效力未定、解决争议方法的条款独立生效等，总则部分已详述，现对如下特殊情形详细介绍。

（一）法定代表人或者负责人越权代表行为的效力（《合同编通则解释》第 20 条）

1. 对代表权的法定限制（法律、行政法规对代表权限进行限制）

（1）相对人善意。越权代表行为属于效力未定的民事法律行为，相对人善意的（相对人已尽到合理审查义务），构成**表见代表**，其效力等同于有权代表。

（2）相对人恶意。相对人恶意的（相对人未尽到合理审查义务），合同对法人、非法人组织不产生效力，但法人、非法人组织予以追认的除外。

（3）合理审查义务。法律一经公布，推定所有人都应当知晓并遵守，其中当然包括相对人，故相对人不是善意的，原则上不存在根据表见代表规则让公司承担违约责任的问题。

［例］以法定代表权人越权对外提供担保为例，法定代表人未经公司决议程序擅自对

外提供担保。相对人在法定代表人未提供决议的情况下就与其签订担保合同(未尽合理审查义务),表明其对法定代表人越权提供担保是明知的,属于恶意相对人。

2.对代表权的意定限制(章程或者权力机构进行限制)

(1)合同效力。代表权的限制源于章程或者权力机构决定,不得对抗善意相对人,越权代表原则上不影响合同效力。

(2)举证责任。理论上推定相对人是善意,从而构成表见代表;法人或者非法人组织可以举证证明相对人恶意,进而否定表见代表制度的适用。

总结:在对代表权有意定限制的场合,原则上构成表见代表;在对代表权限有法定限制的场合,原则上构成越权代表,只有在相对人已尽到合理审查义务时(善意)才构成表见代表。

3.越权代表对法人、非法人组织不发生效力的理解

越权代表对法人、非法人组织不发生效力,指的是法人、非法人组织不承担合同有效情况下的违约责任,但是有过错须承担缔约过失责任。

4.越权代表的适用范围

适用于法人、非法人组织,故行为人是法人的法定代表人或者非法人组织的负责人。

5.追偿

法人、非法人组织承担民事责任后,有权向有过错的法定代表人、负责人追偿因越权代表行为造成的损失。法律、司法解释对法定代表人、负责人的民事责任另有规定的,依照其规定。

[注]《合同编通则解释》第20条

法律、行政法规为限制法人的法定代表人或者非法人组织的负责人的代表权,规定合同所涉事项应当由法人、非法人组织的权力机构或者决策机构决议,或者应当由法人、非法人组织的执行机构决定,法定代表人、负责人未取得授权而以法人、非法人组织的名义订立合同,未尽到合理审查义务的相对人主张该合同对法人、非法人组织发生效力并由其承担违约责任的,人民法院不予支持,但是法人、非法人组织有过错的,可以参照民法典第一百五十七条的规定判决其承担相应的赔偿责任。相对人已尽到合理审查义务,构成表见代表的,人民法院应当依据民法典第五百零四条的规定处理。

合同所涉事项未超越法律、行政法规规定的法定代表人或者负责人的代表权限,但是超越法人、非法人组织的章程或者权力机构等对代表权的限制,相对人主张该合同对法人、非法人组织发生效力并由其承担违约责任的,人民法院依法予以支持。但是,法人、非法人组织举证证明相对人知道或者应当知道该限制的除外。

法人、非法人组织承担民事责任后,向有过错的法定代表人、负责人追偿因越权代表行为造成的损失的,人民法院依法予以支持。法律、司法解释对法定代表人、负责人的民事责任另有规定的,依照其规定。

(二)超越经营范围订立的合同效力

当事人超越经营范围订立的合同的效力,应当依照民法典总则编有关民事法律行为效力和合同编有关合同效力的规定确定,不得仅以超越经营范围确认合同无效。

(三) 印章与合同效力（《合同编通则解释》第 22 条）

1. 真人假章

法定代表人、负责人或者工作人员以法人、非法人组织的名义订立合同且未超越权限，法人、非法人组织仅以合同加盖的印章不是备案印章或者系伪造的印章为由主张该合同对其不发生效力的，人民法院不予支持。

2. 有人无章

合同系以法人、非法人组织的名义订立，但是仅有法定代表人、负责人或者工作人员签名或者按指印而未加盖法人、非法人组织的印章，相对人能够证明法定代表人、负责人或者工作人员在订立合同时未超越权限的，人民法院应当认定合同对法人、非法人组织发生效力。但是，当事人约定以加盖印章作为合同成立条件的除外。

3. 有章无人

合同仅加盖法人、非法人组织的印章而无人员签名或者按指印，相对人能够证明合同系法定代表人、负责人或者工作人员在其权限范围内订立的，人民法院应当认定该合同对法人、非法人组织发生效力。

4. 表见代表或者表见代理

在前三款规定的情形下，法定代表人、负责人或者工作人员在订立合同时虽然超越代表或者代理权限，但是依据民法典第 504 条的规定构成**表见代表**，或者依据民法典第 172 条的规定构成**表见代理**的，人民法院应当认定合同对法人、非法人组织发生效力。

[例] 看人不看章。公章之于合同的效力，关键不在公章的真假，而在盖章之人有无代表权或代理权。盖章之人为法定代表人或有权代理人的，即便其未在合同上盖章甚至盖的是假章，只要其在合同书上的签名是真实的，或能够证明该假章是其自己加盖或同意他人加盖的仍应作为公司行为，由公司承担法律后果。反之，盖章之人如无代表权或超越代理权的，则即便加盖的是真公章，该合同仍然可能会因为无权代表或无权代理而最终归于无效。

(四) 备案、批准、登记与合同效力（《合同编通则解释》第 13 条）

合同**存在无效或者可撤销的情形**，当事人**不能**以该合同已在有关行政管理部门办理**备案**、已经批准机关**批准**或者已依据该合同办理财产权利的**变更登记**、**移转登记**等为由主张合同有效。

(五) 名实不符的合同（《合同编通则解释》第 15 条）

人民法院认定当事人之间的权利义务关系，不应当拘泥于合同使用的名称，而应当根据合同约定的内容。当事人主张的权利义务关系与根据合同内容认定的权利义务关系不一致的，人民法院应当结合缔约背景、交易目的、交易结构、履行行为以及当事人是否存在虚构交易标的等事实认定当事人之间的实际民事法律关系。

第50讲

格式条款及缔约过失责任

一、格式条款【《民法典》修改】★★★

概念	格式条款是当事人为了重复使用而预先拟定，并在订立合同时未与对方协商的条款。
格式条款要件	（1）由当事人一方为了重复使用而预先拟定； （2）在订立合同时未与对方协商。
格式条款的认定（《合同编通则解释》第9条）	（1）合同示范文本或约定不是格式条款 合同条款符合上述要件，当事人不能仅以合同系依据合同示范文本制作或者双方已经明确约定合同条款不属于格式条款为由主张该条款不是格式条款。 （2）举证责任 从事经营活动的当事人一方不能仅以未实际重复使用为由主张其预先拟定且未与对方协商的合同条款不是格式条款。但是，有证据证明该条款不是为了重复使用而预先拟定的除外。
格式条款提供方的义务	1. 公平拟约义务。提供格式条款的一方应当遵循公平原则确定当事人之间的权利和义务。 2. 提示义务。采取合理的方式提示对方注意免除或者减轻其责任等与对方有重大利害关系的条款。 提供格式条款的一方在合同订立时采用通常足以引起对方注意的文字、符号、字体等明显标识，提示对方注意免除或者减轻其责任、排除或者限制对方权利等与对方有重大利害关系的异常条款的，可以认定其已经履行民法典第496条第2款规定的提示义务。 3. 说明义务。按照对方的要求，对该条款予以说明。 提供格式条款的一方按照对方的要求，就与对方有重大利害关系的异常条款的概念、内容及其法律后果以书面或者口头形式向对方作出通常能够理解的解释说明的，可以认定其已经履行民法典第496条第2款规定的说明义务。 4.举证责任 （1）提供格式条款的一方对其已经尽到提示义务或者说明义务承担举证责任。 （2）电子合同中提示或者说明义务的举证责任。对于通过互联网等信息网络订立的电子合同，提供格式条款的一方不能仅以采取了设置勾选、弹窗等方式为由主张其已经履行提示义务或者说明义务，但是其举证符合前两款规定的除外。
格式条款不成为合同内容	提供格式条款的一方未履行提示或者说明义务，致使对方没有注意或者理解与其有重大利害关系的条款的，对方可以主张该条款不成为合同的内容。

续表

格式条款无效	（1）格式条款有民事法律行为无效的事由； （2）格式条款有免责条款无效的事由： ①造成对方人身损害的免责条款无效； ②因故意或重大过失造成对方财产损失的免责条款无效。 （3）提供格式条款一方**不合理地**免除或者减轻其责任，加重对方责任、限制对方主要权利。 （4）提供格式条款一方排除对方主要权利。
格式条款解释	对格式条款的理解发生争议时，顺序依照下列规则确定格式条款的含义： （1）通常理解解释：先按照通常理解的解释； （2）不利提供方解释：对格式条款有两种以上解释的，应作出不利于提供格式条款一方的解释； （2）优先解释：格式条款与非格式条款不一致的，应当采用非格式条款。

二、缔约过失责任★★★

（一）缔约过失责任的概念

缔约过失责任，指当事人为了订立合同而接触或者磋商时，根据诚实信用原则，任何一方当事人均负有协助、照顾、保护、忠实、通知、保密等先合同义务。若任何一方基于过错违反先合同义务，给对方造成合理的信赖利益损失，则构成缔约过失，应承担赔偿对方合理信赖利益损失的责任。

所谓信赖利益损失，是指一方实施某种行为后，一方对此产生了信赖（如相信其会与己方订立合同），并为此而支付了一定的费用，后因对方违反诚实信用原则导致合同未成立或无效或被撤销，该费用不能得到补偿，因而受到损失。

（二）缔约过失责任的类型

1. 假借订立合同，恶意进行磋商；（《民法典》第500条第1项）
2. 故意隐瞒与订立合同有关的重要事实或者提供虚假情况；（《民法典》第500条第2项）
3. 泄露、不正当地使用他人商业秘密或者信息造成对方损失；（《民法典》第501条）
4. 合同无效或者被撤销后，有过失一方承担缔约过失责任；
5. 其他违背诚实信用原则的行为。（《民法典》第500条第3项）
6. 《民法典》第502条第2款规定："法律、行政法规规定应当办理批准等手续生效的，依照其规定。未办理批准等手续的，该合同不生效，但是不影响合同中履行报批等义务条款以及相关条款的效力。应当办理申请批准等手续的当事人未履行义务的，对方可以请求其承担违反该义务的责任。"

（三）缔约过失责任的赔偿范围

缔约过失损害赔偿的范围，是相对人因缔约过失而遭受的信赖利益损失，包括直接损失和间接损失。具体而言：

1. 订立合同所支出的合理费用；

2. 准备履行合同所支出的合理费用；
3. 因丧失其他缔约机会而造成的损失。

[例1] 甲了解到乙有转让餐馆的意图。甲根本没有购买餐馆的想法，但他仅为阻止乙将餐馆卖给竞争对手丙，却与乙进行了长时间的谈判。当丙买了另一家餐馆的时候，甲中断了谈判，乙后来仅以比丙的出价更低的价格将餐馆转让了。

（1）甲假借订立合同，恶意进行磋商；
（2）甲应向乙偿付这两种价格的差价。

[例2] 甲欲经营茶叶店，便与"杨某茶业"店主杨某开始磋商。称自己想做"杨某茶业"店的加盟商，杨某支付了甲的差旅费和缔约前甲想要参加的短期培训所需费用若干；当甲知道了杨某的销售和生产方法方面的信息后，便终止了与杨某的磋商，开始自己做茶叶生意。

（1）甲假借订立合同，恶意进行磋商；
（2）甲应当赔偿杨某为其支付的差旅费和培训费。

（四）合同订立中的第三人责任（《合同编通则解释》第5条）

第三人实施欺诈、胁迫行为的责任（《合同编通则解释》第5条）
（1）第三人实施欺诈、胁迫行为，使当事人在违背真实意思的情况下订立合同，受到损失的当事人有权请求第三人承担赔偿责任；（缔约过失责任）
（2）当事人亦有违背诚信原则的行为的，应当根据各自的过错确定相应的责任。
（3）但是，法律、司法解释对当事人与第三人的民事责任另有规定的，依照其规定。如担保人、会计师的责任。

真题演练

1. 德凯公司拟为新三板上市造势，在无真实交易意图的情况下，短期内以业务合作为由邀请多家公司来其主要办公地点洽谈。其中，真诚公司安排授权代表往返十余次，每次都准备了详尽可操作的合作方案，德凯公司佯装感兴趣并屡次表达将签署合同的意愿，但均在最后一刻推脱拒签。期间，德凯公司还将知悉的真诚公司的部分商业秘密不当泄露。对此，下列哪一说法是正确的？（2017-3-12 单）①

A. 未缔结合同，则德凯公司就磋商事宜无需承担责任
B. 虽未缔结合同，但德凯公司构成恶意磋商，应赔偿损失
C. 未缔结合同，则商业秘密属于真诚公司自愿披露，不应禁止外泄
D. 德凯公司也付出了大量的工作成本，如被对方主张赔偿，则据此可主张抵销

考点 缔约过失责任

---

① 答案：B。考点1：缔约过失责任。《民法典》第501条规定："当事人在订立合同过程中知悉的商业秘密或者其他应当保密的信息，无论合同是否成立，不得泄露或者不正当地使用。泄露、不正当地使用该商业秘密或者信息造成对方损失的，应当承担赔偿责任。"德凯公司拟为新三板上市造势，在无真实交易意图与真诚公司恶意磋商，且将知悉的真诚公司的部分商业秘密不当泄露，须承担缔约过失责任，B选项正确，A选项错误。C选项错误。真诚公司没有过错，无须承担责任，凯德公司不能主张抵销，D选项错误。

【指导案例64号】	
刘超捷诉中国移动通信集团江苏有限公司徐州分公司电信服务合同纠纷案	
【裁判要点1】	经营者在格式合同中未明确规定对某项商品或服务的限制条件，且未能证明在订立合同时已将该限制条件明确告知消费者并获得消费者同意的，该限制条件对消费者不产生效力。
【裁判要点2】	电信服务企业在订立合同时未向消费者告知某项服务设定了有效期限限制，在合同履行中又以该项服务超过有效期限为由限制或停止对消费者服务的，构成违约，应当承担违约责任。

第3章 合同履行

第51讲 合同履行的规则

当事人应当按照约定全面履行自己的义务。(全面履行规则)(《民法典》第509条第1款)

当事人应当遵循诚实信用原则,根据合同的性质、目的和交易习惯履行通知、协助、保密等义务。(诚信履行规则)(《民法典》第509条第2款)

当事人在履行合同过程中,应当避免浪费资源、污染环境和破坏生态。(绿色规则)(《民法典》第509条第3款)

一、全面履行规则【《民法典》修改】★★★

(一) 全面履行规则的概念

全面履行规则,又称正确履行规则或适当履行规则,该规则要求当事人按照合同约定的标的、数量、质量、履行期限、履行地点、履行方式,全面完成合同义务。

(二) 合同漏洞填补

全面履行规则要求当事人按照合同的约定全面履行义务,如果当事人就某些条款约定不明,则须填补合同漏洞。合同漏洞的填补,应当遵循以下规则:

第一步(协议补充)	合同生效后,当事人就质量、价款或者报酬、履行地点等内容没有约定或者约定不明确的,可以协议补充。(《民法典》第510条)
第二步(合同编第二分编典型合同补充)	不能达成补充协议的,按照**合同相关条款**或者**交易习惯**确定。 (1) **买卖合同交付地点**(《民法典》第603条) 出卖人应当按照约定的地点交付标的物。当事人没有约定交付地点或者约定不明确,依据民法第501条的规定仍不能确定的,适用下列规定: ①标的物需要运输的,出卖人应当将标的物交付给第一承运人以运交给买受人; ②标的物不需要运输,出卖人和买受人订立合同时知道标的物在某一地点的,出卖人应当在该地点交付标的物;不知道标的物在某一地点的,应当在出卖人订立合同时的营业地交付标的物。

第二步（合同编第二分编典型合同补充）	**（2）买卖合同价款支付地点**（《民法典》第627条） 买受人应当按照约定的地点支付价款。对支付地点没有约定或者约定不明确，依据民法第510条的规定仍不能确定的： ①买受人应当在出卖人的营业地支付； ②但是，约定支付价款以交付标的物或者交付提取标的物单证为条件的，在交付标的物或者交付提取标的物单证的所在地支付。 **（3）买卖合同价款支付时间**（《民法典》第628条） 买受人应当按照约定的时间支付价款。对支付时间没有约定或者约定不明确，依据民法第510条的规定仍不能确定的：买受人应当在收到标的物或者提取标的物单证的同时支付。
	交易习惯的认定及举证责任： 1.**认定**：下列情形，不违反法律、行政法规的强制性规定且不违背公序良俗的，人民法院可以认定为民法典所称的"交易习惯"：（《合同编通则解释》第2条） （1）当事人之间在交易活动中的惯常做法；（**当事人之间的习惯**） （2）在交易行为当地或者某一领域、某一行业通常采用并为交易对方订立合同时所知道或者应当知道的做法。（**特殊地区或行业习惯**） 2.**举证责任**：对于交易习惯，由提出主张的当事人一方承担举证责任。
第三步（合同编通则补充：《民法典》第511条）	当事人就有关合同内容约定不明确，依据民法第510条规定仍不能确定的，适用下列规定： （1）**质量要求不明确的**，按照强制性国家标准履行；没有强制性国家标准的，按照推荐性国家标准履行；没有推荐性国家标准的，按照行业标准履行；没有国家标准、行业标准的，按照通常标准或者符合合同目的的特定标准履行。 （2）**价款或者报酬不明确的**，按照订立合同时履行地的市场价格履行；依法应当执行政府定价或者政府指导价的，依照规定履行。 （3）**履行地点不明确**，给付货币的，在接受货币一方所在地履行；交付不动产的，在不动产所在地履行；其他标的，在履行义务一方所在地履行。 （4）**履行期限不明确的**，债务人可以随时履行，债权人也可以随时请求履行，但是应当给对方必要的准备时间。 （5）**履行方式不明确的**，按照有利于实现合同目的的方式履行。 （6）**履行费用的负担不明确的**，由履行义务一方负担；因债权人原因增加的履行费用，由债权人负担。

二、电子合同的履行（《民法典》第512条）

1. 实物商品

通过互联网等信息网络订立的电子合同的标的为交付商品并采用快递物流方式交付的，收货人的签收时间为交付时间。

2. 提供服务

电子合同的标的为提供服务的，生成的电子凭证或者实物凭证中载明的时间为提供服务时间；前述凭证没有载明时间或者载明时间与实际提供服务时间不一致的，以实际提供服务的时间为准。

3. 在线传输

电子合同的标的物为采用在线传输方式交付的，合同标的物进入对方当事人指定的特定系统且能够检索识别的时间为交付时间。

电子合同当事人对交付商品或者提供服务的方式、时间另有约定的，按照其约定。

三、提前履行及部分履行

提前履行（《民法典》第530条）	（1）债权人可以拒绝债务人提前履行债务，但是提前履行不损害债权人利益的除外。 （2）债务人提前履行债务给债权人增加的费用，由债务人负担。
部分履行《民法典》第531条）	（1）债权人可以拒绝债务人部分履行债务，但是部分履行不损害债权人利益的除外。 （2）债务人部分履行债务给债权人增加的费用，由债务人负担。

四、执行政府定价或者指导价合同的履行

执行政府定价或者政府指导价的，在合同约定的交付期限内政府价格调整时，按照交付时的价格计价。

1.逾期交付标的物的，遇价格上涨时，按照原价格执行；价格下降时，按照新价格执行。

2.逾期提取标的物或者逾期付款的，遇价格上涨时，按照新价格执行；价格下降时，按照原价格执行。

第52讲
双务合同中的履行抗辩权

同时履行抗辩权（《民法典》第525条）	（1）概念。在未约定先后履行顺序的双务合同中，当事人应当同时履行，一方在对方未为对待给付之前，有权拒绝其履行要求。 （2）构成要件： ①在同一双务合同中互负对待给付义务； ②双方债务均已届清偿期； ③对方未履行债务； ④对方的债务可能履行。 合同不成立、无效、被撤销或者确定不发生效力，双方互负返还义务，当事人可以主张同时履行。
先履行抗辩权（后履行一方的抗辩权）（《民法典》第526条）	（1）概念。先履行抗辩权，也称顺序履行抗辩权，是指当事人互负债务，有先后履行顺序的，先履行一方未履行之前，后履行一方得拒绝其履行请求，先履行一方履行债务不符合约定的，后履行一方得拒绝其相应的履行请求的权利。 （2）构成要件： ①须双方当事人互负债务； ②双方债务须有先后履行顺序； ③先履行一方未履行债务或其履行不符合约定。

不安抗辩权（先履行一方的抗辩权）（《民法典》第527、528条）	（1）概念。不安抗辩权，是指先给付义务人在有确切证据证明后给付义务人的经营状况严重恶化，或者转移财产、抽逃资金以逃避债务，以及其他丧失或者可能丧失履行债务能力的情况时，有权中止自己的履行；后给付义务人收到中止履行的通知后，在合理的期限内未恢复履行能力或者未提供适当担保的，先给付义务人有权解除合同的权利。 （2）构成要件： ①双方当事人因同一双务合同互负债务； ②双方当事人履行债务的期限有先后顺序； ③应当先履行一方有确切证据证明对方具有届时不能或不会作出对待给付的情形，**包括**：经营状况严重恶化；转移财产、抽逃资金，以逃避债务的；丧失商业信誉；有丧失或者可能丧失履行债务能力的其他情形。 （3）**不安抗辩权的行使** ①通知方式行使。当事人依据不安抗辩权规定中止履行的，应当及时通知对方。 ②对方提供适当担保的，应当恢复履行。 ③中止履行后，对方在合理期限内未恢复履行能力且未提供适当担保的，**视为以自己的行为表明不履行主要债务**，中止履行的一方可以解除合同并可以请求对方承担违约责任。 ［例］甲、乙签订买卖合同，约定：甲于9月30日交货，乙于10月5日付款。9月30日甲得知乙经营状况严重恶化，遂通知乙暂不交货。甲行使的是不安抗辩权。
等价抗辩规则	抗辩权人拒绝履行的范围，应当与对方不履行或瑕疵履行的范围相适应。当事人互负债务，一方以对方没有履行非主要债务为由拒绝履行自己的主要债务的，人民法院不予支持。但是，对方不履行非主要债务致使不能实现合同目的或者当事人另有约定的除外。（《合同编通则解释》第31条第1款） （1）数额上相适应； （2）主要义务与次要义务相适应。 ［例］甲、乙订立一份价款为十万元的图书买卖合同，约定甲先支付书款，乙两个月后交付图书。甲由于资金周转困难只交付五万元，答应余款尽快支付，但乙不同意。两个月后甲要求乙交付图书，遭乙拒绝。《民法典》第526条规定："当事人互负债务，有先后履行顺序，应当先履行债务一方未履行的，后履行一方有权拒绝其履行请求。先履行一方履行债务不符合约定的，后履行一方有权拒绝其相应的履行请求。"乙有权拒绝交付与五万元书款价值相当的部分图书。
诉讼中主张抗辩权	（1）同时履行抗辩权（《合同编通则解释》第31条第2款） ①被告未提起反诉的情形。当事人一方起诉**请求对方履行债务**，被告依据民法典第525条的规定主张双方**同时履行**的抗辩且**抗辩成立**，被告**未提起反诉**的，人民法院应当判决被告在原告履行债务的同时履行自己的债务，并在判项中明确原告申请强制执行的，人民法院应当在原告履行自己的债务后对被告采取执行行为； ②被告提起反诉的情形。被告**提起反诉**的，人民法院应当判决双方同时履行自己的债务，并在判项中明确任何一方申请强制执行的，人民法院应当在该当事人履行自己的债务后对对方采取执行行为。 （2）先履行抗辩权（《合同编通则解释》第31条第3款） 当事人一方起诉请求对方履行债务，被告依据民法典第526条的规定主张原告应先履行的抗辩且抗辩成立的，人民法院应当**驳回原告的诉讼请求**，但是不影响原告履行债务后另行提起诉讼。

[例] (2011-3-14) 2011年5月6日，甲公司与乙公司签约，约定甲公司于6月1日付款，乙公司6月15日交付"连升"牌自动扶梯。合同签订后10日，乙公司销售他人的"连升"牌自动扶梯发生重大安全事故，质监局介入调查。合同签订后20日，甲、乙、丙公司三方合意，由丙公司承担付款义务。丙公司6月1日未付款。

（1）甲、乙公司约定，甲公司先支付价款，乙公司后交付电梯，现甲公司未支付价款，若甲公司请求乙公司交付电梯，乙公司可以行使先履行抗辩权，所以甲公司无权要求乙公司交付自动扶梯；

（2）甲、乙丙三方合意，由丙承担付款义务，属于经债权人同意的债务承担，丙公司仅为甲公司债务的承担者，并不享有该买卖合同中的权利，丙公司无权请求乙公司交付自动扶梯。

（3）乙公司销售的同品牌自动扶梯已经发生重大安全事故，政府部门介入调查。故甲公司有证据证明乙公司发生丧失履行债务能力的情形，甲公司有权行使不安抗辩权。甲、乙、丙公司三方合意，由丙公司承担付款义务，属于债务承担。《民法典》第553条前段规定，债务人转移债务的，新债务人可以主张原债务人对债权人的抗辩。故丙公司作为义务受让人，可以主张原债务人甲公司对乙公司的抗辩权，丙可以主张不安抗辩权。

真题演练

1. 甲与乙公司签订的房屋买卖合同约定："乙公司收到首期房款后，向甲交付房屋和房屋使用说明书；收到二期房款后，将房屋过户给甲。"甲交纳首期房款后，乙公司交付房屋但未立即交付房屋使用说明书。甲以此为由行使先履行抗辩权而拒不支付二期房款。下列哪一表述是正确的？（2015-3-10 单）①

　　A. 甲的做法正确，因乙公司未完全履行义务

　　B. 甲不应行使先履行抗辩权，而应行使不安抗辩权，因乙公司有不能交付房屋使用说明书的可能性

　　C. 甲可主张解除合同，因乙公司未履行义务

　　D. 甲不能行使先履行抗辩权，因甲的付款义务与乙公司交付房屋使用说明书不形成主给付义务对应关系

考点 履行抗辩权

---

① 答案：D。考点1：先履行抗辩权。《民法典》第526条规定："当事人互负债务，有先后履行顺序，应当先履行债务一方未履行的，后履行一方有权拒绝其履行要求。先履行一方履行债务不符合约定的，后履行一方有权拒绝其相应的履行要求。"甲乙之间互负债务，有先后履行顺序。乙履行了交付房屋的主给付义务，虽然乙还负有交付房屋使用说明书的义务，但该义务属于从给付义务，甲支付房款属于主给付义务，在乙未履行从给付义务的前提下，甲拒绝履行主给付义务，属于违约，不能行使先履行抗辩权，故D选项正确，A选项错误。考点2：不安抗辩权。《民法典》第527条第1款规定："应当先履行债务的当事人，有证据证明对方有下列情形之一的，可以中止履行：（一）经营状况严重恶化；（二）转移财产、抽逃资金，以逃避债务；（三）丧失商业信誉；（四）有丧失或者可能丧失履行债务能力的其他情形。"不安抗辩权的主体是先履行一方，即乙的抗辩权，甲无权行使，故B选项错误。考点3：合同解除。乙已经履行了交付房屋的主给付义务，交付房屋说明书属于从给付义务，不符合法定解除合同的情形，故甲无权解除合同，故C选项错误。

第4章 合同保全

合同保全或债的保全，是指法律为防止因债务人的责任财产不当减少给债权人的债权带来损害，允许债权人代债务人之位向第三人行使债务人的权利，或者请求法院撤销债务人与第三人的法律行为的法律制度。债的保全表现为两种制度：一是债权人的代位权，二是债权人的撤销权。债的保全，体现的是债权人因与债务人的债权债务关系而产生的与第三人的关系，突破了合同的相对性，属于债的对外效力的范畴。

债的保全	制度目的	适用情形
债权人的代位权	保持债务人的责任财产	适用于债务人的财产应增加且能增加、因债务人的懈怠未增加的情形。
债权人的撤销权	恢复债务人的责任财产	适用于债务人的财产不应减少、因债务人的处分不当减少的情形。

第53讲 代位权

《民法典》第535条第1款规定："因债务人怠于行使其债权或者与该债权有关的从权利，影响债权人的到期债权实现的，债权人可以向人民法院请求以自己的名义代位行使债务人对相对人的权利，但是该权利专属于债务人自身的除外。"

第2款规定："代位权的行使范围以债权人的到期债权为限。债权人行使代位权的必要费用，由债务人负担。"

第3款规定："相对人对债务人的抗辩，可以向债权人主张。"

一、代位权的构成要件【《民法典》修改】★★★

（一）债权人对债务人的债权合法、有效

1. 债权人对债务人的债权一般要求到期。
2. 保存行为：债权人的债权到期前，债务人的债权或者与该债权有关的从权利存在①**诉讼时效期间即将届满**或者②**未及时申报破产债权**等情形，影响债权人的债权实现的，债权人可以代位向债务人的相对人请求其向债务人履行、向破产管理人申报或者作出其他必要的行为。

（二）债务人对相对人的权利合法、有效，但是该权利不是专属于债务人自身的权利

1. 专属于债务人自身的权利不能代位行使

下列权利，可以认定为民法典第535条第1款规定的**专属于债务人自身的权利**：（1）抚养费、赡养费或者扶养费请求权；（2）人身损害赔偿请求权；（3）劳动报酬请求权，但是超过债务人及其所扶养家属的生活必需费用的部分除外；（4）请求支付基本养老保险金、失业保险金、最低生活保障金等保障当事人基本生活的权利；（5）其他专属于债务人自身的权利。

2. 不作为债权、以劳务为标的的债权不能代位行使

（三）债务人怠于行使其债权或者与该债权有关的从权利（《合同编通则解释》第33条）

（1）怠于：债务人不履行其对债权人的到期债务，又不提起诉讼或者申请仲裁，构成"怠于"；

（2）怠于行使债权或者与该债权有关的从权利，如担保物权、担保债权。

（3）影响债权人的到期债权实现：致使债权人的到期债权未能实现。

（四）影响债权人的债权实现

债务人除了对相对人的权利之外，债务人的其他财产不足以清偿对债权人的债务。

二、代位权的行使★★

行使方式	（1）诉讼方式行使，不能仲裁。债权人提起代位权诉讼后，债务人或者相对人以双方之间的债权债务关系订有仲裁协议为由对法院主管提出异议的，人民法院不予支持。（《合同编通则解释》第36条） （2）债权人以债务人的相对人为被告向人民法院提起代位权诉讼，未将债务人列为第三人的，人民法院应当追加债务人为第三人。（《合同编通则解释》第37条第1款）
行使范围	债权人行使代位权，应以债权人的债权为限，但不得超过相对人对债务人所负债务的数额。
管辖法院	**由被告住所地法院管辖**。债权人依据民法典第535条的规定对债务人的相对人提起代位权诉讼的，由被告住所地人民法院管辖，但是依法应当适用专属管辖规定的除外。债务人或者相对人以双方之间的债权债务关系订有管辖协议为由提出异议的，人民法院不予支持。（《合同编通则解释》第35条）
代位权不成立的处理（《合同编通则解释》第40条）	（1）代位权诉讼中，人民法院经审理认为债权人的主张不符合代位权行使条件的，应当驳回诉讼请求，但是不影响债权人根据新的事实再次起诉。 （2）债务人的相对人仅以债权人提起代位权诉讼时债权人与债务人之间的债权债务关系未经生效法律文书确认为由，主张债权人提起的诉讼不符合代位权行使条件的，人民法院不予支持。
被告可主张之抗辩	（1）原债务的抗辩及次债务的抗辩：即债务人对债权人的抗辩与相对人对债务人的抗辩； （2）代位之债的抗辩，如主管、管辖等。 （3）债权人提起代位权诉讼后，债务人无正当理由减免相对人的债务或者延长相对人的履行期限，相对人以此向债权人抗辩的，人民法院不予支持。（《合同编通则解释》第41条）

续表

法律效果	（1）实体法上之效果： ①直接清偿，对等额内债消灭。人民法院认定代位权成立的，由债务人的相对人向债权人履行义务，债权人接受履行后，债权人与债务人、债务人与相对人之间相应的权利义务终止。 ②例外。债务人对相对人的债权或者与该债权有关的从权利被采取保全、执行措施，或者债务人破产的，依照相关法律的规定处理。 （2）程序法上之效果——代位权成立 必要费用（合理的律师代理费用、差旅费），由债务人负担。

[例] 甲公司对乙公司享有 5 万元债权，乙公司对丙公司享有 10 万元债权。如甲公司对丙公司提起代位权诉讼，则针对甲公司。

（1）丙公司有权主张乙公司对甲公司的抗辩；

（2）丙公司有权主张丙公司对乙公司的抗辩；

（3）丙公司有权主张代位权行使中对甲公司的抗辩。

三、代位权之诉的合并审理及中止审理

（一）合并审理

1. 两个以上债权人以债务人的同一相对人为被告提起代位权诉讼的，人民法院可以合并审理。债务人对相对人享有的债权不足以清偿其对两个以上债权人负担的债务的，人民法院应当按照债权人享有的债权比例确定相对人的履行份额，但是法律另有规定的除外。（《合同编通则解释》第 37 条第 2 款）

[例] 太极公司、两仪公司对天乾公司分别享有到期债权 100 万元、200 万元。天乾公司对地坤公司享有 300 万元债权，已经到期。太极公司、两仪公司向法院提起代位权诉讼，人民法院对两个诉可以合并审理。

2. 债权人向人民法院起诉债务人后，又向同一人民法院对债务人的相对人提起代位权诉讼，属于该人民法院管辖的，可以合并审理。（《合同编通则解释》第 37 条第 1 句）

3. 在代位权诉讼中，债务人对超过债权人代位请求数额的债权部分起诉相对人，属于同一人民法院管辖的，可以合并审理。（《合同编通则解释》第 39 条第 1 句）

（二）中止审理

1. 代位权之诉的中止审理（起诉债务人后又提起代位权诉讼）

债权人向人民法院起诉债务人后，又向同一人民法院对债务人的相对人提起代位权诉讼，不属于该人民法院管辖的，应当告知其向有管辖权的人民法院另行起诉；在起诉债务人的诉讼终结前，代位权诉讼应当中止。（《合同编通则解释》第 37 条第 2 句）

[例] 太极公司对天乾公司享有到期债权 100 万元，天乾公司对地坤公司享有到期债权 80 万元。太极公司对天乾公司提起诉讼，又对地坤公司提起代位权诉讼，不属于该人民法院管辖的，应当告知其向有管辖权的人民法院另行起诉。在起诉债务人的诉讼终结前，代位权诉讼应当中止审理。

2. 债务人对相对人诉讼的中止（代位权诉讼中债务人起诉相对人）

在代位权诉讼中，债务人对超过债权人代位请求数额的债权部分起诉相对人，不属于同一人民法院管辖的，应当告知其向有管辖权的人民法院另行起诉；在代位权诉讼终结前，债务人对相对人的诉讼应当中止。（《合同编通则解释》第39条第2句）

[例] 太极公司对天乾公司享有到期债权100万元，天乾公司对地坤公司享有到期债权120万元。太极公司对地坤公司提起代位权之诉后，天乾公司对地坤公司提起诉讼。天乾公司应当按照20万元对地坤公司提起诉讼，且该诉讼在代位权诉讼终结前，应当中止审理。

真题演练

1. 甲对乙享有2006年8月10日到期的六万元债权，到期后乙无力清偿。乙对丙享有五万元债权，清偿期已届满七个月，但乙未对丙采取法律措施。乙对丁还享有五万元人身损害赔偿请求权。后乙去世，无其它遗产，遗嘱中将上述十万元的债权赠与戊。对此，下列哪些选项是正确的？（2010-3-58 多）①

A. 甲可向法院请求撤销乙的遗赠
B. 在乙去世前，甲可直接向法院请求丙向自己清偿
C. 在乙去世前，甲可直接向法院请求丁向自己清偿
D. 如甲行使代位权胜诉，行使代位权的诉讼费用和其他费用都应该从乙财产中支付

考点 代位权、撤销权

第54讲

撤销权

《民法典》第538条规定："债务人以放弃其债权、放弃债权担保、无偿转让财产等方式无偿处分财产权益，或者恶意延长其到期债权的履行期限，影响债权人的债权实现的，债权人可以请求人民法院撤销债务人的行为。"

《民法典》第539条规定："债务人以明显不合理的低价转让财产、以明显不合理的高价受让他人财产或者为他人的债务提供担保，影响债权人的债权实现，债务人的相对人知

---

① 答案：AB。考点1：债权人撤销权。《民法典》第538条规定："债务人以放弃其债权、放弃债权担保、无偿转让财产等方式无偿处分财产权益，或者恶意延长其到期债权的履行期限，影响债权人的债权实现的，债权人可以请求人民法院撤销债务人的行为。"债务人乙设立遗嘱，将自己对于丙的5万元债权以及对于丁的5万元人身债权赠与戊，属于无偿转让财产，对债权人甲造成了损害，甲可向法院请求撤销乙的遗赠，A选项正确。考点2：债权人代位权。乙对丙享有5万元债权，已经到期，但乙未对丙采取法律措施，怠于行使其到期债权，符合代位权的行使条件。在乙去世前，甲有权行使代位权，直接向法院起诉请求丙向自己清偿，B选项正确。考点3：专属于债务人自身的债权不能代位行使。专属于债务人自身的债权，是指基于扶养关系、抚养关系、赡养关系、继承关系产生的给付请求权和劳动报酬、退休金、养老金、抚恤金、安置费、人寿保险、人身伤害赔偿请求权等权利。"丁对丙享有的5万元人身损害赔偿请求权属于专属于债务人乙自身的债权，甲无权行使代位权，不可以直接向法院请求丁向自己清偿，C选项错误。考点4：代位权行使的法律后果。《民法典》第535条第2款规定："代位权的行使范围以债权人的到期债权为限。债权人行使代位权的必要费用，由债务人负担。"在代位权诉讼中，债权人胜诉的，诉讼费由次债务人负担，从实现的债权中优先支付。甲行使代位权胜诉，行使代位权的诉讼费用应由次债务人丙承担，其他费用应由债务人乙承担，D选项错误。

道或者应当知道该情形的，债权人可以请求人民法院撤销债务人的行为。"

一、撤销权的构成要件【《民法典》修改】★★★

债权人的债权合法	债权人对债务人的债权合法、有效，无须到期。
债务人负担债务之后实施财产行为	（1）**时间要求**：债权人对债务人的债权成立之后，债务人才实施财产行为； （2）**损害债权人债权的财产行为包括：** ①债务人放弃债权； ②债务人放弃债权担保； ③债务人无偿转让财产； ④债务人以其他方式无偿处分财产权益； ⑤债务人恶意延长到期债权的履行期限； ⑥债务人以明显不合理的低价转让财产； ⑦债务人以明显不合理的高价受让他人财产； ⑧债务人为他人的债务提供担保。 后三种情形要求"债务人的相对人知道或者应当知道该情形"，方可撤销。 ［注］债权人撤销权诉讼中明显不合理低价或者高价的认定（《合同编通则解释》第42条） 对于民法典第539条规定的"明显不合理"的低价或者高价，人民法院应当按照交易当地一般经营者的判断，并参考交易时交易地的市场交易价或者物价部门指导价予以认定。 转让价格未达到交易时交易地的市场交易价或者指导价百分之七十的，一般可以认定为"明显不合理的低价"；受让价格高于交易时交易地的市场交易价或者指导价百分之三十的，一般可以认定为"明显不合理的高价"。 债务人与相对人存在亲属关系、关联关系的，不受前款规定的百分之七十、百分之三十的限制。 （3）**债务人实施的非以财产为标的的行为不可撤销：** ①基于身份关系而为的行为，如结婚、收养或解除收养、继承的承认或抛弃； ②以不作为债务的发生为目的的法律行为； ③以提供劳务为目的的行为； ④财产上利益的拒绝行为； ⑤以不得扣押的财产权为标的的行为。
债务人的行为影响债权人的债权实现	**影响债权人的债权实现**，是指债务人的行为减少了债务人的责任财产，致使债务人无足够的财产来清偿其对债权人的债务，而使债权人的债权无法得到满足，从而损害了债权人的利益。包括： （1）债务人积极减少财产，如让与所有权，在自己财产上设定他物权，让与债权，免除他人债务等； （2）债务人消极地增加债务，如债务承担，为他人提供保证，为他人的债权增设抵押权、提前清偿未到期债务等。

续表

若债务人的行为是有偿行为，或为他人提供担保，须债务人的相对人恶意	（1）若债务人的行为是无偿行为（上述损害债权人债权的财产行为①-⑤），符合上述三大客观要件即可撤销。 （2）若债务人的行为是有偿行为或为他人提供担保（上述损害债权人债权的财产行为⑥-⑧），则要求在债务人实施损害债权人利益的行为时，债务人的相对人知道或者应当知道该情形（相对人恶意）。 [注] 其他不合理交易行为的认定：（《合同编通则解释》第43条） 债务人以**明显不合理的价格**，实施**互易财产**、**以物抵债**、**出租或者承租财产**、**知识产权许可使用**等行为，影响债权人的债权实现，债务人的相对人知道或者应当知道该情形，债权人请求撤销债务人的行为的，人民法院应当依据民法典第539条的规定予以支持。 （3）债务人的相对人恶意，是指相对人在取得利益时明知债务人的行为将有害于债权人的心理状态。相对人的恶意，虽一般要求由债权人承担举证责任，但如债权人能够证明依当时的具体情况，债务人有害于债权的事实应为相对人所知的可以推定相对人为恶意。

二、撤销权的行使★★

行使方式	**诉讼方式行使，不能仲裁：** 债权人提起撤销权诉讼的，应当以债务人和债务人的相对人为共同被告。（《合同编通则解释》第44条第1款前段）
行使范围	以债权人对债务人的债权数额为限。在债权人撤销权诉讼中，被撤销行为的标的可分，当事人主张在受影响的债权范围内撤销债务人的行为的，人民法院应予支持；被撤销行为的标的不可分，债权人主张将债务人的行为全部撤销的，人民法院应予支持。（《合同编通则解释》第45条第1款）
行使期限	双重除斥期间： （1）撤销权自债权人知道或者应当知道撤销事由之日起一年内行使。 （2）自债务人的行为发生之日起五年内没有行使撤销权的，该撤销权消灭。
管辖法院	由债务人或者相对人的住所地人民法院管辖，但是依法应当适用专属管辖规定的除外。（《合同编通则解释》第44条第1款后段）
法律后果	**（1）实体法后果** ①债务人影响债权人的债权实现的行为被撤销的，自始没有法律约束力。 ②债权人在撤销权诉讼中同时请求债务人的相对人**向债务人**承担返还财产、折价补偿、履行到期债务等法律后果的，人民法院依法予以支持。（《合同编通则解释》第46条第1款） **（2）程序法后果** ①债权人行使撤销权所支出的合理的律师代理费、差旅费等必要费用，由债务人负担。 ②强制执行。债权人依据其与债务人的诉讼、撤销权诉讼产生的生效法律文书申请强制执行的，人民法院可以就债务人对相对人享有的权利采取强制执行措施以实现债权人的债权。债权人在撤销权诉讼中，申请对相对人的财产采取保全措施的，人民法院依法予以准许。（《合同编通则解释》第46条第3款）

[例] 甲欠乙5万元逾期不还。乙要求甲马上偿还，否则起诉。甲遂将自己仅有的财

产一辆市价 5 万的车以 4 万卖给知情的丙。后被乙得知,对于甲丙之间的买卖合同,因不是明显不合理的低价转让财产,乙无撤销权。

三、撤销权之诉的合并审理

1. 两个以上债权人就债务人的同一行为提起撤销权诉讼的,人民法院可以合并审理。(《合同编通则解释》第 44 条第 2 款)

[例] 天乾公司对八卦公司享有到期债权 100 万元,地坤公司对八卦公司享有到期债权 120 万元。八卦公司唯一的固定资产木牛流马无偿赠与太极公司,天乾公司、地坤公司均提起撤销权诉讼,人民法院可以合并审理。

2. 债权人请求受理撤销权诉讼的人民法院一并审理其与债务人之间的债权债务关系,属于该人民法院管辖的,可以合并审理。不属于该人民法院管辖的,应当告知其向有管辖权的人民法院另行起诉。(《合同编通则解释》第 46 条第 2 款)

真题演练

1. 杜某拖欠谢某 100 万元。谢某请求杜某以登记在其名下的房屋抵债时,杜某称其已把房屋作价 90 万元卖给赖某,房屋钥匙已交,但产权尚未过户。该房屋市值为 120 万元。关于谢某权利的保护,下列哪些表述是错误的?(2014 年卷三 54)[1]
   A. 谢某可请求法院撤销杜某、赖某的买卖合同
   B. 因房屋尚未过户,杜某、赖某买卖合同无效
   C. 如谢某能举证杜某、赖某构成恶意串通,则杜某、赖某买卖合同无效
   D. 因房屋尚未过户,房屋仍属杜某所有,谢某有权直接取得房屋的所有权以实现其债权

考点 债权人撤销权

---

[1] 答案:ABD。考点1:债权人撤销权。《民法典》第 539 条(原《合同法》第 74 条)规定:"债务人以明显不合理的低价转让财产、以明显不合理的高价受让他人财产或者为他人的债务提供担保,影响债权人的债权实现,债务人的相对人知道或者应当知道该情形的,债权人可以请求人民法院撤销债务人的行为。"债务人杜某是在低价转让自己的房屋。房屋市价 120 万元,杜某和赖某成交的实际价格为 90 万元,市价的 70% 为 84 万元,不属于不合理低价,谢某不能请求法院撤销债务人杜某的买卖合同,所以 A 选项错误,当选。考点2:区分原则。《民法典》第 215 条规定:"当事人之间订立有关设立、变更、转让和消灭不动产物权的合同,除法律另有规定或者合同另有约定外,自合同成立时生效;未办理物权登记的,不影响合同效力。"是否办理过户均不影响房屋买卖合同的效力,B 选项错误,当选。考点3:恶意串通。《民法典》第 154 条规定:"行为人与相对人恶意串通,损害他人合法权益的民事法律行为无效。"买卖双方恶意串通的情况下,合同当然无效,故 C 选项正确,当选。考点4:物权变动。《民法典》第 214 条规定:"不动产物权的设立、变更、转让和消灭,依照法律规定应当登记的,自记载于不动产登记簿时发生效力。"因房屋尚未过户,房屋仍属杜某所有,但谢某不能基于债权直接取得房屋的所有权,D 选项错误,当选。

第5章 合同的变更和移转

合同的变更，是对内容的变更。当事人协商一致，可以变更合同。(《民法典》第543条）当事人对合同变更的内容约定不明确的，推定为未变更。(《民法典》第544条）合同的变更不影响当事人要求赔偿的权利。原则上，提出变更的一方当事人对对方当事人因合同变更所受损失应负赔偿责任。

当事人就同一交易订立的多份合同均系真实意思表示，且不存在其他影响合同效力情形的，人民法院应当在查明各合同成立先后顺序和实际履行情况的基础上，认定合同内容是否发生变更。法律、行政法规禁止变更合同内容的，人民法院应当认定合同的相应变更无效。(《合同编通则解释》第14条第3款）

合同的转移，是合同主体的变更，包括债权转让、债务承担与债权债务的概括移转。

第55讲 债权转让

债权转让，是指不改变债的关系的内容，债权人将其债权移转于第三人的法律行为。债权转让为处分行为，故要求让与人应有让与债权的权限，否则不发生债权转让的法律效果。但在让与人无权处分而受让人善意受让的情况下，受让人可准用善意取得规则取得目标债权。债权转让的，应当认定诉讼时效从债权转让通知到达债务人之日起中断。

一、债权转让之构成要件★★★

须存在有效债权	有效债权存在，是债权让与的根本前提。 ［例］此处有效的债权包括：诉讼时效已经完成的债权；可撤销但尚未撤销的债权；附解除或期限的债权。
债权具有可让与性	债权人可以将债权的全部或者部分转让给第三人，但是有下列情形之一的除外： （1）根据债权性质不得转让； ①基于个人信任关系而发生的债权。［例］雇用、委托、租赁等合同所生债权。 ②专为特定债权人利益而存在的债权。［例］向特定人讲授外语的合同债权。 ③不作为债权。［例］竞业禁止约定。 ④属于从权利的债权。［例］保证债权不得单独让与。但从权利可与主权利分离而单独存在的，可以转让，如已经产生的利息债权可以与本金债权相分离而单独让与。

续表

债权具有可让与性	（2）按照当事人约定不得转让： ①当事人约定非金钱债权不得转让的，不得对抗善意第三人。 ②当事人约定金钱债权不得转让的，不得对抗第三人。 （3）依照法律规定不得转让。（如赡养费请求权、抚养费请求权）
让与人与受让人达成债权转让合意	（1）债权转让合意生效，发生债权让与的后果。 （2）债权人转让债权，未通知债务人的，该转让对债务人不发生效力。 （3）债权转让的通知不得撤销，但是经受让人同意的除外。 ［例］甲对乙银行负有1000万元债务。乙银行于9月9日与丙资产管理公司达成协议，将对甲的1000万元债权转让给丙资产管理公司。乙银行向甲发出的转让通知于10月10日到达甲。 （1）9月9日，丙资产管理公司取得乙银行的债权； （2）10月10日，债权转让对甲生效。此后，甲对乙银行履行债务的，不产生清偿的效力； （3）9月9日至10月10日期间，虽然丙资产管理公司已经取得债权，但该债权转让对甲不生效，对甲而言，自己的债权人仍然是乙银行。

二、债权转让之法律效果★★

对内效力	（1）法律地位取代 ①全部转让。该债权由原债权人（让与人）移转于受让人，让与人丧失债权，受让人成为合同关系的新债权人。 ②部分让与。让与人和受让人共同享有债权。 （2）从权利转移 ①基于担保物权的不可分性，债权部分转让的，抵押权、质权仍同时担保已经转让部分的债权与尚未转让部分的债权。 ②受让人取得从权利不因该从权利未办理转移登记手续或者未转移占有而受到影响。 ③债权人转让全部或者部分债权，未通知保证人的，该转让对保证人不发生效力。 ④保证人与债权人约定禁止债权转让，债权人未经保证人书面同意转让债权的，保证人对受让人不再承担保证责任。 ⑤主债权被分割或者部分转让，各债权人主张就其享有的债权份额行使担保物权的，人民法院应予支持，但是法律另有规定或者当事人另有约定的除外。 （3）让与人的从给付义务 让与人应将债权证明文件全部交付给受让人，并告知受让人行使债权所必要的相关情况。 （4）让与人的瑕疵担保责任 让与人对标的债权负有与买卖合同相似的瑕疵担保责任。

续表

对外效力	（1）债务人向受让人履行债务 债务人在收到债权转让的通知后，即应当以受让人为债权人而履行债务，其对让与人的履行不能构成债的清偿，债务不能因此免除，仍须向受让人履行；让与人如果仍受领债务人的给付，则属非债清偿，债务人可以要求返。 （2）抗辩权行使 债务人对让与人的抗辩，可以向受让人主张。包括： ①合同不成立以及无效的抗辩权； ②履行期尚未届至的抗辩权； ③合同已经消灭的抗辩权； ④双务合同中同时履行抗辩权、先履行抗辩权、不安抗辩权； ⑤被让与债权已过诉讼时效的抗辩权等。 （3）抵销权延续 两种情形之一，债务人可以向受让人主张抵销： ①债务人接到债权转让通知时，债务人对让与人享有债权，并且债务人的债权先于转让的债权到期或者同时到期； ②债务人的债权与转让的债权是基于同一合同产生。 （4）费用负担 因债权转让增加的履行费用，由让与人负担。

三、债权转让的通知（《合同编通则解释》第 48 条）

1. 债务人收到通知前向让与人履行

债务人在接到债权转让通知**前**已经向让与人履行，受让人**不能**请求债务人履行。

2. 债务人收到通知后向让与人履行

债务人接到债权转让通知**后**仍然向让与人履行，受让人**可以**请求债务人履行。

3. 起诉方式通知

（1）让与人未通知债务人，受让人直接起诉债务人请求履行债务，人民法院经审理**确认债权转让事实**的，应当认定债权转让**自起诉状副本送达时**对债务人发生效力。

（2）债务人**可以**主张因未通知而给其增加的费用或者造成的损失从认定的债权数额中扣除。

四、债权的表见让与（《合同编通则解释》第 49 条第 1 款）

债务人接到债权转让通知后，让与人以债权转让合同不成立、无效、被撤销或者确定不发生效力为由请求债务人向其履行的，人民法院不予支持。但是，该债权转让通知被依法撤销的除外。

1. 通知的主体

债权转让原则上应由债权人通知，如果由受让人通知的，应当提交可靠的证据，如认定债权转让的生效裁判文书等。

2. 债权转让合同不成立、无效、被撤销或者确定不发生效力

即债权转让未实际发生。

3. 债务人应否善意

本条并未要求债务人须善意，主要原因在于这样更有利于三方当事人的利益平衡，避免未单纯保护债权人利益使债务人和受让人处于风险之中，且债权人比债务人更有能力防范控制债权转让合同存在效力瑕疵的风险。

4. 债权转让通知被依法撤销

（1）债权转让的通知，经受让人同意，债权人可以撤销。

（2）基于重大误解、欺诈、胁迫、显失公平向法院请求撤销；债权转让是准民事法律行为，可以准用民事法律行为撤销的相关规定。

五、债务人确认债权真实存在（《合同编通则解释》第 49 条第 2 款）

受让人基于**债务人对债权真实存在的确认**受让债权后，债务人又以**该债权不存在**为由拒绝向受让人履行的，人民法院不予支持。但是，受让人知道或者应当知道该债权不存在的除外。

1. 作为转让标的之债权不存在；
2. 债务人向受让人确认债权真实存在；
3. 受让人不知道且不应当知道债权不存在。

六、债权多重转让（《合同编通则解释》第 50 条）

1. 债权多重转让中的债务人保护

让与人将同一债权转让给两个以上受让人，债务人以**已经**向**最先通知的**受让人履行为由主张其不再履行债务的，人民法院应予支持。

[注]债务人向最先通知的受让人履行债务，则其债务消灭；其他受让人要求债务人向其履行的，债务人可以拒绝。该条明确债务人不负有审核谁是真正权利人的义务，特别是在多重转让中，无须考虑债务人的善意、恶意。

2. 债权多重转让中的受让人权利保护（债务人履行错误时，受让人的救济）

（1）债务人**明知**接受履行的受让人**不是最先通知的受让人**，最先通知的受让人请求**债务人继续履行债务**或者依据债权转让协议**请求让与人承担违约责任**的，人民法院应予支持。

（2）最先通知的受让人请求接受履行的受让人返还其接受的财产的，人民法院不予支持，但是接受履行的受让人**明知**该债权在其受让前已经转让给其他受让人的除外。

3. 债权多重转让中转让通知到达时间的查明

（1）最先通知的受让人，是指最先到达债务人的转让通知中载明的受让人。

（2）当事人之间对通知到达时间有争议的，人民法院应当结合通知的方式等因素综合判断，而不能仅根据债务人认可的通知时间或者通知记载的时间予以认定。当事人采用邮寄、通讯电子系统等方式发出通知的，人民法院应当以**邮戳时间**或者**通讯电子系统记载的时间**等作为认定通知到达时间的依据。

> 🔽 真题演练

1. 甲向乙借款 300 万元于 2008 年 12 月 30 日到期，丁提供保证担保，丁仅对乙承担保证责任。后乙从甲处购买价值 50 万元的货物，双方约定 2009 年 1 月 1 日付款。2008 年 10 月 1 日，乙将债权让与丙，并于同月 15 日通知甲，但未告知丁。对此，下列哪些选项是正确的？（2010-3-57 多）①

　　A．2008 年 10 月 1 日债权让与在乙丙之间生效
　　B．2008 年 10 月 15 日债权让与对甲生效
　　C．2008 年 10 月 15 日甲可向丙主张抵销 50 万元
　　D．2008 年 10 月 15 日后丁的保证债务继续有效

考点 债权让与

第56讲

债务承担

债务承担	免责的债务承担：债务人将债务的全部或者部分转移给第三人的，应当经债权人同意。债务人或者第三人可以催告债权人在合理期限内予以同意，债权人未作表示的，视为不同意。（《民法典》第551条）
	并存的债务承担（债务加入）：第三人与债务人约定加入债务并通知债权人，或者第三人向债权人表示愿意加入债务，债权人未在合理期限内明确拒绝的，债权人可以请求第三人在其愿意承担的债务范围内和债务人承担连带债务。（《民法典》第552条）

债务人（甲）　　　　　　　第三人（丙）

　　　　债权人（乙）

一、免责的债务承担★★★

（一）构成要件

1．须存在有效的债务。

---

① 答案：AB。考点1：债权转让。债权让与合同生效时，发生债权让与的后果，无须债务人和保证人同意，但须通知债务人。2008 年 10 月 1 日，乙将债权让与丙，债权让与在乙丙之间生效，A 选项正确。"未经通知，该转让对债务人不发生效力。"通知债务人时，债权让与对债务人生效。同月 15 日通知甲，2008 年 10 月 15 日债权让与对甲生效，所以 B 选项正确。考点 2：抵销。《民法典》第 549 条规定："有下列情形之一的，债务人可以向受让人主张抵销：（1）债务人接到债权转让通知时，债务人对让与人享有债权，并且债务人的债权先于转让的债权到期或者同时到期；（2）债务人的债权与转让的债权是基于同一合同产生。"甲向乙借款 300 万元于 2008 年 12 月 30 日到期，后乙从甲处购买价值 50 万元的货物，双方约定 2009 年 1 月 1 日付款。乙对甲的债权先到期，而甲对乙的债权后到期。2008 年 10 月 1 日，先到期的债权人乙将其债权让与丙，后到期的债权人甲并不享有对先到期债权受让人丙的抵销权，故 C 选项错误。考点 3：保证的相对独立性。《民法典》第 696 条第 1 款规定："债权人将全部或者部分债权转让给第三人的，通知保证人后，保证人对受让人承担相应的保证责任。未经通知，该转让对保证人不发生效力。"第 2 款规定："保证人与债权人约定禁止债权转让，债权人未经保证人书面同意转让全部或者部分债权的，保证人就受让人的债权不再承担保证责任。"一般情况下，因保证具有从属性，债权转让保证随之移转。但是，如果保证人与债权人约定仅为该债权人提供保证的，则债权转让后，保证责任即免除。乙在与丁签订的保证合同中约定，丁仅对甲承担保证责任。2008 年 10 月 1 日，乙将债权让与丙，未经丁同意，2008 年 10 月 15 日后丁的保证责任即免除，所以 D 选项错误。

2. 债务人甲对债权人乙的债务具有可让与性；

（1）性质上不可移转的债务：

这种债务一般是以特定债务人的特殊技能或者特别的人身信任关系为基础而产生的。前者如以某演员的表演为标的的合同义务，以某画家绘画为标的的合同义务等；后者如以对某人的特别信任为基础而成立的委托合同等。

（2）当事人特别约定不得移转的债务；

（3）不作为义务。

3. 第三人须与债权人或者债务人就债务的移转达成合意；

4. 须经债权人乙同意。

（二）法律效果

1. 原债务人免责。就转让部分债务，原债务人甲免除债务，原债务人甲也不对受让人丙履行债务承担担保责任。

2. 抗辩的转移。债务人转移债务的，新债务人可以主张原债务人对债权人的抗辩。

3. 抵销不延续。原债务人对债权人享有债权的，新债务人不得向债权人主张抵销。

4. 从债务一并随之移转。债务人转移债务的，新债务人应当承担与主债务有关的从债务，但是该从债务专属于原债务人自身的除外。例如，附随于主债务的利息债务，随着主债务的移转而移转于第三人。但从债务专属于原债务人自身的除外，如保证债务不当然随主债务移转于第三人，除非保证人书面同意。

5. 诉讼时效中断。债务承担，构成原债务人对债务承认的，应当认定诉讼时效从债务承担意思表示到达债权人之日起中断。

6. 债务承担的无因性。只要债务人与第三人订立债务承担协议，并经过债权人同意，债务即发生移转。至于债务人和第三人之所以订立债务承担协议，在所不问。由于债务承担的无因性，没有特别约定，第三人不能基于原因行为的事由对债权人进行抗辩，只能基于所承担的债务本身所具有的抗辩事由向债权人行使抗辩权。

二、并存的债务承担（债务加入）【《民法典》新增】★★★

（一）债务加入的要件

债务加入的方式不同，其对债权人生效的条件也不相同。

1. 第三人与债务人约定加入债务的，第三人或债务人应通知债权人，债务加入自通知到达债权人时起对债权人生效；

2. 第三人向债权人表示愿意加入债务的，只有在债权人未在合理期限内明确表示拒绝的情况下，债权人方能对第三人主张债权。

（二）法律效果

1. 债权人可以请求第三人在其愿意承担的债务范围内和债务人承担连带债务。

2. 追偿权（《合同编通则解释》第 51 条第 1 款）

首先，约定追偿权。第三人加入债务并与债务人**约定了追偿权**，其履行债务后主张向债务人追偿的，人民法院应予支持；

其次，未约定追偿权。没有约定追偿权，第三人依照民法典关于不当得利等的规定，在其已经向债权人履行债务的范围内请求债务人向其履行的，人民法院应予支持，但是第三人知道或者应当知道加入债务会损害债务人利益的除外。可见，根据司法解释的规定，应当依据第三人与债务人之间的基础关系确定第三人向债务人的追偿权，如不当得利、无因管理、第三人代为履行、委托合同等。如果是赠与性质，则第三人没有追偿权。

3. 抗辩的行使

债务人就其对债权人享有的抗辩向加入债务的第三人主张的，人民法院应予支持。

［例］甲经乙公司股东丙介绍购买乙公司矿粉，甲依约预付了100万元货款，乙公司仅交付部分矿粉，经结算欠甲50万元货款。乙公司与丙商议，由乙公司和丙以欠款人的身份向甲出具欠条。其后，乙公司未按期支付。丙在欠条上签名的行为，构成并存的债务承担。

第 57 讲

债权债务的概括移转

债权债务的概括移转，是指债的一方主体的债权债务一并移转于第三人。《民法典》第555条规定："当事人一方经对方同意，可以将自己在合同中的权利和义务一并转让给第三人。"第556条规定："合同的权利和义务一并转让的，适用债权转让、债务转移的有关规定。"

一、合同承受★★

当事人一方经对方同意，可以将自己在合同中的权利和义务一并转让给第三人。

（一）构成要件

1. 须为合法有效的双务合同；
2. 须合同当事人一方与第三人达成合同承受的协议；
3. 须经合同对方当事人同意。

（二）法律效果

1. 第三人（受让人）成为合同当事人；
2. 转让人退出合同关系；
3. 从权利、从债务随同移转，但专属于转让人的除外。

二、法定承受

指基于法律的直接规定而产生的债权债务的概括移转，如法人合并、买卖不破租赁、财产继承。

（1）《民法典》第67条第1款明确规定，法人合并的，其权利和义务由合并后的法人享有和承担。

（2）《民法典》第 725 条规定，租赁物在承租人依据租赁合同占有期间发生所有权变动的，不影响租赁合同的效力。

（3）《民法典》第 1161 条第 1 款规定："继承人以所得遗产实际价值为限清偿被继承人依法应当缴纳的税款和债务。超过遗产实际价值部分，继承人自愿偿还的不在此限。"

[例] 甲公司分立为乙丙两公司，约定由乙公司承担甲公司全部债务的清偿责任，丙公司继受甲公司全部债权。该协议仅对乙丙两公司具有约束力，对甲公司的债权人并非当然有效。

三、债权债务转让纠纷的诉讼第三人（《合同编通则解释》第 47 条）

1. 债权转让

债权转让后，债务人向受让人主张其对让与人的抗辩的，人民法院可以追加让与人为第三人。

2. 债务承担

债务转移后，新债务人主张原债务人对债权人的抗辩的，人民法院可以追加原债务人为第三人。

3. 债权债务概括移转

当事人一方将合同权利义务一并转让后，对方就合同权利义务向受让人主张抗辩或者受让人就合同权利义务向对方主张抗辩的，人民法院可以追加让与人为第三人。

真题演练

1. 甲公司对乙公司享有 10 万元债权，乙公司对丙公司享有 20 万元债权。甲公司将其债权转让给丁公司并通知了乙公司，丙公司未经乙公司同意，将其债务转移给戊公司。如丁公司对戊公司提起代位权诉讼，戊公司下列哪一抗辩理由能够成立？（2011-3-12 单）①

A. 甲公司转让债权未获乙公司同意
B. 丙公司转移债务未经乙公司同意
C. 乙公司已经要求戊公司偿还债务
D. 乙公司、丙公司之间的债务纠纷有仲裁条款约束

考点 债务承担、代位权

---

① 答案：B。考点 1：债权转让。《民法典》第 546 条第 1 款规定："债权人转让权利的，应当通知债务人。未经通知，该转让对债务人不发生效力。"甲将债权让与丁并通知了乙，此时该债权让与已经对乙发生效力，丁成为乙的债权人，A 选项错误。考点 2：免责的债务承担。《民法典》第 551 条第 1 款规定："债务人将债务的全部或者部分转移给第三人的，应当经债权人同意。"丙作为乙的债务人，将其债务转移给戊公司未经债权人乙同意，因而该债务承担没有生效，丙仍然是乙的债务人，而戊还没有成为乙的债务人，也就没有成为丁的次债务人，因而戊公司可以此为由进行抗辩，故 B 选项正确。考点 3：债权人代位权。《合同法解释（一）》第 13 条第 1 款规定："合同法第七十三条规定的'债务人怠于行使其到期债权，对债权人造成损害的'，是指债务人不履行其对债权人的到期债务，又不以诉讼方式或者仲裁方式向其次债务人主张其享有的具有金钱给付内容的到期债权，致使债权人的到期债权未能实现。"乙仅要求戊公司偿还债务，并未以诉讼或仲裁的方式提出，仍属于怠于行使权利，C 选项错误。根据合同相对性，乙丙间仲裁条款的约定仅约束当事人乙丙，不能成为戊对抗丁公司代位权诉讼的抗辩理由，D 选项错误。

第6章 合同权利义务的终止

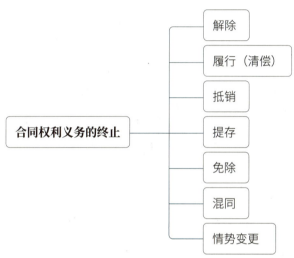

《民法典》第 557 条第 1 款规定:"有下列情形之一的,债权债务终止:(1)债务已经履行;(2)债务相互抵销;(3)债务人依法将标的物提存;(4)债权人免除债务;(5)债权债务同归于一人;(6)法律规定或者当事人约定终止的其他情形。"第 2 款规定:"合同解除的,该合同的权利义务关系终止。"

债权债务终止的法律后果:

(1)债权债务终止后,当事人应当遵循诚信等原则,根据交易习惯履行通知、协助、保密、旧物回收等义务。

(2)债权债务终止时,债权的从权利同时消灭,但是法律另有规定或者当事人另有约定的除外。

第58讲

合同解除

合同的解除,是指合同有效成立后,在一定条件下通过当事人的单方行为或者双方合意终止合同效力的行为。

| 合同解除 | (1) 双方协议解除(《民法典》第562条第1款)
(2) 约定单方解除(《民法典》第562条第2款)
(3) 法定单方解除
①一般法定单方解除;(《民法典》第563条)
②特别法定单方解除。(《民法典》合同编第二分编及其他法律规定的解除) |

一、双方协议解除与约定单方解除

双方协议解除	协议解除，是指当事人通过协商一致解除合同的行为。 （1）未就违约责任、结算清理事项达成一致不影响协议解除 当事人就**解除合同协商一致**时未对合同解除后的违约责任、结算和清理等问题作出处理，一方主张合同已经解除的，人民法院应予支持。但是，当事人另有约定的除外。 ［注］未就违约责任、结算清理事项达成一致不影响协议解除，理由一是尊重当事人意思自治，属于自愿原则的要求；理由二是协商解除的主体、标的和数量已经确定，协议成立生效；理由三是符合经济活动的效率原则。 （2）协议解除和法定解除、约定解除的衔接适用 有下列情形之一的，除当事人一方另有意思表示外，人民法院可以认定合同解除：①当事人一方主张行使法律规定或者合同约定的解除权，经审理认为不符合解除权行使条件但是对方同意解除；②双方当事人均不符合解除权行使的条件但是均主张解除合同。 ［注］协商解除的实质是订立新合同解除旧合同。第一种情形，在解除权不成立，但对方也同意解除的情形下，只要可以认定双方之间成立解除协议并生效，就可以认定合同解除。第二种情形，双方均不符合解除权行使的条件，但是一方起诉请求解除合同，对方提出反诉也请求解除合同。此时表明双方都不希望继续受合同约束，可以认为已经就解除合同达成一致。理论上可以认定存在两个合意解除的要约，依照交叉要约成立解除合意，成立时间点以后到达的意思表示为准。 （3）协议解除合同后合同的清理、结算和违约责任承担 前两款情形下的违约责任、结算和清理等问题，人民法院应当依据民法典第566条（合同解除的效力）、第567条（合同终止后结算清理条款的效力）和有关违约责任的规定处理。
约定单方解除	当事人可以约定一方解除合同的事由。解除合同的事由发生时，解除权人可以解除合同。

二、法定单方解除★★★

一般法定解除	（1）**不可抗力**：因不可抗力致使不能实现合同目的。 债务人迟延履行期间发生不可抗力导致合同解除的，迟延履行一方应承担损害赔偿责任。 （2）**预期违约**：在履行期限届满之前，当事人一方明确表示或者以自己的行为表明不履行主要债务。预期违约的救济： ①解除合同； ②期前请求对方承担违约责任； ③期后请求违约方承担违约责任。 （3）**当事人一方迟延履行主要债务，经催告后在合理期限内仍未履行：** ①迟延履行的是主要债务； ②经催告后在合理期限内仍未履行。

续表

一般法定解除	**(4) 当事人一方迟延履行债务或者有其他违约行为致使不能实现合同目的；** ①如果履行期限对合同目的实现具有重要意义，迟延履行构成根本违约，非违约方无须催告即可径自行使法定解除权。如月饼买卖合同、春联买卖合同等。 ②有其他违约行为致使不能实现合同目的。 当事人一方未根据法律规定或者合同约定履行开具发票、提供证明文件等非主要债务（从给付义务），对方**可以**请求继续履行该债务并赔偿因怠于履行该债务造成的损失；对方**不能**请求解除合同，但是不履行该债务致使不能实现合同目的或者当事人另有约定的除外。 （《合同编通则解释》第26条） **(5) 法律规定的其他情形** 《民法典》合同编第二分编及其他法律规定的解除。 **(6) 不定期合同** 以持续履行的债务为内容的不定期合同，当事人可以随时解除合同，但是应当在合理期限之前通知对方。
特别法定解除	**(1) 双方均有任意解除权** ①委托合同：委托人或者受托人可以随时解除委托合同。因解除合同给对方造成损失的，除不可归责于该当事人的事由以外，应当赔偿损失。 ②不定期租赁合同：双方均有任意解除权。 **(2) 特定方有任意解除权** ①保险合同的投保人：除本法另有规定或者保险合同另有约定外，保险合同成立后，投保人可以解除合同，保险人不得解除合同。 ②承揽合同的定作人：定作人可以随时解除承揽合同，造成承揽人损失的，应当赔偿损失。 ③货运合同的托运人：在承运人将货物交付收货人之前，托运人可以要求承运人中止运输、返还货物、变更到达地或者将货物交给其他收货人，但应当赔偿承运人因此受到的损失。（《民法典》第829条） ④寄存人的任意解除权：《民法典》第898条第1款规定："寄存人可以随时领取保管物。" ⑤保管人的任意解除权：《民法典》第898条第2款规定："当事人对保管期间没有约定或者约定不明确的，保管人可以随时要求寄存人领取保管物；约定保管期间的，保管人无特别事由，不得要求寄存人提前领取保管物。"

三、解除权的行使及法律效果【《民法典》修改】★★★

解除权行使	**1. 行使方式** （1）通知解除。当事人一方依法主张解除合同的，应当通知对方，口头书面均可。 （2）通知解除的时间。解除权属于形成权，合同自**通知到达对方时解除**。通知载明债务人在一定期限内不履行债务则合同自动解除，债务人在该期限内未履行债务的，合同自通知载明的期限届满时解除。 （3）诉讼或仲裁解除的时间。当事人一方未通知对方，直接以提起诉讼或者申请仲裁的方式依法主张解除合同，人民法院或者仲裁机构确认该主张的，合同自起诉状副本或者仲裁申请书副本送达对方时解除。

续表

解除权行使	（4）撤诉后再次起诉解除的时间。当事人一方未通知对方，直接以提起诉讼的方式主张解除合同，撤诉后再次起诉主张解除合同，人民法院经审理支持该主张的，合同**自再次起诉的起诉状副本送达对方时解除**。（《合同编通则解释》第54条第1句） （5）撤诉后又通知解除的时间。当事人一方撤诉后又通知对方解除合同且该**通知已经到达对方**的，通知到达时合同解除。（《合同编通则解释》第54条第2句） **2. 解除权行使期限** （1）法律规定或当事人约定期限。 ［注］法律规定或者当事人约定解除权行使期限，期限届满当事人不行使的，该权利消灭。 （2）知道或应当知道起一年或催告后合理期限。 ［注］法律没有规定或者当事人没有约定解除权行使期限，自解除权人知道或者应当知道解除事由之日起一年内不行使，或者经对方催告后在合理期限内不行使的，该权利消灭。 **3. 对方可以提出异议** 对方对解除合同有异议的，任何一方当事人均可以请求人民法院或者仲裁机构确认解除行为的效力。 **4.通知解除合同的审查**（《合同编通则解释》第53条） 当事人一方**以通知方式解除合同**，并以**对方未在约定的异议期限**或者**其他合理期限内提出异议**为由主张合同已经解除的，人民法院应当对其是否享有法律规定或者合同约定的解除权进行审查。经审查，享有解除权的，合同自通知到达对方时解除；不享有解除权的，不发生合同解除的效力。 ［注］当事人通知解除合同须以其享有合同解除权为前提条件。
双务合同解除法院释明义务	（1）对原告释明。基于合同有给付行为的原告请求解除合同，但并未提出返还原物或者折价补偿、赔偿损失等请求的，人民法院应当向其释明，告知其一并提出相应诉讼请求； （2）对被告释明。原告请求解除合同并要求被告返还原物或者赔偿损失，被告基于合同也有给付行为的，人民法院同样应当向被告释明，告知其提出同时履行抗辩； （3）判令同时返还。人民法院经审理认定合同解除的，除了要在"本院认为"部分对同时返还作出认定外，还应当在判项中作出明确表述，避免因判令单方返还而出现不公平的结果。 （4）二审释明。 ①一审人民法院未予释明，二审人民法院认为应当对合同解除的法律后果作出判决的，可以直接释明并改判。 ②如果返还财产或者赔偿损失的范围确实难以确定或者双方争议较大的，也可以告知当事人通过另行起诉等方式解决，并在裁判文书中予以明确。
合同解除的法律效果	（1）溯及力。通说认为非继续性合同的解除，原则上有溯及力；继续性合同的解除，原则上无溯及力。 （2）终止履行。合同解除后，尚未履行的，终止履行。 （3）赔偿损失。已经履行的，根据履行情况和合同性质，当事人可以请求恢复原状或采取其他补救措施，并有权请求赔偿损失（可得利益）。（合同解除与损害赔偿可以并存。）

续表

	（4）违约责任。合同因违约解除的，解除权人可以请求违约方承担违约责任，但是当事人另有约定的除外。 （5）担保责任。主合同解除后，担保人对债务人应当承担的民事责任仍应当承担担保责任，但是担保合同另有约定的除外。 （6）合同的权利义务关系终止，不影响合同中结算和清理条款的效力。合同解除时，一方依据合同中有关违约金、约定损害赔偿的计算方法、定金责任等违约责任条款的约定，请求另一方承担违约责任的，人民法院依法予以支持。 （7）合同不生效、无效、被撤销或者终止的，不影响合同中有关解决争议方法的条款的效力。

[例] 甲公司与乙公司签订并购协议："甲公司以1亿元收购乙公司在丙公司中51%的股权。若股权过户后，甲公司未支付收购款，则乙公司有权解除并购协议。"后乙公司依约履行，甲公司却分文未付。乙公司向甲公司发送一份经过公证的《通知》："鉴于你公司严重违约，建议双方终止协议，贵方向我方支付违约金；或者由贵方提出解决方案。"3日后，乙公司又向甲公司发送《通报》："鉴于你公司严重违约，我方现终止协议，要求你方依约支付违约金。"

（1）《通报》送达后，并购协议解除；
（2）甲公司对乙公司解除并购协议的权利有权提出异议。

真题演练

1. 2016年8月8日，玄武公司向朱雀公司订购了一辆小型客用汽车。2016年8月28日，玄武公司按照当地政策取得本市小客车更新指标，有效期至2017年2月28日。2016年底，朱雀公司依约向玄武公司交付了该小客车，但未同时交付机动车销售统一发票、合格证等有关单证资料，致使玄武公司无法办理车辆所有权登记和牌照。关于上述购车行为，下列哪些说法是正确的？（2017-3-57多）[①]

A. 玄武公司已取得该小客车的所有权
B. 玄武公司有权要求朱雀公司交付有关单证资料
C. 如朱雀公司一直拒绝交付有关单证资料，玄武公司可主张购车合同解除
D. 朱雀公司未交付有关单证资料，属于从给付义务的违反，玄武公司可主张违约责任，但不得主张合同解除

考点 合同解除

---

① 答案：ABC。考点1：物权变动。《民法典》第225条规定："船舶、航空器和机动车等物权的设立、变更、转让和消灭，未经登记，不得对抗善意第三人。"2016年底，朱雀公司依约向玄武公司交付了该小客车，完成交付，玄武公司取得了汽车所有权，只是未登记不能对抗善意第三人，A选项正确。考点2：从给付义务及合同解除。玄武公司根据合同约定，有权要求朱雀公司交付有关单证资料，B选项正确。《民法典》第563条第1款规定："有下列情形之一的，当事人可以解除合同：（1）因不可抗力致使不能实现合同目的；"如朱雀公司一直拒绝交付有关单证资料，致使玄武公司无法办理车辆所有权登记和牌照，导致合同目的不能实现，玄武公司可主张购车合同解除，C选项正确，D选项错误。

第59讲

履行(清偿)

债务履行，是指债务人依债的内容完成特定行为(包括履行给付义务和附随义务)使债务得到清偿，从而实现债权目的的行为。

一、第三人代为履行(清偿)【《民法典》新增】★★★

第三人代为履行，即第三人基于为债务人清偿的意思而向债权人为清偿的行为。《民法典》第524条第1款规定："债务人不履行债务，第三人对履行该债务具有合法利益的，第三人有权向债权人代为履行；但是，根据债务性质、按照当事人约定或者依照法律规定只能由债务人履行的除外。"第2款规定："债权人接受第三人履行后，其对债务人的债权转让给第三人，但是债务人和第三人另有约定的除外。"

(一) 第三人代为履行的构成要件

1. 债务人不履行债务。
2. 第三人对履行该债务具有合法利益。

下列民事主体，可以认定为民法典第524条第1款规定的对履行债务具有合法利益的第三人：①保证人或者提供物的担保的第三人；②担保财产的受让人、用益物权人、合法占有人；③担保财产上的后顺位担保权人；④对债务人的财产享有合法权益且该权益将因财产被强制执行而丧失的第三人；⑤债务人为法人或者非法人组织的，其出资人或者设立人；⑥债务人为自然人的，其近亲属；⑦其他对履行债务具有合法利益的第三人。(《合同编通则解释》第30条第1款)

如《民法典》第719条第1款规定："承租人拖欠租金的，次承租人可以代承租人支付其欠付的租金和违约金，但是转租合同对出租人不具有法律约束力的除外。"第2款规定："次承租人代为支付的租金和违约金，可以折抵次承租人应当向承租人支付的租金；超出其应付的租金数额的，可以向承租人追偿。"

第三人对该债务的履行没有合法利益时，债权人有权拒绝其履行。

3. 该债务不属于法律禁止代为履行的债务。

具体而言根据债务性质、按照当事人的约定或者依照法律规定只能由债务人履行的，第三人不得代为履行。

(二) 第三人代为履行的法律效力

债权人接受第三人履行后，其对债务人的债权转让给第三人，但是债务人和第三人另有约定的除外。第三人在其已经代为履行的范围内取得对债务人的债权，但是不得损害债权人的利益。(《合同编通则解释》第30条第2款)可见，代为清偿的法律后果采取债权转让理论。

担保人代为履行债务取得债权后，向其他担保人主张担保权利的，依据《担保制度解释》第13条、第14条、第18条第2款等规定处理。

[例] 甲公司将其商铺出租给乙公司,年租金100万元,租赁期限5年。为担保该租金债权的实现,丁公司以其房屋为甲公司设立抵押权,已办理抵押权登记。经甲公司同意,乙公司将该商铺转租给丙公司,期限5年,年租金110万元。第三年,乙公司无力清偿租金100万元,丙公司具有合法利益,有权代为履行。丙公司代为履行100万元后,取得甲公司对乙公司的100万元债权及从权利担保物权。丙公司有权实现对丁公司房屋的抵押权。

二、清偿抵充【《民法典》新增】★★★

清偿的抵充,是指债务人对同一债权人负担数宗同种类债务或关联债务,而债务人的履行不足以清偿全部债务时,决定该履行抵充某宗或某几宗债务的现象。

(一) 约定抵充

债权人与债务人对清偿的债务或者清偿抵充顺序有约定的按约定。

(二) 指定抵充

没有约定的,由债务人在清偿时指定其履行的债务。

(三) 法定抵充

债务人未作指定的:

(1) 应当优先履行**已经到期**的债务;
(2) 数项债务均到期的,优先履行对债权人**缺乏担保**或者**担保最少**的债务;
(3) 均无担保或者担保相等的,优先履行债务人**负担较重**的债务;
(4) 负担相同的,按照债务**到期的先后**顺序履行;
(5) 到期时间相同的,按照**债务比例**履行。

(三) 违约金、损害赔偿金的抵充顺序

债务人在履行主债务外还应当支付利息和实现债权的有关费用,其给付不足以清偿全部债务的,除当事人另有约定外,应当按照下列顺序履行:

(1) 实现债权的有关费用;
(2) 利息;
(3) 主债务。

🔽 真题演练

1. 胡某于2006年3月10日向李某借款100万元,期限3年。2009年3月30日,双方商议再借100万元,期限3年。两笔借款均先后由王某保证,未约定保证方式和保证期间。李某未向胡某和王某催讨。胡某仅于2010年2月归还借款100万元。关于胡某归还的100万元,下列哪一表述是正确的?(2014-3-13单)①

---

① 答案:A。《民法典》第560条第1款规定:"债务人对同一债权人负担的数个债务种类相同,债务人的给付不足以清偿全部债务的,除当事人另有约定外,由债务人在清偿时指定其履行的债务。"第2款规定:"债务人未作指定的,应当优先履行已到期的债务;几项债务均到期的,优先履行对债权人缺乏担保或者担保最少的债务;担保数额相同的,优先履行债务负担较重的债务;负担相同的,按照债务到期的先后顺序履行;到期时间相同的,按照债务比例履行。"2006年3月10日向李某借款100万元已经到期,2009年3月30日所借的100万元尚未到期,应当优先抵充已经到期的债权,故A选项正确,其他选项错误。

A. 因 2006 年的借款已到期，故归还的是该笔借款
B. 因 2006 年的借款无担保，故归还的是该笔借款
C. 因 2006 年和 2009 年的借款数额相同，故按比例归还该两笔借款
D. 因 2006 年和 2009 年的借款均有担保，故按比例归还该两笔借款

考点 清偿抵充

三、代物清偿★★★

当事人可以约定以他种给付代替原定给付，即代物清偿(如"以物抵债")。"他种给付"既可能是动产，也可能是不动产，还可能是特定的作为或不作为。**代物清偿之构成要件：**

1. 有原债务存在，即合同有效或非合同债务成立且债务未履行；
2. 债务人以他种给付代替原定给付，二者在价值上一般应当相等；
3. 当事人就给付替代达成合意。

[例] 甲欠乙 3000 元，甲、乙约定，由甲向乙交付一台 IPAD 代替 3000 元债务。甲向乙交付了 IPAD。

(1) 甲的 3000 元债务因代物清偿而消灭；

(2) 若该 IPAD 质量有瑕疵，则乙亦无权再行要求甲返还 3000 元，因 3000 元债务已因代物清偿而消灭；

(3) 乙可以请求甲交付完好之 IPAD。

真题演练

1. 王某向丁某借款 100 万元，后无力清偿，遂提出以自己所有的一幅古画抵债，双方约定第二天交付。对此，下列哪些说法是正确的？（2016-3-56 多）[①]

A. 双方约定以古画抵债，等同于签订了另一份买卖合同，原借款合同失效，王某只能以交付古画履行债务

B. 双方交付古画的行为属于履行借款合同义务

C. 王某有权在交付古画前反悔，提出继续以现金偿付借款本息方式履行债务

D. 古画交付后，如果被鉴定为赝品，则王某应承担瑕疵担保责任

考点 代物清偿

[①] 答案：BCD。考点1：代物清偿。双方约定以古画抵债，属于代物清偿协议。古画尚未交付，原借款合同仍然存在，并未失效，A 选项错误。交付古画是清偿借款合同义务，属于代物清偿，B 选项正确。代物清偿作为清偿债务的方法之一，是以他种给付代替原定给付的清偿，古画交付前，借款之债并未消灭，王某有权在交付古画前反悔，提出继续以现金偿付借款本息方式履行债务，C 选项正确。考点2：瑕疵担保责任。《民法典》第 617 条规定："出卖人交付的标的物不符合质量要求的，买受人可以依据本法第五百八十二条至第五百八十四条的规定请求承担违约责任。"古画如果被鉴定为赝品，则王某应承担瑕疵担保责任，D 选项正确。

第60讲

抵销

抵销，是指双方当事人互负债务时，各以其债权充当债务之清偿，而使其债务与对方的债务在对等额内相互消灭的制度。为抵销的债权，即债务人的债权，称为自动债权；被抵销的债权，即债权人的债权，叫作受动债权。《民法典》第568条第1款规定："当事人互负债务，该债务的标的物种类、品质相同的，任何一方可以将自己的债务与对方的到期债务抵销；但是，根据债务性质、按照当事人约定或者依照法律规定不得抵销的除外。"

一、法定抵销【《民法典》修改】★★★

（一）法定抵销的构成要件

1. 双方当事人互负债务、互享债权

超过诉讼时效期间的债权，不得作为主动债权而主张抵销，否则无异于强迫对方履行自然债务。如果被动债权已过诉讼时效期间，可用于抵销。对此，可认为债务人抛弃了时效利益。

2. 双方互负的债务标的物的种类、品质相同

（1）正因为要求标的物的种类、品质相同，故抵销通常在金钱债务以及其他种类物债务适用较多。

（2）双方当事人的给付物的种类虽然相同，但品质不同时，原则上不允许抵销。

（3）以特定物为给付物时，即使双方的给付物属于同一种类，也不允许抵消。但是，在双方当事人均以同一物为给付物时，仍属同一种类的给付，可以抵销。例如，甲有向乙请求交付某特定物的债权，同时对于丙负有交付该物的债务，嗣后在乙继承丙的遗产场合，就可发生这种抵销。

3. 自动债权已届清偿期（对方的债务到期）

债权人通常仅在清偿期届至时，才可以现实地请求清偿。若债权未届清偿期也允许抵销，就等于在清偿期前强制债务人清偿，牺牲其期限利益，显属不合理。所以，自动债权已届清偿期才允许抵销。虽然合同法规定双方债权均应届履行期，但因债务人有权抛弃期限利益，在无相反的规定或约定时，债务人可以在清偿期前清偿。所以，受动债权即使未届清偿期，也应允许抵销。

4. 根据债务性质、按照当事人约定或者依照法律规定不得抵销的除外

（1）**侵权之债的抵销限制**。因侵害自然人人身权益，或者故意、重大过失侵害他人财产权益产生的损害赔偿债务，侵权人主张抵销的，人民法院不予支持。（《合同编通则解释》第57条）

①侵害自然人人身权益所产生的债务，侵权人一概不得主张抵销。

②侵害财产权益所产生的债务，限于故意、重大过失情形不得抵销。侵权人因一般过失侵害财产权益所产生的债务，仍然可以主张抵销。

（2）已过诉讼时效债权的抵销限制。当事人互负债务，一方以其诉讼时效期间已经届满的债权通知对方主张抵销，对方提出诉讼时效抗辩的，人民法院对该抗辩应予支持。一方的债权诉讼时效期间已经届满，对方主张抵销的，人民法院应予支持。（《合同编通则解释》第58条）

①已过诉讼时效的债权原则上不能作为主动债权抵销。此时，相对人可以在合理期限内提出诉讼时效抗辩；如果当事人不提出抗辩，则属于放弃时效利益，应当允许抵销。

②已过诉讼时效的债权可以作为被动债权抵销。此时认为自然债权的债务人放弃了时效利益。

（二）法定抵销权的行使

（1）抵销权属于形成权，享有抵销权的当事人只需通知对方即可发生抵销后果，无须对方同意。

（2）当事人主张抵销的，应当通知对方，通知自到达对方时生效；但抵销不得附条件或者期限。

（3）抵销参照适用清偿抵充规则。行使抵销权的一方负担的数项债务种类相同，但是享有的债权不足以抵销全部债务，当事人因抵销的顺序发生争议的，人民法院可以参照民法典第560条（清偿抵充）的规定处理。（《合同编通则解释》第56条第1款）行使抵销权的一方享有的债权不足以抵销其负担的包括主债务、利息、实现债权的有关费用在内的全部债务，当事人因抵销的顺序发生争议的，人民法院可以参照民法典第561条（费用、利息和主债务的抵充顺序）的规定处理。（《合同编通则解释》第56条第2款）

（三）法律效果

（1）**抵销的范围：主债务、利息、违约金或者损害赔偿金。**当事人一方依据民法典第568条的规定主张抵销，人民法院经审理认为抵销权成立的，应当认定**通知到达对方时**双方互负的**主债务、利息、违约金或者损害赔偿金**等债务在同等数额内消灭。（《合同编通则解释》第55条）

（2）**抵销没有溯及力。通知到达对方时**双方互负的债务在同等数额内消灭。

（3）**资金占有费与标的物使用费相互抵销。**合同不成立、无效、被撤销或者确定不发生效力，占有标的物的一方对标的物存在使用或者依法可以使用的情形，对方请求将其应支付的资金占用费与应收取的标的物使用费相互抵销的，人民法院应予支持，但是法律另有规定的除外。《合同编通则解释》第25条第2款）

二、合意抵销

当事人互负债务，标的物种类、品质不相同的，经双方协商一致，也可以抵销。

第61讲

提存

在我国现行法上，提存制度有一般提存制度和特殊提存制度之分。前者由《民法典》合同编第570—574条加以规定；后者则规定在《民法典》无权编等法律中，如《民法典》第406条第2款第2句规定："抵押权人能够证明抵押财产转让可能损害抵押权的，可以请求抵押人将转让所得的价款向抵押权人提前清偿债务或者提存。"特殊提存制度不要求具备债务人因债权人的原因而难以履行债务这一原因。一般提存则是指由于债权人的原因而无法向其交付债的标的物时，债务人将该标的物交给提存部门而消灭债务的制度。

一、提存的事由

债权人无正当理由拒绝受领	债权人无正当理由拒绝受领的，债务人可以提存。构成该提存原因，必须是债务人现实地提出了给付。
债权人下落不明	债权人下落不明包括债权人不清、地址不详、债权人失踪又无代管人等情况。
债权人死亡未确定继承人、遗产管理人或者丧失民事行为能力未确定监护人。	
法律规定的其他情形	《民法典》第406条第2款第2句规定："抵押权人能够证明抵押财产转让可能损害抵押权的，可以请求抵押人将转让所得的价款向抵押权人提前清偿债务或者提存。"

二、提存的标的物

提存的标的，为债务人依约定应当交付的标的物。提存的标的物，以适于提存者为限。标的物不适于提存或者提存费用过高的，债务人依法可以拍卖或者变卖标的物，提存所得的价款。

适于提存的标的物	货币；有价证券、票据、提单、权利证书；贵重物品；担保物（金）或其替代物；其他适于提存的标的物。
不适于提存的标的物	低值、易损、易耗物品；鲜活、易腐物品；需要专门技术养护物品；超大型机械设备、建设设施等。不适于提存的标的物，债务人可以委托中介机构拍卖或变卖，将所得价款提存。

三、提存的成立与效力【《民法典》修改】★★★

提存成立	（1）提存成立的时间：交付提存部门。债务人将标的物或者将标的物依法拍卖、变卖所得价款交付提存部门时，提存成立。 （2）视为完成交付。提存成立的，视为债务人在其提存范围内已经交付标的物。

续表

效力	（1）对债务人 ①债务人的债务消灭 ②通知义务 除债权人下落不明之外，债务人应及时通知债权人或债权人的继承人、遗产管理人、监护人、财产代管人。 ③抗辩权 债权人对债务人负有到期债务的，在债权人未履行债务或者提供担保之前，提存部门根据债务人的要求应当拒绝其领取提存物。 （2）对债权人 ①风险负担。标的物提存后，毁损、灭失的风险由债权人承担。 ②所有权及孳息归属。提存期间，所有权原则上转移给债权人，孳息归债权人所有。 ③提存费用。提存费用由债权人负担。 ④领取权。 债权人可以随时领取提存物。债权人领取提存物的权利，自提存之日起五年内不行使而消灭，提存物扣除提存费用后归国家所有。例外：债权人未履行对债务人的到期债务，或者债权人向提存部门书面放弃领取提存物权利的，债务人负担提存费用后有权取回提存物。（债务人的取回权。）

真题演练

1. 乙在甲提存机构办好提存手续并通知债权人丙后，将2台专业相机、2台天文望远镜交甲提存。后乙另行向丙履行了提存之债，要求取回提存物。但甲机构工作人员在检修自来水管道时因操作不当引起大水，致乙交存的物品严重毁损。下列哪一选项是错误的？（2012-3-14单）①

A．甲机构构成违约行为
B．甲机构应承担赔偿责任
C．乙有权主张赔偿财产损失
D．丙有权主张赔偿财产损失

考点 提存

---

① 答案：D。考点1：提存机构的责任。《提存公证规则》第27条第2款规定："提存期间，提存物毁损灭失的风险责任由提存受领人负担；但因公证处过错造成毁损、灭失的，公证处负有赔偿责任。"甲提存机构的行为既构成违约，又构成侵权，提存受领人可以择一请求甲承担违约责任或者侵权责任。故A选项、B选项正确，不选。考点2：抗辩权。《民法典》第574条第2款规定："债权人领取提存物的权利，自提存之日起五年内不行使而消灭，提存物扣除提存费用后归国家所有。但是，债权人未履行对债务人的到期债务，或者债权人向提存部门书面放弃领取提存物权利的，债务人负担提存费用后有权取回提存物。"提存人可以凭人民法院生效的判决、裁定或提存之债已经清偿的公证证明取回提存物。提存受领人以书面形式向公证处表示抛弃提存受领权的，提存人得取回提存物。提存人取回提存物的，视为未提存，因此产生的费用由提存人承担。提存人未支付提存费用前，提存部门有权留置价值相当的提存标的物。提存后，提存人乙又另行清偿了对债权人丙所负的债务，乙成为提存受领人，可以取回提存物，但因提存机构造成损害，可主张赔偿，故C选项正确，不选；D选项错误，当选。

第62讲

免除、混同及情势变更

一、免除与混同【《民法典》修改】★★

免除是指债权人抛弃债权，从而全部或部分消灭债的关系的单方行为。混同，是指债权和债务同归一人，致使债的关系消灭的事实。

免除	**（1）免除的法律性质** ①免除是单方法律行为，但债务人有权在合理期限内拒绝； ②免除是无因行为。 **（2）免除的要件** ①免除应由债权人作出； ②免除须向债务人作出； ③免除不得损害第三人利益；如已就债权设定质权的债权人免除债务人债务的，不得对抗质权人。 ④债务人有权在合理期限内拒绝。 **（3）法律效果** ①债权人免除债务人部分或者全部债务的，债权债务部分或者全部终止； ②债务人在合理期限内拒绝的，债权债务不终止。
混同	同一债权之债权、债务同归一人，从而导致债权债务消灭的事实。 **（1）混同之原因** ①债务人继承债权人对自己的债权； ②债权人公司与债务人公司合并。 **（2）法律效果** 债权和债务同归于一人的，债权债务终止，但是损害第三人利益的除外。

二、情势变更【《民法典》修改】★★★

《民法典》第533条第1款规定："合同成立后，合同的基础条件发生了当事人在订立合同时无法预见的、不属于商业风险的重大变化，继续履行合同对于当事人一方明显不公平，受不利影响的当事人可以与对方重新协商；在合理期限内协商不成的，当事人可以请求人民法院或者仲裁机构变更或者解除合同。"第2款规定："人民法院或者仲裁机构应当结合案件的实际情况，根据公平原则变更或者解除合同。"

适用条件	（1）合同成立后，合同的基础条件发生了当事人在订立合同时无法预见的、不属于商业风险的重大变化。 合同成立后，因政策调整或者市场供求关系异常变动等原因导致价格发生当事人在订立合同时无法预见的、不属于商业风险的涨跌，继续履行合同对于当事人一方明显不公平的，人民法院应当认定合同的基础条件发生了民法典第533条第1款规定的"重大变化"。但是，合同涉及市场属性活跃、长期以来价格波动较大的大宗商品以及股票、期货等风险投资型金融产品的除外。（《合同编通则解释》第32条第1款）

续表

适用条件	（2）情势变更发生在合同成立后，履行完毕前。 （3）情势变更不属于正常商业风险。我国民法典并未将不可抗力排斥于情势变更范畴之外，不可抗力也属于情势变更的一种情形。 （4）当事人在订立合同时无法预见。 （5）情势变更使继续履行原合同对一方当事人明显不公平。
法律效果	（1）受不利影响的当事人可以与对方重新协商； （2）在合理期限内协商不成的，当事人可以请求人民法院或者仲裁机构变更或者解除合同；人民法院或者仲裁机构应当结合案件的实际情况，根据公平原则变更或者解除合同。 （3）变更或解除的适用。合同的基础条件发生了民法典第533条第1款规定的重大变化，当事人请求变更合同的，人民法院不得解除合同；当事人一方请求变更合同，对方请求解除合同的，或者当事人一方请求解除合同，对方请求变更合同的，人民法院应当结合案件的实际情况，根据公平原则判决变更或者解除合同。（《合同编通则解释》第32条第2款） （4）变更或解除的时间。人民法院依据民法典第533条的规定判决变更或者解除合同的，应当综合考虑合同基础条件发生重大变化的时间、当事人重新协商的情况以及因合同变更或者解除给当事人造成的损失等因素，在判项中明确合同变更或者解除的时间。（《合同编通则解释》第32条第3款） （5）约定排除情势变更适用的效力。当事人事先约定排除民法典第533条适用的，人民法院应当认定该约定无效。（《合同编通则解释》第32条第4款）

真题演练

1. 甲公司与乙公司签订商品房包销合同，约定甲公司将其开发的10套房屋交由乙公司包销。甲公司将其中1套房屋卖给丙，丙向甲公司支付了首付款20万元。后因国家出台房地产调控政策，丙不具备购房资格，甲公司与丙之间的房屋买卖合同不能继续履行。下列哪些表述是正确的？（2012-3-60 多）①

A. 甲公司将房屋出卖给丙的行为属于无权处分

B. 乙公司有权请求甲公司承担违约责任

C. 丙有权请求解除合同

D. 甲公司只需将20万元本金返还给丙

考点 情势变更

---

① 答案：BC。考点1：无权处分。甲、乙签订了商品房包销合同，但甲公司仍为其开发商品房的产权人，并且包销合同不影响甲对其开发的商品房所有权的处分。甲需由乙包销的一套房屋出卖给丙的行为是有权处分，故 A 选项错误。考点2：包销合同。《商品房买卖合同解释》第 21 条规定："出卖人自行销售已经约定由包销人包销的房屋，包销人请求出卖人赔偿损失的，应予支持，但当事人另有约定的除外。"故 B 选项正确。考点3：情势变更。《民法典》第 533 条第1款规定："合同成立后，合同的基础条件发生了当事人在订立合同时无法预见的、不属于商业风险的重大变化，继续履行合同对于当事人一方明显不公平的，受不利影响的当事人可以与对方重新协商；在合理期限内协商不成的，当事人可以请求人民法院或者仲裁机构变更或者解除合同。"第 2 款规定："人民法院或者仲裁机构应当结合案件的实际情况，根据公平原则变更或者解除合同。"甲、丙的买卖合同签订后，因国家出台调控政策，丙不具备购房资格，构成情事变更，且导致合同目的不能实现。丙有权起诉请求法院判决解除合同，故 C 选项正确。甲、乙间的合同因情事变更而解除，甲构成不当得利，应当返还原物及孳息，除应返还乙本金20万元之外，还须返还同期的利息，故 D 选项错误。

第7章 违约责任

第63讲

违约责任概念及构成要件

当事人一方不履行合同义务或者履行合同义务不符合约定的，应当承担继续履行、采取补救措施或者赔偿损失等违约责任。违约责任的归责原则以无过错责任为原则，过错责任为补充。

一、违约责任的性质

1. 违约责任具有补偿性；
2. 违约责任是当事人不履行合同或不完全履行合同的责任；
3. 违约责任可由当事人在法律允许范围内约定；
4. 违约责任是当事人一方对另一方承担的责任。

二、违约责任的成立要件

违约责任的成立要件有二：（1）违约行为；（2）无免责事由。违约行为，是指当事人一方不履行合同义务或者履行合同义务不符合约定条件的行为。违约行为的分类：

（一）单方违约与双方违约

单方违约	一方违反合同义务。
双方违约	双方违反合同义务。《民法典》第592条第1款规定："当事人都违反合同的，应当各自承担相应的责任。"

（二）根本违约与非根本违约

根本违约	违约行为导致合同目的不能实现。根本违约可构成法定解除的理由。
非根本违约	违约行为尚未导致合同目的不能实现。

（三）预期违约与实际违约

预期违约	**(1) 概念：** 预期违约也称先期违约，是指在合同履行期限到来之前，一方无正当理由但明确表示其在履行期到来后将不履行合同，或者其行为表明其在履行期到来后将不可能履行合同。
	(2) 特点 ①当事人在合同履行期到来之前的违约； ②侵害的是对方当事人期待的债权而不是现实的债权； ③与实际违约后果不同（主要造成对方信赖利益的损害）。 **(3) 预期违约的形态** ①明示毁约，是指一方当事人无正当理由明确地向对方表示将在履行期届至时不履行合同。 ②默示毁约，是指在履行期到来之前，一方以自己的行为表明其将在履行期届至后不履行合同。
实际违约	实际违约，即实际发生的违约行为。实际违约的具体形态包括： **(1) 不履行**。包括履行不能和拒绝履行。 ①履行不能是指债务人在客观上已经没有履行能力。如在提供劳务的合同中，债务人丧失了劳动能力；在以特定物为标的的合同中，该特定物灭失。 ②拒绝履行是指合同履行期到来后，一方当事人能够履行而故意不履行合同规定的全部义务。 **(2) 迟延履行**。迟延履行是指合同债务已经到期，债务人能够履行而未履行。 **(3) 不适当履行**。不适当履行是指债务人虽然履行了债务，但其履行不符合合同的约定。包括瑕疵履行和加害给付。 ①瑕疵履行：履行有瑕疵，侵害对方履行利益，如给付数量不完全、给付质量不符合约定、给付时间和地点不当等。 ②加害给付：因不适当履行造成对方履行利益之外的其他损失，如出售不合格产品导致买受人的损害。

三、免责事由【《民法典》修改】 ★★

免责事由又称免责条件，是指当事人即使违约也不承担责任的情况。免责事由既可以由法律直接规定，也可以由当事人加以约定。有人认为，抗辩权也可成为免事由。其实，行使抗辩权并不构成违约，因而无责可免。

（一）法定免责事由

1. 一般法定免责事由

（1）概念。指适用于所有合同的违约责任的法定免责事由，通常仅指不可抗力。所谓不可抗力，是指不能预见、不能避免且不能克服的客观情况。不可抗力主要包括：自然灾害，如台风、洪水、冰雹；政府行为，如征收、征用、交通管制；社会异常事件，如罢工、骚乱等。

（2）免责后果。当事人一方因不可抗力不能履行合同的，根据不可抗力的影响，部分或者全部免除责任，但是法律另有规定的除外。

（3）通知义务及举证责任。因不可抗力不能履行合同的，应当及时通知对方，以减轻可能给对方造成的损失，并应当在合理期限内提供证明。

（4）例外：①当事人迟延履行后发生不可抗力的，不免除其违约责任。②金钱债务的迟延履行责任不得因不可抗力而免除。

2. 特殊法定免责事由

这是指由法律特别规定的只适用于个别合同的违约责任免责事由。

[例]《民法典》第823条第1款规定："承运人应当对运输过程中旅客的伤亡承担损害赔偿责任；但是，伤亡是旅客自身健康原因造成的或者承运人证明伤亡是旅客故意、重大过失造成的除外。"

（二）约定免责事由

约定的免责事由是指当事人在合同中约定的违约方免予承担违约责任的条件。当事人关于免责事由的约定不得违反法律、国家政策和社会公共利益，不违背善良风俗。《民法典》第506条规定："合同中的下列免责条款无效：（1）造成对方人身损害的；（2）因故意或者重大过失造成对方财产损失的。"

第64讲 违约责任形式

一、继续履行

	继续履行，又称实际履行，指债务人违反合同义务时，应当依照另一方的请求依照合同的规定，继续履行其承担的合同义务的责任。
金钱债务的继续履行	当事人一方未支付价款、报酬、租金、利息，或者不履行其他金钱债务的，对方可以请求其支付。金钱债务无履行不能之问题。
非金钱债务的继续履行	（1）当事人一方不履行非金钱债务或者履行非金钱债务不符合约定的，对方可以请求履行； （2）有下列情形之一的除外： ①法律上（如债务人破产）或者事实上不能履行（如标的毁损灭失）； ②债务的标的不适于强制履行（如演出合同、委托合同等具有人身专属性合同）或者履行费用过高（如为完成加工合同必须专门进口设备，所花代价远远超过合同上收益）。 ③债权人在合理期限内未请求履行。（如季节性物品之供应。） （3）**合同僵局（违约方解除）** 有前述规定的**除外情形之一**，致使**不能实现合同目的**的，人民**法院**或者**仲裁机构**可以根据**当事人的请求**终止合同权利义务关系，但是不影响违约责任的承担。（《民法典》第580条第2款） ①当事人一方依据民法典第580条第2款的规定请求终止合同权利义务关系的，人民法院一般应当以**起诉状副本送达对方的时间**作为合同权利义务关系终止的时间。

续表

	②根据案件的具体情况，以其他时间作为合同权利义务关系终止的时间更加符合公平原则和诚信原则的，人民法院可以以该时间作为合同权利义务关系终止的时间，但是应当在裁判文书中充分说明理由。（《合同编通则解释》第59条） （4）当事人一方不履行债务或者履行债务不符合约定，根据债务的性质不得强制履行的，对方可以请求其负担由第三人替代履行的费用。
继续履行与其他责任	（1）继续履行可以与违约金、定金、损害赔偿并用； （2）继续履行不能与解除合同并用。

二、损害赔偿【《民法典》修改】★★★

损害赔偿是指债务人不履行合同债务时，依法赔偿债权人所受损失的责任。

完全赔偿规则	违约方对于守约方因违约所遭受的全部损失承担赔偿责任，包括： （1）实际损失：主要表现为标的物灭失、为准备履行合同而支出的费用、停工损失、为减少违约损失而支出的费用、诉讼费用等。 （2）可得利益损失：指在合同适当履行后可以实现和取得的财产利益。
可得利益损失的确定	注1：【可得利益损失的计算规则（《合同编通则解释》第60条）】人民法院依据民法典第584条的规定确定合同履行后可以获得的利益时，可以在扣除非违约方为订立、履行合同支出的费用等合理成本后，按照非违约方能够获得的生产利润、经营利润或者转售利润等计算。 非违约方依法行使合同解除权并实施了替代交易，主张按照替代交易价格与合同价格的差额确定合同履行后可以获得的利益的，人民法院依法予以支持；替代交易价格明显偏离替代交易发生时当地的市场价格，违约方主张按照市场价格与合同价格的差额确定合同履行后可以获得的利益的，人民法院应予支持。 非违约方依法行使合同解除权但是未实施替代交易，主张按照违约行为发生后合理期间内合同履行地的市场价格与合同价格的差额确定合同履行后可以获得的利益的，人民法院应予支持。 注2：【持续性定期合同中可得利益损失的计算规则（《合同编通则解释》第61条）】在以持续履行的债务为内容的定期合同中，一方不履行支付价款、租金等金钱债务，对方请求解除合同，人民法院经审理认为合同应当依法解除的，可以根据当事人的主张，参考合同主体、交易类型、市场价格变化、剩余履行期限等因素确定非违约方寻找替代交易的合理期限，并按照该期限对应的价款、租金等扣除非违约方应当支付的相应履约成本确定合同履行后可以获得的利益。 非违约方主张按照合同解除后剩余履行期限相应的价款、租金等扣除履约成本确定合同履行后可以获得的利益的，人民法院不予支持。但是，剩余履行期限少于寻找替代交易的合理期限的除外。 注3：【违约方因违约行为获利（《合同编通则解释》第62条）】非违约方在合同履行后可以获得的利益难以根据本解释第60条、第61条的规定予以确定的，人民法院可以综合考虑违约方因违约获得的利益、违约方的过错程度、其他违约情节等因素，遵循公平原则和诚信原则确定。

续表

赔偿范围计算	**(1) 可预见规则** 当事人一方不履行合同义务或者履行合同义务不符合约定，造成对方损失的，损失赔偿额应当相当于因违约所造成的损失，包括合同履行后可以获得的利益；但是，不得超过违约一方订立合同时预见到或者应当预见到的因违约可能造成的损失。 ①**预见的主体：** 债务人。 ②**预见的时间：** 合同成立时。 ③**预见的范围：** 须具有合理性。 注1：在认定民法典第584条规定的"违约一方订立合同时预见到或者应当预见到的因违约可能造成的损失"时，人民法院应当根据当事人订立合同的目的，综合考虑合同主体、合同内容、交易类型、交易习惯、磋商过程等因素，按照与违约方处于相同或者类似情况的民事主体在订立合同时预见到或者应当预见到的损失予以确定。（《合同编通则解释》第63条第1款） 注2：除合同履行后可以获得的利益外，非违约方主张还有其向第三人承担违约责任应当支出的额外费用等其他因违约所造成的损失，并请求违约方赔偿，经审理认为该损失系违约一方订立合同时预见到或者应当预见到的，人民法院应予支持。（《合同编通则解释》第63条第2款） **(2) 减损规则（损害扩大防免规则）** ①当事人一方违约后对方应当采取适当措施，防止损失的扩大； ②没有采取适当措施致使损失扩大的，不得就扩大的损失请求赔偿。 ③当事人因防止损失扩大而支出的合理费用，由违约方负担。 **(3) 双方违约和与有过失** ①当事人都违反合同的，应当各自承担相应的责任。 ②当事人一方违约造成对方损失，对方对损失的发生有过错的，可以减少相应的损失赔偿额。 **(4) 损益相抵** 在确定违约损失赔偿额时，违约方主张扣除非违约方未采取适当措施导致的扩大损失（减损规则）、非违约方也有过错造成的相应损失（与有过失）、非违约方因违约获得的额外利益或者减少的必要支出的（损益相抵），人民法院依法予以支持。 [注] 基于禁止得利原则，赔偿的最大范围是受损害方的履行利益，即受损害方不得因违约损害赔偿而处于比假如合同得到完全履行时其所处地位更优越的地位，如果受损害方因损害事件获益，那么其所获利益应从所受损害中减去。比如，甲和乙订立钢材买卖合同，甲方迟延交付钢材，乙因为延期而延迟转售钢材，此时钢材价格上涨，乙从中获得利益即为所得利益。这种利益为积极利益。又如，甲迟延交付作为买卖标的物的奶牛，乙因此节省了饲料等费用。这种利益为消极利益。只要与违约行为之间存在因果关系，那么这些利益就应从损失中扣除。 **(5) 受领迟延**（《民法典》第589条） 债务人按照约定履行债务，债权人无正当理由拒绝受领的，债务人可以请求债权人赔偿增加的费用。 在债权人受领迟延期间，债务人无须支付利息。

三、违约金★★

违约金责任,是违约发生后,违约方作出的独立于履行行为以外的金钱给付。

违约金责任的成立	(1)须存在有效的合同关系; (因违约而解除合同的场合,合同中的违约金条款仍可援用。此类条款性质上属于"合同中结算和清算条款",不因合同权利义务终止而影响其效力。) (2)须有违约金条款; (3)须存在违约行为。
违约金数额的调整	(1)增加违约金。约定的违约金低于造成的损失的,人民法院或者仲裁机构可以根据当事人的请求予以增加; (2)适当减少违约金。约定的违约金过分高于造成的损失的,人民法院或者仲裁机构可以根据当事人的请求予以适当减少。 (3)违约金调整的方式。当事人一方通过**反诉或者抗辩**的方式,请求调整违约金的,人民法院依法予以支持。(《合同编通则解释》第64条第1款) (4)举证责任。违约方主张约定的违约金过分高于违约造成的损失,请求予以适当减少的,应当承担举证责任。非违约方主张约定的违约金合理的,也应当提供相应的证据。(《合同编通则解释》第64条第2款) (5)预先放弃调整违约金条款的效力。当事人仅以合同约定不得对违约金进行调整为由主张不予调整违约金的,人民法院不予支持。(《合同编通则解释》第64条第3款) (6)当事人就迟延履行约定违约金的,违约方支付违约金后,还应当履行债务。 [注]【违约金数额司法酌减(《合同编通则解释》第65条)】当事人主张约定的违约金过分高于违约造成的损失,请求予以适当减少的,人民法院应当以民法典第584条规定的损失为基础,兼顾合同主体、交易类型、合同的履行情况、当事人的过错程度、履约背景等因素,遵循公平原则和诚信原则进行衡量,并作出裁判。 约定的违约金超过造成损失的30%的,人民法院一般可以认定为过分高于造成的损失。 **恶意**违约的当事人一方请求减少违约金的,人民法院一般不予支持。
违约金调整的释明和改判(《合同编通则解释》第66条)	(1)当事人一方请求对方支付违约金,对方以合同不成立、无效、被撤销、确定不发生效力、不构成违约或者非违约方不存在损失等为由抗辩,未主张调整过高的违约金的,人民法院应当就若不支持该抗辩,当事人是否请求调整违约金进行释明。第一审人民法院认为抗辩成立且未予释明,第二审人民法院认为应当判决支付违约金的,可以直接释明,并根据当事人的请求,在当事人就是否应当调整违约金充分举证、质证、辩论后,依法判决适当减少违约金。 (2)被告因客观原因在第一审程序中未到庭参加诉讼,但是在第二审程序中到庭参加诉讼并请求减少违约金的,第二审人民法院可以在当事人就是否应调整违约金充分举证、质证、辩论后,依法判决适当减少违约金。
违约金与定金、继续履行	(1)**违约金与定金不可并用**。当事人既约定违约金,又约定定金的,一方违约时,对方可以选择适用违约金或者定金条款。 (2)当事人就迟延履行约定违约金的,违约方支付违约金后,还应当履行债务。

四、补救措施【《民法典》修改】★★

补救措施作为一种独立的违约责任形式，是指矫正合同不适当履行，使履行缺陷得以消除的具体措施。这种责任形式与继续履行(解决不履行问题)和赔偿损失具有互补性。

(一)补救措施的形式

根据《民法典》第582条的规定，作为违约责任具体形式的补救措施包括：修理、重作、更换、退货、减少价款或者报酬等。

(二)补救措施的适用

1. 补救措施的适用以对违约责任没有约定或者约定不明确，依据民法第510条的规定仍不能确定违约责任为前提。换言之，对于不适当履行的违约责任形式，当事人有约定者应依其约定；没有约定或约定不明者，首先应按照《民法典》第510条规定确定违约责任；没有约定或约定不明又不能按照《民法典》第510条规定确定违约责任的，才适用这些补救措施。
2. 应根据标的物的性质和损失大小，确定与之相适应的补救方式。
3. 受害方对补救措施享有选择权，但选定的方式应当合理。

(三)补救措施与损害赔偿并用

当事人一方不履行合同义务或者履行合同义务不符合约定的，在履行义务或者采取补救措施后，对方还有其他损失的，应当赔偿损失。

五、定金责任

(一)定金的概念

定金，是指合同当事人为了确保合同的履行，依据法律规定或者当事人双方的约定，由当事人一方在合同订立时或订立后、履行前，按合同标的额的一定比例，预先交付对方当事人的金钱或其他代替物。

(二)定金的类型(《合同编通则解释》第67条)

(1)违约定金。当事人交付留置金、担保金、保证金、订约金、押金或者订金等，但是没有约定定金性质，一方主张适用民法典规定的定金罚则的，人民法院不予支持。当事人约定了定金性质，但是未约定定金类型或者约定不明，一方主张为**违约定金**的，人民法院应予支持。

(2)立约定金。当事人约定以交付定金作为订立合同的担保，一方拒绝订立合同或者在磋商订立合同时违背诚信原则导致未能订立合同，对方主张适用民法典规定的定金罚则的，人民法院应予支持。

(3)成约定金。当事人约定以交付定金作为合同成立或者生效条件，应当交付定金的一方未交付定金，但是合同主要义务已经履行完毕并为对方所接受的，人民法院应当认定合同在对方接受履行时已经成立或者生效。

（4）解约定金。当事人约定定金性质为解约定金，交付定金的一方主张以丧失定金为代价解除合同的，或者收受定金的一方主张以双倍返还定金为代价解除合同的，人民法院应予支持。

（三）定金的成立与效力★★

从合同	定金合同是从合同，其成立和有效以主合同的成立和有效为前提。主合同无效或被撤销时，定金合同不发生效力，主合同因解除或其他原因消灭时，定金合同也消灭。
定金数额	当事人约定的定金数额超过主合同标的额百分之二十的，超过部分，不产生定金的效力。
实践合同	（1）定金合同自实际交付定金时成立。 （2）实际交付的定金数额多于或者少于约定数额，视为变更定金合同；收受定金一方提出异议并拒绝接受定金的，定金合同不生效。
定金罚则 （《合同编通则解释》第68条）	给付定金的一方不履行债务或者履行债务不符合约定，致使不能实现合同目的的，无权请求返还定金；收受定金的一方不履行债务或者履行债务不符合约定，致使不能实现合同目的的，应当双倍返还定金。 （1）双方根本违约：不适用定金罚则。双方当事人均具有致使不能实现合同目的的违约行为，其中一方请求适用定金罚则的，人民法院不予支持。 （2）一方轻微违约，另一方根本违约：适用定金罚则。当事人一方仅有轻微违约，对方具有致使不能实现合同目的的违约行为，轻微违约方主张适用定金罚则，对方以轻微违约方也构成违约为由抗辩的，人民法院对该抗辩不予支持。 （3）比例适用定金罚则。当事人一方已经部分履行合同，对方接受并主张按照未履行部分所占比例适用定金罚则的，人民法院应予支持。对方主张按照合同整体适用定金罚则的，人民法院不予支持，但是部分未履行致使不能实现合同目的的除外。 （4）不可抗力：不适用定金罚则。因不可抗力致使合同不能履行，非违约方主张适用定金罚则的，人民法院不予支持。

易错考点总结：定金、违约金、损害赔偿金的关系	
定金与违约金	定金与违约金不得并用。当事人既约定违约金，又约定定金的，一方违约时，对方可以选择适用违约金或者定金条款。（《民法典》第588条第1款）
违约金与损害赔偿金	当事人请求增加违约金，增加后的违约金数额以不超过实际损失和可得利益损失为限。增加违约金以后，不能又请求赔偿损失。（《实施民法典工作会议纪要》第11条第2款）
定金与损害赔偿金	定金不足以弥补一方违约造成的损失，对方可以请求赔偿超过定金数额的损失。（《民法典》第588条第2款）

真题演练

1. 甲公司与乙公司签订了一份手机买卖合同，约定：甲公司供给乙公司某型号手机1,000部，每部单价1,000元，乙公司支付定金30万元，任何一方违约应向对方支付合同总价款30%的违约金。合同签订后，乙公司向甲公司支付了30万元定金，并将该批手机转售给丙公司，每部单价1,100元，指明由甲公司直接交付给丙公司。但甲公司未按约定

期间交货。关于返还定金和支付违约金，乙公司向甲公司提出请求，下列表述正确的是：（2010-3-91 不定项）①

  A. 请求甲公司双倍返还定金 60 万元并支付违约金 30 万元
  B. 请求甲公司双倍返还定金 40 万元并支付违约金 30 万元
  C. 请求甲公司双倍返还定金 60 万元或者支付违约金 30 万元
  D. 请求甲公司双倍返还定金 40 万元或者支付违约金 30 万元

考点 定金、违约金

【指导案例23号】	
孙银山诉南京欧尚超市有限公司江宁店买卖合同纠纷案	
【裁判要点】	消费者购买到不符合食品安全标准的食品，要求销售者或者生产者依照食品安全法规定支付价款十倍赔偿金或者依照法律规定的其他赔偿标准赔偿的，不论其购买时是否明知食品不符合安全标准，人民法院都应予支持。

---

① 答案：D。考点1：定金。《民法典》第586条第2款规定："定金的数额由当事人约定，但是不得超过主合同标的额的百分之二十，超过部分不产生定金的效力。实际交付的定金数额多于或者少于约定数额的，视为变更约定的定金数额。"甲公司供给乙公司某型号手机1000部，每部单价1000元，合同标的额为100万元。乙公司所支付的定金30万元，超过了合同标的额100万元的20%，超过20万元的部分无效。甲公司未按约定期间交货，乙公司仅能请求甲公司双倍返还定金40万元。考点2：定金与违约金不能并用。《民法典》第588条第1款规定："当事人既约定违约金，又约定定金的，一方违约时，对方可以选择适用违约金或者定金条款。"违约金和定金不能并用，乙公司有权请求甲公司双倍返还定金40万元或者支付违约金30万元，故D选项正确。

第二分编 典型合同

第1章 转移财产权的合同

第65讲

买卖合同(一):一般规则

一、买卖合同的成立及效力★★

买卖合同是一方转移标的物的所有权于另一方,另一方支付价款的合同。转移所有权的一方为出卖人或卖方,支付价款而取得所有权的一方为买受人或者买方。买卖合同是双务、有偿、诺成及不要式合同。

买卖合同成立	(1)一方以送货单、收货单、结算单、发票等主张存在买卖合同关系的,应当结合当事人之间的交易方式、交易习惯以及其他相关证据,对买卖合同是否成立作出认定。 (2)对账确认函、债权确认书等函件、凭证没有记载债权人名称,买卖合同当事人一方可以此证明存在买卖合同关系,但有相反证据足以推翻的除外。
买卖合同效力 (无权处分) (《民法典》第597条)	(1)出卖人在缔约时对标的物没有所有权或者处分权的,当事人一方不能以此为由主张合同无效。 (2)因出卖人未取得处分权致使标的物所有权不能转移的,买受人可以解除合同并请求出卖人承担违约责任。 (3)法律、行政法规禁止或者限制转让的标的物,依照其规定。

二、出卖人交付标的物、移转所有权

(一)标的物交付

出卖人应当履行向买受人交付标的物或者交付提取标的物的单证,并转移标的物所有权的义务。

交付时间	（1）出卖人应当按照约定的时间交付标的物。约定交付期限的，出卖人可以在该交付期限内的任何时间交付。 （2）当事人没有约定标的物的交付期限或者约定不明确的，适用《民法典》第510条、第511条第4项的规定。（履行期限不明确的，债务人可以随时履行，债权人也可以随时要求履行，但应当给对方必要的准备时间。） （3）标的物在订立合同之前已为买受人占有的，合同生效的时间为交付时间。
交付地点	出卖人应当按照约定的地点交付标的物。当事人没有约定交付地点或者约定不明确，依照《民法典》第510条的规定仍不能确定的，适用下列规则： （1）标的物需要运输的，出卖人应当将标的物交付给第一承运人以运交给买受人。 （2）标的物不需要运输，出卖人和买受人订立合同时知道标的物在某一地点的，出卖人应当在该地点交付标的物；不知道标的物在某一地点的，应当在出卖人订立合同时的营业地交付标的物。
交付标的物数量	（1）出卖人多交标的物的，买受人可以接收或者拒绝接收多交的部分。 （2）买受人接收多交部分的，按照合同的价格支付价款。 （3）买受人拒绝接收多交部分的，应当及时通知出卖人。买受人拒绝接收多交部分标的物的，可以代为保管多交部分标的物；买受人有权主张出卖人负担代为保管期间的合理费用；买受人有权主张出卖人承担代为保管期间非因买受人故意或者重大过失造成的损失。（《买卖合同解释》第3条）
有关单证和资料	出卖人应当按照约定或者交易习惯向买受人交付提取标的物单证以外的有关单证和资料。
电子信息产品	标的物为无需以有形载体交付的电子信息产品，当事人对交付方式约定不明确，且依照《民法典》第510条的规定仍不能确定的，买受人收到约定的电子信息产品或者权利凭证即为交付。

（二）所有权移转

一般而言，如果是动产买卖，标的物所有权自交付时发生转移；如果是不动产买卖，标的物所有权自登记时发生转移。

出卖具有知识产权的计算机软件等标的物的，除法律另有规定或者当事人另有约定的以外，该标的物的知识产权不属于买受人。

三、买受人支付价款

价款数额及支付方式	（1）买受人应当按照约定的数额和支付方式支付价款。 （2）对价款的数额和支付方式没有约定或者约定不明确的，适用《民法典》第510条、第511条第2项[1]和5项[2]的规定。

---

[1] 价款或者报酬不明确的，按照订立合同时履行地的市场价格履行；依法应当执行政府定价或者政府指导价的，依照规定履行。
[2] 履行方式不明确的，按照有利于实现合同目的的方式履行。

续表

支付地点	买受人应当按照约定的地点支付价款。对支付地点没有约定或者约定不明确，依据《民法典》第510条的规定仍不能确定的，买受人应当在**出卖人的营业地**支付；但是，约定支付价款以交付标的物或者交付提取标的物单证为条件的，在**交付标的物或者交付提取标的物单证的所在地**支付。
支付时间	买受人应当按照约定的时间支付价款。对支付时间没有约定或者约定不明确，依据《民法典》第510条的规定仍不能确定的，买受人应当在**收到标的物或者提取标的物单证的同时**支付。

四、标的物检验【《民法典》修改】★★★

《民法典》第620条规定："买受人收到标的物时应当在约定的检验期间内检验。没有约定检验期间的，应当及时检验。"买受人应当在检验期间内将标的物的数量或者质量不符合约定的情形通知出卖人。买受人怠于通知的，视为标的物的数量或者质量符合约定。

（一）检验的时间

约定检验期	（1）约定检验期：期间内通知。 买受人应当在检验期间内将标的物的数量或者质量不符合约定的情形通知出卖人。买受人怠于通知，视为标的物的数量或者质量符合约定。 （2）约定期间过短：视为对外观瑕疵异议期间。 当事人约定的检验期间过短，根据标的物的性质和交易习惯，买受人在检验期间内难以完成全面检验的，该期间仅视为买受人对外观瑕疵提出异议的期间。 （3）法律规定期间。 约定的检验期间或者质量保证期间短于法律、行政法规规定期间的，应当以法律、行政法规规定的期间为准。
没有约定检验期	（1）没有约定检验期的，应当及时检验。 （2）签收单：推定对数量和外观瑕疵检验。 当事人对检验期间未作约定，买受人签收的送货单、确认单等载明标的物数量、型号、规格的，推定买受人已经对数量和外观瑕疵进行检验，但是有相关证据足以推翻的除外。

（二）检验出瑕疵时的处理

1. 约定检验期的，买受人应当在检验期内履行瑕疵通知义务，主张物的瑕疵担保责任；怠于通知的，视为无瑕疵。

2. 未约定检验期的，买受人应当在发现或者应当发现标的物的数量或者质量不符合约定的合理期间内通知出卖人。买受人在合理期间内未通知或者自收到标的物之日起二年内未通知出卖人的，视为标的物的数量或者质量符合约定；但是，对标的物有质量保证期的，适用质量保证期。

出卖人知道或者应当知道提供的标的物不符合约定的，买受人不受通知时间的限制。

（三）检验标准

出卖人依照买受人的指示向第三人交付标的物，出卖人和买受人约定的检验标准与买受人和第三人约定的检验标准不一致的，以出卖人和买受人约定的检验标准为准。

五、瑕疵担保责任【《民法典》修改】★★

权利瑕疵担保责任	（1）出卖人义务 ①出卖人就交付的标的物，负有保证第三人对该标的物不享有任何权利的义务，但是法律另有规定的除外。（《民法典》第612条） ②标的物的权利瑕疵，可表现为出卖人未告知该标的物上负担着第三人的权利，或者是出卖人未告知标的物无权处分。 （2）买受人权利 ①标的物存在权利瑕疵时，买受人可请求出卖人除去权利负担，并可根据债务不履行的规定，请求出卖人负不履行债务或损害赔偿的责任。 ②中止支付。买受人有确切证据证明第三人对标的物享有权利的，可以中止支付相应的价款，但是出卖人提供适当担保的除外。（《民法典》第614条） （3）例外 买受人订立合同时知道或者应当知道第三人对买卖的标的物享有权利的，出卖人不承担瑕疵担保义务。
物的瑕疵担保责任	（1）出卖人交付的标的物不符合质量要求的违约责任：（《民法典》第617） ①采取补救措施：受损害方根据标的的性质以及损失的大小，可以合理选择请求对方承担修理、重作、更换、退货、减少价款或者报酬等违约责任。 ②赔偿损失：当事人一方不履行合同义务或者履行合同义务不符合约定的，在履行义务或者采取补救措施后，对方还有其他损失的，应当赔偿损失。 ③解除合同：因标的物的瑕疵使合同目的不能实现时，买受人可以拒绝接受标的物或者解除合同。 （2）减轻或免除瑕疵担保责任 当事人约定减轻或者免除出卖人对标的物瑕疵承担的责任，因出卖人故意或者重大过失不告知买受人标的物瑕疵的，出卖人无权主张减轻或者免除责任。（《民法典》第618条） （3）例外 买受人在缔约时知道或者应当知道标的物质量存在瑕疵的，无权主张出卖人承担瑕疵担保责任，但买受人在缔约时不知道该瑕疵会导致标的物的基本效用显著降低的除外。

第66讲

买卖合同（二）：风险负担及孳息归属

买卖合同中的"风险负担"，指买卖合同生效后，合同履行完毕前，因不可归责于双方当事人的事由致使标的物毁损或灭失时，应由哪一方当事人承担价金风险的问题。换言之，风险未转移，即出卖人承担风险，标的物毁损、灭失，买受人无须支付价款；风险转移，即买受人承担风险，标的物毁损、灭失，买受人仍须支付价款。

一、交付主义

交付主义（《民法典》第604条第1款）	（1）标的物毁损、灭失的风险，在标的物交付之前由出卖人承担，交付之后由买受人承担，但是法律另有规定或者当事人另有约定的除外。 （2）交付，包括现实交付及观念交付。 （3）不动产交付： ①对房屋的转移占有，视为房屋的交付使用，但当事人另有约定的除外。 ②房屋毁损、灭失的风险，在交付使用前由出卖人承担，交付使用后由买受人承担； ③买受人接到出卖人的书面交房通知，无正当理由拒绝接收的，房屋毁损、灭失的风险自书面交房通知确定的交付使用之日起由买受人承担，但法律另有规定或者当事人另有约定的除外。
风险负担与所有权变动	只要标的物已经交付，即使买受人尚未取得标的物的所有权，风险也移转由买受人承担。
出卖人未交付单证资料	出卖人按照约定未交付有关标的物的单证和资料的，不影响标的物毁损、灭失风险的转移。 [例] 甲乙约定卖方甲负责将所卖货物运送至买方乙指定的仓库。甲如约交货，乙验收收货，但甲未将产品合格证和原产地证明文件交给乙。乙已经支付80%的货款。交货当晚，因山洪暴发，乙仓库内的货物全部毁损。 （1）乙应当支付剩余20%的货款； （2）甲未交付产品合格证与原产地证明，构成违约，但货物损失由乙承担。

二、风险负担具体规则【《民法典》修改】★★★

买受人原因	（1）**买受人受领迟延**：买受人受领迟延的，自迟延成立时起由买受人负担标的物风险。（《民法典》第605条）
	（2）**买受人亲自提货**：出卖人按照约定或者依据民法典第603条第2款第2项的规定将标的物置于交付地点，买受人违反约定没有收取的，标的物毁损、灭失的风险自违反约定时起由买受人承担。（《民法典》第608条）
标的物需要运输	（1）**指定地点货交承运人：** 出卖人按照约定将标的物运送至买受人指定地点并交付给承运人后，标的物毁损、灭失的风险由买受人承担。（《民法典》第607条第1款）
	（2）**货交第一承运人**：当事人没有约定交付地点或者约定不明确，依据《民法典》第603条第2款第1项的规定标的物需要运输的，出卖人将标的物交付给第一承运人后，标的物毁损、灭失的风险由买受人承担。（《民法典》第607条第2款）
在途货物买卖（《民法典》第606条）	（1）出卖人出卖交由承运人运输的在途标的物，除当事人另有约定的以外，毁损、灭失的风险自合同成立时起由买受人承担。 （2）出卖人出卖交由承运人运输的在途标的物，在合同成立时知道或者应当知道标的物已经毁损、灭失却未告知买受人，买受人有权主张出卖人负担标的物毁损、灭失的风险。
种类物特定	当事人对风险负担没有约定，标的物为**种类物**，出卖人未以装运单据、加盖标记、通知买受人等可识别的方式清楚地将标的物特定为买卖合同，买受人不负担标的物毁损、灭失的风险。（《买卖合同解释》第11条）

续表

出卖人根本违约（《民法典》第610条）	（1）前提：因标的物质量不符合质量要求，致使不能实现合同目的； （2）买受人可以拒绝接受标的物或者解除合同； （3）买受人拒绝接受标的物或者解除合同的，标的物毁损、灭失的风险由出卖人承担。
风险负担与违约责任	标的物毁损、灭失的风险由买受人承担的，不影响因出卖人履行义务不符合约定，买受人请求其承担违约责任的权利。（《民法典》第611条）

[例] 甲，福建武夷山一茶农，世代制茶；乙，天下第一茶客，隐居湛江。甲、乙签订买卖1吨某品种正山小种红茶的合同并亲自到仓库选定自己所要购买的货物，约定由甲代办托运。甲与运输公司丙、丁签订运输合同，由丙将正山小种从武夷山运输到深圳，再由丁从深圳运输到湛江。

（1）如果双方约定甲负有在湛江将正山小种交付给乙的义务。（交付主义）

根据《民法典》604条第1款，丁在湛江将正山小种交付给乙时，风险移转给乙承担。

（2）如果约定甲负有在深圳将正山小种交给承运人运交乙。（指定地点货交承运人）

根据《民法典》第604条第2款，丙在深圳将正山小种交付给丁时，风险移转给乙承担。

（3）如果双方未约定甲负有在湛江交付的义务，也未约定甲负有在指定地点交付承运人，而是由甲代办托运，将正山小种交付给承运人运交乙。（货交第一承运人）

按照《民法典》607条，甲在福建将正山小种交付给丙时，风险移转给乙承担。

真题演练

1. 甲公司借用乙公司的一套设备，在使用过程中不慎损坏一关键部件，于是甲公司提出买下该套设备，乙公司同意出售。双方还口头约定在甲公司支付价款前，乙公司保留该套设备的所有权。不料在支付价款前，甲公司生产车间失火，造成包括该套设备在内的车间所有财物被烧毁。对此，下列哪些选项是正确的？（2016-3-57 多）[①]

A. 乙公司已经履行了交付义务，风险责任应由甲公司负担

B. 在设备被烧毁时，所有权属于乙公司，风险责任应由乙公司承担

C. 设备虽然已经被烧毁，但甲公司仍然需要支付原定价款

D. 双方关于该套设备所有权保留的约定应采用书面形式

考点 风险负担

[①] 答案：AC。考点1：风险负担。《民法典》第604条规定："标的物毁损、灭失的风险，在标的物交付之前由出卖人承担，交付之后由买受人承担，但是法律另有规定或者当事人另有约定的除外。"乙公司通过简易交付的方式完成交付，风险由甲公司承担，A选项正确。甲乙双方约定在甲公司完成支付价款之前，乙公司保留该套设备的所有权。风险负担采取交付主义，不是所有权主义，所以，B选项错误。风险由甲公司承担，由甲公司承担价金风险，因此甲公司仍须支付原定价款，C选项正确。考点2：保留所有权买卖。《民法典》第469条第1款规定："当事人订立合同，可以采用书面形式、口头形式或者其他形式。"《民法典》第641条第1款规定："当事人可以在买卖合同中约定买受人未履行支付价款或者其他义务的，标的物的所有权属于出卖人。"第2款规定："出卖人对标的物保留的所有权，未经登记，不得对抗善意第三人。"保留所有权的买卖不是法律规定的要式合同，当事人之间也未约定必须采用书面形式，D选项错误。

三、孳息归属

买卖合同的孳息归属采取交付主义(《民法典》第 630 条)。标的物在交付之前产生的孳息,归出卖人所有,交付之后产生的孳息,归买受人所有。但是,当事人另有约定的除外。

🔽真题演练

1. 2018 年 6 月 8 日,刘甲为了庆祝自己的新书大卖,邀请朋友一起前往明珠酒店聚餐。刘甲在海鲜市场赵乙处购买了一只蚌,交给明珠酒店加工,厨师李丙剖开发现有一颗大珍珠,市场价 1 万元。珍珠的所有权人是:(2018-2-10 回忆版)①

A. 刘甲
B. 赵乙
C. 明珠酒店
D. 李丙

考点 孳息归属

第 67 讲

买卖合同(三):多重买卖及保留所有权买卖

一、普通动产多重买卖(《买卖合同解释》第 6 条)

出卖人就同一普通动产订立多重买卖合同,在买卖合同均有效的情况下,买受人均要求实际履行合同的,应当按照以下情形分别处理:

1. 先行受领交付的买受人有权请求确认所有权已经转移;
2. 均未受领交付,先行支付价款的买受人有权请求出卖人履行交付标的物等合同义务;
3. 均未受领交付,也未支付价款,依法成立在先合同的买受人有权请求出卖人履行交付标的物等合同义务。

[例] 甲,武夷山一茶农,有一盒武夷山九龙窠的极品母树大红袍茶叶,净重四两,珍贵异常。4 月 1 日,甲将该大红袍以 10 万的价格出卖给乙,未交付。4 月 20 日,甲又将该大红袍以 15 万的价格出卖给丙,也未交付。4 月 29 日,甲又将该大红袍以 20 万的价格出卖给丁,依然没有交付。

因该茶世所罕见,乙要收藏,丙要送给领导,丁要送给爱茶如命之男友求婚,三人志在必得。7 月 1 日,乙、丙、丁都起诉甲,请求甲实际履行。

(1) 若甲于 6 月 20 日已将大红袍交付给丁,则丁取得大红袍的所有权;(《买卖合同解释》第 6 条第 1 项)

---

① 答案:A。《民法典》第 630 条规定:"标的物在交付之前产生的孳息,归出卖人所有,交付之后产生的孳息,归买受人所有。但是当事人另有约定的除外。"买卖合同中的孳息归属采取交付主义,赵乙出卖并交付标的物给刘甲后,蚌中产生的孳息即珍珠应归买方刘甲所有,A 选项正确,B 选项错误。刘甲将蚌交给明珠酒店加工时,并非买卖合同,刘甲依然是蚌的所有权人。孳息应归刘甲而非明珠酒店,更非厨师李丙。所以 C 选项、D 选项错误。

（2）若皆没受领交付，但丙已在4月20日支付价款15万，其他人皆未支付价款，则丙属先行支付价款的买受人，法院应支持丙的实际履行请求；（《买卖合同解释》第6条第2项）

（3）若皆没受领交付，也没支付价款，则法院应支持乙的实际履行请求，因为乙是依法成立在先合同的买受人。（《买卖合同解释》第6条第3项）

二、特殊动产多重买卖（《买卖合同解释》第7条）

出卖人就同一船舶、航空器、机动车等特殊动产订立多重买卖合同，在买卖合同均有效的情况下，买受人均要求实际履行合同的，应当按照以下情形分别处理：

1. 先行受领交付的买受人有权请求出卖人履行办理所有权转移登记手续等合同义务；

2. 均未受领交付，先行办理所有权转移登记手续的买受人有权请求出卖人履行交付标的物等合同义务；

3. 均未受领交付，也未办理所有权转移登记手续，依法成立在先合同的买受人有权请求出卖人履行交付标的物和办理所有权转移登记手续等合同义务；

4. 出卖人将标的物交付给买受人之一，又为其他买受人办理所有权转移登记，已受领交付的买受人有权请求将标的物所有权登记在自己名下。

[例] 甲，北京一土豪，有一悍马车，4月1日，甲将该车出卖给乙，未交付。4月20日，甲又将该车出卖给丙，也未交付。4月29日，甲又将该车出卖给丁，依然没有交付。三人志在必得。7月1日，乙、丙、丁都起诉甲，请求甲实际履行。

（1）若甲于6月20日已将悍马交付给丁，则丁取得悍马的所有权；（《买卖合同解释》第7条第1项）

（2）若皆没受领交付，但甲已在4月20日给丙办理过户登记，则法院应支持丙的实际履行请求；（《买卖合同解释》第7条第2项）

（3）若皆没受领交付，也没办理所有权转移登记手续，则法院应支持乙的实际履行请求，因为乙是依法成立在先合同的买受人。（《买卖合同解释》第7条第3项）

（4）对于特殊动产，交付具有优先于登记的效力。（《买卖合同解释》第7条第4项）

真题演练

1. 甲为出售一台挖掘机分别与乙、丙、丁、戊签订买卖合同，具体情形如下：2016年3月1日，甲胁迫乙订立合同，约定货到付款；4月1日，甲与丙签订合同，丙支付20%的货款；5月1日，甲与丁签订合同，丁支付全部货款；6月1日，甲与戊签订合同，甲将挖掘机交付给戊。上述买受人均要求实际履行合同，就履行顺序产生争议。关于履行顺序，下列哪一选项是正确的？（2016-3-12 单）①

---

① 答案：A。《买卖合同解释》第9条规定："出卖人就同一普通动产订立多重买卖合同，在买卖合同均有效的情况下，买受人均要求实际履行合同的，应当按照以下情形分别处理：（乙）先行受领交付的买受人请求确认所有权已经转移的，人民法院应予支持；（二）均未受领交付，先行支付价款的买受人请求出卖人履行交付标的物等合同义务的，人民法院应予支持；（三）均未受领交付，也未支付价款，依法成立在先合同的买受人请求出卖人履行交付标的物等合同义务的，人民法院应予支持。"挖掘机不能上路，属于普通动产。甲与戊于6月1日签订合同并且完成交付，戊取得所有权，履行顺序为第一位。5月1日丁完成支付货款，4月1日丙支付了20%的货款，根据《买卖合同解释》第9条的规定，"先行支付价款"，并不要求考虑支付价款的多寡，因此丙应当先于丁受履行。最后，3月1日乙签订合同，未受领交付，也未支付价款，顺序最后。因此，A选项正确。

A. 戊、丙、丁、乙
B. 戊、丁、丙、乙
C. 乙、丁、丙、戊
D. 丁、戊、乙、丙

考点 多重买卖

三、保留所有权买卖【《民法典》修改】★★★

当事人可以在买卖合同中约定买受人未履行支付价款或者其他义务时，标的物的所有权属于出卖人。出卖人对标的物保留的所有权，未经登记，不得对抗善意第三人。（《民法典》第641条规定）

适用范围	保留所有权买卖仅适用于动产，不适用于不动产。
取回权	**（1）取回权的适用情形** 当事人约定出卖人保留合同标的物的所有权，在标的物所有权转移前，买受人有下列情形之一，造成出卖人损害的，除当事人另有约定外，出卖人有权取回标的物：（《民法典》第642条） ①未按照约定支付价款，经催告后在合理期限内仍未支付； ②未按照约定完成特定条件； ③将标的物出卖、出质或者作出其他不当处分。 **（2）取回权的例外** ①买受人已经支付标的物总价款的**75%以上**； ②第三人已经**善意取得**标的物**所有权**或者**其他物权**。 **（3）取回方式** ①出卖人可以与买受人协商取回标的物； ②协商不成的，可以参照适用担保物权的实现程序。 **（4）实现担保物权程序** ①在所有权保留买卖中，出卖人依法有权取回标的物，但是与买受人协商不成，当事人请求参照民事诉讼法"实现担保物权案件"的有关规定，拍卖、变卖标的物的，人民法院应予准许。 ②出卖人请求取回标的物，符合民法典第642条规定的，人民法院应予支持；买受人以抗辩或者反诉的方式主张拍卖、变卖标的物，并在扣除买受人未支付的价款以及必要费用后返还剩余款项的，人民法院应当一并处理。
回赎权及再卖权	**（1）回赎权** 出卖人取回标的物后，买受人在双方约定或者出卖人指定的合理回赎期限内，消除出卖人取回标的物的事由的，可以请求回赎标的物。 **（2）再卖权** 买受人在回赎期限内没有回赎标的物，出卖人可以以合理价格将标的物出卖给第三人，出卖所得价款扣除买受人未支付的价款以及必要费用后仍有剩余的，应当返还买受人；不足部分由买受人清偿。

第68讲

买卖合同(四)：特种买卖

分期付款买卖【《民法典》修改】★★★	**(1) 适用范围** "分期付款"，系指买受人将应付的总价款在一定期间内至少分三次向出卖人支付。既可适用于动产买卖，也可适用于不动产买卖。 **(2) 出卖人权利的行使**（《民法典》第634条） ①条件：未支付到期价款达到1/5。分期付款的买受人**未支付到期价款**的数额达到全部价款的**五分之一**； ②催告：经催告后在合理期限内仍未支付到期价款的； ③两大权利：出卖人可以请求买受人**支付全部价款**或者**解除合同**。 ④后果：出卖人解除合同的，可以向买受人要求支付该标的物的使用费。当事人对标的物的使用费没有约定的，可以参照当地同类标的物的租金标准确定。合同约定出卖人在解除合同时可以扣留已受领价金，出卖人扣留的金额超过标的物使用费以及标的物受损赔偿额，买受人有权请求返还超过部分。 **(3) 分期付款买卖中的保留所有权问题** ①动产分期付款买卖，当事人约定由出卖人保留所有权的，动产交付时所有权并不移转；买受人支付全部价款时，才取得动产的所有权； ②如果当事人没有约定由出卖人保留所有权，动产交付之时，买受人即取得标的物的所有权。 [例] 周某以6000元的价格向吴某出售一台电脑，双方约定五个月内付清货款，每月支付1200元，在全部价款付清前电脑所有权不转移。合同生效后，周某将电脑交给吴某使用。期间，电脑出现故障，吴某将电脑交周某修理，但周某修好后以6200元的价格将该电脑出售并交付给不知情的王某。 （1）王某可以取得该电脑所有权； （2）如吴某未支付到期货款达1800元，经催告后在合理期限内仍未支付到期价款的，周某可要求其一次性支付剩余货款； （3）如吴某未支付到期货款达1800元，经催告后在合理期限内仍未支付到期价款的，周某可要求解除合同，并要求吴某支付一定的电脑使用费。
试用买卖【《民法典》修改】★★★	当事人双方约定，合同成立时，出卖人将标的物交付买受人试验或检验，并以买受人在约定期限内对标的物认可为生效要件的买卖合同。 **(1) 试用期间** ①**按照约定**。试用买卖的当事人可以约定标的物的试用期间。 ②**出卖人确定**。对试用期间没有约定或者约定不明确，依据民法第510条的规定仍不能确定的由出卖人确定。 **(2) 试用买卖合同的生效** ①试用期届满。试用期间届满，买受人对是否购买标的物未作表示的，视为购买。 ②试用期内非试用行为。试用买卖的买受人在试用期内**已经支付部分价款**或者对标的物实施**出卖、出租、设立担保物权**等行为的，视为同意购买。 **(3) 买受人拒绝认可的效果** ①**合同不生效**。买受人拒绝认可的，买卖合同确定不发生效力； ②**使用费**。试用买卖的当事人对标的物使用费没有约定或者约定不明确的，出卖人无权请求买受人支付。 ③**买受人返还义务**。买受人拒绝认可，负返还标的物义务。

续表

试用买卖【《民法典》修改】★★★	(4) 风险负担 标的物在试用期内毁损、灭失的风险由出卖人承担。 (5) 买卖合同存在下列约定内容之一的，不属于试用买卖： ①约定标的物经过试用或者检验符合一定要求时，买受人应当购买标的物；②约定第三人经试验对标的物认可时，买受人应当购买标的物； ③约定买受人在一定期限内可以调换标的物； ④约定买受人在一定期限内可以退还标的物。
凭样品买卖	当事人双方约定出卖人交付的标的物应与样品具有相同品质的买卖合同。 (1) 封存样品。凭样品买卖的当事人应当封存样品，并可以对样品质量予以说明。出卖人交付的标的物应当与样品及其说明的质量相同。 (2) 交付标的物的标准。凭样品买卖的买受人不知道样品有隐蔽瑕疵的，即使交付的标的物与样品相同，出卖人交付的标的物的质量仍然应当符合同种物的通常标准。 (3) 合同约定的样品质量与文字说明不一致且发生纠纷时当事人不能达成合意，样品封存后外观和内在品质没有发生变化的，人民法院应当以样品为准；外观和内在品质发生变化，或者当事人对是否发生变化有争议而又无法查明的，人民法院应当以文字说明为准。

［例］（2009-3-59）张某购买某汽车销售公司的轿车一辆，总价款20万元，约定分10次付清，每次2万元，每月的第一天支付。张某按期支付6次共计12万元后，因该款汽车大幅降价，张某遂停止支付所有到期价款。

（1）经催告后在合理期限内仍未支付到期价款的，汽车销售公司有权要求张某一次性付清余下的8万元价款；

（2）经催告后在合理期限内仍未支付到期价款的，汽车销售公司有权通知张某解除合同；

（3）汽车销售公司有权收回汽车，并且收取张某汽车使用费。

第69讲

买卖合同(五) 商品房买卖

商品房买卖合同是指房地产开发企业将尚未建成或已竣工的房屋向社会销售并转移房屋所有权于买受人，买受人支付价款的合同。

商品房买卖	(1) **商品房预售许可证** 未取得预售许可证订立预售合同的，无效；起诉前获得的，可认定有效； (2) **恶意串通** ①买受人以出卖人与第三人恶意串通，另行订立商品房买卖合同并将房屋交付使用，导致其无法取得房屋为由，请求确认出卖人与第三人订立的商品房买卖合同无效，应予支持。 ②一房数卖，出卖人就同一房屋与数人订立数份买卖合同，买受人仅知情而无串通行为，不会影响合同效力。

商品房担保贷款合同	（1）商品房买卖合同约定，买受人以担保贷款方式付款、**因当事人一方原因未能订立商品房担保贷款合同并导致商品房买卖合同不能继续履行的**，**对方当事人可以请求解除合同和赔偿损失**。 （2）**因不可归责于当事人双方的事由**未能订立商品房担保贷款合同并导致商品房买卖合同不能继续履行的，**当事人可以请求解除合同**，出卖人应当将收受的购房款本金及其利息或者定金返还买受人。 （3）因商品房买卖合同被确认无效或者被撤销、解除，致使商品房担保贷款合同的目的无法实现，当事人有权请求解除商品房担保贷款合同。
认购、订购、预订协议的性质认定★★★	（1）**认定为商品房买卖合同**。（《商品房买卖合同解释》第5条） 商品房的认购、订购、预订等协议**具备**《商品房销售管理办法》第十六条规定的**商品房买卖合同的主要内容，并且出卖人已经按照约定收受购房款的**，该协议应当认定为商品房买卖合同。 （2）**认定为预约**。认购、订购、预订等协议**不具备商品房买卖合同的主要内容，约定将来订立商品房买卖合同，性质为预约**。 （3）预约中的定金罚则适用。（《商品房买卖合同解释》第4条） ①出卖人通过认购、订购、预订等方式向买受人收受定金作为订立商品房买卖合同担保的，如果**因当事人一方原因未能订立商品房买卖合同**，应当按照法律关于定金的规定处理（**适用定金罚则**）； ②**因不可归责于当事人双方的事由**，导致商品房买卖合同未能订立的，出卖人应当将定金返还买受人（**不适用定金罚则**）。
解除权★★★	（1）**解除权成立**（《商品房合同解释》第11条第1款） 根据民法典第五百六十三条的规定，出卖人迟延交付房屋或者买受人迟延支付购房款，经催告后在三个月的合理期限内仍未履行，解除权人一方有权请求解除合同。 （2）**解除权的除斥期间**（《商品房合同解释》第11条第2款）
	法律没有规定或者当事人没有约定，经对方当事人催告后，解除权行使的合理期限为三个月。对方当事人没有催告的，解除权人自知道或者应当知道解除事由之日起一年内行使；逾期不行使的，解除权消灭。 ［例］开发商万科公司与张某签订《商品房买卖合同》，约定2019年5月4日前将房屋交付给张某。因万科公司原因到期没有交房，张某在2019年5月8日催告万科公司交房。此时，开始计算3个月，若8月8日前万科公司仍然没有交付房屋，则张某享有解除权。 张某的解除权属于形成权，受到除斥期间的限制。除斥期间的期间多长，分两种情形讨论： 情形一：张某在享有解除权后，万科公司在8月12日催告张某解除合同，则在11月12日前没有行使解除权（通知行使即可），则解除权消灭。 情形二：张某在享有解除权后，万科公司并未催告张某解除合同，则在次年的8月8日前张某不解除合同，则解除权消灭。但是，依照新《商品房买卖合同解释》第11条第2款的规定"解除权人自知道或者应当知道解除事由之日起一年内行使"，须考查解除权人张某知道或者应当知道解除事由之日，计算一年。

[例] 甲公司未取得商铺预售许可证，便与李某签订了《商铺认购书》，约定李某支付认购金即可取得商铺优先认购权，商铺正式认购时甲公司应优先通知李某选购。双方还约定了认购面积和房价，但对楼号、房型未作约定。李某依约支付了认购金。甲公司取得预售许可后，未通知李某前来认购，将商铺售罄。《商铺认购书》

（1）未取得预售许可证影响的是商品房买卖合同的效力，而《商铺预售书》不是商品房买卖合同，而是预约，所以有效。

（2）本案中的认购书有效，甲公司应当依约履行。甲公司应优先通知李某选购，甲公司未预先通知李某，导致合同履行不能，合同目的无法实现，构成了根本违约。

（3）《民法典》第580条规定，当事人一方不履行非金钱债务或者履行非金钱债务不符合约定的，对方可以请求履行，但是有下列情形之一的除外：①法律上或者事实上不能履行；②债务的标的不适于强制履行或者履行费用过高；③债权人在合理期限内未要求履行。本案中，商铺已卖完，无法继续履行。

💡真题演练

1. 冯某与丹桂公司订立商品房买卖合同，购买了该公司开发的住宅楼中的一套住房。合同订立后，冯某发现该房屋存在问题，要求解除合同。就冯某提出的解除合同的理由，下列哪些选项是正确的？（2017-3-59 多）①

A．房屋套内建筑面积与合同约定面积误差比绝对值超过 5% 的
B．商品房买卖合同订立后，丹桂公司未告知冯某又将该住宅楼整体抵押给第三人的
C．房屋交付使用后，房屋主体结构质量经核验确属不合格的
D．房屋存在质量问题，在保修期内丹桂公司拒绝修复的

考点 商品房买卖合同

第70讲

赠与合同

一、赠与合同的特征

赠与合同是赠与人将自己的财产无偿给予受赠人，受赠人表示接受赠与的合同。赠与

---

① 答案：C。考点1：商品房买卖合同解除。原《商品房买卖合同解释》第14条已经被最高院明文废止。房屋套内建筑面积与合同约定面积误差比绝对值虽然超过 5% 的，不能再适用原《商品房买卖合同解释》第14条的规定，应当按照合同约定处理，没有约定的，须符合《民法典》关于法定解除的条件方可解除合同，所以 A 选项错误。考点2：惩罚性损害赔偿。原《商品房买卖合同解释》第8条已经被废止。商品房买卖合同订立后，丹桂公司未告知冯某又将该住宅楼整体抵押给第三人的，不能主张解除合同，所以 B 选项错误。考点3：根本违约。《商品房买卖合同解释》第9条规定：“因房屋主体结构质量不合格不能交付使用，或者房屋交付使用后，房屋主体结构质量经核验确属不合格，买受人请求解除合同和赔偿损失的，应予支持。" 所以 C 选项正确。考点四：维修义务。房屋存在质量问题，在保修期内丹桂公司拒绝修复的，买受人可以自行或者委托他人修复。修复费用及修复期间造成的其他损失由出卖人承担。所以 D 选项错误。

人应按约定将赠与物之所有权交付给受赠人，在赠与物为不动产时，还应协助办理有关登记手续。赠与物的所有权转移时间，可准用买卖合同的规定。

附义务的赠与，赠与物或权利有瑕疵的，赠与人在负义务的限度内承担与出卖人相同的瑕疵担保责任。赠与人故意不告知瑕疵或保证无瑕疵，造成受赠人损失的，应当承担损害赔偿责任。

[例] 甲公司员工魏某在公司年会抽奖活动中中奖，依据活动规则，公司资助中奖员工子女次年的教育费用，如员工离职，则资助失效。《民法典》第158条规定："民事法律行为可以附条件，但是根据其性质不得附条件的除外。附生效条件的民事法律行为，自条件成就时生效。附解除条件的民事法律行为，自条件成就时失效。"本案中的赠与，所附为解除条件，如果魏某次年离职，则合同解除，甲公司无给付义务，并非附义务的赠与。

诺成合同	自当事人意思表示一致时起合同成立；
单务合同	赠与人只承担将赠与物无偿交付给受赠人的义务，受赠人只享受接受赠与物的权利；
无偿合同	受赠人取得合同利益不需要偿付代价。
双方行为	赠与的要约经承诺后，赠与合同成立。受要约人拒绝承诺的，赠与合同不能成立。

二、赠与合同的终止【《民法典》修改】★★★

赠与人的任意撤销权	（1）赠与人在赠与财产的权利转移之前可以撤销赠与。例外： ①经过公证的赠与合同； ②**依法不得撤销**①的具有救灾、扶贫、助残等公益、道德义务性质的赠与合同。根据《慈善法》的规定主要包括： 其一，捐赠人通过广播、电视、报刊、互联网等媒体公开承诺捐赠的； 其二，捐赠财产用于扶贫、济困；扶老、救孤、恤病、助残、优抚；救助自然灾害、事故灾难和公共卫生事件等突发事件造成的损害的慈善活动，并签订书面捐赠协议的。 （2）对不得撤销赠与的财产的赔偿责任 因赠与人故意或者重大过失致使毁损、灭失的，赠与人应当承担赔偿责任。 **（3）任意撤销之后果** 赠与合同自始或仅向将来消灭，赠与人不再承担赠与的义务。但任意撤销之前已经部分交付的动产，不得请求返还。

---

① "依法不得撤销"须有法律规定。《慈善法》第41条第1款规定："捐赠人应当按照捐赠协议履行捐赠义务。捐赠人违反捐赠协议逾期未交付捐赠财产，有下列情形之一的，慈善组织或者其他接受捐赠的人可以要求交付；捐赠人拒不交付的，慈善组织和其他接受捐赠的人可以依法向人民法院申请支付令或者提起诉讼：（1）捐赠人通过广播、电视、报刊、互联网等媒体公开承诺捐赠的；（2）捐赠财产用于本法第三条第一项至第三项规定的慈善活动，并签订书面捐赠协议的。"《慈善法》第3条规定："本法所称慈善活动，是指自然人、法人和其他组织以捐赠财产或者提供服务等方式，自愿开展的下列公益活动：（一）扶贫、济困；（二）扶老、救孤、恤病、助残、优抚；（三）救助自然灾害、事故灾难和公共卫生事件等突发事件造成的损害；（四）促进教育、科学、文化、卫生、体育等事业的发展；（五）防治污染和其他公害，保护和改善生态环境；（六）符合本法规定的其他公益活动。"

续表

赠与人的法定撤销权	（1）赠与财产的权利移转之后，赠与人丧失任意撤销权。 （2）法定撤销事由 ①严重侵害赠与人或者赠与人近亲属的合法权益； ②对赠与人有扶养义务而不履行的； ③不履行赠与合同约定的义务的。 （3）即使是不得任意撤销的赠与合同，只要符合法定撤销的条件，也可法定撤销。 （4）法定撤销权的行使 ①赠与人的撤销权，自知道或者应当知道撤销原因之日起**一年**内行使。 ②因受赠人的违法行为致使赠与人死亡或者丧失民事行为能力的，赠与人的继承人或者法定代理人可以撤销赠与。 ③赠与人的继承人或者法定代理人的撤销权，自知道或者应当知道撤销原因之日起**六个月**内行使。 （5）法定撤销权行使的后果 撤销权人撤销赠与的，可以向受赠人要求返还赠与的财产。
赠与人的拒绝权	（1）赠与人的经济状况显著恶化，严重影响其生产经营或者家庭生活的，可以不再履行赠与义务。《慈善法》第41条第2款规定："捐赠人公开承诺捐赠或者签订书面捐赠协议后经济状况显著恶化，严重影响其生产经营或者家庭生活的，经向公开承诺捐赠地或者书面捐赠协议签订地的民政部门报告并向社会公开说明情况后，可以不再履行捐赠义务。" （2）此时的效力是面向未来终止，已经履行的不能请求受赠人返还。

[例] 新型冠状肺炎爆发。乾坤公司通过电视公开承诺向武汉某医院捐赠N95医用口罩100万个。该医院向乾坤公司请求交付，乾坤公司必须交付。

《民法典》第660条规定："经过公证的赠与合同或者依法不得撤销的具有救灾、扶贫、助残等公益、道德义务性质的赠与合同，赠与人不交付赠与财产的，受赠人可以请求交付。"《慈善法》第41条第1款规定："捐赠人应当按照捐赠协议履行捐赠义务。捐赠人违反捐赠协议逾期未交付捐赠财产，有下列情形之一的，慈善组织或者其他接受捐赠的人可以要求交付；捐赠人拒不交付的，慈善组织和其他接受捐赠的人可以依法向人民法院申请支付令或者提起诉讼：（1）捐赠人通过广播、电视、报刊、互联网等媒体公开承诺捐赠的；（2）捐赠财产用于本法第三条第一项至第三项规定的慈善活动，并签订书面捐赠协议的。"

本案乾坤公司通过电视公开承诺向武汉某医院捐赠，根据《慈善法》第41条第1款的规定，不能主张任意撤销权。

真题演练

1. 郭某意外死亡，其妻甲怀孕两个月。郭某父亲乙与甲签订协议："如把孩子顺利生下来，就送十根金条给孩子。"当日乙把八根金条交给了甲。孩子顺利出生后，甲不同意由乙抚养孩子，乙拒绝交付剩余的两根金条，并要求甲退回八根金条。下列哪些选项是正

确的？（2015-3-60 多）①
A. 孩子为胎儿，不具备权利能力，故协议无效
B. 孩子已出生，故乙不得拒绝赠与
C. 八根金条已交付，故乙不得要求退回
D. 两根金条未交付，故乙有权不交付

考点 赠与合同、胎儿的民事权利能力

第71讲

借款合同（一）：金融借款合同

一、借款合同的特征

借款合同是指借款人向贷款人借款，到期返还借款并支付利息的合同。在借款合同中，交付借款方为贷款人，接受借款方为借款人。借款合同的主要特征有：

（1）借款合同的标的物是货币；

（2）借款合同是转移货币的所有权的合同。借款合同依贷款人的不同，可以分为金融机构借款合同和民间借贷合同。借款合同的内容包括借款种类、币种、用途、数额、利率、期限和还款方式等条款。

二、金融借款合同当事人的权利义务

金融机构借款合同，是指金融机构作为贷款人一方办理贷款业务，向借款人提供贷款，借款人到期返还借款并支付利息的合同。金融机构借款合同是要式合同、诺成合同。

金融机构一般是指在中华人民共和国境内依法设立和经营金融业务的机构，包括银行、信用合作社、财务公司、信托投资公司、金融租赁公司等。实践中，金融机构包括经"一行两会"等金融监管部门批准设立的银行、非银行金融机构及各自的分支机构，以及经有关政府部门批准设立的从事金融活动的典当行、小额贷款公司等法人及其分支机构。原则上说，凡持牌经营的金融机构签订的借款合同，都属于金融借款合同的范畴。

---

① 答案：BC。考点1：胎儿的民事行为能力。《民法典》第16条规定："涉及遗产继承、接受赠与等胎儿利益保护的，胎儿视为具有民事权利能力。但是胎儿娩出时为死体的，其民事权利能力自始不存在。"郭某的父亲在协议中约定，将金条送给孩子，孩子是赠与合同的受赠人。胎儿在接受赠与时，视为具有民事权利能力，由其法定代理人即其妈妈甲代为接受，合同有效。且孩子顺利出生。故 A 选项错误。考点2：赠与人的任意撤销权。《民法典》第658条第1款规定："赠与人在赠与财产的权利转移之前可以撤销赠与。"第2款规定："经过公证的赠与合同或者依法不得撤销的具有救灾、扶贫、助残等公益、道德义务性质的赠与合同，不适用前款规定。"《民法典》658条第2款增加"依法不得撤销"，须有法律规定。乙与胎儿之间签订的赠与合同有效，具有道德义务，乙不享有任意撤销权。当然，本题如果交代公开承诺的情形则更为严谨。考点3：赠与人的法定撤销权。《民法典》第663条规定："受赠人有下列情形之一的，赠与人可以撤销赠与：（一）严重侵害赠与人或者赠与人近亲属的合法权益；（二）对赠与人有扶养义务而不履行；（三）不履行赠与合同约定的义务。赠与人的撤销权，自知道或者应当知道撤销事由之日起一年内行使。"故乙不得拒绝履行自己的义务(无任意撤销权)，已经交付的八根金条不得请求返还(无法定撤销权)，故 B 选项、C 选项正确，D 项错误。

贷款人的主要义务	（1）**按期、足额提供贷款的义务。** 贷款人未按照约定的日期、数额提供借款，造成借款人损失的，应当赔偿损失；借款的利息不得预先在本金中扣除，利息预先在本金中扣除的，应当按照实际借款数额返还借款并计算利息。 （2）**保密义务。** 金融机构作为贷款人一方，对于其在合同订立和履行阶段所了解的借款人的业务活动和财务状况负有保密义务，不得泄密或进行不正当使用。
借款人的主要义务	（1）**提供真实情况的义务。** 订立借款合同时，借款人应当按照贷款人的要求提供与借款有关的业务活动和财务状况的真实情况。 （2）**按照约定的日期和数额收取借款的义务。** 贷款人提供借款是为了通过收取利息来实现其营利目的，如果借款人未按照约定的日期和数额收取借款，可能损害贷款人的合法利益，故合同法规定，借款人未按照约定的日期、数额收取借款的，应当按照约定的日期、数额支付利息。 （3）**按照约定用途使用借款的义务。** 借款用途与借款人能否按期偿还贷款及按照约定支付利息密切相关。借款人擅自改变借款用途的，将增加贷款人的经营风险，故借款人未按照约定的借款用途使用借款的，贷款人可以停止发放借款、提前收回借款或者解除合同。 （4）**按期支付利息的义务。** 金融机构借款合同是有偿合同，借款人应当按照约定的期限支付利息。 ［注］变相利息的认定。金融借款合同纠纷中，借款人认为金融机构以服务费、咨询费、顾问费、管理费等为名变相收取利息，金融机构或者由其指定的人收取的相关费用不合理的，人民法院可以根据提供服务的实际情况确定借款人应否支付或者酌减相关费用。 （5）**按期返还借款的义务。** 借款人应当按照约定的期限返还借款。借款人未按照约定的期限返还借款的，应当按照约定或者国家有关规定支付逾期利息。借款人提前偿还借款的，除当事人另有约定的以外，应当按照实际借款的期间计算利息。借款人可以在还款期限届满之前向贷款人申请展期，贷款人同意的，可以展期。 （6）**容忍检查、监督的义务。** 在当事人双方有约定时，贷款人按照约定可以检查、监督借款的使用情况，借款人应当按照约定向贷款人定期提供有关财务会计报表等资料。

第72讲

借款合同(二)：民间借贷合同

一、民间借贷合同成立

自然人之间	实践合同——自贷款人提供借款时成立。
其他	诺成合同

二、民间借贷合同效力

有效的民间借贷合同	（1）法人之间、非法人组织之间以及它们相互之间为生产、经营需要订立的民间借贷合同； （2）法人或者非法人组织在本单位内部通过借款形式向职工筹集资金，用于本单位生产、经营； （3）借款人或者出借人的借贷行为涉嫌犯罪，或者已经生效的裁判认定构成犯罪，当事人提起民事诉讼的，民间借贷合同并不当然无效。
无效的民间借贷合同（《民间借贷规定》第14条）	（1）套取金融机构贷款转贷的； （2）以向其他营利法人借贷、向本单位职工集资，或者以向公众非法吸收存款等方式取得的资金转贷的； （3）未依法取得放贷资格的出借人，以营利为目的向社会不特定对象提供借款的； ①职业放贷人从事的民间借贷行为无效。未依法取得放贷资格的以民间借贷为业的法人，以及以民间借贷为业的非法人组织或者自然人从事的民间借贷行为，应当依法认定无效。 ②职业放贷人的认定。同一出借人在一定期间内多次反复从事有偿民间借贷行为的，一般可以认定为是职业放贷人。 （4）出借人事先知道或者应当知道借款人借款用于违法犯罪活动仍然提供借款的； （5）违反法律、行政法规强制性规定的； （6）违背公序良俗的。

三、担保责任★★

（一）他人签名的责任认定（《民间借贷规定》第20条）

他人在借据、收据、欠条等债权凭证或者借款合同上签名或者盖章，但是未表明其保证人身份或者承担保证责任，或者通过其他事实不能推定其为保证人，出借人无权请求其承担保证责任。

（二）网络贷款平台提供者责任认定（《民间借贷规定》第21条）

1. 借贷双方通过网络贷款平台形成借贷关系，网络贷款平台的提供者仅提供媒介服务，当事人无权请求其承担担保责任。

2. 网络贷款平台的提供者通过网页、广告或者其他媒介明示或者有其他证据证明其为借贷提供担保，出借人有权请求网络贷款平台的提供者承担担保责任。

四、民间借贷合同的利息与利率★★

利息之确定	（1）借贷双方没有约定利息，无息。 （2）利息约定不明： ①自然人之间借贷，无息。 ②除自然人之间借贷的外，出借人主张利息的，人民法院应当结合民间借贷合同的内容，并根据当地或者当事人的交易方式、交易习惯、市场报价利率等因素确定利息。
利率之确定	（1）有约定，按约定； （2）双方约定的利率超过**合同成立时**一年期贷款市场报价利率**四倍**的除外。
逾期利率	（1）借贷双方对逾期利率有约定的，从其约定，但是以不超过合同成立时一年期贷款市场报价利率四倍为限。 （2）未约定逾期利率或者约定不明的，人民法院可以区分不同情况处理： ①既未约定借期内利率，也未约定逾期利率，出借人有权主张借款人自逾期还款之日起参照当时一年期贷款市场报价利率标准计算的利息承担逾期还款违约责任； ②约定了借期内利率但是未约定逾期利率，出借人有权主张借款人自逾期还款之日起按照借期内利率支付资金占用期间利息。

第73讲

租赁合同

一、租赁合同的分类

租赁合同是指出租人将租赁物交付给承租人使用、收益，承租人支付租金的合同。租赁期限不得超过二十年。超过二十年的，超过部分无效。

定期租赁	定期租赁合同约定有明确期限的租赁。
不定期租赁	（1）不定期租赁 ①当事人对租赁期限没有约定或约定不明确，依据《民法典》第510条的规定仍不能确定的，视为不定期租赁； ②租赁期限六个月以上的，应当采用书面形式。当事人未采用书面形式，无法确定租赁期限的，视为不定期租赁。 ③租赁期限届满，承租人继续使用租赁物，出租人没有提出异议的。 （2）任意解除权 当事人可以随时解除合同，但是应当在合理期限之前通知对方。

二、租赁合同双方的权利义务【《民法典》修改】★★★

出租人义务	**(1) 出租人适租义务** ①出租人应保证租赁物在租赁期间符合约定的用途； ②租赁物危及承租人的安全或者健康的，即使承租人订立合同时明知该租赁物质量不合格，承租人仍然可以随时解除合同。 **(2) 出租人的维修义务** ①出租人应当履行租赁物的维修义务，但当事人另有约定的除外。 ②承租人在租赁物需要维修时可以请求出租人在合理期限内维修。出租人未履行维修义务的，承租人可以自行维修，维修费用由出租人负担。因维修租赁物影响承租人使用的，应当相应减少租金或者延长租期。 ③因承租人的过错致使租赁物需要维修的，出租人不承担维修义务。 **(3) 瑕疵担保义务** ①因第三人主张权利，致使承租人不能对租赁物使用、收益的，承租人可以请求减少租金或者不支付租金。 ②第三人主张权利的，承租人应当及时通知出租人。
承租人义务	**(1) 按约定支付租金。** **(2) 按照约定的方法使用租赁物。** **(3) 妥善保管租赁物。** 承租人应当妥善保管租赁物，因保管不善造成租赁物毁损、灭失的，应当承担赔偿责任。 **(4) 不得擅自改善和增设他物。** ①承租人经出租人同意，可以对租赁物进行改善或者增设他物。 ②承租人未经出租人同意，对租赁物进行改善或者增设他物的，出租人可以请求承租人恢复原状或者赔偿损失。 **(5) 不得擅自转租。**
转租	**(1) 合法转租** ①合同相对性。承租人经出租人同意，可以将租赁物转租给第三人。承租人转租的，承租人与出租人之间的租赁合同继续有效；第三人造成租赁物损失的，承租人应当赔偿损失。 ②转租合同效力。承租人经出租人同意将租赁物转租给第三人，转租期限超过承租人剩余租赁期限的，超过部分的约定对出租人不具有法律约束力，但是出租人与承租人另有约定的除外。 ③代为履行。承租人拖欠租金的，次承租人可以代承租人支付其欠付的租金和违约金，但是转租合同对出租人不具有法律约束力的除外。 次承租人代为支付的租金和违约金，可以充抵次承租人应当向承租人支付的租金；超出其应付的租金数额的，可以向承租人追偿。 **(2) 非法转租** ①承租人未经出租人同意转租的，出租人可以解除合同。 ②出租人知道或者应当知道承租人转租，但是在6个月内未提出异议的，视为出租人同意转租。

续表

法定解除权	**(1) 出租人的法定解除权** ①承租人未按照约定的方法或者未根据租赁物的性质使用租赁物，致使租赁物受到损失的，出租人可以解除合同并请求赔偿损失。 ②承租人擅自变动房屋建筑主体和承重结构或者扩建，在出租人要求的合理期限内仍不予恢复原状； ③承租人未经出租人同意转租，出租人知道或者应当知道擅自转租之日起6个月内未提出异议的，解除权消灭； ④承租人无正当理由未支付或者迟延支付租金的，出租人可以请求承租人在合理期限内支付；承租人逾期不支付的，出租人可以解除合同。 **(2) 承租人的法定解除权** ①因不可归责于承租人的事由，致使租赁物部分或者全部毁损、灭失的，承租人可以请求减少租金或者不支付租金；因租赁物部分或者全部毁损、灭失，致使不能实现合同目的的，承租人可以解除合同。 ②租赁物危及承租人的安全或者健康的，即使承租人订立合同时明知该租赁物质量不合格，承租人仍可以随时解除合同。 ③出租人就同一房屋订立数份有效的租赁合同，不能取得租赁房屋的承租人有权解除合同。 ④有下列情形之一，非因承租人原因致使租赁物无法使用的，承租人可以解除合同：租赁物被司法机关或者行政机关依法查封、扣押；租赁物权属有争议；租赁物具有违反法律、行政法规关于使用条件的强制性规定情形。
买卖不破租赁（《民法典》第725条）	租赁物在承租人依据租赁合同占有期间发生所有权变动的，不影响租赁合同的效力，即承租人的租赁权可以对抗租赁物的新所有权人。例外： （1）房屋在出租前已设立抵押权，因抵押权人实现抵押权发生所有权变动的； （2）房屋在出租前已被人民法院依法查封的。

三、房屋租赁合同

临时建筑及违法建筑租赁	**(1) 临时建筑的租赁** ①出租人就未经批准或者未按照批准内容建设的临时建筑，与承租人订立的租赁合同无效。但在一审法庭辩论终结前经主管部门批准建设的，人民法院应当认定有效。 ②租赁期限超过临时建筑的使用期限，超过部分无效。但在一审法庭辩论终结前经主管部门批准延长使用期限的，人民法院应当认定延长使用期限内的租赁期间有效。 [例] 居民甲经主管部门批准修建了一排临时门面房，核准使用期限为2年，甲将其中一间租给乙开餐馆，租期2年。期满后未办理延长使用期限手续，甲又将该房出租给了丙，并签订了1年的租赁合同。 ①甲与乙的租赁合同有效； ②甲与丙的租赁合同无效。 **(2) 违法建筑的租赁** 出租人就未取得建设工程规划许可证或者未按照建设工程规划许可证的规定建设的房屋，与承租人订立的租赁合同无效。但在一审法庭辩论终结前取得建设工程规划许可证或者经主管部门批准建设的，人民法院应当认定有效。

续表

扩建费用负担	承租人经出租人同意扩建，但双方对扩建费用的处理没有约定的，人民法院按照下列情形分别处理： （1）办理合法建设手续的，扩建造价费用由出租人负担； （2）未办理合法建设手续的，扩建造价费用由双方按照过错分担。 ［例］甲将其临街房屋和院子出租给乙作为汽车修理场所。经甲同意，乙先后两次自费扩建多间房屋作为烤漆车间。乙在又一次扩建报批过程中发现，甲出租的全部房屋均未经过城市规划部门批准，属于违章建筑。 ①租赁合同无效； ②因甲、乙对于扩建房屋都有过错，应分担扩建房屋的费用。
租赁合同备案	当事人未依照法律、行政法规规定办理租赁合同登记备案手续的，不影响合同的效力。
一房数租（《城镇房屋租赁合同解释》第5条）	（1）出租人就同一房屋订立数份租赁合同，在合同均有效的情况下，承租人均主张履行合同的，人民法院按照下列顺序确定履行合同的承租人： ①已经合法占有租赁房屋的； ②已经办理登记备案手续的； ③合同成立在先的。 （2）不能取得租赁房屋的承租人请求解除合同、赔偿损失的，依照民法典的有关规定处理。
法定承受（《民法典》第732条）	承租人在房屋租赁期间死亡的，与其生前共同居住的人或者共同经营人（个体工商户或者个人合伙方式从事经营活动）可以按照原租赁合同租赁该房屋。
优先购买权（《民法典》第726条-728条）	（1）适用范围 仅适用房屋租赁合同，其他租赁合同的承租人无优先购买权。 （2）内容 ①出租人出卖租赁房屋的，应当在出卖前15日通知承租人；拍卖的，应提前5天通知承租人； ②承租人在同等条件下享有优先于第三人购买的权利。 （3）优先购买权的例外 ①房屋按份共有人行使优先购买权的；（房屋按份共有人的优先购买权优先于房屋承租人的优先购买权） ②出租人将房屋出卖给近亲属，包括配偶、父母、子女、兄弟姐妹、祖父母、外祖父母、孙子女、外孙子女的； ③出租人履行通知义务后，承租人在15日内未明确表示购买的； ④出租人委托拍卖人拍卖租赁房屋的，应当在拍卖五日前通知承租人。承租人未参加拍卖的，视为放弃优先购买权。 （4）侵犯房屋承租人优先购买权的救济 出租人未通知承租人或者有其他妨害承租人行使优先购买权情形的，承租人可以请求出租人承担损害赔偿责任。但是，出租人与第三人订立的房屋买卖合同的效力不受影响。（《民法典》第728条） ［例］甲将房屋租给乙，在租赁期内未通知乙就把房屋出卖并过户给不知情的丙。乙得知后劝丙退出该交易，丙拒绝。乙可以主张由甲承担赔偿责任，因甲出卖房屋未通知乙而侵犯了乙的优先购买权。
房屋承租人的优先承租权	租赁期间届满，房屋承租人享有以同等条件优先承租的权利。（《民法典》第734条第2款）

［例］甲将房屋出租给乙，租期5年。半年后，甲通知乙欲出售该房屋，20天内乙未表态，甲遂将该房屋卖给丙，并办理了过户登记，乙有权主张租赁合同对丙继续有效（买卖不破租赁），但是因为承租人在15日内未明确表示购买，乙不能主张优先购买权。

真题演练

1. 甲把房子租给乙，租期两年，约定不得转租，乙因为找到更好的房子，将房子转租给丙，约定租期三年。甲因为给房子换锁，发现乙将房子转租事实，但未提出异议，一年后甲起诉乙。关于此案下列哪些说法是正确的？（2019考生回忆题）①
   A. 甲可以非法转租解除转租合同
   B. 甲可以非法转租认定合同无效
   C. 转租合同超过两年部分的约定对甲不具有法律约束力
   D. 可以追加丙作为第三人

考点 租赁合同

三、装饰装修物的处理

未经出租人同意的装修	出租人有权要求承租人恢复原状或赔偿损失。
经出租人同意的装修	**（1）未形成附合的装饰装修物**（如安装空调。） ①出租人同意利用的，可折价归出租人所有。 ②出租人不同意利用的，可由承租人拆除。因拆除造成房屋毁损的，承租人应当恢复原状。 **（2）形成附合的装饰装修物** ①租赁合同无效 第一，出租人同意利用的，可折价归出租人所有。 第二，出租人不同意利用的，由双方各自按照导致合同无效的过错分担现值损失。 ②租赁合同解除 第一，因出租人违约导致合同解除的，承租人有权请求出租人赔偿剩余租期内装饰装修残值。 第二，因承租人违约导致合同解除的，承租人不得请求出租人赔偿剩余租期内装饰装修残值。但出租人同意利用的，应在利用价值范围内予以适当补偿。 第三，因双方违约导致合同解除，按照过错比例分担剩余租赁期内的装饰装修残值损失。 第四，因不可归责于双方的事由导致合同解除的，剩余租期内的装饰装修残值损失，由双方按照公平原则分担。 ③租期届满 由于装饰装修物的价值在租期内已经由承租人收回，故承租人不得请求出租人补偿附合装饰装修物费用。 ［例］甲将自己房屋出租给乙，租期10年。经甲同意，乙装修房屋材料花费20万元。租期届满，装修物现有价值2万元。乙不能请求甲补偿。

---

① 答案：CD。《民法典》第718条规定："出租人知道或者应当知道承租人转租，但是在六个月内未提出异议的，视为出租人同意转租。"一年后甲起诉乙，除斥期间经过，解除权消灭，转租合同有效，故A、B错误。《民法典》第717条规定："承租人经出租人同意将租赁物转租给第三人，转租期限超过承租人剩余租赁期限的，超过部分的约定对出租人不具有法律约束力，但是出租人与承租人另有约定的除外。"所以，C选项正确。《城镇房屋租赁合同解释》第16条第2款规定："因租赁合同产生的纠纷案件，人民法院可以通知次承租人作为第三人参加诉讼。"所以，D正确。

第74讲

融资租赁合同

融资租赁合同，是指出租人根据承租人对出卖人、租赁物的选择，向出卖人购买租赁物，提供给承租人使用，承租人支付租金的合同。

融资租赁特征★★	（1）两个合同，三方当事人 ①两个合同：买卖合同、租赁合同； ②三方当事人：出卖人（供货商）、出租人（买受人）、承租人。 （2）融资与融物的结合 ①融资租赁集借贷、租赁、买卖于一体，是将融资与融物结合在一起的交易方式。 ②融资租赁合同的租金，除当事人另有约定外，应当根据购买租赁物的大部分或者全部成本以及出租人的合理利润确定。
	（3）承租人将其自有物出卖给出租人，再通过融资租赁合同将租赁物从出租人处租回的，人民法院不应仅以承租人和出卖人系同一人为由认定不构成融资租赁法律关系。
合同效力★★	（1）虚构租赁物：无效。当事人以虚构租赁物方式订立的融资租赁合同无效。（《民法典》第736条） （2）行政许可：不影响合同效力。依照法律、行政法规的规定对于租赁物的经营使用应当取得行政许可的，出租人未取得行政许可不影响融资租赁合同的效力。
出卖人的义务	（1）按照约定向承租人交付租赁物。 （2）承租标的物的瑕疵担保义务。
出租人的义务	（1）向出卖人支付标的物的价金。 （2）在承租人向出卖人行使索赔权时，负有协助义务。 出租人、出卖人、承租人可以约定，出卖人不履行买卖合同义务的，由承租人行使索赔的权利。承租人行使索赔权利的，出租人应当协助。 （3）不变更买卖合同中与承租人有关条款的不作为义务。 （4）出租人不承担租赁物的瑕疵担保责任。 租赁物不符合约定或者不符合使用目的的，出租人不承担责任。但是，承租人依赖出租人的技能确定租赁物或者出租人干预选择租赁物的除外。 （5）出租人应当保证承租人对租赁物的占有和使用。 （6）出租人不承担物件致人损害责任。 承租人占有租赁物期间，租赁物造成第三人人身损害或者财产损失的，出租人不承担责任。
承租人的义务	（1）维修义务 承租人应当妥善保管、使用租赁物。承租人应当履行占有租赁物期间的维修义务。 （2）支付租金 ①租赁物存有瑕疵时，承租人不得拒付租金。承租人对出卖人行使索赔权利，不影响其履行支付租金的义务。但是，承租人依赖出租人的技能确定租赁物或者出租人干预选择租赁物的，承租人可以请求减免相应租金。 ②承租人承担租金风险。承租人占有租赁物期间，租赁物毁损、灭失的，出租人有权请求承租人继续支付租金，但是法律另有规定或者当事人另有约定的除外。 ③出租人的选择权。承租人应当按照约定支付租金。承租人经催告后在合理期限内仍不支付租金的，出租人可以请求支付全部租金；也可以解除合同，收回租赁物。

续表

承租人的权利【《民法典》修改】★★★	（1）承租人享有买受人的权利。出租人根据承租人对出卖人、租赁物的选择订立的买卖合同，出卖人应当按照约定向承租人交付标的物，承租人享有与受领标的物有关的买受人的权利。 （2）承租人拒绝受领权。出卖人违反向承租人交付标的物的义务，有下列情形之一的，承租人可以拒绝受领出卖人向其交付的标的物：①标的物严重不符合约定；②未按照约定交付标的物，经承租人或者出租人催告后在合理期限内仍未交付。承租人拒绝受领标的物的，应当及时通知出租人。 （3）出租人导致索赔失败的后果。出租人有下列情形之一，致使承租人对出卖人索赔失败的，承租人有权请求出租人承担相应责任：①明知租赁物有质量瑕疵而不告知承租人；②承租人行使索赔权时，未及时提供必要协助；③出租人怠于行使只能由其对出卖人行使的索赔权权利。 （4）请求出租人损害赔偿。出租人有下列情形之一的，承租人有权请求其赔偿损失：①无正当理由收回租赁物；②无正当理由妨碍、干扰承租人对租赁物的占有和使用；③因出租人的原因致使第三人对租赁物主张权利；④不当影响承租人对租赁物占有和使用的其他情形。
融资租赁合同解除★★★	（1）出租人或承租人双方解除 ①出租人与出卖人订立的买卖合同解除，被确认无效或被撤销，且双方未能重新订立买卖合同。 ②租赁物因不可归责于双方的原因意外毁损灭失，且不能修复或确定替代物。 ③因出卖人的原因，致使融资租赁合同的目的不能实现。 （2）仅出租人享有法定解除权的情形： ①承租人未按照**合同约定**的期限和数额支付租金，符合合同约定的解除条件，经出租人催告后在合理期限内仍不支付的； ②合同对于欠付租金解除合同的情形**没有明确约定**，但承租人欠付租金达到两期以上，或者数额达到全部租金15%以上，经出租人催告后在合理期限内仍不支付的； ③承租人违反合同约定，致使合同目的不能实现的其他情形。 ④承租人未经出租人同意，将租赁物转让、抵押、质押、投资入股或者以其他方式处分的，出租人可以解除融资租赁合同。（《民法典》第753条） （3）承租人的解除权 因出租人的原因致使承租人无法占有、使用租赁物，承租人有权请求解除融资租赁合同。 （4）出租人的选择权。承租人应当按照约定支付租金。承租人经催告后在合理期限内仍不支付租金的，出租人可以请求**支付全部租金**；也可以**解除合同**，收回租赁物。（《民法典》第752条） **其一，承租人未按照约定支付租金** ①经**催告**后在合理期限内仍不支付，出租人有权请求承租人支付**全部剩余租金**（加速到期），并以拍卖、变卖租赁物所得的**价款受偿**。 ②当事人有权请求参照民事诉讼法"实现担保物权案件"的有关规定，以拍卖、变卖租赁物所得价款支付租金。

续表

融资租赁合同解除 ★★★	**其二，出租人请求解除融资租赁合同并收回租赁物** ①承租人以抗辩或者反诉的方式主张返还租赁物价值超过欠付租金以及其他费用的，人民法院应当一并处理。 《民法典》第758条第1款规定："当事人约定租赁期限届满租赁物归承租人所有，承租人已经支付大部分租金，但是无力支付剩余租金，出租人因此解除合同收回租赁物，收回的租赁物的价值超过承租人欠付的租金以及其他费用的，承租人可以请求相应返还。" ②当事人对租赁物的价值有争议的，应当按照下列规则确定租赁物的价值： 第一，有约定的，按照其约定； 第二，未约定或者约定不明的，根据约定的租赁物折旧以及合同到期后租赁物的残值来确定； 第三，根据前两项规定的方法仍然难以确定，或者当事人认为根据前两项规定的方法确定的价值严重偏离租赁物实际价值的，根据当事人的申请委托有资质的机构评估。
融资租赁合同被解除的后果	（1）因买卖合同而解除 ①融资租赁合同因买卖合同解除、被确认无效或者被撤销而解除，出卖人、租赁物系由承租人选择的，出租人有权请求承租人赔偿相应损失；但是，因出租人原因致使买卖合同解除、被确认无效或者被撤销的除外。 ②出租人的损失已经在买卖合同解除、被确认无效或者被撤销时获得赔偿的，承租人不再承担相应的赔偿责任。 （2）因标的物毁损、灭失而解除 融资租赁合同因租赁物交付承租人后意外毁损、灭失等不可归责于当事人的原因解除的，出租人可以请求承租人按照租赁物折旧情况给予补偿。
租赁物归属【《民法典》新增】★★★	（1）出租人和承租人可以约定租赁期间届满租赁物的归属。对租赁物的归属没有约定或者约定不明确，依据民法第510条的规定仍不能确定的，租赁物的所有权归出租人。 （2）约定归承租人所有。 ①当事人约定租赁期限届满租赁物归承租人所有，承租人已经支付大部分租金，但是无力支付剩余租金，出租人因此解除合同收回租赁物的，收回的租赁物的价值超过承租人欠付的租金以及其他费用的，承租人可以请求相应返还。 ②当事人约定租赁期限届满，承租人仅需向出租人支付象征性价款的，视为约定的租金义务履行完毕后租赁物的所有权归承租人。 （3）约定归出租人所有。当事人约定租赁期间届满租赁物归出租人所有，因租赁物毁损、灭失或者附合、混合于他物致使承租人不能返还的，出租人有权请求承租人给予合理补偿。 （4）融资租赁合同无效。融资租赁合同无效，当事人就该情形下租赁物的归属有约定的，按照其约定；没有约定或者约定不明确的，租赁物应当返还出租人。但是，因承租人原因致使合同无效，出租人不请求返还或者返还后会显著降低租赁物效用的，租赁物的所有权归承租人，由承租人给予出租人合理补偿。 （5）出租人对租赁物享有的所有权，未经登记，不得对抗善意第三人。（《民法典》第745条）

真题演练

1. 甲、乙、丙三人签订合伙协议并开始经营,但未取字号,未登记,也未推举负责人。其间,合伙人与顺利融资租赁公司签订融资租赁合同,租赁淀粉加工设备一台,约定租赁期限届满后设备归承租人所有。合同签订后,出租人按照承租人的选择和要求向设备生产商丁公司支付了价款。请回答(1)~(3)题。(2016-3-86~88 不定项)

(3)如租赁期间因设备自身原因停机,造成承租人损失。下列说法正确的是:①

A. 出租人应减少租金
B. 应由丁公司修理并赔偿损失
C. 承租人向丁公司请求承担责任时,出租人有协助义务
D. 出租人与丁公司承担连带责任

考点 融资租赁合同

---

① 答案:BC。考点1:瑕疵担保责任。《民法典》第747条规定:"租赁物不符合约定或者不符合使用目的的,出租人不承担责任。但是,承租人依赖出租人的技能确定租赁物或者出租人干预选择租赁物的除外。"融资租赁合同,由出卖人承担瑕疵担保责任,出租人原则上不承担瑕疵担保责任,因设备自身原因停机不是免除或减轻租金支付的事由,所以,A选项错误。承租人可向出卖人丁主张合同责任即违约责任或者物的瑕疵担保责任。其中违约责任中就有采取补救措施或赔偿损失的救济方式。所以,B选项正确,D选项错误。考点2:出租人的协助义务。《民法典》第741条规定:"出租人、出卖人、承租人可以约定,出卖人不履行买卖合同义务的,由承租人行使索赔的权利。承租人行使索赔权利的,出租人应当协助。"承租人向丁公司请求承担责任时,出租人有协助义务,C选项正确。

第 2 章 完成工作成果的合同

第 75 讲 承揽合同

承揽合同是承揽人按照定作人的要求完成工作，交付工作成果，定作人给付报酬的合同。承揽包括加工、定作、修理、复制、测试、检验等工作。

承揽合同的承揽人可以是一人，也可以是数人。在承揽人为数人时，数个承揽人即为共同承揽人。如无相反约定，共同承揽人对定作人承担连带责任。

一、当事人的权利义务

承揽人的义务及权利	承揽人的义务： （1）按约定完成工作； （2）提供或接受原材料； （3）及时通知和保密义务； （4）接受监督检查； （5）交付工作成果； （6）对工作成果的瑕疵担保。 （7）共同承揽人的连带责任。共同承揽人对定作人承担连带责任，但是当事人另有约定的除外。 承揽人的权利： 留置权或抗辩权：定作人未向承揽人支付报酬或者材料费等价款的，承揽人对完成的工作成果享有留置权或者有权拒绝交付，但是当事人另有约定的除外。
定作人的义务	（1）按照约定提供材料； （2）支付报酬； （3）协助义务； （4）验收并受领工作成果。

二、承揽合同的终止★★

任意解除权	定作人在承揽人**完成工作前**可以随时解除合同,造成承揽人损失的,应当赔偿损失。
违约解除	(1) 定作人解除 承揽人将其承揽的主要工作交由第三人完成的,应当就该第三人完成的工作成果向定作人负责;未经定作人同意的,**定作人**也可以解除合同。 (2) 承揽人解除 承揽工作需要定作人协助的,定作人有协助的义务。定作人不履行协助义务致使承揽工作不能完成的,承揽人可以催告定作人在合理期限内履行义务,并可以顺延履行期限;定作人逾期不履行的,**承揽人**可以解除合同。
违约损害赔偿	(1) 承揽人应当妥善保管定作人提供的材料以及完成的工作成果,因保管不善造成毁损、灭失的,应当承担损害赔偿责任。 (2) 承揽人发现定作人提供的图纸或者技术要求不合理的,应当及时通知定作人。因定作人怠于答复等原因造成承揽人损失的,应当赔偿损失。

真题演练

1. 方某为送汤某生日礼物,特向余某定做一件玉器。订货单上,方某指示余某将玉器交给汤某,并将订货情况告知汤某。玉器制好后,余某委托朱某将玉器交给汤某,朱某不慎将玉器碰坏。下列哪一表述是正确的?(2014-3-11 单)[①]

A. 汤某有权要求余某承担违约责任
B. 汤某有权要求朱某承担侵权责任
C. 方某有权要求朱某承担侵权责任
D. 方某有权要求余某承担违约责任

考点 承揽合同

第76讲

建设工程合同

建设工程合同,是指一方依约定完成建设工程,另一方按约定验收工程并支付酬金的合同。前者称承包人,后者称发包人。建设工程合同包括工程勘察、设计、施工合同,属于承揽合同的特殊类型,因此,法律对建设工程合同没有特别规定的,适用法律对承揽合

[①] 答案:D。考点1:侵权责任。承揽合同,定作的标的物在交付之前所有权属于承揽人。朱某将玉器交付给汤某前,汤某和方某均不是玉器的所有权人,故方某和汤某均无权向朱某主张侵权责任。B选项、C选项错误。考点2:违约责任。《民法典》第593条规定:"当事人一方因第三人的原因造成违约的,应当依法向对方承担违约责任。当事人一方和第三人之间的纠纷,依照法律规定或者按照约定处理。"承揽人余某因为第三人朱某的原因履行不合约定,仍须承担违约责任。根据方某的指示,余某向第三人汤某履行不符合约定,依据合同的相对性,应当向方某承担违约责任。故D选项正确,A选项错误。

同的相关规定。

一、建设工程合同

建设工程合同内容确定	（1）**以中标合同确定权利义务**：招标人和中标人另行签订的建设工程施工合同约定的工程范围、建设工期、工程质量、工程价款等实质性内容，与中标合同不一致，按照中标合同确定权利义务。（《建设工程合同解释（一）》第2条第1款） （2）**工程价款结算依据**：当事人签订的建设工程施工合同与招标文件、投标文件、中标通知书载明的工程范围、建设工期、工程质量、工程价款不一致，一方当事人有权请求将招标文件、投标文件、中标通知书作为结算工程价款的依据。（《建设工程合同解释（一）》第22条） （3）**垫资性质的确定**：当事人对垫资和垫资利息有约定，承包人请求按照约定返还垫资及其利息的，应予支持，但是约定的利息计算标准高于垫资时的同类贷款利率或者同期贷款市场报价利率的部分除外。当事人对垫资没有约定的，按照工程欠款处理。当事人对垫资利息没有约定的，承包人请求支付利息的，不予支持。
无效的建设工程合同★★★	（1）**转包合同** 转包是指承包人以营利为目的，将承包的工程全部交由第三人的行为。 ①转包合同一律无效； ②承包人非法转包的，发包人有权解除建设工程施工合同。 （2）**违法分包合同** ①合法分包：指建设工程的承包方（勘察人、设计人、施工人）经发包方同意后，依法将其承包的"部分"工程交给第三人完成的行为。 ②违法分包：承包人违反法律的强制性规定而与第三人订立的分包合同。 其一，将主体工程分包； 其二，将工程支解后分包； 其三，分包人再度分包； 其四，分包给无相应资质的承包人。 ③劳务分包：具有劳务作业法定资质的承包人与总承包人、分包人签订的劳务分包合同，当事人请求确认无效的，不予支持。 ④分包人的连带责任 其一，分包合同有效的，分包人与总承包人或者勘察、设计、施工承包人向发包人承担连带责任； 其二，因建设工程质量发生争议，发包人可以以总承包人、分包人和实际施工人为共同被告提起诉讼。 （3）**承包人无资质** 承包人未取得建筑业企业资质或者超越资质等级的。承包人超越资质等级许可的业务范围签订建设工程施工合同，在建设工程**竣工前**取得相应资质等级，合同有效。 （4）挂靠。没有资质的实际施工人借用有资质的建筑施工企业名义。 缺乏资质的单位或者个人**借用有资质**的建筑施工企业名义签订建设工程施工合同，发包人有权请求出借方与借用方对建设工程质量不合格等因出借资质造成的损失承担**连带赔偿责任**。 （5）强制招标。建设工程必须进行招标而未招标或者中标无效。 （6）阴阳合同

续表

无效的建设工程合同★★★	招标人和中标人在中标合同之外就明显高于市场价格购买承建房产、无偿建设住房配套设施、让利、向建设单位捐赠财物等另行签订合同，变相降低工程价款，一方当事人可以该合同背离中标合同实质性内容为由请求确认无效。（《建设工程合同解释（一）》第2条第2款） **(7) 未取得建设工程规划许可证。** ①发包人未取得建设工程规划许可证等规划审批手续，建设工程施工合同无效，但发包人在起诉前取得建设工程规划许可证等规划审批手续的除外。 ②发包人能够办理审批手续而未办理，并以未办理审批手续为由请求确认建设工程施工合同无效的，人民法院不予支持。
合同无效的法律后果【《民法典》修改】★★★	（1）建设工程施工合同无效，但是建设工程经验收合格的，可以参照合同关于工程价款的约定折价补偿承包人。（《民法典》第793条）（不当得利） （2）建设工程施工合同无效，且建设工程经验收不合格的，按照以下情形处理： ①修复后的建设工程经验收合格的，发包人可以请求承包人承担修复费用； ②修复后的建设工程经验收不合格的，承包人无权请求参照合同关于工程价款的约定折价补偿。 发包人对因建设工程不合格造成的损失有过错的，应当承担相应的责任。 （3）当事人就同一建设工程订立的数份建设工程施工合同均无效，但建设工程质量合格，当事人有权请求参照实际履行的合同关于工程价款的约定折价补偿承包人。实际履行的合同难以确定，当事人有权请求参照**最后签订**的合同关于工程价款的约定折价补偿承包人。（《建设工程合同解释（一）》第24条） [例] 甲房地产开发公司开发一个较大的项目，作为发包人，甲公司将该项目的主体工程发包给了乙企业，签署了建设工程施工合同。乙企业一直未取得建筑施工企业资质。现该项目主体工程已封顶完工。 ①乙企业一直未取得建筑施工企业资质，所以该建设工程施工合同无效； ②若该项目主体工程经竣工验收合格，则乙企业可参照合同约定请求甲公司支付工程价款； ③若该项目主体工程经竣工验收不合格，经修复后仍不合格的，乙企业不能主张工程价款。 （4）建设工程施工合同无效，一方当事人请求对方赔偿损失的，应当就对方过错、损失大小、过错与损失之间的因果关系承担举证责任。损失大小无法确定，一方当事人请求参照合同约定的质量标准、建设工期、工程价款支付时间等内容确定损失大小的，人民法院可以结合双方过错程度、过错与损失之间的因果关系等因素作出裁判。
合同解除【《民法典》修改】★★★	（1）发包人的解除权 ①承包人明确表示或者以行为表明不履行主要义务； ②承包人在合同约定的履行期限内没有完工，且在发包人催告的合理期限内仍未完工； ③承包人已经完成的建设工程质量不合格，并拒绝修复； ④承包人将建设工程转包、违法分包。

续表

合同解除【《民法典》修改】★★★	（2）承包人的解除权 ①发包人提供的主要建筑材料、建筑构配件和设备不符合强制性标准或者不履行协助义务，致使承包人无法施工，经催告后在合理期限内仍未履行相应义务的，**承包人可以解除合同**。（《民法典》第806条第2款） ②发包人具有下列情形之一，致使承包人无法施工，且在催告的合理期限内，仍未履行相应义务，**承包人有解除权**：一是，未按约定支付工程价款的；二是，不履行合同约定的协助义务的。 （3）**解除的后果**： ①建设施工合同解除后，已经完成的建设工程质量合格的，发包人应当按照约定支付相应的工程价款； ②已经完成的建设工程质量不合格的： 第一，修复后的建设工程经验收合格的，发包人可以请求承包人承担修复费用； 第二，修复后的建设工程经验收不合格的，承包人不能请求参照合同关于工程价款的约定补偿。
承包人的优先受偿权★★★	（1）**主体** ①**与发包人订立建设工程施工合同的承包人**，有权请求其承建工程的价款就工程折价或者拍卖的价款优先受偿。（《建设工程合同解释（一）》第35条） ②装饰装修工程具备折价或者拍卖条件，**装饰装修工程的承包人**有权请求工程价款就该装饰装修工程折价或者拍卖的价款优先受偿。（《建设工程合同解释（一）》第37条） （2）**条件** ①**建设工程质量合格**，承包人有权请求其承建工程的价款就工程折价或者拍卖的价款优先受偿。 ②**未竣工的建设工程质量合格**，承包人有权请求其承建工程的价款就其承建工程部分折价或者拍卖的价款优先受偿。 （3）**行使** 协议将工程折价或申请法院依法拍卖。 （4）**效力** 承包人的优先受偿权优先于抵押权和其他债权。 （5）**范围** 工程款优先受偿的范围包括：应当支付的工作人员报酬、材料款等，不包括逾期支付建设工程价款的利息、违约金、损害赔偿金等。 （6）**行使期限** 承包人应当在合理期限内行使建设工程价款优先受偿权，但最长不得超过18个月，自发包人应当给付建设工程价款之日起算。（《建设工程合同解释（一）》第41条） （7）**放弃优先受偿权的限制** 发包人与承包人约定放弃或者限制建设工程价款优先受偿权，**损害建筑工人利益**，该放弃或限制行为无效。

二、商品房消费者保护

房屋能够交付	1.主体 （1）商品房消费者以居住为目的购买房屋并已支付全部价款。 （2）或者只支付了部分价款的商品房消费者，在一审法庭辩论终结前已实际支付剩余价款。 2.顺位 房屋交付请求权优先于建设工程价款优先受偿权、抵押权以及其他债权。
房屋不能交付	在房屋不能交付且无实际交付可能的情况下： 商品房消费者的价款返还请求权优先于建设工程价款优先受偿权、抵押权以及其他债权。

真题演练

1. 甲公司与没有建筑施工资质的某施工队签订合作施工协议，由甲公司投标乙公司的办公楼建筑工程，施工队承建并向甲公司交纳管理费。中标后，甲公司与乙公司签订建筑施工合同。工程由施工队负责施工。办公楼竣工验收合格交付给乙公司。乙公司尚有部分剩余工程款未支付。下列哪一选项是正确的？（2015-3-14 单）[①]

A. 合作施工协议有效
B. 建筑施工合同属于效力未定
C. 施工队有权向甲公司主张工程款
D. 甲公司有权拒绝支付剩余工程款

考点 建设工程合同

[①] 答案：C。考点1：建设工程合同效力。甲公司将工程全部转包给施工队，而且施工队没有相应的资质，甲与施工队之间的合作施工协议无效，故 A 选项错误。甲通过投标，与乙公司之间签订的建筑施工合同，内容合法，合同有效，故 B 选项错误。考点2：工程款支付。《民法典》第 793 条第 1 款规定："建设工程施工合同无效，但是建设工程经验收合格的，可以参照合同关于工程价款的约定折价补偿承包人。"合同无效之后，如果工程合格，可以主张相应的工程款，故 C 选项正确。《建设工程合同解释（一）》第 43 条规定，实际施工人以转包人、违法分包人为被告起诉的，人民法院应当依法受理。实际施工人以发包人为被告主张权利的，人民法院应当追加转包人或者违法分包人为本案第三人，在查明发包人欠付转包人或者违法分包人建设工程价款的数额后，判决发包人在欠付建设工程价款范围内对实际施工人承担责任。施工合格后，实际施工人如果拿不到工程款，可以直接起诉违法分包人，也可以起诉发包人，发包人只在欠付工程款的范围内负责，甲应当向施工队支付欠付的工程款，故 D 选项错误。

第3章 提供劳务的合同

第77讲

保管合同、仓储合同及运输合同

一、保管合同与仓储合同★★

保管合同	保管合同是保管人保管寄存人交付的保管物,并返还该物的合同。寄存人到保管人处从事购物、就餐、住宿等活动,将物品存放在指定场所的,视为保管,但是当事人另有约定或者另有交易习惯的除外。 **(1) 实践合同:** 保管合同自保管物交付时成立,但当事人另有约定的除外。 **(2) 保管人的权利义务** ①保管费请求权:如无约定,视为无偿保管; ②自己保管的义务:不得将保管物转交第三人保管,有约定除外; ③妥善保管义务:保管期间,因保管人保管不善造成保管物毁损、灭失的,保管人应当承担赔偿责任。但是,无偿保管人证明自己没有故意或者重大过失的,不承担赔偿责任。 **(3) 解除权** ①寄存人可以随时领取保管物; ②当事人对保管期间没有约定或者约定不明确的,保管人可以随时请求寄存人领取保管物;约定保管期间的,保管人无特别事由,不得请求寄存人提前领取保管物。
仓储合同	**(1) 诺成合同:** 仓储合同自保管人和存货人意思表示一致时成立。(《民法典》第905条) **(2) 解除权** 当事人对储存期间没有约定或者约定不明确的,存货人或者仓单持有人可以随时提取仓储物,保管人也可以随时要求存货人或者仓单持有人提取仓储物,但是应当给予必要的准备时间。 **(3) 赔偿责任** 储存期间,因保管人保管不善造成仓储物毁损、灭失的,保管人应当承担损害赔偿责任。因仓储物的性质、包装不符合约定或者超过有效储存期造成仓储物变质、损坏的,保管人不承担赔偿责任。

二、运输合同

客运合同	**(1) 承运人的救助义务** ①承运人在运输过程中，应当尽力救助患有急病、分娩、遇险的旅客。 ②违反安全保障义务，应当承担违约责任或侵权责任。 **(2) 人身损害：无过错责任** 免责事由： ①伤亡是旅客**自身健康原因**造成的； ②或者承运人证明伤亡是**旅客故意、重大过失造成**的。 适用于按照规定免票、持优待票或者经承运人许可搭乘的无票旅客。 **(3) 财产损害** ①在运输过程中旅客随身携带物品毁损、灭失，承运人有过错的，应当承担赔偿责任。（过错责任） ②旅客托运的行李毁损、灭失的，适用货物运输的有关规定。（无过错责任，《民法典》824条） **(4) 迟延运输的责任**（《民法典》第820条） 承运人应当按照有效客票记载的时间、班次和座位号运输旅客。承运人迟延运输或者有其他不能正常运输情形的，应当及时告知和提醒旅客，采取必要的安置措施，并根据旅客的要求安排改乘其他班次或者退票；由此造成旅客损失的，承运人应当承担赔偿责任，但是不可归责于承运人的除外。
货运合同	**(1) 托运人的任意变更权、任意解除权** 在承运人将货物交付收货人之前，托运人可以要求承运人中止运输、返还货物、变更到达地或者将货物交给其他收货人，但是应当赔偿承运人因此受到的损失。 **(2) 货物损害：无过错责任**（《民法典》第832条） 免责事由： ①承运人证明货物的毁损、灭失是因**不可抗力**造成的； ②承运人证明货物的毁损、灭失是**货物本身的自然性质或者合理损耗造成的**； ③承运人证明货物的毁损、灭失是**托运人、收货人的过错造成**的。 **(3) 运费负担** ①货物在运输过程中因不可抗力灭失，未收取运费的，承运人不得要求支付运费； ②已收取运费的，托运人可以要求返还。 ③法律另有规定的，依照其规定。 **(4) 单式联运** 两个以上的同一种方式承运人承运货物的，由与托运人订立合同的承运人对全程运输承担责任。运送货物有损害的，缔约之承运人与致害运送人负连带赔偿责任。 **(5) 多式联运** ①多式联运经营人对全程运输享有承运人的权利，承担承运人的义务； ②多式联运经营人可以与参加多式联运的各区段承运人就多式联运合同的各区段运输约定相互之间的责任，但该约定不影响多式联运经营人对全程运输的义务。

第78讲

委托合同、行纪合同及中介合同

一、委托合同

委托合同又称委任合同，是指委托人与受托人约定，由受托人处理委托人事务的合同。其中，委托他人为自己处理事务的人称委托人，接受他人委托的人称受托人。处理委托事务的行为可以是事实行为也可以是法律行为。

受托人的主要义务	（1）依委托人指示处理委托事务； （2）亲自处理委托事务；经委托人同意、事后追认或紧急情况下为了委托人利益，可以转委托。 （3）报告义务； （4）交付财产义务； （5）谨慎处理义务： ①有偿的委托合同，因受托人的过错给委托人造成损失的，委托人可以要求赔偿损失。 ②无偿的委托合同，因受托人的故意或者重大过失给委托人造成损失的，委托人可以要求赔偿损失。 受托人超越权限造成委托人损失的，应当赔偿损失。 （6）间接代理中的披露义务。 （7）连带责任： 两个以上的受托人共同处理委托事务的，对委托人承担连带责任。
委托人的主要义务	（1）支付费用的义务； （2）支付报酬义务；因不可归责于受托人的事由，委托合同解除或者委托事务不能完成的，委托人应当向受托人支付相应的报酬。当事人另有约定的，按照其约定。 （3）赔偿义务： ①受托人在处理事务过程中，因不可归责于自己的事由而受到损失的，有权要求委托人赔偿损失。 ②委托人经受托人同意，可以在受托人之外委托第三人处理委托事务。因此造成受托人损失的，受托人可以向委托人请求赔偿损失。
委托合同终止 ★★	（1）委托事务完成或双方协商解除委托合同。 （2）委托人或者受托人任意解除委托合同。（《民法典》第933条） 委托人或者受托人可以随时解除委托合同。因解除合同造成对方损失的，除不可归责于该当事人的事由外： ①无偿委托合同的解除方应当赔偿因解除时间不当造成的直接损失； ②有偿委托合同的解除方应当赔偿对方的直接损失和合同履行后可以获得的利益。 （3）委托人死亡、终止或者受托人死亡、丧失民事行为能力、终止的，委托合同终止。但是，当事人另有约定或者根据委托事务的性质不宜终止的除外。 （4）因委托人死亡或者被宣告破产、解散，致使委托合同终止将损害委托人利益的，在委托人的继承人、遗产管理人或者清算人承受委托事务之前，受托人应当继续处理委托事务。

💡 真题演练

1. 某律师事务所指派吴律师担任某案件的一、二审委托代理人。第一次开庭后，吴律师感觉案件复杂，本人和该事务所均难以胜任，建议不再继续代理。但该事务所坚持代理。一审判决委托人败诉。下列哪些表述是正确的？（2013-3-60 多）①

A. 律师事务所有权单方解除委托合同，但须承担赔偿责任
B. 律师事务所在委托人一审败诉后不能单方解除合同
C. 即使一审胜诉，委托人也可解除委托合同，但须承担赔偿责任
D. 只有存在故意或者重大过失时，该律师事务所才对败诉承担赔偿责任

考点 委托合同

二、行纪合同

概念	一方根据他方的委托，以自己的名义为他方从事贸易活动，并收取报酬的合同。
当事人权利义务	**（1）行纪费用承担** 行纪人处理委托事务支出的费用，由行纪人负担，当事人另有约定的除外。 **（2）行纪报酬的支付** 行纪人完成或者部分完成委托事务的，委托人应当向其支付"相应"的报酬。 **（3）行纪人与第三人订立合同的，行纪人对该合同直接享有权利、承担义务。** 第三人不履行义务致使委托人受到损害的，行纪人应当承担损害赔偿责任，但行纪人与委托人另有约定的除外。
行纪人对买卖价格的义务	（1）行纪人**低于**委托人指定的价格卖出或者高于委托人指定的价格买入的，应当经委托人同意。未经委托人同意，行纪人补偿其差额的，该买卖对委托人发生效力。 （2）行纪人**高于**委托人指定的价格卖出或者低于委托人指定的价格买入的，可以按照约定增加报酬。没有约定或者约定不明确，依照《民法典》第510条的规定仍不能确定的，该利益属于委托人。 （3）委托人对价格有特别指示的，行纪人不得违背该指示卖出或者买入。 ［例］甲委托乙寄售行以该行名义将甲的一台仪器以3,000元出售，除酬金外双方对其他事项未作约定。其后，乙将该仪器以3,500元卖给了丙，为此乙多支付费用100元。 ①甲与乙订立的是行纪合同； ②高于约定价格卖得的500元属于甲； ③如仪器出现质量问题，丙应向乙主张违约责任； ④乙无权要求甲承担100元费用。
行纪人的自约权	（1）行纪人卖出或者买入具有市场定价的商品，除委托人有相反的意思表示的以外，行纪人自己可以作为买受人或者出卖人。 （2）行纪人有前款规定情形的，**仍然可以要求委托人支付报酬。**

---

① 答案：AC。考点1：任意解除权。《民法典》第933条规定："委托人或者受托人可以随时解除委托合同。因解除合同造成对方损失的，除不可归责于该当事人的事由外，无偿委托合同的解除方应当赔偿因解除时间不当造成的直接损失，有偿委托合同的解除方应当赔偿对方的直接损失和可以获得的利益。"委托合同双方当事人均享有任意解除权，A选项、C选项正确，B选项错误。考点2：委托合同的责任承担。《民法典》第929条第1款规定："有偿的委托合同，因受托人的过错给委托人造成损失的，委托人可以请求赔偿损失。无偿的委托合同，因受托人的故意或者重大过失给委托人造成损失的，委托人可以请求赔偿损失。"本案中没有明示是有偿委托还是无偿委托，只有存在故意或者重大过失时，该律师事务所才对败诉承担赔偿责任，针对的是无偿委托，所以D选项错误。

三、中介合同★★

定义	中介合同是中介人向委托人报告订立合同的机会或者提供订立合同的媒介服务，委托人支付报酬的合同。
费用与报酬	（1）中介人促成合同成立的，委托人应当按照约定支付报酬。对报酬没有约定或约定不明确，根据居间人的劳务合理确定 （2）因中介人提供订立合同的媒介服务而促成合同成立的，由该合同的当事人平均负担中介人的报酬； （3）中介人促成合同成立的，居间活动的费用，由居间人负担； （4）中介人未促成合同成立的，不得请求支付报酬，但是，可以按照约定请求委托人支付从事中介活动支出的必要费用。
跳单	委托人在接受中介人的服务后，利用中介人提供的交易机会或者媒介服务，绕开中介人直接订立合同的，应当向中介人支付报酬。（《民法典》第965条）

真题演练

1. 刘某与甲房屋中介公司签订合同，委托甲公司帮助出售房屋一套。关于甲公司的权利义务，下列哪一说法是错误的？（2015-3-15 单）[①]

A. 如有顾客要求上门看房时，甲公司应及时通知刘某
B. 甲公司可代刘某签订房屋买卖合同
C. 如促成房屋买卖合同成立，甲公司可向刘某收取报酬
D. 如促成房屋买卖合同成立，甲公司自行承担居间活动费用

考点 居间合同

【指导案例1号】 上海中原物业顾问有限公司诉陶德华居间合同纠纷案	
裁判要点	房屋买卖居间合同中关于禁止买方利用中介公司提供的房源信息却绕开该中介公司与卖方签订房屋买卖合同的约定合法有效。但是，当卖方将同一房屋通过多个中介公司挂牌出售时，买方通过其他公众可以获知的正当途径获得相同房源信息的，买方有权选择报价低、服务好的中介公司促成房屋买卖合同成立，其行为并没有利用先前与之签约中介公司的房源信息，故不构成违约。

---

① 答案：B。考点1：中介合同。《民法典》第961条规定："中介合同是中介人向委托人报告订立合同的机会或者提供订立合同的媒介服务，委托人支付报酬的合同。"在签订合同以后，顾客要求看房，甲公司应及时通知刘某，A选项正确，不选。考点2：中介并非代理。中介人甲公司没有获得刘某的授权，没有代理权，甲公司没有代理刘某签订房屋买卖合同的权利，故选B项错误，当选。考点3：中介合同的法律效果。《民法典》第963条第1款规定："中介人促成合同成立的，委托人应当按照约定支付报酬。对中介人的报酬没有约定或者约定不明确，依照本法第510条的规定仍不能确定的，根据中介人的劳务合理确定。因中介人提供订立合同的媒介服务而促成合同成立的，由该合同的当事人平均负担终结人的报酬。"第964条规定："中介人未促成合同成立的，不得请求支付报酬；但是，可以按照约定请求委托人支付从事中介活动支出的必要费用。"如促成房屋买卖合同成立，甲公司可向刘某收取报酬，如促成房屋买卖合同成立，甲公司自行承担居间活动费用，故C选项、D选项均正确，不选。

第79讲

保理合同

一、保理合同的概念及业务类型【《民法典》新增】★★★

（一）概念

保理合同是应收账款债权人将现有的或者将有的应收账款转让给保理人，保理人提供资金融通、应收账款管理或者催收、应收账款债务人付款担保等服务的合同。保理合同应当采用书面形式。保理合同的规则，没有法律规定特别规定的，适用债权转让的有关规定。

通知义务。保理人向应收账款债务人发出应收账款转让通知的，应当表明保理人身份并附有必要凭证。

（二）保理业务类型

根据不同的业务标准，保理业务主要分为以下几类：

1. 国内保理和国际保理。根据当事人所在地和保理业务经营地的不同，分为国内保理和国际保理。

2. 融资保理和非融资保理。融资保理是指在债权让与完成后，即向债权人提供一定比例资金的融资服务；非融资保理，是指保理人不直接为债权人提供资金，而是提供应收帐款管理、催收或者债务人付款担保等服务。

3. 有追索权的保理和无追索权的保理。根据保理人是否承担应收帐款债务人的信用风险，可以分为有追索权的保理和无追索权的保理。

二、有追索权的保理和无追索权的保理【《民法典》新增】★★★

类型	规则
有追索权的保理合同（回购型）	1. 当事人约定有追索权保理的，保理人的权利： （1）保理人可以向应收账款债权人主张返还保理融资款本息； （2）或者保理人可以向应收账款债权人主张回购应收帐款债权； （3）保理人也可以向应收账款债务人主张应收账款债权。保理人向应收账款债务人主张应收账款债权，在扣除保理融资款本息和相关费用后有剩余的，剩余部分应当返还给应收账款债权人。 2. 诉讼地位 （1）保理人有权以应收账款债权人或者应收账款债务人为被告提起诉讼； （2）保理人可以一并起诉应收账款债权人和应收账款债务人。

续表

有追索权的保理合同（回购型）	［例］建设银行与春风公司、大河公司签订有追索权的保理合同，约定春风公司将对大河公司的3000万元应收帐款转让给建设银行，建设银行向春风公司发放1500万元融资款作为转让价款。应收帐款到期后，不管何种原因导致应收帐款不足以支付融资利息及其他应付款，春风公司应当回购应收帐款。债务到期后，大河公司未清偿债务。建设银行可以选择春风公司或大河公司承担还款责任。如果建设银行向大河公司主张应收帐款债权获得3000万元，扣除1500万元本息和相关费用后，剩余部分应当返还给春风公司。
无追索权的保理合同（买断型）	当事人约定无追索权保理的，保理人的权利： 保理人应当向应收账款债务人主张应收账款债权，保理人取得超过保理融资款本息和相关费用的部分，无需向应收账款债权人返还。 ［例］建设银行与春风公司签订无追索权的保理合同，约定春风公司将对大河公司的3000万元应收帐款作价2000万元转让给建设银行。建设银行只能请求大河公司付款。如果获得3000万元，则可以保有3000万元；如果获得1500万元，则亏损500万元。

三、保理合同与基础关系【《民法典》新增】★★★

要正确认识保理合同与基础合同的关系。基础合同的存在是保理合同缔约的前提。但是，二者并非主从合同关系，而是相对独立的两个合同。应当看到，二者有关权利义务关系的约定存有牵连。

实践中，如果保理商明知基础合同约定应收账款债权不得转让，但仍然受让债权的，应当注意：一方面，前述约定并不当然影响保理合同的效力；另一方面，保理商以保理合同为依据向基础合同债务人主张债权的，并不能以此约束债务人，债务人仍可以此抗辩。

（一）虚构基础关系

应收账款债权人与债务人虚构应收账款作为转让标的，与保理人订立保理合同的，应收账款债务人不得以应收账款不存在为由对抗保理人，但是保理人明知虚构的除外。

［例］建设银行与春风公司、大河公司三方签订保理合同，约定春风公司将对大河公司的 3000 万元买卖合同应收帐款转让给建设银行。春风公司与大河公司不存在 3000 万元的买卖合同关系。建设银行要求大河公司付款，大河公司不得以春风公司与大河公司不存在买卖合同为由拒绝。但是，建设银行明知虚构买卖合同关系的，大河公司可以拒绝付款。

（二）基础关系变动的限制

应收账款债务人接到应收账款转让通知后，应收账款债权人和债务人无正当理由协商变更或者终止基础交易合同，对保理人产生不利影响的，对保理人不发生效力。

［例］春风公司与大河公司签订买卖合同，将价值 3000 万元的货物出卖给大河公司。春风公司将该 3000 万元应收帐款债权转让给建设银行，签订保理合同。

（1）债权人春风公司可以通知债务人大河公司；
（2）建设银行通知，应当表明保理人身份并附有必要凭证；

（3）大河公司接到应收账款转让通知后，春风公司和大河公司无正当理由协商变更或者终止货物买卖合同，对保理人产生不利影响的，对保理人不发生效力。

四、多次保理顺序的认定【《民法典》新增】★★★

应收账款债权人就同一应收账款订立多个保理合同，致使多个保理人主张权利的：（《民法典》第768条）

1. 已经登记的先于未登记的取得应收账款；
2. 均已经登记的，按照登记时间的先后顺序取得应收账款；
3. 均未登记的，由最先到达应收账款债务人的转让通知中载明的保理人取得应收账款；
4. 既未登记也未通知的，按照保理融资款或者服务报酬的比例取得应收账款。

《民法典担保制度解释》第66条第1款规定："同一应收账款同时存在保理、应收账款质押和债权转让，当事人主张参照民法典第768条的规定确定优先顺序的，人民法院应予支持。"

第4章 技术合同及合伙合同

第80讲 技术合同分类

技术合同是当事人就技术开发、转让、许可、咨询或者服务订立的确立相互之间权利和义务的合同。《民法典》第850条规定："非法垄断技术或者侵害他人技术成果的技术合同无效。"

一、技术开发合同★★

技术开发合同是指当事人之间就新技术、新产品、新工艺或者新材料及其系统的研究开发所订立的合同，包括委托开发合同和合作开发合同。技术开发合同应当采用书面形式，其客体是尚不存在的有待开发的技术成果。

（一）技术开发合同类型及内容

类型	违约责任	技术成果归属	技术秘密成果归属
委托开发合同	委托开发合同的当事人违反约定造成研究开发工作停滞、延误或者失败的，应当承担违约责任。	委托开发完成的发明创造成果归属： （1）委托开发完成的发明创造，除法律另有规定或者当事人另有约定外，申请专利的权利属于研究开发人。研究开发人取得专利权的，委托人可以依法实施该专利。 （2）研究开发人转让专利申请权的，委托人享有以同等条件优先受让的权利。	委托开发或者合作开发完成的技术秘密成果的使用权、转让权以及收益的分配办法： （1）由当事人约定； （2）没有约定或者约定不明确，依据民法典第510条的规定仍不能确定的，在没有相同技术方案被授予专利权前，当事人均有使用和转让的权利。①
合作开发合同	合作开发合同的当事人违反约定造成研究开发工作停滞、延误或者失败的，应当承担违约责任。	（1）合作开发完成的发明创造，申请专利的权利属于合作开发的当事人共有；当事人一方转让其共有的专利申请权的，其他各方享有以同等条件优先受让的权利。但是，当事人另有约定的除外。	

---

① 《技术合同解释》第20条规定，民法典第861条所称"当事人均有使用和转让的权利"，包括当事人均有不经对方同意而自己使用或者以普通使用许可的方式许可他人使用技术秘密，并独占由此所获利益的权利。当事人一方将技术秘密成果的转让权让与他人，或者以独占或者排他使用许可的方式许可他人使用技术秘密，未经对方当事人同意或者追认的，应当认定该让与或者许可行为无效。

续表

合作开发合同		（2）合作开发的当事人一方声明放弃其共有的专利申请权的，除当事人另有约定外，可以由另一方单独申请或者由其他各方共同申请。申请人取得专利权的，放弃专利申请权的一方可以免费实施该专利。 （3）合作开发的当事人一方不同意申请专利的，另一方或者其他各方不得申请专利。	（3）但是，委托开发的研究开发人不得在向委托人交付研究开发成果之前，将研究 开发成果转让给第三人。

（二）技术开发合同解除

因作为技术开发合同标的的技术已经由他人公开，致使技术开发合同的履行没有意义的，当事人可以解除合同。

（三）技术开发合同风险负担

1. 有约定，按约定。在技术开发合同履行过程中，因出现无法克服的技术困难，致使研究开发失败或者部分失败的，该风险由当事人约定；

2. 无约定，合理分担。没有约定或者约定不明确，依据民法第510条的规定仍不能确定的，风险由当事人合理分担。

3. 通知义务。当事人一方发现可能致使研究开发失败或者部分失败的情形时，应当及时通知另一方并采取适当措施减少损失；没有及时通知并采取适当措施，致使损失扩大的，应当就扩大的损失承担责任。

二、技术转让合同和技术许可合同★★

（一）技术转让合同和技术许可合同的概念及特征

技术转让合同是合法拥有技术的权利人，将现有特定的专利、专利申请、技术秘密的相关权利让与他人所订立的合同。技术许可合同是合法拥有技术的权利人，将现有特定的专利、技术秘密的相关权利许可他人实施、使用所订立的合同。技术转让合同和技术许可合同中关于提供实施技术的专用设备、原材料或者提供有关的技术咨询、技术服务的约定，属于合同的组成部分。

技术转让合同和技术许可合同可以约定实施专利或者使用技术秘密的范围，但是不得限制技术竞争和技术发展。其特征是：

（1）技术转让合同、许可合同的标的是已有的技术成果。

（2）依合同转移的是技术成果的所有权或使用权。

（3）技术转让合同、许可合同是双务、有偿、诺成、要式合同。

（二）技术转让合同和技术许可合同的类型

专利权转让合同	在专利权转让合同中，转让方的主要义务是依合同的约定将专利权以及与该专利权有关的技术资料移交给受让方并向受让方提供必要的技术指导；受让方的主要义务是依合同约定支付价款。
专利申请权转让合同	在专利申请权转让合同中，转让方的基本义务是依约定将申请专利的权利移交给受让方，同时提供申请专利和实施发明创造所需要的技术情报和资料；受让方的基本义务是依合同约定支付价款。
技术秘密转让、许可合同	（1）技术秘密转让合同的让与人和技术秘密使用许可合同的许可人应当按照约定提供技术资料，进行技术指导，保证技术的实用性、可靠性，承担保密义务。该保密义务，不限制许可人申请专利，但是当事人另有约定的除外。 （2）技术秘密转让合同的受让人和技术秘密使用许可合同的被许可人应当按照约定使用技术，支付转让费、使用费，承担保密义务。
专利实施许可合同	在专利实施许可合同中，许可方应依合同约定许可被许可方在约定的范围、期间内实施专利技术并在合同的有效期内维持专利的有效性；被许可方应依合同约定的范围、方式使用专利并按合同约定支付使用费。此外，双方当事人对在合同履行过程中知晓的对方的技术秘密和商业秘密，负有保密的义务。
职务技术成果转让合同（《民法典》847条）	（1）概念。职务技术成果是执行法人或者非法人组织的工作任务，或者主要是利用法人或者非法人组织的物质技术条件所完成的技术成果。 ①**执行法人或者非法人组织的工作任务所完成的技术成果** 第一，本职工作中作出技术成果； 第二，履行本单位交付的本职工作之外的任务作出的技术成果； 第三，退休、调离原单位后或劳动、人事关系终止后1年内作出的，与其在原单位承担的本职工作或原单位分配的任务有关的技术成果。 ②**主要是利用法人或者非法人组织的物质技术条件所完成的技术成果** 属于执行原所在单位的工作任务，又主要利用了现所在单位的物质技术条件的，应当按照该自然人原所在和现所在单位达成的协议确认权益。不能达成协议的，根据对完成该项技术成果的贡献大小由双方合理分享。 ③**职务技术成果的法律意义：** 第一，职务技术成果的使用权、转让权、专利申请权属于单位； 第二，单位对完成该项职务技术成果的个人给予奖励或者报酬。 第三，职务技术成果的完成人享有以同等条件优先受让该技术成果的权利。 （2）转让。职务技术成果的使用权、转让权属于法人或者非法人组织的，法人或者非法人组织可以就该项职务技术成果订立技术合同。 （3）完成人的优先受让权。法人或者非法人组织订立技术合同转让职务技术成果时，职务技术成果的完成人享有以同等条件优先受让的权利。

（三）违约责任及侵权责任

许可人的违约责任	（1）许可人未按照约定许可技术的，应当返还部分或者全部使用费，并应当承担违约责任； （2）实施专利或者使用技术秘密超越约定的范围的，违反约定擅自许可第三人实施该项专利或者使用该项技术秘密的，应当停止违约行为，承担违约责任； （3）违反约定的保密义务的，应当承担违约责任。 （4）让与人承担违约责任，参照适用前款规定。
被许可人的违约责任	（1）被许可人未按照约定支付使用费的，应当补交使用费并按照约定支付违约金； （2）不补交使用费或者支付违约金的，应当停止实施专利或者使用技术秘密，交还技术资料，承担违约责任； （3）实施专利或者使用技术秘密超越约定的范围的，未经许可人同意擅自许可第三人实施该专利或者使用该技术秘密的，应当停止违约行为，承担违约责任； （4）违反约定的保密义务的，应当承担违约责任。 （5）受让人承担违约责任，参照适用前款规定。
侵权责任	受让人或者被许可人按照约定实施专利、使用技术秘密侵害他人合法权益的，由让与人或者许可人承担责任，但是当事人另有约定的除外。

（四）后续技术成果归属

1. 当事人可以按照互利的原则，在合同中约定实施专利、使用技术秘密后续改进的技术成果的分享办法；
2. 没有约定或者约定不明确，依据民法典第 510 条的规定仍不能确定的，一方后续改进的技术成果，其他各方无权分享。

三、技术咨询合同和技术服务合同

（一）内容及违约责任

类型	内容	违约责任
技术咨询合同	技术咨询合同是当事人一方以技术知识为对方就特定技术项目提供可行性论证、技术预测、专题技术调查、分析评价报告等所订立的合同。	（1）委托人的违约责任。委托人未按照约定提供必要的资料，影响工作进度和质量，不接受或者逾期接受工作成果的，支付的报酬不得追回，未支付的报酬应当支付。 （2）受托人的违约责任。受托人未按期提出咨询报告或者提出的咨询报告不符合约定的，应当承担减收或者免收报酬等违约责任。 （3）委托人决策风险。委托人按照受托人符合约定要求的咨询报告和意见作出决策所造成的损失，由委托人承担，但是当事人另有约定的除外。
技术服务合同	技术服务合同是指当事人一方以技术知识为对方解决特定技术问题所订立的合同，但不包括承揽合同和建设工程合同。	（1）委托人的违约责任。委托人不履行合同义务或者履行合同义务不符合约定，影响工作进度和质量，不接受或者逾期接受工作成果的，支付的报酬不得追回，未支付的报酬应当支付。 （2）受托人的违约责任。受托人未按照约定完成服务工作的，应当承担免收报酬等违约责任。
费用负担	技术咨询合同和技术服务合同对受托人正常开展工作所需费用的负担没有约定或者约定不明确的，由受托人负担。	

（二）新技术成果归属

1. 技术咨询合同、技术服务合同履行过程中，受托人利用委托人提供的技术资料和工作条件完成的新的技术成果，属于受托人。

2. 委托人利用受托人的工作成果完成的新的技术成果，属于委托人。当事人另有约定的，按照其约定。

第81讲 技术合同无效

一、无效的技术合同★★★

非法垄断技术的技术合同无效（《技术合同解释》第10条）	（1）限制当事人一方在合同标的技术基础上进行新的研究开发或者限制其使用所改进的技术，或者双方交换改进技术的条件不对等，包括要求一方将其自行改进的技术无偿提供给对方、非互惠性转让给对方、无偿独占或者共享该改进技术的知识产权； （2）限制当事人一方从其他来源获得与技术提供方类似技术或者与其竞争的技术； （3）阻碍当事人一方根据市场需求，按照合理方式充分实施合同标的技术，包括明显不合理地限制技术接受方实施合同标的技术生产产品或者提供服务的数量、品种、价格、销售渠道和出口市场； （4）要求技术接受方接受并非实施技术必不可少的附带条件，包括购买非必需的技术、原材料、产品、设备、服务以及接收非必需的人员等； （5）不合理地限制技术接受方购买原材料、零部件、产品或者设备等的渠道或者来源； （6）禁止技术接受方对合同标的技术知识产权的有效性提出异议或者对提出异议附加条件。
侵害他人技术成果的技术合同无效。（《技术合同解释》第12条）	侵害他人技术秘密的技术合同被确认无效的法律后果： **（1）善意取得**该技术秘密的一方当事人 第一，可以在其取得时的范围内继续使用该技术秘密； 第二，应当向权利人支付合理的使用费并承担保密义务； 第3，使用人已经向让与人支付的使用费，有权向让与人请求返还。 （2）当事人双方**恶意串通**或者**一方知道或者应当知道**另一方侵权仍与其订立或者履行合同的 第一，属于共同侵权； 第二，由侵权人承担连带赔偿责任和保密义务； 第三，取得技术秘密的当事人不得继续使用该技术秘密。

[例] 甲公司与乙公司签订一份专利实施许可合同，约定乙公司在专利有效期限内独

占实施甲公司的专利技术，并特别约定乙公司不得擅自改进该专利技术。后乙公司根据消费者的反馈意见，在未经甲公司许可的情形下对专利技术做了改进，并对改进技术采取了保密措施。

（1）所谓独占实施许可，指被许可方在合同约定的时间和地域范围内，独占性拥有许可方专利使用权，排斥包括许可方在内的一切人使用供方技术的一种许可。所以甲公司也无权自己实施该专利技术；

（2）《民法典》第850条规定，非法垄断技术或者侵害他人技术成果的技术合同无效。同时，《最高人民法院关于审理技术合同纠纷案件适用法律若干问题的解释》第10条规定，下列情形，属于《民法典》第850条（原《合同法》第329条）所称的"非法垄断技术、妨碍技术进步"：（1）限制当事人一方在合同标的技术基础上进行新的研究开发或者限制其使用所改进的技术，或者双方交换改进技术的条件不对等，包括要求一方将其自行改进的技术无偿提供给对方、非互惠性转让给对方、无偿独占或者共享该改进技术的知识产权……故专利实施许可合同中约定的乙公司不得改进专利技术的约定无效。

第82讲

合伙合同

一、合伙合同的期限及终止【《民法典》新增】★★★

合伙合同是二个以上合伙人为了共同的事业目的,订立的共享利益、共担风险的协议。

(一) 定期合伙合同

约定合伙期限的合同是定期合伙合同。

(二) 不定期合伙合同

1. 没有约定期限。合伙人对合伙期限没有约定或者约定不明确,依据民法第510条的规定仍不能确定的,视为不定期合伙。

2. 合伙期限届满默示继续。合伙期限届满,合伙人继续执行合伙事务,其他合伙人没有提出异议的,原合伙合同继续有效,但是合伙期限为不定期。

3. 合伙人的任意解除权。合伙人可以随时解除不定期合伙合同,但是应当在合理期限之前通知其他合伙人。

(三) 合伙合同终止

1. 终止事由。①合伙人死亡、②丧失民事行为能力或者③终止的,合伙合同终止;但是,合伙合同另有约定或者根据合伙事务的性质不宜终止的除外。

2. 法律后果。合伙合同终止后,合伙财产在支付因终止而产生的费用以及清偿合伙债务后有剩余的,按照合伙人的损益比例进行分配。

二、合伙财产【《民法典》新增】★★★

(一) 出资责任

合伙人应当按照约定的出资方式、数额和缴付期限,履行出资义务。

(二) 合伙财产范围

1. 合伙人的①出资、②因合伙事务依法取得的收益和其他财产,属于合伙财产。

2. 合伙合同终止前,合伙人不得请求分割合伙财产。

三、合伙事务执行【《民法典》新增】★★★

1. 决议。合伙人就合伙事务作出决定的:
①按合伙合同约定;
②无约定,全票决。除合伙合同另有约定外,应当经全体合伙人一致同意。

2. 共同执行。合伙事务由全体合伙人共同执行。

3. 委托执行。按照合伙合同的约定或者全体合伙人的决定,可以委托一个或者数个合伙人执行合伙事务;其他合伙人不再执行合伙事务,但是有权监督执行情况。

4. 分别执行。合伙人分别执行合伙事务的，执行事务合伙人可以对其他合伙人执行的事务提出异议；提出异议后，其他合伙人应当暂停该项事务的执行。

5. 无报酬请求权。合伙人不得因执行合伙事务而请求支付报酬，但是合伙合同另有约定的除外。

四、合伙的利润分配和亏损分担【《民法典》新增】★★★

（一）合伙的利润分配和亏损分担规则

1. 按照合伙合同的约定办理；
2. 合伙合同没有约定或者约定不明确的，由合伙人协商决定；
3. 协商不成的，由合伙人按照**实缴出资比例**分配、分担；
4. 无法确定出资比例的，由合伙人平均分配、分担。

（二）合伙债务清偿

1. 连带责任。合伙人对合伙债务承担连带责任。
2. 追偿。清偿合伙债务超过自己应当承担份额的合伙人，有权向其他合伙人追偿。

五、合伙份额转让

除合伙合同另有约定外，合伙人向合伙人以外的人转让其全部或者部分财产份额的，须经其他合伙人一致同意。

六、合伙人债权人的代位权【《民法典》新增】★★★

《民法典》第 975 条规定："合伙人的债权人不得代位行使合伙人依照本章规定和合伙合同享有的权利，但是合伙人享有的利益分配请求权除外。"

1. 合伙人的债权人不得代位行使合伙人的共益权：如表决权、执行合伙事务的权利等。
2. 合伙人的债权人可以代位行使合伙人的自益权：如利润分配请求权。

04 Part 担 保

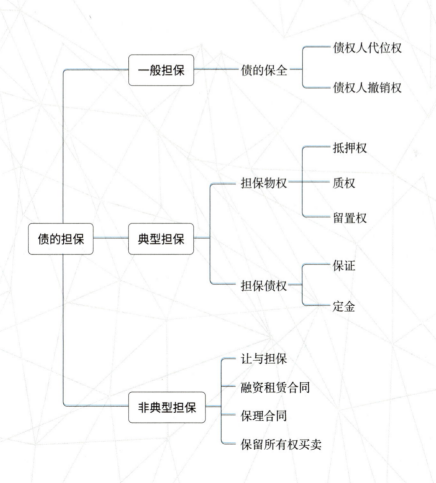

第1章 担保的一般规则

第83讲 担保的一般规则

一、担保合同

合同担保是促使债务人履行债务，保障债权人的债权得以实现的法律措施。担保合同包括抵押合同、质押合同和其他具有担保功能的合同，如保证合同。《民法典担保制度解释》第1条规定："因抵押、质押、留置、保证等担保发生的纠纷，适用本解释。所有权保留买卖、融资租赁、保理等涉及担保功能发生的纠纷，适用本解释的有关规定。"可见，典型担保主要包括抵押、质押、留置、保证等，非典型担保包括所有权保留买卖、融资租赁、保理等。

二、担保合同的效力

（一）特别法人提供担保

1. **机关法人**提供担保的，担保合同无效，但是经国务院批准为使用外国政府或者国际经济组织贷款进行转贷的除外。

2. **居民委员会、村民委员会**提供担保的，担保合同无效，但是依法代行村集体经济组织职能的村民委员会，依照村民委员会组织法规定的讨论决定程序对外提供担保的除外。

（二）以公益为目的的非营利性机构提供担保

以**公益为目的**的非营利性学校、幼儿园、医疗机构、养老机构等提供担保的，担保合同无效，例外：

1. 保留所有权买卖或者融资租赁，有效。

在购入或者以融资租赁方式承租教育设施、医疗卫生设施、养老服务设施和其他公益设施时，出卖人、出租人为担保价款或者租金实现而在该公益设施上保留所有权；

2. 公益设施以外的财产设立担保物权，有效。

以教育设施、医疗卫生设施、养老服务设施和其他公益设施以外的不动产、动产或者财产权利设立担保物权。

3. 营利法人提供担保,有效。

登记为营利法人的学校、幼儿园、医疗机构、养老机构等提供担保,有效。

(三)法定代表人越权担保

1. 法定代表人越权担保的效力

公司的法定代表人违反公司法关于公司对外担保决议程序的规定,超越权限代表公司与相对人订立担保合同

(1)相对人善意的,担保合同对公司发生效力;

(2)相对人非善意的,担保合同对公司不发生效力。

2. 法律后果

法定代表人超越权限提供担保造成公司损失,公司有权请求法定代表人承担赔偿责任。

(四)公司对外担保无须机关决议的例外情况

1. 金融机构开立保函;

2. 担保公司提供担保;

3. 公司为其全资子公司开展经营活动提供担保;

4. 担保合同系由单独或者共同持有公司三分之二以上对担保事项有表决权的股东签字同意。

(五)一人公司为其股东提供担保

1. 一人有限责任公司为其股东提供担保,有效。

2. 公司因承担担保责任导致**无法清偿其他债务**,提供担保时的股东不能证明公司财产独立于自己的财产,其他债权人有权请求该股东承担连带责任。

三、担保合同无效的法律后果

担保合同是主债权债务合同的从合同。主债权债务合同无效的,担保合同无效,但是法律另有规定的除外。担保合同被确认无效后,债务人、担保人、债权人有过错的,应当根据其过错各自承担相应的民事责任。

(一)主合同有效而第三人提供的担保合同无效,法律后果:

1. 债权人与担保人**均有过错**的,担保人承担的赔偿责任不应超过**债务人不能清偿部分**的 1/2;

2. **担保人有过错**而债权人无过错的,担保人对**债务人不能清偿的部分**承担赔偿责任;

3. **债权人有过错**而担保人无过错的,担保人**不承担赔偿责任**。

(二)主合同无效导致第三人提供的担保合同无效,法律后果:

1. 担保人无过错的,不承担赔偿责任;

2. 担保人有过错的,其承担的赔偿责任不应超过**债务人不能清偿部分**的 1/3。

四、担保人的追偿权与代位权

承担了担保责任或者赔偿责任的担保人，在其承担责任的范围内向债务人追偿的，人民法院应予支持。

同一债权既有债务人自己提供的物的担保，又有第三人提供的担保，承担了担保责任或者赔偿责任的第三人，主张行使债权人对债务人享有的担保物权的，人民法院应予支持。

[例] 甲以自己房屋给银行设立抵押权借款，乙提供连带责任保证，约定银行有权选择行使抵押权或者保证债权。甲又以该房屋给丙公司设立抵押权，后房屋被查封。乙受让银行的债权或者承担担保责任后，有权行使银行对债务人甲的抵押权。如果不允许，则对乙非常不利，因为乙的追偿之债是普通债权，并无优先受偿权。

五、借新还旧与担保责任

（一）旧贷的担保人

1. 旧贷的担保人**无须**承担担保责任；
2. 旧贷的物的担保人在登记尚未注销的情形下同意继续为新贷提供担保，**须**承担担保责任。

（二）新贷的担保人

1. 新贷与旧贷的担保人相同，**须**承担担保责任；
2. 新贷与旧贷的担保人不同，或者旧贷无担保新贷有担保的，**无须**承担担保责任；但是债权人有证据证明新贷的担保人提供担保时对以新贷偿还旧贷的事实知道或者应当知道的，**须**承担担保责任。

（三）法律后果

旧贷的物的担保人在登记尚未注销的情形下同意继续为新贷提供担保，在订立新的贷款合同前又以该担保财产为其他债权人设立担保物权，新贷债权人的顺位优先于其他债权人的担保物权。

六、债务承担与担保责任

对于担保物权（《民法典》第391条）	（1）第三人提供担保，未经其**书面同意**，债权人允许债务人转移全部或者部分债务的，担保人不再承担相应的担保责任。 （2）债务人以自己的财产提供抵押或质押，债务转让时，抵押权或质权的存续不受影响。
对于保证（《民法典》第697条）	（1）债权人未经保证人**书面同意**，允许债务人转移全部或者部分债务，保证人对未经其同意转移的债务不再承担保证责任，但是债权人和保证人另有约定的除外。 （2）第三人加入债务的，保证人的保证责任不受影响。

七、本担保与反担保

以担保的对象为标准,将担保分为本担保与反担保。反担保是指债务人或者第三人为担保人承担担保责任后实现对债务人的追偿权而设定的担保。其中的担保人为债务人提供的担保即为本担保。

1. 反担保关系中的担保权人为追偿权人,即原担保关系中的担保人。其以第三担保人为限,包括保证人和第三物上担保人。
2. 反担保关系中的债务人,作为追偿的对象,仍为原担保关系中的债务人。
3. 反担保关系中的担保人,可以是债务人,也可以是第三人。
(1)第三人作为反担保人,担保的形式是抵押、质押、保证;
(2)债务人作为反担保人,担保的形式是抵押、质押。

[例] 甲向银行借款,由乙提供保证。乙承担保证责任后,对甲享有追偿权。为了担保乙对甲的追偿权得以实现,甲以自己的汽车为乙提供抵押担保,即为反担保。

4. **担保合同无效的后果**
(1)承担了赔偿责任的担保人**按照反担保合同的约定**,在其承担赔偿责任的范围内有权请求反担保人承担担保责任。
(2)在担保合同无效的情形下,担保人承担的不是担保责任,而是因过错导致担保合同无效的损害赔偿责任。
(3)反担保的担保客体是担保人承担担保责任后对主债务人的追偿权,除非反担保人与担保人在反担保合同中约定了反担保人也承担担保人所承担的因担保合同无效的赔偿责任,否则反担保人对担保合同的无效并无过错,且反担保合同也没有作出约定,则担保人无权要求反担保人承担责任。

5. **反担保合同无效的后果**
(1)反担保合同无效的,依照本解释第十七条的有关规定处理。
(2)当事人仅以担保合同无效为由主张反担保合同无效的,人民法院不予支持。

八、保证人权利保护规则的适用

《担保制度解释》第20条规定:"人民法院在审理第三人提供的物的担保纠纷案件时,可以适用民法典第六百九十五条第一款、第六百九十六条第一款、第六百九十七条第二款、第六百九十九条、第七百条、第七百零一条、第七百零二条等关于保证合同的规定。"第三人以物为债务人提供担保的,一般是担保物权,非典型担保中的让与担保亦有可能,也应享有保证人的相关待遇,所以本条作了规定。但是第三物保人不享有一般保证人的先诉抗辩权。

人民法院在审理**第三人提供**的**物的担保**纠纷案件时,**可以适用**下列规定:

(一)变更主合同内容(《民法典》第695条第1款)

《民法典》第695条第1款规定:"债权人和债务人未经保证人**书面同意**,协商变更主债权债务合同内容，减轻债务的，保证人仍对变更后的债务承担保证责任；加重债务的，保证人对加重的部分不承担保证责任。"

第 2 款规定："债权人和债务人变更主债权债务合同的履行期限，未经保证人书面同意的，保证期间不受影响。"因为物保并无保证期间的问题，故不能适用第 2 款。

（二）债权转让（《民法典》第 696 条第 1 款）

《民法典》第 696 条第 1 款规定："债权人转让全部或者部分债权，未通知保证人的，该转让对保证人不发生效力。"

第 2 款规定："保证人与债权人约定禁止债权转让，债权人未经保证人书面同意转让债权的，保证人对受让人不再承担保证责任。"基于物保的公示公信效力，担保人仍须承担担保责任。

（三）债务承担（《民法典》第 697 条第 2 款）

1. 免责的债务承担

《民法典》第 697 条第 1 款规定："债权人未经保证人书面同意，允许债务人转移全部或者部分债务，保证人对未经其同意转移的债务不再承担保证责任，但是债权人和保证人另有约定的除外。"不能适用该条，是因为对于担保物权与免责的债务承担，《民法典》有明文规定。即：

《民法典》第 391 条规定："**第三人提供担保**，未经其**书面同意**，债权人允许债务人转移全部或者部分债务的，担保人不再承担相应的担保责任。"

2. 并存的债务承担

《民法典》第 697 条第 2 款规定："第三人加入债务的，保证人的保证责任不受影响。"

（四）共同担保

《民法典》第 699 条规定："同一债务有两个以上保证人的，保证人应当按照保证合同约定的保证份额，承担保证责任；没有约定保证份额的，债权人可以请求任何一个保证人在其保证范围内承担保证责任。"

（五）担保人的追偿权

《民法典》第 700 条规定："保证人承担保证责任后，除当事人另有约定外，有权在其承担保证责任的范围内向债务人追偿，享有债权人对债务人的权利，但是不得损害债权人的利益。"

（六）担保人的抗辩

《民法典》第 701 条规定："保证人可以主张债务人对债权人的抗辩。债务人放弃抗辩的，保证人仍有权向债权人主张抗辩。"

（七）担保人拒绝履行权

《民法典》第 702 条规定："债务人对债权人享有抵销权或者撤销权的，保证人可以在相应范围内拒绝承担保证责任。"

第1章 担保的一般规则

💡**真题演练**

1. 甲公司将 1 台挖掘机出租给乙公司，为担保乙公司依约支付租金，丙公司担任保证人，丁公司以机器设备设置抵押。乙公司欠付 10 万元租金时，经甲公司、丙公司和丁公司口头同意，将 6 万元租金债务转让给戊公司。之后，乙公司为现金周转将挖掘机分别以 45 万元和 50 万元的价格先后出卖给丙公司和丁公司，丙公司和丁公司均已付款，但乙公司没有依约交付挖掘机。

在乙公司将 6 万元租金债务转让给戊公司之后，关于丙公司和丁公司的担保责任，下列表述正确的是：（2012-3-88 不定项）①

A. 丙公司仅需对乙公司剩余租金债务承担担保责任
B. 丁公司仅需对乙公司剩余租金债务承担担保责任
C. 丙公司仍应承担全部担保责任
D. 丁公司仍应承担全部担保责任

考点 免责债务承担中的担保责任

---

① 答案：AB。《民法典》第 391 条规定："第三人提供担保，未经其书面同意，债权人允许债务人转移全部或者部分债务的，担保人不再承担相应的担保责任。"《民法典》第 697 条第 1 款规定："债权人未经保证人书面同意，允许债务人转移全部或部分债务，保证人对未经其同意转移的债务不再承担保证责任，但是债权人和保证人另有约定的除外。""乙公司欠付 10 万元租金时，经甲公司、丙公司和丁公司口头同意，将 6 万元租金债务转让给戊公司。"经甲公司、丙公司和丁公司口头同意，将 6 万元租金债务转让给戊公司。因为没有经过保证人丙、抵押人丁的书面同意，丙、丁对已经转让部分的 6 万元债务不再承担保证责任。但丙、丁仍应对未转让部分的 4 万元债务承担担保责任，故 A 选项、B 选项正确。

第2章 担保物权

第84讲

担保物权基本原理

一、担保物权的概念及特征★★

担保物权是指以担保债务清偿为目的，而在债务人或者第三人的特定物或者权利上设立的定限物权。担保物权分为抵押权、质权与留置权；根据产生依据的不同，担保物权可以分为法定担保物权与约定担保物权；根据担保物种类的不同，担保物权可以分为动产担保物权、不动产担保物权和权利担保物权。

典当与担保不完全相同。典当，是指当户将其动产、财产权利作为当物质押或者将其房地产作为当物抵押给典当行，交付一定比例费用，取得当金，并在约定期限内支付当金利息、偿还当金、赎回当物的行为。可见，典当涉及的担保方式限于动产质押、权利质押和房地产抵押。

担保物权的特征包括：

（一）优先受偿性

担保物权人可以就担保物的价值优先于债务人的普通债权人而受偿。

（二）从属性

担保物权从属于债权。担保物权是为担保债权受偿而设定的，从属于所担保的债权。从属性主要体现在：

1. 成立的从属性。担保物权的成立以债权存在为前提。

（1）担保合同是主债权债务合同的从合同。主债权债务合同无效，担保合同无效，但是法律另有规定的除外。

（2）担保合同被确认无效后，债务人、担保人、债权人有过错的，应当根据其过错各自承担相应的民事责任。

2. 转让的从属性。担保物权不得与所担保的债权分离而单独存在，既不得与债权分离而单独让与，也不得与债权分离而为其他债权的担保。如抵押权随主债权转让规则：

（1）债权人转让债权的，受让人取得与债权有关的从权利，但是该从权利专属于债权人自身的除外。受让人取得从权利不因该从权利未办理转移登记手续或者未转移占有而受到影响。

（2）受让人向抵押人主张行使抵押权，抵押人以受让人不是抵押合同的当事人、未办理变更登记等为由提出抗辩的，人民法院不予支持。

［例］甲企业向银行借款1000万元，用自有房屋给银行设定抵押权，并登记；乙企业以

自有机器设备给银行设定质权,且已经交付机器设备。后银行将该1000万元债权转让给丙资产管理公司,并通知甲企业。担保物权具有从属性,债权转让,银行对房屋的抵押权及对机器设备的质权也随之转让,丙资产管理公司取得对房屋的抵押权和对机器设备的质权。

3. 消灭的从属性。被担保的债权消灭,担保物权亦消灭。如借新还旧的担保物权规则:

(1)贷款到期后,借款人与贷款人订立新的借款合同,将新贷用于归还旧贷,旧贷因清偿而消灭,为旧贷设立的担保物权也随之消灭。

(2)贷款人以旧贷上的担保物权尚未进行注销登记为由,主张对新贷行使担保物权的,人民法院不予支持,但当事人约定继续为新贷提供担保的除外。

4. 担保范围的从属性。

不动产登记簿就抵押财产、被担保的债权范围等所作的记载与抵押合同约定不一致的,人民法院应当根据登记簿的记载确定抵押财产、被担保的债权范围等事项。

(1)担保责任范围不得大于主债务。担保人承担的担保责任范围不能大于主债务,是担保从属性的必然要求,大于主债务部分的约定因违反担保的从属性而无效。

(2)须由担保人主张。关于担保责任超出主债务部分无效,只能在担保人提出主张的情况下法院才能进行审查。至于此种主张是以起诉还是抗辩的方式提出,则在所不问。

[例]当事人约定的担保责任的范围大于主债务的情形,最为常见的是,针对担保责任约定专门的违约责任,如在主合同中约定保证人与债务人承担连带责任,同时又在保证合同中约定,如果保证人未依约履行保证责任,则还要从逾期之日起另行支付逾期付款违约金。从实践情况看,保证人不仅需要支付债务人因违约而支付的违约金,还要支付自己违约所要支付的违约金,其结果是,如果说债务人违约只需要承担日万分之五的违约金,而保证人则要承担日万分之十的违约金。

(三) 不可分性

主债权未受全部清偿,担保物权人主张就担保财产的全部行使担保物权的,人民法院应予支持,但是留置权人行使留置权的,应当依照民法典第450条(等价留置规则)的规定处理。担保财产被分割或者部分转让,担保物权人主张就分割或者转让后的担保财产行使担保物权的,人民法院应予支持,但是法律或者司法解释另有规定的除外。(《民法典担保制度解释》第38条)

担保物的部分变化或债权的部分变化均不影响担保物权的整体性,即使担保财产被分割或转让,或者被担保的债权得到部分清偿或被转让,担保物权人仍可以对担保财产的全部行使权利以担保全部债权的受偿。

[例]杨某、杨过兄弟俩按份共有一栋2层楼的房屋,价值3000万元。该房屋被抵押给工商银行借款1000万元。

(1)若已经偿还借款800万元,则债权人工商银行仍对该2层楼房屋享有抵押权;

若杨某与杨过分割该房屋,杨某取得一层的所有权,杨过取得二层的所有权,则工商银行仍对整栋房屋享有抵押权。

(2)若已经偿还借款800万元,则债权人工商银行仍对该2层楼房屋享有抵押权;

(3)若杨某与杨过分割该房屋,杨某取得一层的所有权,杨过取得二层的所有权,则工商银行仍对整栋房屋享有抵押权。

(四) 物上代位性

《民法典》第390条规定:"担保期间,担保财产毁损、灭失或者被征收等,担保物权人可以就获得的保险金、赔偿金或者补偿金等优先受偿。被担保债权的履行期未届满的，也可以提存该保险金、赔偿金或者补偿金等。"

抵押权依法设立后，抵押财产毁损、灭失或者被征收等，抵押权人请求按照原抵押权的顺位就保险金、赔偿金或者补偿金等优先受偿的，人民法院应予支持。

给付义务人已经向抵押人给付了保险金、赔偿金或者补偿金，抵押权人请求给付义务人向其给付保险金、赔偿金或者补偿金的，人民法院不予支持，但是给付义务人接到抵押权人要求向其给付的通知后仍然向抵押人给付的除外。

抵押权人请求给付义务人向其给付保险金、赔偿金或者补偿金的，法院可以通知抵押人作为**第三人**参加诉讼。

二、担保物权的消灭

《民法典》第 393 条规定，有下列情形之一的，担保物权消灭：

（一）主债权消灭；
（二）担保物权实现；
（三）债权人放弃担保物权；
（四）法律规定担保物权消灭的其他情形。

三、担保物权的受托持有

《担保制度解释》第 4 条规定："有下列情形之一，当事人将担保物权登记在他人名下，债务人不履行到期债务或者发生当事人约定的实现担保物权的情形，债权人或者其受托人主张就该财产优先受偿的，人民法院依法予以支持：（1）为债券持有人提供的担保物权登记在债券受托管理人名下；（2）为委托贷款人提供的担保物权登记在受托人名下；（3）担保人知道债权人与他人之间存在委托关系的其他情形。"

担保物权人一般就是债权人，特殊的情形下，如本条所规定的情形，则会发生担保物权人与债权人的分离。本条规定的是委托或借名办理担保物权登记的情形。本条规范目的是在一定的范围内，突破**担保物权的公示公信原则**，以适应商业实践的现实需要，在担保物权登记人与担保物权实际受益人不一致时，确认部分情形下实际受益人可以主张实现担保权利。

1. 为**债券持有人**提供的担保物权登记在**债券受托管理人**名下；

虽然担保物权人与债权人（债券持有人）不一致，但登记的担保权人乃是受债权人之托而成为权利人，以解决债券分别持有、快速交易背景下担保物权登记的稳定性问题。

2. 为**委托贷款人**提供的担保物权登记在受托人名下；

债权人并不是受托贷款的银行，而是委托银行贷款的委托人。

3. 担保人**知道**债权人与他人之间存在**委托关系**的其他情形

尚有一种情形须注意：

《民法典》第 547 条第 1 款规定："债权人转让债权的，受让人取得与债权有关的从权利，但是该从权利专属于债权人自身的除外。"第 2 款规定："受让人取得从权利不因该从权利未办理转移登记手续或者未转移占有而受到影响。"

根据《民法典》第 547 条第 2 款的规定，债权转让中的受让人并非登记的抵押权人，抵押权登记在转让人名下。但是根据担保物权的从属性，受让人已经取得抵押权，可以主张实现抵押权。

第85讲

抵押权

一、抵押权的概念和特征

抵押权是指债权人对于债务人或第三人提供的不转移占有而作为债务履行担保的财产，在债务人不履行债务或者发生当事人约定的实现抵押权的情形时，得就该财产的价值优先受偿的权利。抵押权的特征表现在：

（1）抵押权是一种约定担保物权。

（2）抵押权的客体是债务人或第三人提供的特定财产，该财产可以是动产、不动产，也可以是某种财产权利。

（3）抵押权是不转移占有的担保物权，在抵押期间，抵押财产仍由抵押人占有。

（4）抵押权具有追及效力。抵押期间，抵押人可以转让抵押财产。当事人另有约定的，按照其约定。抵押财产转让的，抵押权不受影响。

二、抵押权设立【2020年修改】★★★

抵押财产	抵押权属于约定担保物权，需要当事人通过签订抵押合同设定。抵押合同应当采取书面形式。抵押合同的有效，除了要求当事人具有相应的民事行为能力、意思表示真实、内容合法及具备法定形式之外，还要求抵押财产为法律、行政法规未禁止抵押的财产。 （1）可以抵押的财产，须为债务人或者第三人有权处分的财产。包括： ①建筑物和其他土地附着物。 ②建设用地使用权。
不动产（权利）抵押权	（1）**标的物包括**： ①建筑物和其他土地附着物； ②建设用地使用权； ③海域使用权； ④正在建造的建筑物。 （2）**不动产抵押权设立要件**：（债权形式主义） ①书面抵押合同有效； ②办理抵押权登记。 （3）**未办理登记的不动产抵押合同的效力** ①继续履行抵押合同 不动产抵押合同生效后未办理抵押登记手续，债权人有权请求抵押人办理抵押登记手续。 ②因不可归责于抵押人自身的原因灭失或者被征收等导致不能办理抵押登记 其一，抵押权不设立。债权人无权请求抵押人在约定的担保范围内承担责任； 其二，在代位物范围内承担赔偿责任。但是抵押人已经获得保险金、赔偿金或者补偿金等，债权人有权请求抵押人在其所获金额范围内承担赔偿责任。 ③因抵押人转让抵押财产或者其他可归责于抵押人自身的原因导致不能办理抵押登记 债权人有权请求抵押人在约定的担保范围内承担责任，但是不得超过抵押权能够设立时抵押人应当承担的责任范围。

续表

不动产（权利）抵押权	[例1] 甲向某银行贷款，甲、乙和银行三方签订抵押协议，由乙提供房产抵押担保。乙把房本交给银行，因登记部门原因导致银行无法办理抵押物登记。乙向登记部门申请挂失房本后换得新房本，将房屋卖给知情的丙并办理了过户手续。抵押合同已经生效，但是抵押权没有设立。 [例2] 甲向乙借款，丙与乙约定以自有房屋担保该笔借款。丙仅将房本交给乙，未按约定办理抵押登记。借款到期后甲无力清偿，丙的房屋被法院另行查封。 ①乙有权要求丙以房屋价值为限承担担保义务。 ②在交付房本后，由于丙没有按照约定去办理抵押登记，因此违反了抵押合同约定的义务，对由此给乙带来的损失，乙有权要求丙承担损害赔偿责任。 （4）房地一体主义 ①一并抵押（房随地走，地随房走）（《民法典》第397条） 其一，以建筑物抵押的，该建筑物占用范围内的建设用地使用权一并抵押。当事人以正在建造的建筑物抵押，抵押权的效力范围限于已办理抵押登记的部分。当事人按照担保合同的约定，主张抵押权的效力及于续建部分、新增建筑物以及规划中尚未建造的建筑物的，人民法院不予支持。 其二，以建设用地使用权抵押的，该土地上的建筑物一并抵押。当事人仅以建设用地使用权抵押，抵押权的效力及于土地上已有的建筑物以及正在建造的建筑物已完成部分；抵押权的效力不及于正在建造的建筑物的续建部分以及新增建筑物。 抵押人未依照前款规定一并抵押的，未抵押的财产视为一并抵押。 ②一并处分（《民法典》第417条） 建设用地使用权抵押后，该土地上新增的建筑物不属于抵押财产。该建设用地使用权实现抵押权时，应当将该土地上新增的建筑物与建设用地使用权一并处分，但新增建筑物所得的价款，抵押权人无权优先受偿。 （5）房地分别抵押 ①根据《民法典》第397条之规定，仅以建筑物设定抵押的，抵押权的效力及于占用范围内的土地；仅以建设用地使用权抵押的，抵押权的效力亦及于其上的建筑物。在房地分别抵押，即建设用地使用权抵押给一个债权人，而其上的建筑物又抵押给另一个人的情况下，可能产生两个抵押权的冲突问题。 ②基于"房地一体"规则，此时应当将建筑物和建设用地使用权视为同一财产，从而依照《民法典》第414条第1款的规定确定清偿顺序：登记在先的先清偿。 ③应予注意的是，根据《民法典》第417条的规定，建设用地使用权抵押后，该土地上新增的建筑物不属于抵押财产。 [例] 甲公司以一地块的建设用地使用权作抵押向乙银行借款3000万元，办理了抵押登记。其后，甲公司在该地块上开发建设住宅楼，由丙公司承建。甲公司在取得预售许可后与丁订立了商品房买卖合同，丁交付了80%的购房款。现住宅楼已竣工验收，但甲公司未能按期偿还乙银行借款，并欠付丙公司工程款1500万元，乙银行和丙公司同时主张权利，法院拍卖了该住宅楼。 （1）乙银行对建设用地使用权拍卖所得价款享有优先受偿权。 （2）乙银行对该住宅楼拍卖所得价款不享有优先受偿权。 （3）丙公司对该住宅楼及其建设用地使用权的优先受偿权优先于乙银行的抵押权。

续表

动产抵押权	（1）**标的物包括：** ①生产设备、原材料、半成品、产品； ②交通运输工具。 （2）**动产抵押权设立要件：**（债权意思主义） ①书面抵押合同有效； ②无须登记，无须交付。 （3）**登记对抗：** 未经登记的动产抵押权，不得对抗善意第三人。善意第三人的范围： ①善意的受让人。抵押人转让抵押财产，受让人占有抵押财产后，抵押权人无权向受让人请求行使抵押权，但是抵押权人能够举证证明受让人知道或者应当知道已经订立抵押合同的除外； ②善意的承租人。抵押人将抵押财产出租给他人并移转占有，抵押权人行使抵押权的，租赁关系不受影响，但是抵押权人能够举证证明承租人知道或者应当知道已经订立抵押合同的除外； ③执行程序中的债权人。抵押人的其他债权人向人民法院申请保全或者执行抵押财产，人民法院已经作出财产保全裁定或者采取执行措施，抵押权人不能主张对抵押财产优先受偿； ④破产程序中的债权人。抵押人破产，抵押权人不能主张对抵押财产优先受偿。 未登记动产抵押权可以对抗普通债权，此处的普通债权范围较为狭窄，不包括进入执行程序或破产程序的一般债权。 （4）**正常经营（登记对抗的例外）** 以动产抵押的不得对抗正常经营活动中已支付合理价款并取得抵押财产的买受人。（《民法典》第404条） ①正常经营活动，指出卖人的经营活动属于其营业执照明确记载的经营范围，且出卖人持续销售同类商品。 ②下列五种情形不属于正常经营活动的买受人（即该五种情形担保物权人可以主张优先受偿） 其一，购买商品的数量明显超过一般买受人； 其二，购买出卖人的生产设备； 其三，订立买卖合同的目的在于担保出卖人或者第三人履行债务； 其四，买受人与出卖人存在直接或者间接的控制关系； 其五，买受人应当查询抵押登记而未查询的其他情形。
流押条款	流押条款无效不影响抵押合同其他部分的效力。 抵押权人在债务履行期限届满前，与抵押人约定债务人不履行到期债务时抵押财产归债权人所有的，只能依法就抵押财产优先受偿。（《民法典》第401条）

三、抵押权的范围

抵押权所担保的债权的范围	（1）抵押权所担保的范围包括主债权及利息、违约金、损害赔偿金和实现抵押权的费用。抵押合同另有约定的，从其约定。不动产登记簿就抵押财产、被担保的债权范围等所作的记载与抵押合同约定不一致的，人民法院应当根据登记簿的记载确定抵押财产、被担保的债权范围等事项。 （2）主债权被分割或者部分转让的，各债权人可以就其享有的债权份额行使抵押权；主债务被分割或者部分转让的，抵押人仍以其抵押物担保数个债务人履行债务，但是第三人提供抵押，未经其书面同意，债权人允许债务人转移全部或者部分债务的，抵押人不再承担相应的担保责任。 （3）在实现抵押权时，抵押物折价或者拍卖变卖所得的价款低于抵押权设定时约定的价值的，应当按抵押物实现的价值进行清偿。不足清偿的剩余部分由债务人清偿。 （4）在实现抵押权时，抵押物折价或者拍卖、变卖所得的价款，当事人没有约定的，按照实现抵押权的费用、主债权的利息、主债权顺序清偿。
抵押物的范围	抵押权的效力不仅及于原抵押财产，而且及于抵押财产的从物、从权利、添附物、孳息和代位物。 （1）**从物** ①从物产生于抵押权依法设立前，抵押权及于从物。 ②从物产生于抵押权依法设立后，抵押权不及于从物；抵押权实现时可以一并处分。 （2）**添附物** 抵押权依法设立后，抵押财产被添附： ①添附物归第三人所有，抵押权效力及于补偿金。（担保物权的物上代位性） ②抵押人对添附物享有所有权，抵押权的效力及于添附物，但是添附导致抵押财产价值增加的，抵押权的效力不及于增加的价值部分。（材料加工成产品） ③抵押人与第三人因添附成为添附物的共有人，抵押权的效力及于抵押人对共有物享有的份额。 （3）**违法建筑抵押** ①以违法的建筑物抵押，抵押合同无效，但是一审法庭辩论终结前已经办理合法手续的除外；法律后果依照《民法典担保制度解释》第17条的有关规定处理。 ②以建设用地使用权依法设立抵押，抵押人不能以土地上存在违法的建筑物为由主张抵押合同无效。 （4）**划拨土地使用权抵押** ①抵押人以划拨建设用地上的建筑物抵押，抵押合同有效；抵押权依法实现时，拍卖、变卖建筑物所得的价款，应当优先用于补缴建设用地使用权出让金。 ②当事人以划拨方式取得的建设用地使用权抵押，抵押合同有效。已经依法办理抵押登记，抵押权人有权主张行使抵押权。抵押权依法实现时所得的价款，应当优先用于补缴建设用地使用权出让金。

四、抵押权当事人的权利【2020年修改】★★★

（一）抵押人的权利

抵押人在其财产设定抵押后，仍享有对抵押物的使用、收益和处分权。但是，抵押人在行使上述权利时，必然要受到已设定的抵押权的影响。

收取孳息的限制	（1）抵押人在一般情况下仍然收取抵押物的孳息。 （2）但债务履行期届满，债务人不履行债务致使抵押物被人民法院扣押的，自扣押之日起，抵押权人有权收取由抵押物分离的自然孳息以及抵押人就抵押物可以收取的法定孳息。抵押权人未将扣押抵押物的事实通知应当清偿法定孳息的义务人的，抵押权的效力不及于该孳息。 （3）自扣押之日起抵押权人收取的自然孳息和法定孳息，按照收取孳息的费用、主债权的利息、主债权的顺序清偿。
抵押人处分权	**事实上处分：** 事实上的处分往往会改变抵押物的物质形态，会涉及抵押权人的利益，因此，除了对抵押物进行有益的保存、改良行为外，抵押人一般不得对抵押物进行事实上的处分。 **法律上处分：** 法律上的处分由于抵押权具有优先的性质，这种处分一般不会影响抵押权人的利益，所以抵押人仍可行使其法律上的处分权，主要有：设立多个抵押权、转让抵押财产、出租抵押财产等。
转让抵押财产（《民法典》第406条）	1. 转让抵押财产无须抵押权人同意（有权处分）。抵押期间，抵押人可以转让抵押财产。当事人另有约定的，按照其约定。抵押财产转让的，抵押权不受影响。 （1）当事人约定禁止或者限制转让抵押财产但是**未将约定登记**，抵押人违反约定转让抵押财产 ①转让合同有效； ②抵押财产已经交付或者登记，发生物权效力，但是抵押权人有证据证明受让人知道的除外； ③抵押权人有权请求抵押人承担违约责任。 （2）当事人约定禁止或者限制转让抵押财产且**已经将约定登记**，抵押人违反约定转让抵押财产 ①转让合同有效； ②抵押财产已经交付或者登记，不发生物权效力，但是因受让人代替债务人清偿债务导致抵押权消灭的除外。 2. 通知义务。抵押人转让抵押财产的，应当及时通知抵押权人。 3. 抵押权人的举证责任。抵押权人能够证明抵押财产转让可能损害抵押权的，可以请求抵押人将转让所得的价款向抵押权人提前清偿债务或者提存。转让的价款超过债权数额的部分归抵押人所有，不足部分由债务人清偿。
出租抵押财产	1. 先租后押。抵押权设立前抵押财产已出租并**转移占有**的，原租赁关系不受该抵押权的影响。抵押权人拍卖、变卖抵押物后，仍适用买卖不破租赁规则，新的所有权人应法定承受原租赁合同。 2. 先押后租。 （1）若抵押权已经登记，则不再适用买卖不破租赁； （2）若抵押权未登记，当然仅限于动产，仍适用买卖不破租赁。 3. 责任承担。抵押人将已抵押的财产出租时，如抵押人未书面告知承租人该财产已抵押的，抵押人对出租抵押物给承租人造成的损失承担赔偿责任；如果抵押人已书面告知承租人该财产已经抵押的，抵押权实现造成的承租人的损失由承租人自己承担。

[例1] 甲将自己位于深圳前海自贸区的房屋出租给乙并交由乙使用，租期3年。1年后，甲为了创业将房屋抵押给丙银行借款500万元，办理了抵押登记。再1年后欠款到

期，甲无力偿还借款，丙银行实现抵押权。房屋被丁购得。

（1）甲是先出租并移转占有，后抵押，仍然适用买卖不破租赁。

（2）丁法定承受租赁合同，丁成为租赁合同的出租人。

[例2] 甲将自己位于广州二沙岛的别墅抵押给丙银行借款1000万元，并办理了抵押登记。后甲又将该别墅出租给乙，租期3年。1年后，甲无力偿还欠款，丙银行实现抵押权拍卖该别墅，丁购得该房屋。

（1）甲是先抵押后出租，且抵押权已经登记，不再适用买卖不破租赁。

（2）丁无须承受租赁合同，乙相对于丁是无权占有，故丁有权根据《民法典》第235条要求乙返还房屋。

[例3] 甲将自己的玛莎拉蒂总裁版汽车抵押给丙，尚未登记。后甲又将该车出租给乙，租期3年。1年后，到期甲无力偿还欠款，丙实现抵押权拍卖该车。丁购得该车。

（1）甲是先抵押后出租，但抵押权尚未登记，不能对抗承租人乙，所以仍然可以适用买卖不破租赁。

（2）丁法定承受租赁合同，丁成为租赁合同的出租人。

真题演练

1. 甲以某商铺作抵押向乙银行借款，抵押权已登记，借款到期后甲未偿还。甲提前得知乙银行将起诉自己，在乙银行起诉前将该商铺出租给不知情的丙，预收了1年租金。半年后经乙银行请求，该商铺被法院委托拍卖，由丁竞买取得。下列哪一选项是正确的？（2017-3-8 单）①

A. 甲与丙之间的租赁合同无效

B. 丁有权请求丙腾退商铺，丙有权要求丁退还剩余租金

C. 丁有权请求丙腾退商铺，丙无权要求丁退还剩余租金

D. 丙有权要求丁继续履行租赁合同

考点 抵押物出租

（二）抵押权人的权利

抵押物的保全	（1）**抵押人的行为**足以使抵押财产价值减少的，抵押权人有权要求抵押人停止其行为。抵押财产价值减少的，抵押权人有权要求恢复抵押财产的价值，或者提供与减少的价值相应的担保。抵押人不恢复抵押财产的价值也不提供担保的，抵押权人有权要求债务人提前清偿债务。 （2）抵押人对抵押物价值的减少**无过错**的，抵押权人有权在抵押人因损害而得到的赔偿范围内要求提供担保。抵押物价值未减少的部分，仍作为债权的担保。 （3）抵押物被依法继承或者赠与的，抵押权不受影响。 （4）已经设定抵押的财产被采取查封、扣押等财产保全或者执行措施的，不影响抵押权的效力。

---

① 答案：C。考点1：合同效力。商铺被抵押给乙银行后，甲仍然是商铺的所有权人，有权出租商铺，甲和丙之间的租赁合同符合合同有效要件，故A选项错误。考点2：抵押物出租。《民法典》第405条规定："抵押权设立前抵押财产已出租并转移占有的，原租赁关系不受该抵押权的影响。"甲将商铺抵押给乙银行后出租给丙，属于先抵押后出租，该租赁关系不得对抗已经登记的抵押权，所以新的所有权人丁有权请求丙腾退商铺。丙当然无权要求丁继续履行租赁合同，D选项错误。考点3：买卖破租赁及合同相对性。因为买卖破租赁，丁有权请求丙腾退商铺。丁并非租赁合同当事人，故丙无权要求丁退还剩余租金，C选项正确，B选项错误。

续表

抵押权的处分	（1）抵押权人可以让与其抵押权，或就抵押权为他人提供担保。但由于抵押权的从属性，抵押权不得与债权分离单独转让或作为其他债权的担保。 （2）抵押权人可以放弃抵押权或者抵押权的顺位。抵押权人与抵押人可以协议变更抵押权顺位以及被担保的债权数额等内容。但是，抵押权的变更未经其他抵押权人书面同意的，不得对其他抵押权人产生不利影响。 （3）债务人以自己的财产设定抵押，抵押权人放弃该抵押权、抵押权顺位或者变更抵押权的，其他担保人在抵押权人丧失优先受偿权益的范围内免除担保责任，但其他担保人承诺仍然提供担保的除外。
优先受偿权	（1）在债务人不履行债务时，抵押权人可以与抵押人协议以抵押物折价或者以拍卖、变卖后的价款受偿；协议不成的，抵押权人可以向人民法院提起诉讼。 （2）同一债权有两个以上抵押人的，债权人放弃债务人提供的抵押担保的，其他抵押人可以请求法院减轻或者免除其应当承担的担保责任。 （3）抵押物折价或者拍卖、变卖后，其价款超过债权数额的部分归抵押人所有，不足部分由债务人清偿。 （4）在抵押物灭失、毁损或者被征用的情况下，抵押权人可以就该抵押物的保险金、赔偿金或者补偿金优先受偿。如果抵押物灭失、毁损或者被征用时，抵押权所担保的债权又未届清偿期的，抵押权人可以请求法院对保险金、赔偿金或者补偿金等采取保全措施。

[例] 甲以自有房屋向乙银行抵押借款，办理了抵押登记。丙因甲欠钱不还，强行进入该房屋居住。借款到期后，甲无力偿还债务。该房屋由于丙的非法居住，难以拍卖。

（1）设定抵押权后，甲仍然是房屋的所有权人。甲有权占有、使用和收益抵押财产，且可再行在该房屋上设定抵押权。

（2）因丙强行进入该房屋居住，导致房屋难以拍卖。所有权人甲有权根据《民法典》第235条，对丙行使返还原物请求权。

（3）如果甲不行使返还原物请求权。根据《民法典》第408条规定："抵押人的行为足以使抵押财产价值减少的，抵押权人有权要求抵押人停止其行为。抵押财产价值减少的，抵押权人有权要求恢复抵押财产的价值，或者提供与减少的价值相应的担保。抵押人不恢复抵押财产的价值也不提供担保的，抵押权人有权要求债务人提前清偿债务。"抵押权人乙银行可以主张抵押权保全请求权，也可以通过请求甲将对丙的返还请求权转让给自己来保全抵押物。

真题演练

1. 甲公司向某银行贷款100万元，乙公司以其所有的一栋房屋作抵押担保，并完成了抵押登记。现乙公司拟将房屋出售给丙公司，通知了银行并向丙公司告知了该房屋已经抵押的事实。乙、丙订立书面买卖合同后到房屋管理部门办理过户手续。下列哪些说法是正确的？（2009-3-55 多）[①]

---

① 答案：ABCD（司法部答案：BD）。抵押物转让。《民法典》第406条第1款规定："抵押期间，抵押人可以转让抵押财产。当事人另有约定的，按照其约定。抵押财产转让的，抵押权不受影响。"抵押期间，抵押人可以转让抵押财产。抵押财产转让的，抵押权不受影响。所以，不论银行是否同意转让，房屋管理部门应当准予过户，但银行仍然对该房屋享有抵押权。A选项正确。如丙公司代为清偿了甲公司的银行债务，主债权消灭，抵押权消灭，则不论银行是否同意转让，房屋管理部门均应当准予过户，B选项正确。即使丙公司未清偿债务，因为抵押期间，抵押人可以转让抵押财产，所以房屋管理部门均应当准予过户，C选项正确。如甲公司清偿了银行债务，主债权消灭，抵押权消灭，则不论银行是否同意，房屋管理部门均应当准予过户，D选项正确。但本题毕竟是按照《物权法》设计的，《民法典》时代，选项中的逻辑关系表述有不严谨之嫌。

A. 不论银行是否同意转让，房屋管理部门应当准予过户，但银行仍然对该房屋享有抵押权

B. 如丙公司代为清偿了甲公司的银行债务，则不论银行是否同意转让，房屋管理部门均应当准予过户

C. 如丙公司向银行承诺代为清偿甲公司的银行债务，则不论银行是否同意转让，房屋管理部门均应当准予过户

D. 如甲公司清偿了银行债务，则不论银行是否同意，房屋管理部门均应当准予过户

考点 抵押物的转让、抵押权消灭的事由

五、抵押权的实现★★

抵押权的实现是在债权已届清偿期而没有清偿时，抵押权人就抵押物受偿的行为。当然，以集体所有土地的使用权依法抵押的，实现抵押权后，未经法定程序，不得改变土地所有权的性质和土地用途。（《民法典》第418条）

抵押权实现的条件	（1）须抵押权有效存在。 （2）债务人不履行到期债务，或者发生当事人约定的实现抵押权的情形。
抵押权实现的方式	（1）抵押权人可以与抵押人协议以抵押财产折价或者以拍卖、变卖该抵押财产所得的价款优先受偿。但是，该协议损害其他债权人利益的，其他债权人可以请求人民法院撤销该协议。 （2）抵押权人与抵押人未就抵押权实现方式达成协议的，抵押权人可以请求人民法院拍卖、变卖抵押财产。
抵押权与诉讼时效	抵押权人应当在主债权诉讼时效期间行使抵押权；未行使的，人民法院不予保护。（《民法典》第419条） **（1）主债权诉讼时效期间届满与抵押权：** ①主债权诉讼时效期间届满**后**，抵押人有权以主债权诉讼时效期间届满为由，主张不承担担保责任； ②主债权诉讼时效期间届满**前**，债权人**仅**对债务人提起诉讼，经人民法院判决或者调解后未在民事诉讼法规定的**申请执行时效期间内**对债务人申请强制执行，其不能向抵押人主张行使抵押权。 **（2）主债权诉讼时效期间届满与留置权** 债务人或者第三人有权请求拍卖、变卖留置财产并以所得价款清偿债务。 **（3）主债权诉讼时效期间届满与质权** ①以登记作为公示方式的权利质权，参照适用抵押权的规则； ②动产质权、以交付权利凭证作为公示方式的权利质权，参照适用留置权的规则。
抵押权顺位（《民法典》第414条）	同一财产向两个以上债权人抵押的，拍卖、变卖抵押财产所得的价款依照下列规定清偿： （1）抵押权已登记的，按照登记的时间先后确定清偿顺序； （2）抵押权已登记的先于未登记的受偿； （3）抵押权未登记的，按照债权比例清偿。 其他可以登记的担保物权，清偿顺序参照适用前款规定。

六、特殊抵押权【2020年修改】★★★

（一）动产浮动抵押

基本规则	（1）**主体的限定性：**企业、个体工商户、农业生产经营者 （2）**形式：**书面 （3）**抵押财产的不特定性及集合性：现有的以及将有**的生产设备、原材料、半成品、产品 （4）债务人不履行到期债务或者发生当事人约定的实现抵押权的情形，债权人有权就抵押财产确定时的动产优先受偿。
登记对抗	（1）**登记对抗主义：**抵押权自抵押合同生效时设立；未经登记，不得对抗善意第三人。 （2）**登记对抗的限制：**以动产抵押的，不得对抗正常经营活动中已经支付合理价款并取得抵押财产的买受人。
抵押财产确定	抵押财产自下列情形之一发生时确定： （1）债务履行期限届满，债权未实现； （2）抵押人被宣告破产或者解散； （3）当事人约定的实现抵押权的情形； （4）严重影响债权实现的其他情形。
与动产抵押权关系	企业将其现有的以及将有的生产设备、原材料、半成品及产品等财产设定浮动抵押后，又将其中的生产设备等部分财产设定了动产抵押，并都办理了抵押登记的，根据《民法典》第414条第2款的规定，登记在先的浮动抵押优先于登记在后的动产抵押。

[例] 某农村养殖户为扩大规模向银行借款，欲以其财产设立浮动抵押。
（1）这是动产浮动抵押，该养殖户可将存栏的养殖物作为抵押财产。
（2）抵押权自合同生效时设立。
（3）如借款到期未还，抵押财产自借款到期时确定。

（二）最高额抵押

基本规则 （《民法典》第420条）	（1）为担保债务的履行，债务人或者第三人对一定期间内将要连续发生的债权提供担保财产的，债务人不履行到期债务或者发生当事人约定的实现抵押权的情形，抵押权人有权在最高债权额限度内就该担保财产优先受偿。 （2）最高额抵押权设立前已经存在的债权，经当事人同意，可以转入最高额抵押担保的债权范围。
最高额保证	保证人与债权人可以协商订立最高额保证的合同，约定在最高债权额限度内就一定期间连续发生的债权提供保证。最高额保证除适用本章规定外，参照适用民法典物权编最高额抵押权的有关规定。（《民法典》第690条）
担保范围	（1）抵押权人实现最高额抵押权时，如果实际发生的债权余额高于最高限额的，以最高限额为限，超过部分不具有优先受偿的效力； （2）如果实际发生的债权余额低于最高限额的，以实际发生的债权余额为限对抵押物优先受偿。

续表

独立性	（1）最高额抵押担保的债权确定前，部分债权转让的，最高额抵押权不得转让，但是当事人另有约定的除外。（《民法典》第421条） （2）抵押期间某一具体债权消灭，最高额抵押权并不因此消灭。 （3）最高额抵押债权确定后，属于一般抵押权，具有从属性。
债权确定（《民法典》第423条）	有下列情形之一的，抵押权人的债权确定： （1）约定的债权确定期间届满； （2）没有约定债权确定期间或者约定不明确，抵押权人或者抵押人自最高额抵押权设立之日起满二年后请求确定债权； （3）新的债权不可能发生； （4）**抵押权人知道或者应当知道**抵押财产被查封、扣押； （5）债务人、抵押人被宣告破产或者解散； （6）法律规定债权确定的其他情形。

[例] 2015年7月1日，甲公司、乙公司和张某签订了《个人最高额抵押协议》，张某将其房屋抵押给乙公司，担保甲公司在一周前所欠乙公司货款300万元，最高债权额400万元，并办理了最高额抵押登记，债权确定期间为2015年7月2日到2016年7月1日。债权确定期间内，甲公司因从乙公司分批次进货，又欠乙公司200万元。甲公司未还款。

（1）本案是最高额抵押关系。

（2）当事人约定将一周前甲公司所欠乙公司货款300万元转入最高额抵押担保的范围，根据《民法典》第420条第2款的规定，当然有效。

（3）在债权确定期间内，甲公司又欠乙公司200万元，加上之前的300万元，共500万元，但当事人约定最高担保的债权额是400万元，故最高额担保的债权额是400万元。

（4）抵押权期间为主债权诉讼时效期间。理由是，《民法典》第419条规定，抵押权人应当在主债权诉讼时效期间行使抵押权；未行使的，人民法院不予保护。

【指导案例95号】	
中国工商银行股份有限公司宣城龙首支行诉宣城柏冠贸易有限公司、江苏凯盛置业有限公司等金融借款合同纠纷案	
【裁判要点】	当事人另行达成协议将最高额抵押权设立前已经存在的债权转入该最高额抵押担保的债权范围，只要转入的债权数额仍在该最高额抵押担保的最高债权额限度内，即使未对该最高额抵押权办理变更登记手续，该最高额抵押权的效力仍然及于被转入的债权，但不得对第三人产生不利影响。

质权

一、质权的特征

质权是指债务人或者第三人将其动产或财产权利交给债权人占有或控制,以此作为履行债务的担保,在债务人不履行债务时,债权人得以该动产或财产权利的价值优先受偿的权利。质权的特征:

(1)质权是一种约定担保物权。
(2)质权的客体是债务人或第三人提供的动产或者权利。
(3)质权是转移占有的担保物权,质押期间,质押财产转由质权人占有。

我国民间的当铺,亦称为典当行、典卖行实际是专门从事质押营业的,其享有的权利称为营业质,即债务人以一定的财物(称为当物或质物)交付于债权人(当铺)作担保,向债权人借贷一定数额的金钱,于一定期限(回赎期限)内,债务人清偿债务后即取回担保物;于期限届满后,债务人不清偿时,担保物即归债权人所有,或者由债权人以当物的价值优先受清偿。

这种营业质不同于典权。典权虽然有担保的作用,但就其基本性质而言,属于用益物权。营业质也不同于质权。在质权中是禁止当事人约定在债务履行期届满质权人未受清偿时,质物的所有权移转为质权人所有的,而营业质则不受此限制。

二、动产质权设立

物权变动规则	质押合同有效+质物交付。
质物	(1)**质物范围**。质物一般是各类动产,但债务人或者第三人将其金钱以特户、封金、保证金等形式特定化以后,移交债权人占有作为债权的担保,债务人不履行债务时,债权人可以以该金钱优先受偿。 (2)**质物约定不明**。质权合同中对出质财产约定不明,或者约定的出质财产与实际移交的财产不一致的,以实际交付占有的财产为准。 (3)债务人或者第三人未按质押合同约定的时间移交质物,因此给质权人造成损失的,出质人应当根据其过错承担赔偿责任。 (4)质物有隐蔽瑕疵造成质权人其他财产损害的,应由出质人承担赔偿责任。但是,质权人在质物移交时明知质物有瑕疵而予以接受的除外。
交付方式	包括现实交付和观念交付,唯独**不适用占有改定**。
动产质权善意取得	构成要件: (1)出质人合法占有动产; (2)出质人无权处分; (3)质权人善意; (4)质押合同有效,质物交付。
禁止流质	流质条款无效不影响质权设立。质权人在债务履行期限届满前与出质人约定债务人不履行到期债务时质押财产归债权人所有的,只能依法就质押财产优先受偿。(《民法典》第428条)

［例］乙欠甲货款，二人商定由乙将一块红木出质并签订质权合同。甲与丙签订委托合同授权丙代自己占有红木。乙将红木交付与丙。

（1）丙不能取得质权，因为丙并未签订质押合同。

（2）甲与乙签订质权合同，且授权丙代自己占有红木，已经交付，故甲取得质权。

三、动产质权的范围

质物的范围	（1）质权的效力及于质物的全部。主债权未受全部清偿的，质权人可以就质物的全部行使其质权。质物被分割或者部分转让的，质权人可以就分割或转让后的质物行使质权。 （2）附合物、混合物、加工物。质物因附合、混合或者加工使质物的所有权为第三人所有的，质权的效力及于补偿金；物所有人为附合物、混合物或者加工物的所有人的，质权的效力及于附合物、混合物或者加工物；第三人与质物所有人为附合物、混合物或者加工物的共有人的，质权的效力及于出质人对共有物享有的份额。 （3）从物。动产质权的效力及于质物的从物。但是从物未随同质物交付与质权人占有的，质权的效力不及于从物。 （4）孳息。质权人有权收取质押财产的孳息，但是合同另有约定的除外。孳息应当先充抵收取孳息的费用。
质权所担保的债权范围	（1）质权所担保的范围包括主债权及利息、违约金、损害赔偿金、质物保管费用和实现质权的费用。质押合同另有约定的，从其约定。 （2）主债权被分割或者部分转让的，各债权人可以就其享有的债权份额行使质权；主债权被分割或者部分转让的，出质人仍以其质物担保数个债权人履行债务，但是第三人提供质物的，债权人许可债务人转让债务未经出质人书面同意的，出质人对未经其同意转让的债务不再承担担保责任。 （3）在实现质权时，质物折价或者拍卖、变卖所得的价款低于质权设定时约定的价值的，应当按质物实现的价值进行清偿。不足清偿的剩余部分由债务人清偿。 （4）在实现质权时，质物折价或者拍卖、变卖所得的价款，当事人没有约定的按照实现质权的费用、主债权的利息、主债权顺序清偿。

四、动产质权当事人的权利义务★★

质权人的权利	出质人的权利
占有质物： （1）对质物的占有，既是质权的成立要件，也是存续要件。 （2）质权人将质物返还给出质人后，即不可以其质权对抗第三人。 （3）但是，因不可归责于质权人的事由而丧失对质物的占有的，质权人可以向不当占有人请求停止侵害、恢复原状、返还质物。	及时行使质权： （1）出质人可以请求质权人在债务履行期届满后及时行使质权； （2）质权人不行使的，出质人可以请求人民法院拍卖、变卖质押财产。 （3）出质人请求质权人及时行使质权，因质权人怠于行使权利造成损害的，由质权人承担赔偿责任。

续表

收取孳息： （1）质权人有权收取质物的孳息，但质押合同另有约定的除外。 （2）质权人收取的孳息应当先充抵收取孳息的费用，其次用于主债权利息、主债权的清偿。	**追偿权：** 出质人如果是债务人以外的第三人，该第三人代为清偿债权或质权实现丧失质物所有权时，有权向债务人追偿。
质权保全请求权： （1）因**不能归责于质权人的事由**可能使质押财产毁损或者价值明显减少，足以危害质权人权利； （2）质权人有权要求出质人提供相应的担保； （3）出质人不提供的，质权人可以拍卖、变卖质押财产，并与出质人通过协议将拍卖、变卖所得的价款提前清偿债务或者提存。	**返还质物：** 债务人履行债务或者出质人提前清偿所担保的债权的，质权人应当返还质押财产。
放弃质权： （1）质权人可以放弃质权。 （2）债务人以自己的财产出质，质权人放弃该质权的其他担保人在质权人丧失优先受偿权益的范围内免除担保责任，但其他担保人承诺仍然提供担保的除外。	**损害赔偿请求权：** （1）出质人在质权人因保管不善致使质物毁损、灭失时，有权要求质权人承担民事责任。 （2）质权人的行为可能使质押财产毁损、灭失的，出质人可以要求质权人将质押财产提存，或者要求提前清偿债务并返还质押财产。在此种情况下将质物提存的，提存费用由质权人承担。同时，出质人提前清偿债权的，应当扣除未到期部分的利息。 （3）在质权存续期间，质权人未经出质人同意擅自使用、处分质押财产，造成出质人损害的，出质人有权要求质权人承担赔偿责任。
优先受偿权： （1）债务人不履行到期债务或者发生当事人约定的实现质权的情形，质权人可以与出质人协议以质押财产折价，也可以就拍卖、变卖质押财产所得的价款优先受偿。质押财产折价或者变卖的，应当参照市场价格。 （2）在质物灭失、毁损或者被征用的情况下，质权人可以就该质物的保险金、赔偿金或者补偿金优先受偿。如果质物灭失、毁损或者被征用时，质权所担保的债权又未届清偿期的，质权人可以请求法院对保险金、赔偿金或者补偿金等采取保全措施。	
转质权： （1）质权人在质权存续期间，为担保自己的债务，经出质人同意，以其所占有的质物为第三人设定质权的，应当在原质权所担保的债权范围之内，超过的部分不具有优先受偿的效力。转质权的效力优于原质权。 （2）质权人在质权存续期间，未经出质人同意转质，造成质押财产毁损、灭失的，应当承担赔偿责任。	

五、权利质权★★

权利质权客体	（1）汇票、支票、本票。 （2）债券、存款单。 （3）仓单、提单。 （4）可以转让的基金份额、股权。 （5）可以转让的注册商标专用权、专利权、著作权等知识产权中的财产权。 （6）现有的以及将有的应收账款。 （7）法律、行政法规规定可以出质的其他财产权利。

续表

权利质权设立	**（1）质押合同成立生效** 书面成立，成立生效。 **（2）登记或交付设立** ①以汇票、本票、支票、债券、存款单、仓单、提单出质的，质权自权利凭证交付质权人时设立；没有权利凭证的，质权自办理出质登记时设立。法律另有规定的，依照其规定。 ②以基金份额、股权；注册商标专用权、专利权、著作权等知识产权中的财产权；应收账款出质的，质权自办理出质登记时设立。 **（3）法律效果：权利受到限制** 第一，汇票、本票、支票、债券、存款单、仓单、提单的兑现日期或者提货日期先于主债权到期的，质权人可以兑现或者提货，并与出质人协议将兑现的价款或者提取的货物提前清偿债务或者提存。 第二，基金份额、股权出质后，不得转让，但是出质人与质权人协商同意的除外。出质人转让基金份额、股权所得的价款，应当向质权人提前清偿债务或者提存。 第三，知识产权中的财产权出质后，出质人不得转让或者许可他人使用，但是出质人与质权人协商同意的除外。出质人转让或者许可他人使用出质的知识产权中的财产权所得的价款，应当向质权人提前清偿债务或者提存。 第四，应收账款出质后，不得转让，但是出质人与质权人协商同意的除外。出质人转让应收账款所得的价款，应当向质权人提前清偿债务或者提存。
应收账款质押	**1. 以现有的应收账款出质** （1）应收账款债务人向质权人**确认应收账款的真实性**后，不能又以应收账款不存在或者已经消灭为由主张不承担责任。 （2）应收账款债务人**未确认应收账款的真实性** ①质权人以应收账款债务人为被告，能够举证证明办理出质登记时应收账款真实存在的，有权请求就应收账款优先受偿； ②质权人不能举证证明办理出质登记时应收账款真实存在，不能仅以已经办理出质登记为由，请求就应收账款优先受偿。 （3）应收账款债务人**已经向**应收账款**债权人履行了债务**，**质权人**不能请求应收账款债务人履行债务，但是应收账款债务人接到质权人要求向其履行的通知后，仍然向应收账款债权人履行的除外。 **2. 以基础设施和公用事业项目收益权、提供服务或者劳务产生的债权以及其他将有的应收账款出质** （1）当事人为应收账款设立特定账户，质权人有权请求就该特定账户内的款项优先受偿； （2）特定账户内的款项不足以清偿债务或者未设立特定账户，质权人有权请求折价或者拍卖、变卖项目收益权等**将有的应收账款**，并以所得的价款优先受偿。

六、流动质押★★

流动质押，又被称为动态质押、存货动态质押等，是指债务人或第三人为担保债务的履行，以其有权处分的原材料、半成品、产品等库存货物为标的向银行等债权人设定质押,双方委托第三方物流企业占有并监管质押财产,质押财产被控制在一定数量或价值范围内进行动态更换、出旧补新的一种担保方式。

(一) 质物特定化

流动质押的质押财产特定化问题理论上有争议。流动质押的质物虽大多为原材料、半成品、产品等种类物,但如出质人和质权人通过仓库的独立性、货物的区隔化以及最低价值或数量控制等兼有实体特定与价值特定的方式实现存货的明确化、可识别性,从而有效划定质押物的"客观范围",不致与非质押物混同,就可实现质物特定化。

(二) 质物交付

在流动质押中,经常由债权人、出质人与监管人订立三方监管协议,此时应当查明监管人究竟是受债权人的委托还是受出质人的委托监管质物,确定质物是否已经交付债权人,从而判断质权是否有效设立。

1. 监管人受债权人委托

(1) 质权于监管人实际控制货物之日起设立;

(2) 监管人违反约定向出质人或者其他人放货、因保管不善导致货物毁损灭失,债权人有权请求监管人承担违约责任。

2. 监管人受出质人委托

(1) 质权未设立;

(2) 债权人可以基于质押合同的约定请求出质人承担违约责任,但是不得超过质权有效设立时出质人应当承担的责任范围。

(3) 监管人未履行监管职责,债权人有权请求监管人承担责任。

真题演练

1. 2016年3月3日,甲向乙借款10万元,约定还款日期为2017年3月3日。借款当日,甲将自己饲养的市值5万元的名贵宠物鹦鹉质押交付给乙,作为债务到期不履行的担保;另外,第三人丙提供了连带责任保证。关于乙的质权,下列哪些说法是正确的?(2017-3-56多)①

A. 2016年5月5日,鹦鹉产蛋一枚,市值2000元,应交由甲处置

B. 因乙照管不善,2016年10月1日鹦鹉死亡,乙需承担赔偿责任

C. 2017年4月4日,甲未偿还借款,乙未实现质权,则甲可请求乙及时行使质权

D. 乙可放弃该质权,丙可在乙丧失质权的范围内免除相应的保证责任

考点 质权、混合担保

---

① 答案:BCD。考点1:质物孳息的收取。《民法典》第430条第1款规定:"质权人有权收取质押财产的孳息,但是合同另有约定的除外。"甲将自己饲养的市值5万元的名贵宠物鹦鹉质押交付给乙,质权设立,质权人乙有权收取质押财产的孳息,故A选项错误。考点2:质权人的责任。《民法典》第432条第1款规定:"质权人负有妥善保管质押财产的义务;因保管不善致使质押财产毁损、灭失的,应当承担赔偿责任。"因乙照管不善,2016年10月1日鹦鹉死亡,乙需承担赔偿责任,B选项正确。考点3:及时行使质权。《民法典》第437条第1款规定:"出质人可以请求质权人在债务履行期届满后及时行使质权;质权人不行使的,出质人可以请求人民法院拍卖、变卖质押财产。"2017年4月4日,甲未偿还借款,乙未实现质权,则甲可请求乙及时行使质权,C选项正确。考点4:混合担保。乙放弃债务人的物保,丙可在乙丧失质权的范围内免除相应的保证责任,D选项正确。

【指导案例53号】	
福建海峡银行股份有限公司福州五一支行诉长乐亚新污水处理有限公司、福州市政工程有限公司金融借款合同纠纷案	
【裁判要点1】	特许经营权的收益权可以质押,并可作为应收账款进行出质登记。
【裁判要点2】	特许经营权的收益权依其性质不宜折价、拍卖或变卖,质权人主张优先受偿权的,人民法院可以判令出质债权的债务人将收益权的应收账款优先支付质权人。

第 87 讲

留置权

一、留置权的概念和特征

留置权是指合法占有债务人动产的债权人,于债务人不履行债务时,得留置该动产并以其价值优先受偿的权利。其特征是:
(1)留置权属于法定担保物权。
(2)留置权的标的物限于动产。
(3)留置权不具有追及力,留置权人丧失对留置财产的占有即丧失留置权。

二、留置权之成立要件★★★

	适用范围:合法债权。前提:合法占有动产(《民法典》第447条)
积极要件	1. 债务人未履行到期债务; 2. 债权人合法占有债务人之动产; 债务人不履行到期债务,债权人有权因同一法律关系留置合法占有的第三人的动产。 3. 债权人占有的动产与所担保的债权属于同一法律关系,但企业之间留置的除外。 (1)民事留置权:要求属于同一法律关系; (2)商事留置权: ①双方均为企业; ②债权人基于营业关系而占有对方的动产; ③留置的动产与被担保的债权"不必属于"同一法律关系。 其一,同一法律关系,可以留置; 其二,并非同一法律关系,若债权不属于企业持续经营中发生的债权,不能留置; 其三,并非同一法律关系,债权人不能留置第三人的财产。
消极要件	(1)法律规定或当事人约定不得留置的动产,不得留置(《民法典》第449条) (2)对动产的留置不得与债权人的义务相抵触。债权人留置债务人的动产如果与其所承担的义务相抵触时,亦不得为之。例如,承运人有将货物运送到指定地点的义务,在运送途中,不得以未付运费而留置货物。 (3)因侵权行为取得占有的不成立留置。 (4)对动产的留置不违反公共利益或者善良风俗。对动产的留置如果违反公共利益或者善良风俗,如留置他人的居民身份证,留置他人待用的殡葬物,都是违法的,债权人都不能为之。 (5)留置财产是可分物时,留置财产的价值应当相当于债务的金额,即"等价留置"规则。

[例1] 张某为王某送货，约定货物送到后一周内支付运费。张某在货物运到后立刻要求王某支付运费被拒绝，张某不可留置部分货物。因为债务尚未到期。

[例2] 刘某把房屋租给方某，方某退租搬离时尚有部分租金未付，刘某不可留置方某部分家具。因为不属于同一法律关系。

[例3] 何某将丁某的行李存放在火车站小件寄存处，后丁某取行李时认为寄存费过高而拒绝支付，寄存处可留置该行李。

[例4] 甲公司加工乙公司的机器零件，约定先付费后加工。付费和加工均已完成，但乙公司尚欠甲公司借款，甲公司可留置机器零件。这是商事留置权，不要求同一法律关系。

三、留置权人的权利义务

留置权人的权利	留置权人的义务
留置并占有动产： （1）在债务人不履行债务时，债权人就可以留置标的物，拒绝债务人交付标的物的请求。 （2）留置物为不可分物的，留置权人可以就留置物的全部行使留置权；但留置物为可分物的，留置物的价值应当与债务的金额相当，即债权人只能留置与自己的债权额相当的部分，其余部分应当交付债务人。 （3）债权人将留置物返还给债务人后，即不可以其留置权对抗第三人。但是，因不可归责于债权人的事由而丧失对留置物的占有的，债权人可以向不当占有人请求停止侵害、恢复原状、返还留置物。 （4）留置权的效力及于留置物的从物。但是，从物未随同留置物交付于债权人占有的，留置权的效力不及于从物。	**妥善保管留置物：** 留置权人负有妥善保管留置财产的义务；因保管不善致使留置财产毁损灭失的，应当承担赔偿责任。
优先受偿权： （1）留置权所担保的范围包括主债权和利息、违约金、损害赔偿金、留置物保管费用和实现留置权的费用。 （2）留置物折价或拍卖、变卖后，其价款超过债权数额的部分归债务人所有，不足部分由债务人清偿。	**不得擅自使用、出租或处分留置财产：** 在留置权存续期间，债权人未经债务人同意，擅自使用、出租、处分留置物，因此给债务人造成损失的，债权人应当承担赔偿责任。
收取孳息： 收取的孳息，应先充抵收取孳息的费用。	**行使留置权：** 债务人可以请求留置权人在债务履行期届满后行使留置权； 留置权人不行使的，债务人可以请求人民法院拍卖、变卖留置财产。
请求偿还费用： 债权人因保管留置物所支出的必要费用，有权向债务人请求返还。	**返还财产：** 留置权消灭后返还留置财产。

四、留置权的实现及消灭★★★

实现规则	（1）留置权人与债务人应当约定留置财产后的债务履行期间； （2）没有约定或者约定不明确的，留置权人应当给债务人60日以上履行债务的期间，但鲜活易腐等不易保管的动产除外。 （3）债务人逾期未履行的，留置权人可以与债务人协议以留置财产折价，也可以就拍卖、变卖留置财产所得的价款优先受偿。留置财产折价或者变卖的，应当参照市场价格。
消灭事由	留置权的消灭事由包括一般事由与特殊事由。 （1）一般事由是对所有权的担保物权均适用的事由，包括： ①主债权消灭； ②担保物权实现； ③抛弃担保物权； ④担保物毁损灭失且无代位物等。 （2）留置权消灭的特殊事由有二： ①留置权人对留置财产丧失占有。 ②留置权人接受债务人另行提供的担保。

【易错考点提示】

自助行为	自助行为是指权利人为保护自己的权利，在来不及请求公力救济的情况下，对义务人的财产予以扣留等行为。其构成要件包括： （1）为保护自己的合法权益。若为保护他人之权利，不成立自助行为，符合条件者可构成正当防卫或紧急避险。 （2）情况紧迫且不能及时获得国家机关保护。 （3）采取的方法适当。在保护自己合法权益的必要范围内采取扣留侵权人的财物等合理措施，一般不能限制人身自由。 （4）并立即请求有关国家机关处理。
留置与自助行为的区别	自助行为所扣留的动产可以是债务人的动产，也可以是债务人携带的他人财产。留置要求扣留的是债务人的动产，当然留置权人善意的除外。 自助行为要求情况紧急，留置权的设立不要求情况紧急。

真题演练

1.李某是甲公司的总经理，甲公司给他配了一台小车。后来，李某因为某行为给公司造成巨大损失，公司将李某辞退。公司主张将李某的工资扣留当作赔偿损失。李某主张留置公司的小车抵扣所欠工资。下列说法正确的是？（2018年卷二考生回忆题）①

---

① 参考答案：BD。《民法典》第448条规定："债权人留置的动产，应当与债权属于同一法律关系，但是企业之间留置的除外。"工资基于劳动关系产生，与公司配车不是同一法律关系，不能留置，所以A、C错误，B正确。李某可以通过仲裁以及诉讼的方式索要劳动报酬和经济补偿金，所以D正确。

A. 李某可以主张留置权
B. 李某不可以主张留置权
C. 李某有权将小车拍卖抵扣工资
D. 李某可以通过仲裁以及诉讼的方式索要劳动报酬和经济补偿金

考点 留置权

第88讲
担保物权之间的优先效力

一、担保物权之间的优先效力★★★

动产质权、抵押权、留置权竞存	（1）先设立质权或者抵押权，后成立留置权 同一动产上已设立抵押权或者质权，该动产又被留置的，留置权人优先受偿。（《民法典》第456条）
	（2）先成立留置权，后设立质权或者抵押权 ①留置权成立后，若**动产的所有人**以自己的名义再设立的质权、抵押权，则先成立的留置权优先于后设立的质权、抵押权； ②留置成立后，若**留置权人**以自己的名义设立质权、抵押权，则后设立的质权、抵押权优先于先成立的留置权。
质权与抵押权竞存	质权与抵押权按照公示先后确定清偿顺序。质权的公示方式是交付，抵押权的公示方式为登记。《民法典》第415条规定："同一财产既设立抵押权又设立质权的，拍卖、变卖该财产所得的价款按照登记、交付的时间先后确定清偿顺序。"

二、购买价款抵押权（超级优先权）【2020年新增】★★★

《民法典》第416条规定："动产抵押担保的主债权是抵押物的价款，标的物交付后十日内办理抵押登记的，该抵押权人优先于抵押物买受人的其他担保物权人受偿，但是留置权人除外。"《民法典》首次将担保买卖货物价款而在该货物上设立的动产抵押权赋予"超级优先权"地位。

理论上，为了鼓励信用消费，赊销的机器设备、存货、消费品等普通货物，出卖人的权益应当如何优先保护，有立法例赋予出卖人的"价金担保权"以"超级优先顺位"，即其优先顺位高于其他担保权人的优先顺位，即使后者已经公示在先。《民法典担保制度解释》第57条规定，担保人在设立动产浮动抵押并办理抵押登记后又购入或者以融资租赁方式承租新的动产，下列权利人为担保价款债权或者租金的实现而订立担保合同，并在该动产交付后十日内办理登记，主张其权利优先于在先设立的浮动抵押权的，人民法院应予支持：（1）在该动产上设立抵押权或者保留所有权的出卖人；（2）为价款支付提供融资而在该动产上设立抵押权的债权人；（3）以融资租赁方式出租该动产的出租人。买受人取得动产但未付清价款或者承租人以融资租赁方式占有租赁物但是未付清全部租金，又以标的物为他人设立担保物权，前款所列权利人为担保价款债权或者租金的实现而订立担保合同，并在该动产交付后十日内办理登记，主张其权利优先于买受人为他人设立的担保物权的，人民法院应予支持。同一动产上存在多个价款优先权的，人民法院应当按照登记的时间先后确定清偿顺序。

可见，价款优先权的两种类型：

类型一： 债务人在设定动产浮动抵押后又购入或者承租新的动产时，为担保价款或者租金债权的实现，有关权利人在该动产上依法设定抵押权等担保物权；

类型二： 在动产买卖中，买受人通过赊销、融资租赁等方式取得动产后，又以该动产为他人设定担保物权，为担保价款或者租金债权实现，有关权利人在该动产上依法设定担保物权。

两种情形中，享有价款优先权的人都包括在动产上设立抵押权或者保留所有权的出卖人、为价款支付提供融资而在该动产上设立抵押权的债权人、以融资租赁方式出租该动产的出租人等情形。

区别： 前一类型下的价款优先权，主要适用于浮动抵押场合，解决的是已经设定浮动抵押的中小企业的再融资问题，对抗的是在先设立的浮动抵押权；而后一类型下的价款优先权，适用于动产抵押，是为了解决买受人在该动产上为第三人设定抵押权时如何保护出卖人、出租人等权利人权益的问题，对抗的则是为取得优先权进行抢先登记的权利人。

[例] 2020年3月7日，坤地公司以自己现有及将有的机器设备、原材料、产品、半成品给A银行设立动产浮动抵押，担保其对A银行的1000万元债务，双方办理了抵押登记。2020年5月20日，乾天公司将一台机器设备出卖给坤地公司，价款100万元。为支付该买卖合同价款，坤地公司与B银行签订借款合同借款100万元，并约定以该机器设备设定抵押权。2020年5月21日，乾天公司将该机器设备交付给坤地公司。2020年5月25日，坤地公司以该机器设备出质给大有公司借款50万元，并交付。2020年5月28日坤地公司与B银行办理了该机器设备的抵押权登记。到期坤地公司无力清偿A银行、B银行欠款及对大有公司的50万元债务，将机器设备变价。

（1）B银行与坤地公司在标的物交付后10天内办理了该机器设备的抵押权登记，取得超级优先权的地位。

（2）即使大有公司的质权设立在先，根据《民法典》第416条超级优先权的规定，其受偿顺位也应劣后于B银行的抵押权。

（3）乾天公司将该机器设备交付给坤地公司，坤地公司取得该机器设备的所有权。该设备成为动产浮动抵押权的客体。即使动产浮动抵押权登记在先，B银行的抵押权也优先于A银行的动产浮动抵押权。

真题演练

1. 甲公司以其机器设备为乙公司设立了质权。10日后，丙公司向银行贷款100万元，甲公司将机器设备又抵押给银行，担保其中40万元贷款，但未办理抵押登记。同时，丙公司将自有房产抵押给银行，担保其余 60 万元贷款，办理了抵押登记。20 日后，甲将机器设备再抵押给丁公司，办理了抵押登记。丙公司届期不能清偿银行贷款。下列哪一表述是正确的？（2013-3-8 单）①

  A. 如银行主张全部债权，应先拍卖房产实现抵押权
  B. 如银行主张全部债权，可选择拍卖房产或者机器设备实现抵押权
  C. 乙公司的质权优先于银行对机器设备的抵押权
  D. 丁公司对机器设备的抵押权优先于乙公司的质权

考点 物权的优先效力

---

① 答案：C。考点1：按份共同抵押。丙公司向银行贷款100万元，甲公司将机器设备又抵押给银行，担保其中40万元贷款，但未办理抵押登记。同时，丙公司将自有房产抵押给银行，担保其余60万元贷款，办理了抵押登记。动产抵押权的登记仅仅是对抗要件，两个抵押权均已设立。当事人之间关于担保份额的约定是有效的，成立按份共同抵押。银行要实现全部债权，只能按照约定份额分别去主张抵押权，而非选择其一实现，并且两个抵押权的实现无先后顺序的要求，故A选项、B选项错误。考点2：物权优先效力。《民法典》第415条规定："同一财产既设立抵押权又设立质权的，拍卖、变卖该财产所得的价款按照登记、交付的时间先后确定清偿顺序。"甲公司以其机器设备为乙公司设立了质权，质权先设立且已经公示（交付）。当未登记的动产抵押和质权并存时，由于动产抵押未登记，没有公示，相对于质权而言，质权人应优先于动产抵押权人受偿，故C项正确，D选项错误。

第3章 担保债权

第89讲 保证

一、保证合同的概念

保证合同是为保障债权的实现，保证人和债权人约定，当债务人不履行到期债务或者发生当事人约定的情形时，保证人履行债务或者承担责任的合同。(《民法典》第681条)债权人既是主合同的债权人，又是保证合同中的债权人。机关法人不得为保证人，但是经国务院批准为使用外国政府或者国际经济组织贷款进行转贷的除外。以公益为目的的非营利法人、非法人组织不得为保证人。(《民法典》第683条)

二、保证方式【2020年修改】★★★

一般保证 (《民法典》第686条第2款、第687条)	(1) **概念**。当事人在保证合同中约定，债务人不能履行债务时，由保证人承担保证责任的，为一般保证。 (2) **一般保证的确定** ①约定为一般保证。当事人在保证合同中约定了保证人在债务人不能履行债务或者无力偿还债务时才承担保证责任等类似内容，具有债务人应当先承担责任的意思表示的，应当将其认定为一般保证。 ②无约定，一般保证。当事人在保证合同中对保证方式没有约定或者约定不明确的，按照一般保证承担保证责任。 (3) **先诉抗辩权** 一般保证的保证人在主合同纠纷未经审判或者仲裁，并就债务人的财产依法强制执行仍不能履行债务前，有权拒绝向债权人承担保证责任，但是有下列情形之一的除外： ①债务人下落不明，且无财产可供执行； ②人民法院已经受理债务人破产案件； ③债权人有证据证明债务人的财产不足以履行全部债务或者丧失履行债务能力； ④保证人书面表示放弃先诉抗辩权。 (4) **保证人的诉讼地位**——债务人不履行到期债务 ①债权人仅起诉债务人，应予受理； ②债权人仅起诉一般保证人，驳回起诉； ③债权人一并起诉债务人和保证人，可以受理；但应当在判决书主文中明确，保证人仅对债务人财产依法强制执行后仍不能履行的部分承担保证责任。

续表

一般保证 (《民法典》第686条第2款、第687条)	（5）保全的限制 ①债权人未对债务人的财产申请保全， ②或者保全的债务人的财产足以清偿债务， 债权人不能申请对一般保证人的财产进行保全。
连带责任保证 (《民法典》第688条)	（1）**概念**。当事人在保证合同中约定保证人和债务人对债务承担连带责任的，为连带责任保证。当事人在保证合同中约定了保证人在债务人不履行债务或者未偿还债务时即承担保证责任、无条件承担保证责任等类似内容，不具有债务人应当先承担责任的意思表示的，应当将其认定为连带责任保证。 （2）**连带责任保证人不享有先诉抗辩权** 连带责任保证的债务人不履行到期债务或者发生当事人约定的情形时，债权人可以请求债务人履行债务，也可以请求保证人在其保证范围内承担保证责任。 （3）**保证人的诉讼地位** ①可以只列债务人为被告； ②可以只列保证人为被告； ③可以列债务人、保证人为共同被告。

三、保证期间与诉讼时效期间【2020年修改】★★★

保证期间 (《民法典》第692、693条)	保证期间是确定保证人承担保证责任的期间，不发生中止、中断和延长。 （1）保证期间的起算点： ①主债务履行期届满之日。 ②债权人与债务人对主债务履行期限没有约定或者约定不明确的，保证期间自债权人请求债务人履行债务的宽限期届满之日起计算。 （2）保证期间确定： ①有约定，按约定； ②未约定，或约定不明确，6个月。约定的保证期间早于主债务履行期限或者与主债务履行期限同时届满的，视为没有约定。保证合同约定保证人承担保证责任直至主债务本息还清时为止等类似内容的，视为约定不明，保证期间为主债务履行期限届满之日起六个月。 ③最高额保证的保证期间 有约定，按约定；没有约定或者约定不明： 其一，被担保债权的履行期限均已届满的，保证期间自债权确定之日起开始计算； 其二，被担保债权的履行期限尚未届满的，保证期间自最后到期债权的履行期限届满之日起开始计算。 （3）撤诉与保证期间 ①一般保证：撤回起诉或者仲裁申请，不影响保证期间。 ②连带责任保证：起诉状副本或者仲裁申请书副本已经送达保证人，即属主张保证责任，开始计算保证之债的诉讼时效。

续表

保证期间 （《民法典》第692、693条）	（4）保证合同无效与保证期间 其一，保证合同无效的赔偿责任。《民法典》第388第2款规定："担保合同被确认无效后，债务人、担保人、债权人有过错的，应当根据其过错各自承担相应的民事责任。"保证合同无效，保证人的赔偿责任是过错赔偿责任，性质上属于缔约过失责任，而非保证责任。 其二，即使保证合同无效，保证人仍可主张保证期间经过而免责。保证合同无效，保证人有过错，须承担赔偿责任；债权人未在约定或者法定的保证期间内依法行使权利，保证人不承担赔偿责任。 （5）保证期间经过的后果。 ①一般保证的债权人未在保证期间内对债务人提起诉讼或者申请仲裁的，保证人不再承担保证责任。 ②连带责任保证的债权人未在保证期间对保证人主张承担保证责任的，保证人不再承担保证责任。 ③债权人在保证期间内未依法行使权利的，保证责任消灭。保证责任消灭后，债权人书面通知保证人要求承担保证责任，保证人在通知书上签字、盖章或者按指印，债权人请求保证人继续承担保证责任的，人民法院不予支持，但是债权人有证据证明成立了新的保证合同的除外。（《民法典担保制度解释》第34条第2款） （6）法院主动审查事项 ①保证期间是否届满； ②债权人是否在保证期间内依法行使权利等。
保证债务诉讼时效期间（《民法典》第694条）	（1）一般保证债务诉讼时效起算点：保证人拒绝承担保证责任的权利消灭之日，即主债务人被执行完毕之时。 一般保证的债权人在保证期间届满前对债务人提起诉讼或者申请仲裁的，从保证人拒绝承担保证责任的权利消灭之日起，开始计算保证债务的诉讼时效。 如何理解"保证人拒绝承担保证责任的权利消灭之日"。根据《民法典担保制度解释》第28条的规定：一般保证中，债权人依据生效法律文书对债务人的财产依法申请强制执行，保证债务诉讼时效的起算时间按照下列规则确定： ①法院作出终结本次执行程序裁定，或者依照民事诉讼法第257条第3项、第5项的规定作出终结执行裁定的； "终结本次执行程序"指在无执行可能的情况下退出执行程序的选择，其结果和执行完毕类似。民事诉讼法第257条第3项是作为被执行人的自然人死亡，无遗产可供执行，又无义务人承担；第5项是作为被执行人的自然人因生活困难无力偿还借款，无收入来源，又丧失劳动能力。 ②法院自收到申请执行书之日起一年内未作出前项裁定的，自法院收到申请执行书满一年之日起开始计算，但是保证人有证据证明债务人仍有财产可供执行的除外。 ③一般保证的债权人在保证期间届满前对债务人提起诉讼或者申请仲裁，债权人举证证明存在丧失先诉抗辩权的情形，保证债务的诉讼时效自债权人知道或者应当知道该情形之日起开始计算。 （2）连带责任保证债务诉讼时效起算点：债权人请求保证人承担保证责任之日。 连带责任保证的债权人在保证期间届满前请求保证人承担保证责任的，从债权人请求保证人承担保证责任之日起，开始计算保证债务的诉讼时效。

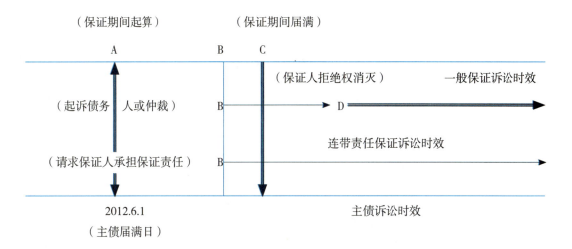

[例] 债务人甲向债权人银行借款1000万元，乙提供保证。

（1）假设：没有约定保证方式，保证期间约定不明。根据《民法典》第686条第2款的规定，保证方式为一般保证。根据《民法典》第692条第2款的规定，保证期间为6个月。6个月保证期间内，债权人银行须对债务人甲提起诉讼或申请仲裁。

①如果债权人银行在6个月保证期间内未对债务人甲提起诉讼或申请仲裁，保证期间经过，保证债务消灭，此时不启动保证债务的诉讼时效期间。

②如果债权人银行在6个月保证期间内对债务人甲提起诉讼或申请仲裁，债务人被强制执行完毕，此时，一般保证人的先诉抗辩权消灭，即保证人拒绝承担保证责任的权利消灭，保证债务的诉讼时效期间开始计算。

③保证债务的诉讼时效期间是三年。

（2）假设：约定为连带责任保证，没有约定保证期间。根据《民法典》第688条的规定，保证方式为连带责任保证。根据《民法典》第692条第2款的规定，保证期间为6个月。6个月的保证期间内，因为连带责任保证人没有先诉抗辩权，所以债权人银行须请求保证人承担保证责任。

①如果债权人银行在6个月保证期间内未请求保证人承担保证责任，保证期间经过，保证债务消灭，此时不启动保证债务的诉讼时效期间。

②如果债权人银行在6个月保证期间内请求保证人承担保证责任，从债权人银行请求保证人承担保证责任之日起，开始计算保证债务的诉讼时效。

③保证债务的诉讼时效期间是三年。

四、保证的成立及从属性【2020年修改】★★★

保证合同成立（《民法典》第685条）	（1）保证人与债权人应当以书面形式订立保证合同； （2）第三人单方以书面形式向债权人作出保证的，债权人接收且未提出异议的，保证合同成立； （3）主合同中有保证条款。

续表

保证的从属性	**(1) 效力的从属性**（《民法典》第682条） ①保证合同是主债权债务合同的从合同。 ②主债权债务合同无效，保证合同无效，但是法律另有规定的除外。 ③保证合同被确认无效后，债务人、保证人、债权人有过错，应当根据其过错各自承担相应的民事责任。 **(2) 债权转让与保证责任**（《民法典》第696条） ①通知义务。债权人转让全部或者部分债权，未通知保证人的，该转让对保证人不发生效力。 ②约定禁止转让债权。保证人与债权人约定禁止债权转让，债权人未经保证人书面同意转让债权的，保证人对受让人不再承担保证责任。 **(3) 债务承担**（《民法典》第697条） ①免责的债务承担与保证责任。债权人未经保证人书面同意，允许债务人转移全部或者部分债务，保证人对未经其同意转移的债务不再承担保证责任，但是债权人和保证人另有约定的除外。 ②并存的债务承担与保证人。第三人加入债务的，保证人的保证责任不受影响。 **(4) 变更内容**（《民法典》第695条） ①保证期间，债权人与债务人协议变更主债务内容，应当取得保证人书面同意。 ②未经保证人同意的，如果**减轻**债务人的债务，保证人对变更后的债务承担保证责任； ③如果**加重**债务人的债务，保证人对加重的部分不承担保证责任； ④债权人和债务人变更主债权债务合同的履行期限，未经保证人书面同意的，保证期间不受影响。

[例] 甲公司与乙公司达成还款计划书，约定在2012年7月30日归还100万元，8月30日归还200万元，9月30日归还300万元。丙公司对三笔还款提供保证，约定为连带责任保证，没有约定保证期间。后甲公司同意乙公司将三笔还款均顺延3个月，丙公司对此不知情。乙公司一直未还款，甲公司仅于2013年3月15日要求丙公司承担保证责任。

（1）本案中约定为连带责任保证。

（2）《民法典》第692条第2款规定："债权人与保证人可以约定保证期间，但是约定的保证期间早于主债务履行期限或者与主债务履行期限同时届满的，视为没有约定；没有约定或者约定不明确的，保证期间为主债务履行期限届满之日起六个月。"本案中，保证期间均没有约定，因此，为从履行期限届满之日起6个月。

（3）《民法典》第695条第2款规定："债权人与债务人对主债权债务合同履行期限作了变更，未经保证人书面同意的，保证期间不受影响。"后来的期限变动，没有经过保证人同意，因此视为期限不变，依然在原来的期限内承担。约定2012年7月30日归还的100万元，保证期间于2013年1月底届满；约定2012年8月30日归还的200万元，保证期间于2013年2月底届满；约定2012年9月30日归还的300万元，保证期间于2013年3月底届满。甲公司仅于2013年3月15日要求丙公司承担保证责任，此时主张保证责任，对于前两笔债务已经超过了6个月的保证期间，因此保证人对于100万元和200万元的债务不再承担责任，最后一笔300万元的债务依然在保证期间之内，因此保证人依然要对这 300 万元的债务承担责任。

五、保证的效力★★

保证担保范围	保证的范围包括主债权及利息、违约金、损害赔偿金和实现债权的费用。当事人另有约定的，按照其约定。
保证人与债权人的关系	**债权人的权利：** 债权人对保证人享有请求承担保证责任（履行保证债务）的权利。该权利的行使以主债务不履行为前提，以保证责任已届承担期为必要。 **保证人的权利：** 保证合同是单务、无偿合同，保证人对债权人不享有请求给付的权利，所享有的只是抗辩权或其他防御性的权利。 **（1）基于保证人的地位特有的抗辩权** ①一般保证的先诉抗辩权； ②基于一般债务人的地位享有的权利。在保证关系中，保证人是债务人，因而一般债务人应有的权利，保证人也应享有。例如，保证债务已经单独消灭时，保证人有权主张；保证债务未届清偿期，保证人有权抗辩；保证合同不成立、无效或者被撤销致使保证债务不存在时，保证人有权主张不负保证责任；保证债务罹于诉讼时效时，保证人亦可拒绝履行。 **（2）主张债务人权利的权利** 保证具有从属性，因而主债务人对于债权人所有的抗辩或其他类似的权利，保证人均可主张。 **①主债务人的抗辩权** 保证人可以主张债务人对债权人的抗辩。债务人放弃抗辩的，保证人仍有权向债权人主张抗辩。包括三类： 其一，权利未发生的抗辩 ［例］主合同未成立，保证人对此也不知情，于此场合，保证人可对债权人主张主债权未成立的抗辩。 其二，权利已消灭的抗辩 ［例］主债权因履行而消灭，保证人可对债权人主张权利已消灭，拒绝债权人的履行请求。 其三，拒绝履行的抗辩 ［例］时效完成的抗辩权、同时履行抗辩权、不安抗辩权、先诉抗辩权等。即使债务人放弃上述抗辩权，保证人也有权主张，因为保证人主张主债务人的抗辩权并非代为主张，而是基于保证人的地位而独立行使。这里需要注意的是，保证人虽享有主债务人的诉讼时效抗辩权，但其未主张诉讼时效抗辩权，承担保证责任后向主债务人行使追偿权的，人民法院不予支持，但主债务人同意给付的情形除外。 **②主债务人的其他权利** 主要有撤销权、抵销权。债务人对债权人享有抵销权或者撤销权的，保证人可以在相应范围内拒绝承担保证责任。（《民法典》第702条）

续表

保证人的追偿权	（1）**保证人追偿权产生的条件** 承担了担保责任或者赔偿责任的担保人，有权在其承担责任的范围内向债务人追偿。 （2）**追偿范围** 保证人自行履行保证责任时，其实际清偿额大于主债权范围的，保证人只能在主债权范围内对债务人行使追偿权。 （3）**追偿权行使** ①向债务人追偿，诉讼或非诉讼方式皆可； ②债务人破产的，保证人有权申报破产债权。 （4）**追偿权的预先行使** ①预先行使的条件：法院受理主债务人的破产案件，主债权人未申报债权。 ②预先行使的方式：保证人根据追偿权申报破产债权，参与破产财产分配。在连带共同保证中，各保证人应当作为一个主体申报债权，参与破产财产分配。 ③主债权人的通知义务：主债权人知道或应当知道主债务人破产，若不申报债权，应当通知保证人申报债权，预先行使追偿权。 ④主债权人既不申报债权也不通知保证人，致使保证人不能预先行使追偿权的，保证人在该债权在破产程序中可能受偿的范围内免除保证责任。 （5）**共同保证追偿的限制**（《民法典担保制度解释》第29条） ①债权人须向各保证人行使权利 同一债务有两个以上保证人，债权人不能以其已经在保证期间内依法向部分保证人行使权利为由，主张已经在保证期间内向其他保证人行使权利。 ②相互追偿的限制 其一，前提：同一债务有两个以上保证人，保证人之间相互有追偿权； 其二，条件：债权人未在保证期间内依法向部分保证人行使权利，导致其他保证人在承担保证责任后丧失追偿权； 其三，后果：其他保证人有权主张在其**不能追偿的范围内**免除保证责任。

[注]

《民法典担保制度解释》第35条规定："保证人知道或者应当知道主债权诉讼时效期间届满仍然提供保证或者承担保证责任，又以诉讼时效期间届满为由拒绝承担保证责任或者请求返还财产的，人民法院不予支持；保证人承担保证责任后向债务人追偿的，人民法院不予支持，但是债务人放弃诉讼时效抗辩的除外。"主债务诉讼时效期间届满，保证人享有主债务人的诉讼时效抗辩权。保证人未主张前述诉讼时效抗辩权，承担保证责任后向主债务人行使追偿权的，人民法院不予支持，但主债务人同意给付的情形除外。

（1）如果**债务人对债权人主张了抗辩权**，保证人**必须**援用债务人的抗辩权，否则对超出主债务的部分，保证人对债务人无追偿权；

（2）如果**债务人放弃对债权人的抗辩权**，保证人**仍可援用**债务人所放弃的抗辩权。若保证人未援用债务人放弃的抗辩权承担保证责任后，对债务人仍**有**追偿权；

（3）如果债务人对债权人不享有抗辩权，或者债务人放弃对债权人的抗辩权，**保证人放弃自己对债权人的抗辩权**承担保证责任后，对债务人仍**有**追偿权。

[真题演练]

1. 甲公司从乙公司采购10袋菊花茶，约定："在乙公司交付菊花茶后，甲公司应付货款10万元。"丙公司提供担保函："若甲公司不依约付款，则由丙公司代为支付。"乙公司交付的菊花茶中有 2 袋经过硫磺熏蒸，无法饮用，价值 2 万元。乙公司要求甲公司付款未果，便要求丙公司付款 10 万元。下列哪些表述是正确的？（2011-3-54 多）[①]

　　A. 如丙公司知情并向乙公司付款 10 万元，则丙公司只能向甲公司追偿 8 万元
　　B. 如丙公司不知情并向乙公司付款 10 万元，则乙公司会构成不当得利
　　C. 如甲公司付款债务诉讼时效已过，丙公司仍向乙公司付款 8 万元，则丙公司不得向甲公司追偿
　　D. 如丙公司放弃对乙公司享有的先诉抗辩权，仍向乙公司付款 8 万元，则丙公司不得向甲公司追偿

考点 保证

六、保证责任的免除★★

加重债务人负担	债权人和债务人未经保证人书面同意，协商变更主债权债务合同内容，减轻债务的，保证人仍对变更后的债务承担保证责任；加重债务的，保证人对加重的部分不承担保证责任。（《民法典》第695条第1款）
约定禁止债权转让	保证人与债权人约定禁止债权转让，债权人未经保证人书面同意转让债权的，保证人对受让人不再承担保证责任。（《民法典》第696条第2款）
免责的债务承担	债权人未经保证人书面同意，允许债务人转移全部或者部分债务，保证人对未经其同意转移的债务不再承担保证责任，但是债权人和保证人另有约定的除外。（《民法典》第697条）
债权人放弃或者怠于行使权利	一般保证的保证人在主债务履行期限届满后，向债权人提供债务人可供执行财产的真实情况，债权人放弃或者怠于行使权利致使该财产不能被执行的，保证人在其提供可供执行财产的价值范围内不再承担保证责任。（《民法典》第698条）
保证期间经过	（1）一般保证的债权人未在保证期间对债务人提起诉讼或者申请仲裁的，保证人不再承担保证责任。（《民法典》第693条第1款） （2）连带责任保证的债权人未在保证期间请求保证人承担保证责任的，保证人不再承担保证责任。（《民法典》第693条第2款）
债权人放弃债务人物保	在同一债权既有保证又有物的担保的情况下，债权人放弃物的担保时，保证人在债权人放弃权利的范围内免除保证责任。

七、担保类型的识别

　　1. 第三人向债权人提供差额补足、流动性支持等类似承诺文件作为增信措施，具有

[①] 答案：ABC。考点：履行抗辩权。本案中，在乙公司交付菊花茶后，甲公司应付货款 10 万元。乙公司是先履行一方，甲公司是后履行一方。乙公司交付的菊花茶中有 2 袋经过硫磺熏蒸，无法饮用，价值 2 万元。乙公司要求甲公司付款未果。付款未果的意思是甲公司作为后履行一方，因为先履行一方履行不符合约定，主张先履行抗辩权。但是根据等价抗辩规定，甲公司可以拒绝付款 2 万元。丙公司是保证人，丙公司知情，应当主张主债务人的先履行抗辩权，拒绝支付 2 万元。但丙公司没有援用主债务人的抗辩权，所以只能向甲公司追偿 8 万元，故 A 选项正确。如丙公司不知情并向乙公司付款 10 万元，则乙公司会构成 2 万元的不当得利，B 选项正确。如甲公司付款债务诉讼时效已过，丙公司没有援用甲公司的诉讼时效经过抗辩权，仍向乙公司付款 8 万元，则丙公司不得向甲公司追偿，C 选项正确。如丙公司放弃对乙公司享有的先诉抗辩权，仍向乙公司付款 8 万元，则丙公司不得向甲公司追偿。因为先诉抗辩权是丙公司本身的抗辩权，不影响债务追偿，故选 D 项错误。

提供担保的意思表示——保证；

2. 第三人向债权人提供的承诺文件，具有加入债务或者与债务人共同承担债务等意思表示的——债务加入；

3. 难以确定的——保证。由于第三人因债务加入构成债务共同承担时，第三人履行债务后，没有权利向其他债务人追偿。为了鼓励当事人承担责任，应当规定当事人意思表示不明确时，推定为保证的意思表示。

4. 不符合前三款规定的情形：

（1）不承担保证责任或者连带责任；

（2）债权人有权依据承诺文件请求第三人履行约定的义务或者承担相应的民事责任。

【指导案例57号】 温州银行股份有限公司宁波分行诉浙江创菱电器有限公司等金融借款合同纠纷案	
裁判要点	在有数份最高额担保合同情形下，具体贷款合同中选择性列明部分最高额担保合同，如债务发生在最高额担保合同约定的决算期内，且债权人未明示放弃担保权利，未列明的最高额担保合同的担保人也应当在最高债权限额内承担担保责任。

第 90 讲

共同担保

共同担保包括：共同物保（抵押、质押）、共同人保（保证）、混合担保。

一、混合担保★★★

同一个债，既有物保（抵押、质押），又有人保，为混合担保。	
第一步	（1）有约定，按约定。 《民法典》第392条前段，被担保的债权既有物的担保又有人的担保的，债务人不履行到期债务或者发生当事人约定的实现担保物权的情形，债权人应**按照约定实现债权**。 （2）没约定，则看第二步或第三步。
第二步	自己（债务人）物保与人保并存。 （1）先执行债务人物保。 《民法典》第392条中段，没有约定或者约定不明确，债务人自己提供物的担保的，债权人应当先就该物的担保实现债权。 （2）债权人放弃债务人物保，则其他担保人在担保物权人丧失优先受偿权益的范围内免除担保责任。 ［例］甲，雄安一奇女子，将自己所有的一套价值60万元的房屋给银行设定抵押权，借款100万元，由白洋淀奇男子乙作保证。 （1）到期甲无力偿还，则应当先执行债务人甲的物保。 （2）若银行放弃抵押权，则乙免责60万元，剩余部分继续承担保证责任。 （3）若房屋升值到120万元，银行仍放弃抵押权，因主债权是100万元，故保证人乙免责。

续表

第三步	第三人物保与人保并存。 （1）**第三人物保和人保地位平等**。 《民法典》第392条后段，第三人提供物的担保的，债权人可以就物的担保实现债权，也可以要求保证人承担保证责任。提供担保的第三人承担担保责任后，有权向债务人追偿。 （2）**第三担保人承担责任后，有权向债务人追偿**。

真题演练

1. 甲公司欠乙公司货款100万元，先由甲公司提供机器设备设定抵押权、丙公司担任保证人，后由丁公司提供房屋设定抵押权并办理了抵押登记。甲公司届期不支付货款，下列哪一表述是正确的？（2014-3-8 单）[①]

A. 乙公司应先行使机器设备抵押权
B. 乙公司应先行使房屋抵押权
C. 乙公司应先行请求丙公司承担保证责任
D. 丙公司和丁公司可相互追偿

考点 混合担保

二、共同担保的追偿与分担

共同担保人的追偿权，指担保人向主债务人追偿自己已承担的担保责任的权利。共同担保人的分担请求权，指担保人请求其他担保人分担自己已承担的担保责任的权利。只有在担保人为第三人的情况下，才存在追偿与分担的问题。《民法典担保制度解释》第13条及第14条对此问题作了规定。

（一）担保人之间有约定可以请求分担

1. 同一债务有两个以上第三人提供担保，担保人之间约定相互追偿及分担份额，承担了担保责任的担保人请求其他担保人按照约定分担份额的，人民法院应予支持。

2. 同一债务有两个以上第三人提供担保，担保人之间约定承担连带共同担保，或者约定相互追偿但是未约定分担份额的，各担保人按照比例分担向债务人不能追偿的部分。

（二）各担保人在同一份合同署名可以请求分担

同一债务有两个以上第三人提供担保，担保人之间未对相互追偿作出约定且未约定承担连带共同担保，但是各担保人在**同一份合同书上签字、盖章或者按指印**，承担了担保责任的担保人请求其他担保人按照比例分担向债务人不能追偿部分的，人民法院应予支持。

[①] 答案：A。《民法典》第392条规定："被担保的债权既有物的担保又有人的担保的，债务人不履行到期债务或者发生当事人约定的实现担保物权的情形，债权人应当按照约定实现债权；没有约定或者约定不明确，债务人自己提供物的担保的，债权人应当先就该物的担保实现债权；第三人提供物的担保的，债权人可以就物的担保实现债权，也可以请求保证人承担保证责任。提供担保的第三人承担担保责任后，有权向债务人追偿。"本案中既有债务人的物保，又有第三人的物保和保证人的担保，属于混合担保，应当先执行债务人的物保，故A选项正确，B选项、C选项错误。按照《民法典》第392条的规定，物保与人保之间不能互追，所以D选项错误。

除前两种情形外，承担了担保责任的担保人请求其他担保人分担向债务人不能追偿部分的，人民法院不予支持。

（三）担保人受让债权

同一债务有两个以上第三人提供担保，担保人受让债权的，人民法院应当认定该行为系承担担保责任。受让债权的担保人作为债权人请求其他担保人承担担保责任的，人民法院不予支持；该担保人请求其他担保人分担相应份额的，依照《民法典担保制度解释》第13条的规定处理，即请求分担须符合上述两种情形。

[例] 杨某向银行借款1000万元，由马某、王某提供担保。所提供的担保，可以是物保，也可以是人保（保证）。

（1）若马某、王某约定其中一方承担担保责任后，马某、王某按照3∶7的比例分担，则承担了担保责任的担保人有权请求其他担保人按照约定分担份额。

（2）若马某、王某约定承担连带共同担保，则各担保人按照比例分担向债务人不能追偿的部分。

（3）若马某、王某在同一份合同书上签字、盖章或者按指印，承担了担保责任的担保人有权请求其他担保人按照比例分担向债务人不能追偿的部分。

若马某向银行购买该1000万元债权，马某作为债权人不能根据《民法典》第547条债权转让从权利随之移转的规定，请求王某承担担保责任。因为，根据《民法典担保制度解释》第14条的规定，马某受让债权的行为该行为系承担担保责任。但马某可以根据《民法典担保制度解释》第13条的规定请求王某分担。

第91讲

非典型担保

非典型担保是指以非典型担保方式设定的担保。所谓非典型的担保方式，是指采用保证、抵押、质押等典型担保方式以外的方式设定的担保，如供应链金融中的差额补足责任、到期回购以及流动性支持等增信措施以及以特定财产价值为限承担保证责任，属于非典型人保的范畴。让与担保、所有权保留、融资租赁、有追索权的保理等属于非典型物保的范畴。

一、担保关系的认定

当事人订立的具有担保功能的合同，不存在法定无效情形的，应当认定有效。虽然合同约定的权利义务关系不属于物权法规定的典型担保类型，但是其担保功能应予肯定。

非典型担保合同，有的本身就是有名合同，如所有权保留是买卖合同的一种情形，融资租赁、保理更是有名合同，此时应当适用《民法典》合同编的相关规定。有的如差额补足责任、到期回购以及流动性支持等增信措施,符合保证合同特征的,适用保证合同的规定。有的如让与担保合同,性质上属于无名合同。根据《民法典》第467条:"民法或者其他法律没有明文规定的合同,适用民法合同编通则的规定,并可以参照适用合同编典型合同或者其他法律最相类似合同的规定。"的规定,适用民法合同编通则的规定,同时可以参照适用合同编典型合同或者其他法律最相类似合同的规定,如动产让与担保合同可以参照适用动产抵押合同、股权让与担保可参照适用股权质押合同的相关规定。

二、新类型担保

《民法典》第440条规定:"债务人或者第三人有权处分的下列权利可以出质:(一)汇票、支票、本票;(二)债券、存款单;(三)仓单、提单;(四)可以转让的基金份额、股权;(五)可以转让的注册商标专用权、专利权、著作权等知识产权中的财产权;(六)现有的以及将有的应收账款;(七)法律、行政法规规定可以出质的其他财产权利。"所谓的新类型权利是指既未被《民法典》第440条明确列举的权利所涵盖,又未被法律、行政法规所规定的权利。从当前我国的担保实践看,这些新类型权利主要包括商铺租赁权、出租车经营权、排污权、信托收益权以及资产收益权等各种新型权利。新类型担保主要是指以新类型的权利设定的担保。

(1)登记产生物权效力。债权人与担保人订立担保合同,约定以法律、行政法规未禁止抵押或者质押的财产设定以登记作为公示方法的担保,因无法定的登记机构而未能进行登记的,不具有物权效力。

(2)合同有效。当事人请求按照担保合同的约定就该财产折价、变卖或者拍卖所得价款等方式清偿债务的,人民法院依法予以支持,但对其他权利人不具有对抗效力和优先性。

三、让与担保★★★

《民法典担保制度解释》第68条第1款规定:"债务人或者第三人与债权人约定将财产形式上转移至债权人名下,债务人不履行到期债务,债权人有权对财产折价或者以拍卖、变卖该财产所得价款偿还债务的,人民法院应当认定该约定有效。当事人已经完成财产权利变动的公示,债务人不履行到期债务,债权人请求参照民法典关于担保物权的有关规定就该财产优先受偿的,人民法院应予支持。"

第2款规定:"债务人或者第三人与债权人约定将财产形式上转移至债权人名下,债务人不履行到期债务,财产归债权人所有的,人民法院应当认定该约定无效,但是不影响当事人有关提供担保的意思表示的效力。当事人已经完成财产权利变动的公示,债务人不履行到期债务,债权人请求对该财产享有所有权的,人民法院不予支持;债权人请求参照民法典关于担保物权的规定对财产折价或者以拍卖、变卖该财产所得的价款优先受偿的,人民法院应予支持;债务人履行债务后请求返还财产,或者请求对财产折价或者以拍卖、变卖所得的价款清偿债务的,人民法院应予支持。"

第 3 款规定："债务人与债权人约定将财产转移至债权人名下，在一定期间后再由债务人或者其指定的第三人以交易本金加上溢价款回购，债务人到期不履行回购义务，财产归债权人所有的，人民法院应当参照第二款规定处理。回购对象自始不存在的，人民法院应当依照民法典第一百四十六条第二款的规定，按照其实际构成的法律关系处理。"

（一）让与担保的概念

让与担保是指债务人或者第三人为担保债务的履行，将标的物转移给他人，于债务不履行时，该他人可就标的物受偿的一种非典型担保。将标的物转移给他人的债务人或第三人形式上是转让人，实质上是担保人；受领标的物的他人形式上是受让人，实质上是担保权人。

根据标的物的不同，让与担保包括**动产让与担保**、**不动产让与担保**以及**股权让与担保**等类型。《民法典》没有规定让与担保制度，但由于其具有融资灵活、交易成本较低、第三人阻碍债权实现的可能性小等优势，让与担保一直在担保实践中扮演重要角色。

如果在设立担保物权时或在实现担保物权之前当事人进行约定的，可以构造为担保物权；而在债务履行期限届满时当事人间约定将担保财产转让至债权人名下是属于以物抵债。

（二）让与担保与财产转让、抵押权、质权的区别

1. 让与担保与财产转让的区别

（1）目的不同。财产转让，当事人的目的是转让财产所有权，买受人对方支付对价；让与担保的目的在于为主债务提供担保，受让人通常无须为此支付对价，同时对于受让的财产，未届债务清偿期前"受让人"不得行使和处分。

（2）主从关系不同。让与担保作为一种非典型担保，属于从合同的范畴，往往还会存在一个主合同。财产权转让一般不存在此问题。因此，是否存在主合同是判断一个协议是财产转让协议还是让与担保的重要标准。

2. 让与担保与抵押权、质权的区别

抵押、质押是法定的担保物权，而让与担保则是非典型担保。尽管我们认为，已经完成公示的让与担保可以参照适用最相类似的动产质押、不动产抵押以及股权质押，但二者并非完全相同：让与担保有内外关系：在内部关系上，根据当事人的真实意思表示，应当认定是担保。但在外部关系上，鉴于实质上的债权人形式上却是所有人或者股东，因而往往面临着应否其承担所有人或者股东权利义务等问题，且在其财产转让给他人的，还存在根据善意取得制度取得相应财产权的问题。

（三）让与担保合同的效力

关于让与担保合同的效力，理论上存在各种学说。传统民法理论主要从以下理论予以论证：通谋虚伪表示、物权法定原则、禁止流质（流押）。

1. 通谋虚伪表示

在股权让与担保中，从通谋虚伪意思表示的角度看，确实可以将股权让与担保理解为名为股权转让实为让与担保。即股权转让是假，让与担保是真。根据《民法典》第 146 条

第 2 款有关"以虚假的意思表示隐藏的民事法律行为的效力依照有关法律规定处理"的规定，虚假的意思表示即股权转让协议因其并非当事人真实的意思表示而无效，而隐藏的行为即让与担保行为则要根据《民法典》的相关规定来认定其效力。让与担保本身并不存在违反法律、行政法规的效力性强制性规定的情形，依法应当认定有效。

2. 物权法定原则

物权的种类及内容，由法律规定。如果认定已经完成了公示的股权让与担保具有物权效力，就要将其纳入现行法之中，或将其解释为是股权质押；或从物权法定缓和的角度认为让与担保是习惯法上的物权，从而具有物权效力。但根据区分原则，物权法定原则本身并不影响合同效力。就让与担保合同而言，如果符合物权法定原则要求的，可以认定其具有物权效力。反之，不符合物权法定原则要求的，则不具有物权效力，但这并不影响合同本身的效力。

3. 禁止流质(流押)

《民法典》禁止抵押权人在债务履行期限届满前与抵押人约定债务人不履行债务时，抵押财产归债权人所有，以避免债权人乘债务人之急迫而滥用其优势地位，通过压低担保物价值的方式获取暴利。

因此，当事人在让与担保合同中，一旦债务人到期不能清偿债务，财产归债权人所有的，对该约定因违反禁止流质(或者流押)的强制性规定而部分无效。但根据无效法律行为的转化理论，因违反流质(或者流押)条款无效的部分，应当转化为清算型担保，从而不影响合同中其他条款的效力。也就是说，《民法典》关于禁止流质(或流押)的规定在否定事前归属型让与担保效力的同时，反而为清算型让与担保指明了方向，这也恰是实践中鲜有以违反流质(或流押)为由否定让与担保合同效力的原因。只要我们将其解释为是清算型让与担保，就不存在违反流质(或流押)的问题。更何况作为一种担保方式，让与担保合同中的受让人实质上并不享有所有权或股权，而仅居于担保权人地位，因而不存在流质(或流押)的问题。

综上，通说认为，让与担保合同有效。具体而言，**让与担保合同有效**，但是**约定债务人到期没有清偿债务，财产归债权人所有的部分无效。**

(1) 约定对财产变价受偿的效力

债务人或者第三人与债权人约定将财产形式上转移至债权人名下，债务人不履行到期债务，债权人有权对财产折价或者以拍卖、变卖该财产所得价款偿还债务的：

①约定有效。

②当事人已经完成财产权利变动的公示，债权人有优先受偿权；反之，则无。

(2) 约定财产归债权人所有的效力

债务人或者第三人与债权人约定将财产形式上转移至债权人名下，债务人不履行到期债务，财产归债权人所有的

①约定无效，但是不影响当事人有关提供担保的意思表示的效力。

②当事人已经完成财产权利变动的公示，债权人无所有权；

③债权人有优先受偿权；

④债务人履行债务后有权请求返还财产，或者请求对财产折价或者以拍卖、变卖所得的价款清偿债务。

（3）回购条款

①债务人与债权人约定将财产转移至债权人名下，在一定期间后再由债务人或者其指定的第三人以交易本金加上溢价款回购，债务人到期不履行回购义务，财产归债权人所有的，人民法院应当参照第二款规定处理。

②回购对象自始不存在的，人民法院应当依照民法典第146条第2款的规定（隐藏行为），按照其实际构成的法律关系处理。

（四）让与担保的物权效力

1. 让与担保具有物权效力

让与担保具有物权的前提是，当事人根据合同约定已经完成财产权利变动的公示，形式上已经将财产转让至债权人名下。即动产经交付债权人，不动产或者股权已经变更登记在债权人名下。《九民纪要》第71条第2款规定："当事人根据上述合同约定，已经完成财产权利变动的公示方式转让至债权人名下，债务人到期没有清偿债务，债权人请求确认财产归其所有的，人民法院不予支持，但债权人请求参照法律关于担保物权的规定对财产拍卖、变卖、折价优先偿还其债权的，人民法院依法予以支持。债务人因到期没有清偿债务，请求对该财产拍卖、变卖、折价偿还所欠债权人合同项下债务的，人民法院亦应依法予以支持。"因此：

（1）债权人不能取得财产的所有权或股权。尽管债权人形式上享有所有权或者股权，但鉴于其实质上享有的仅是担保物权。

（2）债权人可以参照法律关于担保物权的规定对财产拍卖、变卖、折价优先偿还其债权；

（3）债务人也可以请求对该财产拍卖、变卖、折价偿还所欠债权人合同项下的债务。鉴于财产权已经形式上转让至债权人名下，不排除个别债权人以实际权利人自居并试图行使所有权或者股权的情形，因此债务人也可以根据民事诉讼法有关"实现担保物权案件"的相关规定，请求对该财产拍卖、变卖、折价，将所得价款用于清偿所欠债务。

2. 后让与担保不具有物权效力

"后让与担保"并非严谨的法律概念，当事人作出将标的物转移给债权人的约定时，标的物并未以交付或者登记的方式进行公示，不属于让与担保。因此，仅签订合同未完成财产权利变动公示的所谓的"后让与担保"，不具有物权效力。根据《民间借贷规定》第24条的规定处理：当事人以签订买卖合同作为民间借贷合同的担保，借款到期后借款人不能还款：

（1）出借人请求履行买卖合同的，人民法院应当按照民间借贷法律关系审理。

（2）当事人根据法庭审理情况变更诉讼请求的，人民法院应当准许。

（3）按照民间借贷法律关系审理作出的判决生效后，借款人不履行生效判决确定的金钱债务，出借人可以申请拍卖买卖合同标的物，以偿还债务。就拍卖所得的价款与应偿还借款本息之间的差额，借款人或者出借人有权主张返还或补偿。

[例] 甲，积极创业，屡败屡战，愈战愈勇。甲向乙借款500万元，借期两年。双方共同约定："甲将自己所有的位于北京的一间房屋出卖给乙，房屋价款500万元。若借款到期，甲还本付息，则房屋买卖合同解除；若借款到期，甲无法还本付息，则乙即请求甲履行办理登记过户的义务。"乙将500万元作为"房屋价款"交付给甲。借款到期，甲不能还本付息，乙遂向法院起诉请求甲履行买卖合同，将房屋登记过户到自己名下。

（1）根据《民间借贷规定》第24条第1款，法院应当按照民间借贷关系审理；

（2）根据《民间借贷规定》第24条第2款，乙可以申请拍卖该房屋，以偿还债务。就拍卖所得的价款与应偿还借款本息之间的差额，借款人或者出借人有权主张返还或补偿。

（3）因为尚未完成财产权利变动的公示，故债权人不能优先受偿。

（五）股权让与担保的特殊问题

股权兼具财产权和成员权的双重属性，认定名义股东是债权人还是股东，对当事人影响巨大。因为如果是股东，则其既可以参与经营管理，也可以分红；但另一方面，股东也可能需要承担抽逃出资责任，在公司破产时根据"深石原则"，其权利要劣后于一般债权人。认定名义股东是债权人还是股东还会影响公司以及债权人利益。

1. 形式受让人（名义股东）是股东还是债权人的认定

（1）转让人告知公司及其他股东让与担保的真实意思

如果转让人将让与担保的真实意思告知了公司及其他股东，则即便受让人在公司的股东名册上进行了记载，也仅是名义股东，不得对抗公司及其他股东。此时，作为名义股东，其并不享有股东的权利，即既不享有股权中的财产权，也不享有股权中的成员权。

（2）转让人未告知公司及其他股东让与担保的真实意思

如果转让人并未告知公司及其他股东实情，而是告知他们是股权转让，则法律也要保护此种信赖。在此情况下，一旦受让人在公司的股东名册上进行了记载，即便真实的意思是股权让与担保，受让人仍然可以行使股东权利，包括财产权和成员权。从举证的角度观察：

①股东名册记载，推定受让人有股东资格。首先要看受让人是否已在股东名册上进行了记载。如果已经作了记载的，原则上应推定受让人具有股东资格，但公司或其他股东可以举反证予以推翻，此种反证包括股东会或董事会有关让与担保的决议、转让人向其他股东发送的关于股权让与担保的通知等证据。

②股东名册未记载，推定受让人无股东资格。如果股东名册未作记载的，即便已经完成了工商变更，也应当推定受让人并无股东资格，除非其他股东予以认可。在其他股东认可的情况下，转让人同样可以举反证予以推翻。

2. 抽逃出资责任

《公司法解释(三)》第 13 条规定:"公司债权人请求在抽逃出资本息范围内对公司债务不能清偿的部分承担补充赔偿责任、协助抽逃出资的其他股东、董事、高级管理人员或者实际控制人对此承担连带责任的,人民法院应予支持;抽逃出资的股东已经承担上述责任的,其他债权人提出相同请求的,人民法院不予支持。"登记为名义股东的受让人,在实现债权后不再担任名义股东,而此时公司又不能清偿债务的,债权人能否据此请求对公司债务不能清偿的部分承担补充赔偿责任?这就涉及应将受让人视为股东还是有担保的债权人的问题。鉴于登记为名义股东的受让人本质上是有担保的债权人而非股东,且其实现债权行为是合法行为,加之其取得债权往往是支付对价的,一般不存在抽逃出资问题。因此,不能根据前述规定让其承担补充赔偿责任。

3. 善意取得

受让人作为名义股东,在其以股东身份对股权进行处分,如将股权转让或设定质押的情况下,第三人基于对登记的信赖可能基于善意取得制度取得股权或股权质权。此时,转让人无权向该善意第三人主张返还股权,只能请求受让人承担侵权责任。

四、以物抵债协议的效力(《合同编通则解释》第 27、28 条)

(一)债务履行期限届满后达成的以物抵债协议(清偿型以物抵债)

1. 诺成合同

债务人或者第三人与债权人在债务履行期限届满后达成以物抵债协议,不存在影响合同效力情形的,该协议自当事人意思表示一致时生效。

2. 与原债的关系

(1)履行导致债的消灭。债务人或者第三人履行以物抵债协议后,应当认定相应的原债务同时消灭;

(2)债权人的选择权。债务人或者第三人未按照约定履行以物抵债协议,经催告后在合理期限内仍不履行,债权人可以**选择请求履行原债务**或者**以物抵债协议**,但是法律另有规定或者当事人另有约定的除外。

3. 法院确认书或调解书

以物抵债协议经人民法院确认或者人民法院根据当事人达成的以物抵债协议制作成调解书,债权人主张财产权利自确认书、调解书生效时发生变动或者具有对抗善意第三人效力的,人民法院不予支持。

4. 无权处分

债务人或者第三人以自己不享有所有权或者处分权的财产权利订立以物抵债协议的,依据无权处分的规定处理。

(二)债务履行期限届满前达成的以物抵债协议(担保型以物抵债)

债务人或者第三人与债权人在债务履行期限届满前达成以物抵债协议的,应当在审理债权债务关系的基础上认定该协议的效力。

1. 对抵债财产实现债权的约定有效

当事人约定债务人到期没有清偿债务，债权人可以对抵债财产拍卖、变卖、折价以实现债权的，该约定有效。

2. 抵债财产归债权人所有的约定无效

当事人约定债务人到期没有清偿债务，抵债财产归债权人所有的，该约定无效，但是不影响其他部分的效力；债权人可以请求对抵债财产拍卖、变卖、折价以实现债权。

3. 优先受偿

（1）当事人订立以物抵债协议后，债务人或者第三人**未将财产权利转移至债权人名下**，债权人不能主张优先受偿；

（2）债务人或者第三人**已将财产权利转移至债权人名下**的，债权人可以主张优先受偿。

易错考点提示

（1）关于合同效力。债务人或者第三人与债权人订立合同，约定将财产形式上转让至债权人名下，债务人到期不能清偿债务，财产归债权人所有的，该部分约定无效。但不影响让与担保合同其他部分效力。

（2）在让与担保中，已经完成财产权利变动的债权人，其地位究竟是有担保的债权人，还是根据公示的情况认定其属于所有人或者股东。最高院认为，其地位是债权人，而非所有人或者股东。

真题演练

1. 自然人甲与乙签订了年利率为30%、为期1年的1000万元借款合同。后双方又签订了房屋买卖合同，约定："甲把房屋卖给乙，房款为甲的借款本息之和。甲须在一年内以该房款分6期回购房屋。如甲不回购，乙有权直接取得房屋所有权。"乙交付借款时，甲出具收到全部房款的收据。后甲未按约定回购房屋，也未把房屋过户给乙。因房屋价格上涨至3000万元，甲主张偿还借款本息。下列哪些选项是正确的？（2015年卷三51题）①

A. 甲乙之间是借贷合同关系，不是房屋买卖合同关系
B. 应在不超过银行同期贷款利率的四倍以内承认借款利息
C. 乙不能获得房屋所有权
D. 因甲未按约定偿还借款，应承担违约责任

考点 自然人之间借款、后让与担保

---

① 答案：ABCD。考点1：后让与担保。《民间借贷规定》第24条第1款规定："当事人以订立买卖合同作为民间借贷合同的担保，借款到期后借款人不能还款，出借人请求履行买卖合同的，人民法院应当按照民间借贷法律关系审理。当事人根据法庭审理情况变更诉讼请求的，人民法院应当准许。"甲乙之间显然是借款合同，房屋买卖，目的是担保借款之债，A选项正确。考点2：民间借贷的利率。《民间借贷规定》第26条第1款规定："出借人请求借款人按照合同约定利率支付利息的，人民法院应予支持，但是双方约定的利率超过合同成立时一年期贷款市场报价利率四倍的除外。"所以，B选项错误。考点3：物权变动。甲并未将房屋登记过户给乙，乙不能取得房屋的所有权，故C选项正确。考点4：违约责任。《民法典》第679条规定："自然人之间的借款合同，自贷款人提供借款时成立。"对于已经生效的合同，不能按照约定履行，甲应承担违约责任，故D选项正确。

【指导案例72号】	
汤龙、刘新龙、马忠太、王洪刚诉新疆鄂尔多斯彦海房地产开发有限公司 商品房买卖合同纠纷案	
【裁判要点】	借款合同双方当事人经协商一致，终止借款合同关系，建立商品房买卖合同关系，将借款本金及利息转化为已付购房款并经对账清算的，不属于《中华人民共和国物权法》第一百八十六条规定禁止的情形，该商品房买卖合同的订立目的，亦不属于《最高人民法院关于审理民间借贷案件适用法律若干问题的规定》第二十四条规定的"作为民间借贷合同的担保"。在不存在《中华人民共和国合同法》第五十二条规定情形的情况下，该商品房买卖合同具有法律效力。但对转化为已付购房款的借款本金及利息数额，人民法院应当结合借款合同等证据予以审查，以防止当事人将超出法律规定保护限额的高额利息转化为已付购房款。

05 Part
人格权

第1章 人格权

第92讲 具体人格权

人格权是法律赋予民事主体以人格利益为内容的，作为一个独立的法律人格所必须享有且与其主体人身不可分离的权利。人格权作为基于人的存在而须臾不分的权利，只要自然人出生、法人成立，无须任何意思表示或经过特别授权，就当然取得并受到法律保护，其实质是国家通过法律赋予的一种资格。

《民法典》第990条第1款规定："人格权是民事主体享有的生命权、身体权、健康权、姓名权、名称权、肖像权、名誉权、荣誉权、隐私权等权利。"第2款规定："除前款规定的人格权外，自然人享有基于人身自由、人格尊严产生的其他人格权益。"

一、具体人格权【《民法典》修改】★★★

（一）生命权（《民法典》第1002条）

1. 自然人享有生命权。自然人的生命安全和生命尊严受法律保护。
2. 侵权判断：因过错不法致人死亡，侵害生命权。

（二）身体权（《民法典》第1003条）

自然人享有身体权。自然人的**身体完整**和**行动自由**受法律保护。

1. 侵害身体权的类型

（1）因过错不法破坏他人身体的完整性；

（2）因过错剥夺、限制他人行动自由；

（3）非法搜查他人身体。

《民法典》第1011条规定："以非法拘禁等方式剥夺、限制他人的行动自由，或者非法搜查他人身体的，受害人有权依法请求行为人承担民事责任。"

［例］王五在超市购物，超市保安赵六认为王五盗窃，强行搜查王五身体，超市侵害王五身体权。

2. 捐献器官组织

生前捐献	主体	（1）完全民事行为能力人。完全民事行为能力人有权依法自主决定无偿捐献其人体细胞、人体组织、人体器官、遗体。 （2）自愿。任何组织或者个人不得强迫、欺骗、利诱其捐献。 （3）撤销：公民对已经表示捐献其人体器官的意愿，有权予以撤销。（《人体器官捐献和移植条例》第9条第1款） （4）任何组织或者个人不得获取未满18周岁公民的活体器官用于移植。（《人体器官捐献和移植条例》第10条）
	形式	书面或遗嘱
死后捐献	条件	自然人生前未表示不同意捐献的。
	共同决定	该自然人死亡后，其配偶、成年子女、父母可以共同决定捐献。
	形式	书面形式
器官买卖		禁止以任何形式买卖人体细胞、人体组织、人体器官、遗体。该买卖行为无效。

（三）健康权

自然人享有健康权。自然人的身心健康受法律保护。

1. 侵害健康权的类型

（1）侵害生理健康或心理健康。因过错不法破坏他人身体机能正常发挥生理作用，或侵害心理健康。

[例1]【侵害生理健康：致人生病或中毒】污染环境致人患病；甲明知自己患有艾滋病而与多位男子发生性关系，传染疾病。

[例2]【侵害心理健康】甲驾驶汽车违规超速发生交通事故，压碾行人道上的乙，血肉横飞。乙的妻子刚好目睹该一幕，致精神受到震惊、惊吓。

（2）性骚扰。①违背他人意愿，以言语、文字、图像、肢体行为等方式对他人实施性骚扰的，受害人有权依法请求行为人承担民事责任。②机关、企业、学校等单位应当采取合理的预防、受理投诉、调查处置等措施，防止和制止利用职权、从属关系等实施性骚扰。

[例] 某公司总经理李某，于上班时间屡次借故将秘书张某叫入办公室，故意抚摸张某的胸部等私密部位。受害人有权依法请求行为人承担民事责任。该公司应当采取合理的预防、受理投诉、调查处置等措施，防止和制止利用职权、从属关系等实施性骚扰。

（3）医学研究不得侵害健康权。从事与人体基因、人体胚胎等有关的医学和科研活动的，应当遵守法律、行政法规和国家有关规定，不得危害人体健康，不得违背伦理道德，不得损害公共利益。

2. 临床试验

目的	为研制新药、医疗器械或者发展新的预防和治疗方法，需要进行临床试验。
一批准双同意	①主管部门批准。应当依法经相关主管部门批准； ②伦理委员会审查同意及受试者（或受试者的监护人）书面同意。
风险告知	向受试者或者受试者的监护人告知试验目的、用途和可能产生的风险等详细情况。
试验费用	进行临床试验的，不得向受试者收取试验费用。

（四）姓名权

姓名权是自然人依法享有的决定、使用、变更或者许可他人使用自己姓名，并排除他人非法侵害如干涉、盗用、假冒的权利。

（1）姓名决定权

（2）姓名变更权

自然人的姓氏应当随父姓或者母姓，但是有下列情形之一的，可以在父姓和母姓之外选取姓氏：

①选取其他直系长辈血亲的姓氏；

②因由法定扶养人以外的人扶养而选取扶养人姓氏；

③有不违反公序良俗的其他正当理由。

少数民族自然人的姓氏可以从本民族的文化传统和风俗习惯。

（3）姓名使用权

①自己使用。

②许可他人使用自己姓名。

（4）不得违背公序良俗

（五）名称权

名称权是法人及非法人组织依法享有的使用、变更、转让或者许可他人使用其名称并排除他人非法侵害如干涉、盗用、假冒的权利。

1. 侵害名称权、姓名权的类型

（1）干涉。包括干涉他人姓名、名称的决定，强迫他人改变其姓名或名称；干涉他人姓名、名称的使用，强迫他人使用或不使用某个姓名、名称。

［例］要求他人放弃其笔名或艺名；干涉他人姓名、名称的变更，强制他人改变姓名或名称等。

（2）盗用。不经他人同意，也无法律许可使用他人的姓名或名称即构成盗用行为。

［例］盗用他人姓名发布非法言论，盗用他人名称参加社会活动等。盗用他人姓名或名称进行活动往往会损害他人的合法利益或社会公共利益同时也有可能构成对他人名誉权的侵害。

（3）假冒。所谓假冒他人姓名或名称，是指冒名顶替，冒充他人的姓名或名称，或利用与他人相同或近似足以引起混淆的姓名或名称参与民事活动，以牟取私利。

［例］假冒他人姓名发表作品，假冒他人名称缔结合同等。

2. 改名（姓名、名称）登记及其法律后果

（1）登记。自然人决定、变更姓名，或者法人、非法人组织决定、变更、转让名称的，应当依法向有关机关办理登记手续，但是法律另有规定的除外。

（2）法律后果。民事主体变更姓名、名称的，变更前实施的民事法律行为对其具有法律约束力。

3. 艺名、简称等保护

具有一定社会知名度，被他人使用足以**造成公众混淆**的笔名、艺名、网名、译名、字号、姓名和名称的简称等，参照适用姓名权和名称权保护的有关规定。

［例1］甲注册北京市小黄人共享单车有限公司，将其父乙登记为股东之一，后被乙发现，乙死活不同意作为"小黄人"公司的股东，觉得太不吉利。甲未经乙同意，擅自使用乙的姓名，为了谋取不正当利益，侵犯乙的姓名权。

[例2] 杨某系知名美容专家。某美容医院未经杨某同意，将其作为医院美容专家在医院网站上使用了杨某的简介，且将杨某名字和简介安在了其他专家的照片旁。美容医院侵犯杨某的姓名权。

(六) 肖像权

概念	（1）肖像权是指自然人依法制作、使用自己的肖像，借此享受一定利益并排除他人非法侵害的权利。 （2）肖像是通过影像、雕塑、绘画等方式在一定载体上所反映的特定自然人可以被识别的外部形象。 （3）对自然人声音的保护，参照适用肖像权保护的有关规定。
侵权类型	（1）丑化、污损、深度伪造他人肖像。任何组织或者个人不得以丑化、污损，或者利用信息技术手段伪造等方式侵害他人的肖像权。 （2）擅自制作、使用、公开他人肖像。未经肖像权人同意，不得制作、使用、公开肖像权人的肖像，但是法律另有规定的除外。（不再要求以营利为目的。） [例1] 肖像的制作：如拍摄、绘画、雕塑他人肖像。制作本身即属侵害行为，不以公开或传播为必要。 [例2] 肖像的使用：将他人肖像加以商业化使用或其他方式使用。 [例3] 肖像的公开：如将他人肖像在电视、网络、新闻杂志上公开传播。 （3）著作权人擅自使用构成侵权。未经肖像权人同意，肖像作品权利人不得以发表、复制、发行、出租、展览等方式使用或者公开肖像权人的肖像。 [例] 影楼为甲、乙拍摄婚纱照，未约定作品的著作权归属，著作权归影楼。影楼未经甲、乙同意发表、复制、展览该作品等，均侵害甲、乙的肖像权。
合理使用	（1）为个人学习、艺术欣赏、课堂教学或者科学研究，在必要范围内使用肖像权人已经公开的肖像； （2）为实施新闻报道，不可避免地制作、使用、公开肖像权人的肖像； （3）为依法履行职责，国家机关在必要范围内制作、使用、公开肖像权人的肖像； （4）为展示特定公共环境，不可避免地制作、使用、公开肖像权人的肖像； （5）为维护公共利益或者肖像权人合法权益，制作、使用、公开肖像权人的肖像的其他行为。
肖像许可使用合同	（1）肖像使用条款的解释 当事人对肖像许可使用合同中关于肖像使用条款的理解有争议的，应当作出有利于肖像权人的解释。 （2）肖像许可使用期限 ①不定期合同双方具有任意解除权。当事人对肖像许可使用期限没有约定或者约定不明确的，任何一方当事人可以随时解除肖像许可使用合同，但是应当在合理期限之前通知对方。 ②定期合同肖像权人的解除权。当事人对肖像许可使用期限有明确约定，肖像权人有正当理由的，可以解除肖像许可使用合同，但是应当在合理期限之前通知对方。因解除合同造成对方损失的，除不可归责于肖像权人的事由外，应当赔偿损失。 [例] 电影明星刘小姐，被称为"天仙刘"，国际知名度颇高。某著名机械表制作公司与刘小姐签订肖像许可使用合同，期限5年。 ①若刘小姐无正当理由，不得解除肖像许可使用合同。 ②若刘小姐发现该机械表制作公司超出约定合同范围在腕表之外的衣服上使用自己肖像，肖像权人刘小姐有正当理由，可以解除肖像许可使用合同，但应当在合理期限之前通知该公司。该正当理由不可归责于肖像权人刘小姐，所以刘小姐无须赔偿。

续表

肖像许可使用合同	③若刘小姐因厌恶娱乐圈生活找到生命中的另一半，宣布退出娱乐圈解除肖像许可使用合同，给该机械表制作公司造成损失。退出娱乐圈是正当理由，可以解除合同，但是可归责于刘小姐，因此刘小姐须对该公司赔偿损失。 （3）对姓名等的许可使用，参照适用肖像许可使用的有关规定。

[例1] 杨某，广东人，素有表演天赋，在其主演的《大清茶商》电视剧中一炮而红。杨某请某摄影爱好者为其拍摄个人写真，摄影爱好者未经杨某同意将其照片卖给崇拜杨某的广告商，广告商未经杨某、摄影爱好者同意将杨某照片刊印在广告单上。广告商及摄影爱好者都属于擅自使用他人肖像，侵犯杨某的肖像权。

[例2]（2017-3-21）摄影爱好者李某为好友丁某拍摄了一组生活照，并经丁某同意上传于某社交媒体群中。蔡某在社交媒体群中看到后，擅自将该组照片上传于某营利性摄影网站，获得报酬若干。

（1）蔡某擅自将该组照片上传于某营利性摄影网站，侵犯丁某的肖像权。

（2）《著作权法》第17条规定，受委托创作的作品，著作权的归属由委托人和受托人通过合同约定。合同未作明确约定或者没有订立合同的，著作权属于受托人。该生活照的著作权没有约定，归李某。蔡某擅自将该组照片上传于某营利性摄影网站，侵犯李某著作权中的信息网络传播权。

（七）名誉权

概念	（1）名誉是对民事主体的品德、声望、才能、信用等的社会评价。 （2）名誉权是指民事主体依法享有的维护其名誉，享受名誉给自己带来的利益并排除他人非法侵害的权利。
侵权构成	（1）须有侮辱或者诽谤行为 ①侮辱，是指用语言文字或行动，公然损害他人人格、毁坏他人名誉的行为。如以口头、书面或暴力方式，对他人进行人身攻击，贬损他人人格。 ②诽谤，是指捏造并散布虚假的事实，破坏他人名誉的行为。以隐瞒真相、捏造事实并加以传播的方式诋毁他人名誉，损害他人尊严。 （2）须造成受害人社会评价降低。
新闻报道侵权	（1）正当新闻报道不构成侵权 行为人**为公共利益**实施新闻报道、舆论监督等行为，影响他人名誉的，不承担民事责任。 （2）不正当新闻报道构成侵权 ①捏造、歪曲事实 ②对他人提供的失实内容未尽到合理核实义务。① ③使用侮辱性言辞等贬损他人名誉。
文学作品侵权	（1）以特定人为描述对象。行为人发表的文学、艺术作品以真人真事或者特定人为描述对象，含有侮辱、诽谤内容，侵害他人名誉权的，受害人有权依法请求该行为人承担民事责任。 （2）不以特定人为描述对象。行为人发表的文学、艺术作品不以特定人为描述对象，仅其中的情节与该特定人的情况相似的，不承担民事责任。
必要措施请求权	民事主体有证据证明报刊、网络等媒体报道的内容失实，侵害其名誉权的，有权请求该媒体及时采取更正或者删除等必要措施。

---

① 合理核实义务，应当考虑下列因素：内容来源的可信度；对明显可能引发争议的内容是否进行了必要的调查；内容的时限性；内容与公序良俗的关联性；受害人名誉受贬损的可能性；核实能力和核实成本。行为人应当就其尽到合理审查义务承担举证责任。(《民法典》第1026条）

续表

信用评价	（1）民事主体可以依法查询自己的信用评价； （2）发现信用评价不当的，有权提出异议并请求采取更正、删除等必要措施。 （3）信用评价人应当及时核查，经核查属实的，应当及时采取必要措施。

[例1] 新闻采访报道中，严重失实造成当事人名誉损害的；文学作品中虚构事实，对他人进行诽谤的；传播谣言对他人进行侮辱的，等等。

侵犯名誉权的表现形式可以是各式各样的：既可以是口头或书面的方式，也可以是以行为动作的方式；既可以表现在电视、报纸上，也可以体现在电脑网络中。只要行为人主观上有过错，并且实施了贬损他人名誉的行为，造成了对他人的侵害，均构成对他人名誉权的侵犯。

[例2] 甲男下载乙女发表在微博上的照片，将乙女头部移植至他人半裸照片，上传到丙网站。甲男对特定的人（乙女）故意实施侮辱行为，且上传到丙网站，为第三人所知悉且造成受害人社会评价的降低，侵犯乙女的名誉权。

（八）荣誉权

概念	（1）荣誉是特定人从特定组织获得的一种专门化和确定化的积极评价。 （2）荣誉权是指主体对荣誉享有的获得、保持、利用并享受所生利益的权利。
侵权类型	（1）非法剥夺他人荣誉。 （2）诋毁、贬损他人荣誉。 （3）获得的荣誉称号应当记载而没有记载的，民事主体可以请求记载。 （4）获得的荣誉称号记载错误的，民事主体可以请求更正。

[例] 杨某在大学期间曾荣获"某大学优秀学生干部"称号。该学校未经合法程序剥夺杨某的该荣誉称号，侵犯杨某的荣誉权。

（九）隐私权

概念	（1）隐私是自然人的私人生活安宁和不愿为他人知晓的私密空间、私密活动、私密信息。 （2）隐私权是指自然人享有的对自己的个人隐私进行支配并排除他人非法干涉的人格权。
侵权行为	（1）刺探他人隐私。 （2）侵扰他人隐私。 （3）泄露他人隐私。 （4）公开他人隐私。
侵权类型	除法律另有规定或者权利人明确同意外，任何组织或者个人不得实施下列行为： （1）以电话、短信、即时通讯工具、电子邮件、传单等方式侵扰他人的私人生活安宁； （2）进入、拍摄、窥视他人的住宅、宾馆房间等私密空间； （3）拍摄、窥视、窃听、公开他人的私密活动； （4）拍摄、窥视他人身体的私密部位； （5）处理他人的私密信息； （6）以其他方式侵害他人的隐私权。

[例1] 某市公安局官方微博公布香港甲演员因容留他人吸毒被抓的消息，知名记者网上报道该消息，并上传了甲与艺人乙、丙一起赌博的照片。记者是否构成侵权？

（1）容留他人吸毒及赌博属于违法行为，不是隐私权保护的范围，故记者并未侵犯隐私权。

（2）为了新闻报道的目的，新闻工作者有权在照片中使用他人的肖像。故记者也没有侵犯肖像权。

[例2]（2010-3-68）女青年牛某因在一档电视相亲节目中言词犀利而受到观众关注，一时应者如云。有网民对其发动"人肉搜索"，在相关网站首次披露牛某的曾用名、儿时相片、家庭背景、恋爱史等信息，并有人在网站上捏造牛某曾与某明星有染的情节。
（1）该网民泄露隐私的行为，侵害牛某的隐私权；
（2）有网民在网站上捏造牛某曾与某明星有染的情节，属于诽谤行为，侵害牛某的名誉权。

（十）个人信息保护

概念	（1）自然人的个人信息受法律保护。 （2）个人信息是以电子或者其他方式记录的能够单独或者与其他信息结合识别特定自然人的各种信息，包括自然人的姓名、出生日期、身份证件号码、生物识别信息、住址、电话号码、电子邮箱、健康信息、行踪信息等。① （3）个人信息中的私密信息，适用有关隐私权的规定；没有规定的，适用有关个人信息保护的规定。
个人信息处理的原则及条件	处理个人信息的，应当遵循**合法、正当、必要**原则，不得过度处理，②并符合下列条件： （1）征得该自然人或者其监护人同意，但是法律、行政法规另有规定的除外； （2）公开处理信息的规则； （3）明示处理信息的目的、方式和范围； （4）不违反法律、行政法规的规定和双方的约定。
侵权责任	**（1）归责原则：过错推定** 处理个人信息侵害个人信息权益造成损害，个人信息处理者不能证明自己没有过错的，应当承担损害赔偿等侵权责任。（《个人信息保护法》第69条） **（2）告知同意** 符合下列情形之一的，个人信息处理者方可处理个人信息：（《个人信息保护法》第13条） ①取得个人的同意； ②为订立、履行个人作为一方当事人的合同所必需，或者按照依法制定的劳动规章制度和依法签订的集体合同实施人力资源管理所必需； ③为履行法定职责或者法定义务所必需； ④为应对突发公共卫生事件，或者紧急情况下为保护自然人的生命健康和财产安全所必需； ⑤为公共利益实施新闻报道、舆论监督等行为，在合理的范围内处理个人信息； ⑥依照本法规定在合理的范围内处理个人自行公开或者其他已经合法公开的个人信息； ⑦法律、行政法规规定的其他情形。 依照本法其他有关规定，处理个人信息应当取得个人同意，但是有前款第②项至第⑦项规定情形的，不需取得个人同意。 **（3）敏感个人信息处理** ①概念。敏感个人信息是一旦泄露或者非法使用，容易导致自然人的人格尊严受到侵害或者人身、财产安全受到危害的个人信息，包括生物识别、宗教信仰、特定身份、医疗健康、金融账户、行踪轨迹等信息，以及不满十四周岁未成年人的个人信息。

---

① 《个人信息保护法》第4条第1款规定："个人信息是以电子或者其他方式记录的与已识别或者可识别的自然人有关的各种信息，不包括匿名化处理后的信息。"第2款规定："个人信息的处理包括个人信息的收集、存储、使用、加工、传输、提供、公开、删除等。"
② 《个人信息保护法》第5条规定："处理个人信息应当遵循合法、正当、必要和诚信原则，不得通过误导、欺诈、胁迫等方式处理个人信息。"

续表

侵权责任	②单独同意。只有在具有特定的目的和充分的必要性，并采取严格保护措施的情形下，个人信息处理者方可处理敏感个人信息。 处理**敏感个人信息**应当取得个人的**单独同意**；法律、行政法规规定处理敏感个人信息应当取得**书面同意**的，从其规定。
自然人与信息处理者的关系	**（1）自然人的权利** ①自然人可以**查阅、复制、更正**个人信息。自然人可以依法向信息处理者查阅或者复制其个人信息；发现信息有错误的，有权提出异议并请求及时采取更正等必要措施。 ②自然人有权请求**删除**个人信息。自然人发现信息处理者违反法律、行政法规的规定或者双方的约定处理其个人信息的，有权请求信息处理者及时删除。 **（2）信息处理者的义务** ①信息处理者**不得泄露、篡改、非法提供**个人信息。信息处理者不得泄露或者篡改其收集、存储的个人信息；未经自然人同意，不得向他人非法提供其个人信息，**但是经过加工无法识别特定个人且不能复原的除外**。 ②信息处理者应当**确保信息安全**。信息处理者应当采取技术措施和其他必要措施，确保其收集、存储的个人信息安全，防止信息泄露、篡改、丢失；发生或者可能发生个人信息泄露、篡改、丢失的，应当及时采取补救措施，按照规定告知自然人并向有关主管部门报告。 ③**相关人员的保密义务**。国家机关、承担行政职能的法定机构及其工作人员对于履行职责过程中知悉的自然人的隐私和个人信息，应当予以保密，不得泄露或者向他人非法提供。
不承担责任的情形（免责事由）	（1）在该自然人或者其监护人同意的范围内合理实施的行为； （2）合理处理该自然人自行公开的或者其他已经合法公开的信息，但是该自然人明确拒绝或者处理该信息侵害其重大利益的除外； （3）为维护公共利益或者该自然人合法权益，合理实施的其他行为。

[例] 张某因出售公民个人信息被判刑，孙某的姓名、身份证号码、家庭住址等信息也在其中，买方是某公司。
（1）张某侵害了孙某对其个人信息享有的民事权益；
（2）某公司是买方，非法收集他人个人信息，也应当承担民事责任

二、一般人格权

内容	一般人格权是以民事主体全部人格利益为标的的概括性权利，通常包括人身自由、人格尊严。
构成要件	（1）侵害了自然人的人身自由、人格尊严； （2）加害人的行为不构成对具体人格权的侵害； （3）受害人实际遭受了精神损害，并造成严重后果。

第93讲

人格权的一般规定

一、人格要素的使用【《民法典》新增】★★★

（一）人格要素的许可使用

1. 人格权不得放弃、转让、继承。

2. 姓名、名称、肖像、声音等可以许可他人使用。
3. 生命、健康、身体等不可许可使用。

（二）人格要素的合理使用

为公共利益实施新闻报道、舆论监督等行为的，可以合理使用民事主体的姓名、名称、肖像、个人信息等；使用不合理侵害民事主体人格权的，应当依法承担民事责任。

二、人格权的延伸保护

（一）胎儿的人格利益保护

《民法典》第 16 条规定："涉及遗产继承、接受赠与等胎儿利益保护的，胎儿视为具有民事权利能力。但是，胎儿娩出时为死体的，其民事权利能力自始不存在。"受保护的胎儿利益的范围并不限于涉及遗产继承、接受赠与等情形，胎儿的相关人格利益如基因、隐私等也应受到保护。

（二）死者的人格利益保护

死者的姓名、肖像、名誉、荣誉、隐私、遗体等受到侵害的，其配偶、子女、父母有权依法请求行为人承担民事责任；

死者没有配偶、子女并且父母已经死亡的，其他近亲属有权依法请求行为人承担民事责任。

三、人格权请求权与诉讼时效

1. 人格权请求权不适用诉讼时效

受害人的停止侵害、排除妨碍、消除危险、消除影响、恢复名誉请求权，不适用诉讼时效的规定。

2. 损害赔偿请求权适用诉讼时效

四、人格权的禁令保护

民事主体有证据证明行为人正在实施或者即将实施侵害其人格权的行为，不及时制止将使其合法权益受到难以弥补的损害的，有权依法向人民法院申请采取责令行为人停止有关行为的措施。

五、非财产性侵权责任的强制执行

行为人因侵害人格权承担消除影响、恢复名誉、赔礼道歉等民事责任的，应当与行为的具体方式和造成的影响范围相当。法院可以采取在报刊、网络等媒体上发布公告或者公布生效裁判文书等方式执行，产生的费用由行为人负担。

【指导案例98号】	
张庆福、张殿凯诉朱振彪生命权纠纷案	
裁判要点	行为人非因法定职责、法定义务或约定义务，为保护国家、社会公共利益或者他人的人身、财产安全，实施阻止不法侵害者逃逸的行为，人民法院可以认定为见义勇为。

第 2 章 精神损害赔偿

第94讲

精神损害赔偿问题

一、精神损害赔偿适用范围【《民法典》修改】★★★

《民法典》第1183条第1款规定:"侵害自然人人身权益造成严重精神损害的,被侵权人有权请求精神损害赔偿。"第2款规定:"因故意或者重大过失侵害自然人具有人身意义的特定物造成严重精神损害的,被侵权人有权请求精神损害赔偿。"

因人身权益或者具有人身意义的特定物受到侵害,自然人或者其近亲属有权向人民法院提起诉讼请求精神损害赔偿。(《精神损害赔偿解释》第1条)

法人或者非法人组织以名誉权、荣誉权、名称权遭受侵害为由,向人民法院起诉请求精神损害赔偿的,人民法院不予支持。

一般人格权	人身自由、人格尊严。
具体人格权	**生命权、身体权、健康权、姓名权、肖像权、名誉权、荣誉权、隐私权等。**
身份权	(1) **配偶权、亲属权等。** (2) **监护关系:** 非法使被监护人脱离监护,导致亲子关系或者近亲属间的亲属关系遭受严重损害,监护人有权向人民法院起诉请求赔偿精神损害。(《精神损害赔偿解释》第2条)
死者人格利益	(1) **死者人格利益:** 死者的姓名、肖像、名誉、荣誉、隐私、遗体、遗骨等受到侵害,其近亲属有权向人民法院提起诉讼请求精神损害赔偿。(《精神损害赔偿解释》第3条) (2) **英雄烈士人格利益保护:** 侵害英雄烈士等的姓名、肖像、名誉、荣誉,损害社会公共利益的,应当承担民事责任。(《民法典》第185条)
人身意义的特定物	因故意或者重大过失侵害自然人具有人身意义的特定物造成严重精神损害的,被侵权人有权请求精神损害赔偿。

二、精神损害赔偿之排除适用

(1)法人、非法人组织的名誉权、荣誉权、名称权受到侵害;
(2)因侵权致人精神损害,但未造成严重精神损害,受害人不能主张赔偿精神损害。

三、违约责任与精神损害赔偿可以并用【《民法典》新增】★★★

因当事人一方的违约行为,损害对方人格权并造成严重精神损害,受损害方有权请求其承担违约责任并请求精神损害赔偿;或者主张侵权责任并要求精神损害赔偿。(《民法典》第996条)

模考演练

1. 刘宝宝与干霞霞结婚,生有一子刘天天。刘天天长大后与周飞飞结婚,婚后育有一女刘月月,刘天天英年早逝,周飞飞另嫁他人。刘月月由舅舅赵宣宣抚养成人。刘月月追星成迷,曾为追星到香港苦等自己的偶像歌坛老大张某半年,无功而返。心灰意冷,而立之年,刘月月向公安机关提出变更姓名申请,下列哪些申请可以准许:①

A. 随母亲姓,改名"周月"
B. 随祖母姓,改名"干爹"
C. 随舅舅姓,改名"赵月"
D. 随偶像姓,改名"张月"

考点 姓名权

【指导案例99号】 **葛长生诉洪振快名誉权、荣誉权纠纷案**	
裁判要点	1.对侵害英雄烈士名誉、荣誉等行为,英雄烈士的近亲属依法向人民法院提起诉讼的,人民法院应予受理。 2.英雄烈士事迹和精神是中华民族的共同历史记忆和社会主义核心价值观的重要体现,英雄烈士的名誉、荣誉等受法律保护。人民法院审理侵害英雄烈士名誉、荣誉等案件,不仅要依法保护相关个人权益,还应发挥司法彰显公共价值功能,维护社会公共利益。 3.任何组织和个人以细节考据、观点争鸣等名义对英雄烈士的事迹和精神进行污蔑和贬损,属于歪曲、丑化、亵渎、否定英雄烈士事迹和精神的行为,应当依法承担法律责任。

---

① 【答案】AC。【解析】《民法典》第1015条第1款规定:"自然人的姓氏应当随父姓或者母姓,但是有下列情形之一的,可以在父姓和母姓之外选取姓氏:(一)选取其他直系长辈血亲的姓氏;(二)因由法定扶养人以外的人扶养而选取扶养人姓氏;(三)有不违背公序良俗的其他正当理由。"第2款规定:"少数民族自然人的姓氏可以遵从本民族的文化传统和风俗习惯。"可见,刘月月可以随母姓,所以A选项正确;刘月月可以随祖母姓,但不能起名"干爹",违背公序良俗,B选项错误;刘月月可以随扶养人舅舅姓,C选项正确。刘月月不能随偶像姓,故D选项错误。

06 Part
侵权责任

第1章 侵权责任总论

第95讲 归责原则

过错责任原则	过错责任
	过错推定责任
无过错责任原则	
公平责任（法定分担损失）	

一、过错责任原则

《民法典》第1165条第1款规定："行为人因过错侵害他人民事权益造成损害的，应当承担侵权责任。"

过错责任是指造成损害并不必然承担赔偿责任，必须要看行为人是否有过错，有过错有责任，无过错无责任。在适用过错责任原则时，尚须注意共同过错和受害人过错。

其一，如果数人因共同故意造成他人损害的，该数人要对受害人承担连带赔偿责任。而且在考虑共同加害人之间的内部责任时，共同加害人应当根据各自的过错程度大小来承担责任。

其二，过错责任不仅意味着加害人要为因其过错给他人造成的损害负责还意味着受害人要因自己的过错而给自己造成的损失负责。如果损害是因受害人故意造成的，行为人不承担责任；如果被侵权人对损害的发生也有过错，可以减轻侵权人的责任。

过错责任原则是侵权责任法中最基本的归责原则，普遍地适用于一般侵权行为。只有在法律有特别规定的情形下，过错责任原则才例外地不予适用。

二、过错推定责任原则

《民法典》第1165条第2款规定："依照法律规定推定行为人有过错，其不能证明自己没有过错的，应当承担侵权责任。"

过错推定是指依照**法律规定**推定行为人有过错，行为人不能证明自己没有过错，应当承担侵权责任。属于过错责任的特别归责方式。

过错推定责任并没有改变一般侵权行为的构成要件，只是就"过错"这一要件发生了举证责任的倒置。在过错推定的情形下，受害人仅须证明违法行为、损害事实和因果关系三项要件的存在,而过错则依法律规定被推定为存在,加害人想要免责,就必须证明自己没有过错,从而推翻这一关于过错的法律推定。**过错推定责任仅限于法律规定之情形:**

1. 无民事行为能力人在教育机构学习生活期间遭受人身损害(《民法典》第1199条)
2. 动物园饲养的动物致人损害(《民法典》第1248条)
3. 建筑物倒塌致人损害(《民法典》第1252条)
4. 建筑物及其搁置物、悬挂物脱落、坠落致人损害(《民法典》第1253条)
5. 堆放物倒塌致人损害(《民法典》第1255条)
6. 林木折断、果实坠落致人损害(《民法典》1257条)
7. 道路施工、地下设施致人损害(《民法典》1258条)
8. 非法占有的高度危险物品致人损害时,所有人、管理人与非法占有人之间的连带责任。(《民法典》第1242条)
9. 公共道路管理人不能证明已经尽到清理、防护、警示等义务应当承担相应的责任。(《民法典》第1256条)

三、无过错责任原则

《民法典》第1166条规定:"行为人造成他人民事权益损害,不论行为人有无过错,法律规定应当承担侵权责任的,依照其规定。"

无过错责任原则是指**不以行为人的过错为要件**,只要其活动或所管理的人或物损害了他人的民事权益,除非有法定的免责事由,行为人就要承担侵权责任。

无过错责任原则的归责事由和依据包括两个方面:

其一,危险。现代社会,高科技的发展带来了很多的危险活动和危险物品利用,这些通常是对人类社会有利的,故而法律容许这些危险活动和危险物品利用的进行,但是为了实现对受害人的救济,要求行为人对自己所生危险给他人造成的伤害承担危险责任。

其二,控制力。某人对于他人基于特定关系而具有控制力,依法具有监督管理的义务,并且可能从这种控制力中获取利益,此外享有控制力的主体一般比被控制的对象拥有更为雄厚的偿付能力,因此该享有控制力的主体须对被控制对象造成他人损害的行为承担替代责任。上述危险责任和替代责任的承担不考虑责任主体是否存在过错。

无过错责任仅限法律规定之情形:

1. 监护人承担无过错替代责任(《民法典》第1188、1189条)
2. 用人单位责任(《民法典》第1191条)
3. 产品责任,对外无过错责任;对内追偿,过错责任(《民法典》第1202-1207条)
4. 机动车与行人、非机动车间发生道路交通事故(《道路交通安全法》第76条)
5. 环境污染、生态破坏责任(《民法典》第1229-1235条)
6. 高度危险责任(《民法典》第1236-1244条)
7. 饲养动物损害责任(《民法典》第1245、1251条)
8. 妨碍通行物致人损害(《民法典》第1256条)
9. 医疗产品责任(《民法典》第1223条)
10. 因帮工致人损害(《人身损害赔偿解释》第13条)
11. 接受劳务提供者的责任(《民法典》第1192条)

四、公平责任(法定分担损失)【《民法典》修改】★★★

受害人和行为人对损害的发生都没有过错的，依照法律的规定由双方分担损失。(《民法典》第1186条）即在行为人不构成侵权，不承担侵权责任的情形下，由当事人适当分担损失。公平责任在此处解决的是损害的分担问题，而非侵权行为归责的依据问题。适用公平责任的构成要件：（1）须双方均无过错；（2）须存在因果关系；（3）须有法律规定。

法律规定适用法定分担损失的情形：
1. 完全民事行为能力人特殊情形的适当补偿；(《民法典》第1190条)
2. 高空抛物补偿；(《民法典》第1254条)
3. 自然原因引起紧急避险避险人对受害人的补偿；(《民法典》第182条)
4. 因保护他人民事权益使自己受到损害的受益人补偿；(《民法典》第183条)
5. 帮工关系中的补偿。(《人身损害赔偿解释》第14条)

公平分担损失之情形	
完全行为能力人特殊情形的补偿(《民法典》第1190条)	（1）完全民事行为能力人对自己的行为暂时没有意识或者失去控制造成他人损害有过错的，应当承担侵权责任；（过错责任） （2）完全民事行为能力人对自己的行为暂时没有意识或者失去控制造成他人损害没有过错的，根据行为人的经济状况对受害人**适当补偿**。 ①构成要件： 第一，完全民事行为能力人对自己的行为暂时没有意识或者失去控制造成他人损害； 第二，加害人对陷入无意识状态或失去控制无过错； 第三，不属于无过错责任侵权。 ②法律效果：根据行为人的经济状况对受害人**适当补偿**； ③例外： 第一，行为人对自己暂时没有意识或者失去控制致人损害有过错； 第二，行为人因醉酒、滥用麻醉或精神药品，从而没有意识或者失去控制致人损害。
高空抛物(《民法典》第1254条)	从建筑物中抛掷物品或者从建筑物上坠落的物品造成他人损害的，由侵权人依法承担侵权责任（过错责任）；经调查难以确定具体侵权人的，除能证明自己不是侵权人的外，由可能加害的建筑物使用人给予补偿。 （1）公平责任：由可能加害的建筑物使用人对受害人给予补偿； （2）不承担责任：能够证明自己不是侵权人的，无须补偿。 （3）追偿：可能加害的建筑物使用人补偿后，有权向侵权人追偿。 （4）建筑物管理人的安保义务。 ①物业服务企业等建筑物管理人应当采取必要的安全保障措施防止抛掷物品或坠落物品情形的发生； ②未采取必要的安全保障措施的，应当依法承担未履行安全保障义务的侵权责任。 ［例］A小区商品房32层，400户人入住，每户南面皆有窗户。甲，一算命大师，出门前都要看黄历，不宜出门之日子，绝不外出。某日因急事出门，忘记看黄历，行走到A小区商品房南面道路时，被一烟灰缸砸成重伤。无法确定烟灰缸是谁扔的。有一户人能证明损害事故发生当天没人在家，家门封闭。 （1）能证明不可能加害甲的一户，不承担补偿甲损害的义务； （2）其他可能加害的住户应当承担公平责任，对甲遭受的损害予以补偿。

【总结】侵权责任归责原则比较

归责原则		构成要件
过错责任	过错责任	（1）加害行为 （2）损害事实 （3）因果关系 （4）主观过错
	过错推定责任	（1）加害行为 （2）损害事实 （3）因果关系 （4）推定过错，加害人应通过证明自己无过错来免责（过错证明责任倒置）
无过错责任		（1）加害行为 （2）损害事实 （3）因果关系
公平责任（公平分担损失）		（1）须双方均无过错； （2）须存在因果关系； （3）须有法律规定。

真题演练

1. 桃源村是个开放性景区，栽种有大量杨梅，没有组织游客采摘杨梅的项目，也没有设置禁止游客采摘的警告标识。游客 A 路过李某家果园，看见杨梅都已经熟透，便问过路的村民吴某："可以摘杨梅吗？"吴某说："没人管。"A 就爬上树摘，不慎跌落受伤，下列选项正确的有：①（2021- 回忆版）

A．桃源村须承担侵权责任
B．吴某须承担侵权责任
C．桃源村和吴某承担连带责任
D．A 游客自己承担损失

考点 过错责任

第96讲

一般侵权责任的构成要件

一般侵权行为是指行为人因过错侵害他人的民事权益，并应当适用过错责任原则的侵

---

① 【答案】D。【解析】《民法典》第1165条第1款规定："行为人因过错侵害他人民事权益造成损害的，应当承担侵权责任。"案涉景区属于开放式景区，未向村民或游客提供采摘杨梅的旅游项目，杨梅树本身并无安全隐患，若要求某村委会对景区内的所有树木加以围蔽、设置警示标志或采取其他防护措施，显然超过善良管理人的注意标准。桃源村和吴某均无过错，无须承担责任，由 A 游客自己承担损失，D 正确。

权行为。这些侵权行为无须也无法由法律一一列举并分别规定。特殊侵权行为是指行为人因侵害或损害他人的民事权益，依照法律规定采取过错推定方式，又或者无论行为人是否有过错，依法应当承担侵权责任的行为。哪些特殊的侵权行为适用过错推定责任原则或无过错责任原则，需要由法律作出明确的特别规定。《民法典》侵权责任编第三章至第十章规定的就是这些特殊侵权行为。一般侵权责任的构成要件：

一、加害行为

加害行为，是指民事主体在其意志支配下所实施的侵害他人民事权益的行为。可分为作为和不作为。作为，是指行为人表现于外的积极身体动静。例如伤害他人人身、诋毁他人名誉、毁损他人财物。

不作为，是指行为人应当作为却没有任何积极作为，即行为人消极地不实施某种行为。不作为的加害行为要求加害人具有作为的义务。作为义务的来源：（1）法律规定。如《民法典》1198条经营场所、公共场所的经营者、管理者或者群众性活动的组织者所负的安全保障义务；（2）当事人有约定。如有约定照顾小孩的义务而不作为；（3）当事人间的特殊身份关系。如父母对遇险情的未成年子女；夫妻一方陷于险情；危险共同体的成员彼此负有救助的义务，如相约到沙漠探险、攀登珠穆朗玛峰等出生入死的团体。（4）行为人的先前行为。如成年人带未成年人到水库游泳；（5）基于职业或业务引起的义务。如果从事特定业务活动的人在其职业或业务活动中，违反了特定职业、业务所要求的特定操作惯例，也就违反了注意义务。

二、损害事实

损害，是指受害人所遭受的某种消极影响，包括财产损害和非财产损害，非财产损害又包括人身损害和精神损害。这种消极影响通常表现为财产的减少、利益的丧失、名誉的毁损、精神痛苦或者身体疼痛、知识产权损害等。

《民法典》侵权责任编主要将损害分为财产性损害和非财产性损害。前者是指具有财产价值、能够通过金钱加以衡量的损害；后者是指人的精神、身体痛苦等不具有财产价值、难以用金钱加以衡量的损害。区分财产性损害和非财产性损害的意义：

1. 赔偿原则不同。财产性损害贯彻完全赔偿原则，使受害人的财产状况恢复到未受侵害时的状态；而非财产性损害则不能用金钱加以衡量，不适用完全赔偿原则，赔偿额度只能依据法律的规定或者当事人的约定加以计算。

2. 侵权责任的承担形式不同。财产性损害一般使用损害赔偿的方式，而非财产损害还可以使用其他方式，例如名誉受损可以使用赔礼道歉、恢复名誉的方式。

3. 计算方法不同。财产性损害按照损失发生时的市场价格或者其他合理方式计算；而非财产性损害具有较强的主观性，其计算也只能采用主观的方法加以评价。

三、因果关系

因果关系是指侵权行为与损害结果之间引起与被引起的关系。因果关系判断采取相当因果关系说，其判断有两个步骤：

步骤一：事实条件关系的判断	**（1）在作为的案件中。** ①如果没有行为人的行为，损害事实不会发生，则行为人的行为是造成损害事实的必要条件； ②如果没有行为人的行为，损害事实仍会发生，则行为人的行为不是造成损害事实的必要条件。 **（2）在不作为的案件中。** ①如果积极履行了作为义务，损害就不会发生，则行为人的行为是造成损害事实的必要条件； ②如果积极履行了作为义务，损害仍会发生，则行为人的行为不是造成损害事实的必要条件。
步骤二：法律相当性的判断	经过之前事实因果关系的判断，只是筛选出造成损害事实的必要条件，仍须进一步判断是否具有可归责性，依此从若干条件中找出原因。如果行为人的行为在通常情形下会导致该损害事实的发生，或者至少它在相当程度上增加了损害事实发生的可能性，那么这一行为与损害事实之间就具有相当因果关系。

四、主观过错

过错是指行为人通过违反义务的行为所表现出来的一种应受非难的心理状态过错通常可分为故意和过失。故意是指行为人预见到自己行为的结果，却仍然希望或者放任这一有害结果的发生。过失是指行为人应当预见自己的行为可能发生不良后果而没有预见，或是虽然预见到了却轻信此种结果可以避免的心理状态。

过失还可以进一步区分为一般过失和重大过失。如果法律在某些情况下对一行为人的注意程度有较高要求时，行为人尽管没有遵守这种较高的要求，但却未违背一般人应当注意的标准，此时构成一般过失。如果行为人不仅没有遵守法律特别规定的较高要求，甚至连一般人能尽到的注意义务也未达到时，就构成重大过失。

在判断过失时，一则以法律法规等规范所确定的注意义务为标准，确定行为人是否具有过失。在医疗活动、交通运输、产品生产销售等领域出现了越来越多的技术性规则，这些规则明确了相关行为人应有的注意义务。二则以一个合理的、谨慎的人所应具有的注意义务来判断。如果行为人没有像一个合理的、谨慎的人那样来行事，则应当认定为存在过失。

第97讲

数人侵权

共同侵权行为，指二人以上基于共同故意或共同过失致人损害，依法应承担连带责任的侵权形态。

共同侵权	共同加害行为（《民法典》第1168条）
	教唆、帮助侵权（《民法典》第1169条）
	共同危险行为（《民法典》第1170条）

一、共同加害行为

共同加害行为，又称"狭义共同侵权行为"，是指两人以上的行为人基于共同过错致使他人合法权益遭受损害，依法应承担连带责任的侵权行为。《民法》第1168条规定："二人以上共同实施侵权行为，造成他人损害的，应承担连带责任。"共同加害行为的特征：

加害主体的复数性	（1）共同加害行为中的加害人必须是两人以上，而且各行为人均应当具有民事权利能力和相应的民事行为能力。 （2）如果实施侵权行为的主体虽为二人以上，但是其中仅有一人具有完全民事行为能力，就不能成立共同侵权行为。 （3）加害行为人既可以是自然人，也可以是法人。
主观过错的共同性	共同加害必须以数个行为人主观上具有主观意思的"共同"为要件。 （1）共同故意。共同故意是指不仅每一行为人对其加害行为都存在个别认知上的故意而且行为人相互之间还具备意思联络。 ［例］甲、乙两个小偷一起合作偷盗一户民宅。但是对于任一共同加害人超越事前意思联络确定的计划所为的行为，其他加害人不负连带责任。如在合作偷盗民宅的过程中，甲趁乙在楼下偷盗之机，在楼上对女业主施暴，乙对甲的施暴行为，不负连带责任。 （2）共同过失。共同过失是指数个行为人对损害发生的可能性有共同的认知，但是都有可避免损失发生的自信。 ［例］张三和李四在工厂共同操作一台大型仪器设备，皆欲图简便而想要不完全按照安全规程操作，经过简单沟通后均认为不致发生不利后果，之后因一起违规操作该大型仪器失火报废。
加害行为的协作性	加害行为的协作性，是指加害人之间存在互相利用、彼此支持的行为分担。每个人的行为和最终结果之间并不一定都有直接的因果关系，只要共同加害人具有以他人的行为作为自己行为的意思，就足以认定因果联系的存在。 ［例］甲、乙、丙共同策划一起银行抢劫，甲因生病而未能实际参与乙、丙实际实施的抢劫活动，但是甲仍然要与乙、丙一起承担连带责任。
损害结果的同一性	共同加害行为的特点之一就是数个侵权行为造成了同一的损害结果。如果数个行为人是针对不同的受害人实施了侵权行为，又或者是针对同一受害人的不同合法权益实施了侵权行为，就有可能构成分别的侵权行为，而非共同加害行为。

二、教唆、帮助侵权

《民法典》第1169条第1款规定："教唆、帮助他人实施侵权行为的，应当与行为人承担连带责任。"第2款规定："教唆、帮助无民事行为能力人限制民事行为能力人实施侵权行为的，应当承担侵权责任；该无民事行为能力人、限制民事行为能力人的监护人未尽到监护职责的，应当承担相应的责任。"

1. 教唆、帮助完全民事行为能力人侵权的，构成共同侵权，教唆、帮助人与被教唆、被帮助人承担连带责任。

2. 教唆、帮助无民事行为能力人、限制民事行为能力人侵权，监护人无过错(尽到监护责任）的，不构成共同侵权，由教唆、帮助人单独承担责任。

3. 教唆、帮助无民事行为能力人、限制民事行为能力人侵权，监护人有过错的，监护人承担与其过错相应的责任。

三、共同危险行为★★★

《民法典》第1170条规定："二人以上实施危及他人人身、财产安全的行为，其中一人或者数人的行为造成他人损害，能够确定具体侵权人的，由侵权人承担责任；不能确定具体侵权人的，行为人承担连带责任。"共同危险行为，又标"准共同侵权行为"，指二人以上实施危及他人人身安全或财产安全的危险行为，仅是其中的一人或数人的行为实质上造成他人的损害，但又无法确定实际侵害人的情形。

共同危险行为具有如下特征：

（1）数人实施危及他人人身或财产安全的行为；
（2）各个共同危险行为大多具有时间上和空间上的同一性；
（3）共同危险行为人中的部分人实际造成了损害结果；
（4）无法确定具体造成损害结果的人。

[例] 几个厨师在酒店厨房里吸烟且随地乱扔烟头，其后引致酒店着火，但却无法确定是由何人所扔烟头导致的火灾发生，这几个厨师乱扔烟头的行为就是共同危险行为。

共同危险行为人承担连带责任。若能确定实际加害人，则不再属于共同危险行为，由实际加害人单独承担责任，其他行为人免责。实施危险行为的人不能仅仅证明其行为与损害结果之间不存在因果关系就可以被免除责任，而必须要证明具体谁是真正的损害行为人，方可免责。

四、无意思联络的数人侵权★★★

无意思联络的数人侵权行为，是指二人以上没有进行意思联络，客观上分别实施侵权行为造成同一损害的行为。无意思联络的数人侵权行为属于数人侵权中的分别侵权，原则上承担按份责任，但是也存在承担连带责任的例外。

竞合因果关系（共同因果关系）	二人以上分别实施侵权行为造成同一损害，能够确定责任大小的，各自承担相应的责任；难以确定责任大小的，平均承担赔偿责任。（《民法典》第1172条） （1）二人以上分别实施加害行为，无共同故意或共同过失，不构成共同侵权； （2）其加害行为结合在一起，共同造成同一个不可分割的损害； （3）在因果关系上，每个人的行为单独不足以造成损害，只有结合在一起才能共同造成损害后果； （4）加害人按照其原因力大小及过错程度承担按份责任。 [例] 李某燃放烟花，落至某小区11栋11层的平台上，引燃铺设在平台上的塑料草坪，造成墙体外表面装饰保温材料燃烧。外墙保温采用了挤塑板等可燃材料，起火后火势迅速蔓延，形成立体燃烧。这些材料由开发商甲公司铺设，经检验不合格。李某、甲公司并无共同意思联络，其行为均不足以造成全部损失，承担按份责任。

续表

聚合因果关系（累积因果关系）	二人以上分别实施侵权行为造成同一损害，每个人的侵权行为都足以造成全部损害的，行为人承担连带责任。（《民法典》第1171条） （1）二人以上分别实施加害行为，无共同故意或者共同过失，因而不构成共同侵权； （2）其加害行为结合在一起，同时造成同一个不可分割的损害后果； （3）在因果关系上，每个人的行为单独均足以造成损害后果； （4）加害人承担连带责任。 ［例］甲工厂、乙工厂分别位于某河流的上游和中游。两工厂单独排放的废水均能造成损害下游鱼塘的鱼死亡。甲、乙承担连带责任。

📘 真题演练

1. 甲、乙、丙三家毗邻而居，甲、乙分别饲养山羊各一只。某日二羊走脱，将丙辛苦栽培的珍稀药材悉数啃光。关于甲、乙的责任，下列哪些选项是正确的？（2017-3-67多）①

A. 甲、乙可各自通过证明已尽到管理职责而免责
B. 基于共同致害行为，甲、乙应承担连带责任
C. 如能确定二羊各自啃食的数量，则甲、乙各自承担相应赔偿责任
D. 如不能确定二羊各自啃食的数量，则甲、乙平均承担赔偿责任

考点 共同因果关系

---

① 答案：CD。考点1：饲养动物致人损害。《民法典》第1245条规定："饲养的动物造成他人损害的，动物饲养人或者管理人应当承担侵权责任；但是，能够证明损害是因被侵权人故意或者重大过失造成的，可以不承担或者减轻责任。"饲养动物致人损害责任的归责原则是无过错责任，所以A选项错误。考点2：数人侵权。《民法典》第1168条规定："二人以上共同实施侵权行为，造成他人损害的，应当承担连带责任。"甲、乙没有共同致害行为，所以B选项错误。《民法典》第1172条规定："二人以上分别实施侵权行为造成同一损害，能够确定责任大小的，各自承担相应的责任；难以确定责任大小的，平均承担责任。"所以C选项正确、D选项正确。

第98讲 侵权责任

一、侵权责任的方式

侵权责任的方式,是指侵权行为人就自己实施的侵权行为应当承担的具体的民事责任方式。侵权行为危及他人人身、财产安全的,被侵权人有权请求侵权人承担停止侵害、排除妨碍、消除危险等侵权责任。侵权责任的方式,可以单独适用,也可以合并适用。

停止侵害	(1) 概念。停止侵害是指被侵权人要求侵权人停止正在实施过程中的侵害行为。 (2) 适用范围。该方式可以适用于权利遭受持续性侵害的场合,但是对于尚未发生或者已经停止的侵权行为,则不得适用。 (3) 作用。停止侵害的作用在于及时制止侵害行为,防止损害后果的扩大。
排除妨碍	排除妨碍是指侵权人的侵害行为已经使被侵权人无法行使或者难以正常行使其权利的,被侵权人可以要求侵权人将妨碍权利实施的有关障碍予以排除。
消除危险	消除危险是指侵权行为虽然尚未对他人的权利造成实际损害,也没有产生现实的持续侵害或妨碍,但是却存在造成他人权利受损害或受妨害的现实危险,被侵权人有权要求侵权人消除此危险。

二、免责及减责事由【《民法典》修改】★★★

免责及减责事由	正当理由 (违法性的正当化)	正当防卫
		紧急避险
		自助行为
		自甘风险
		依法行使权力(权利)
	外来原因 (因果关系被打破)	过错相抵
		受害人故意
		第三人过错
		不可抗力
		意外事件

(一)正当防卫

为了使国家利益、社会公共利益、本人或者他人的人身权利、财产权利以及其他合法权益免受正在进行的不法侵害,而针对实施侵害行为的人采取的制止不法侵害的行为,应

当认定为民法典第181条规定的正当防卫。(《民法典总则编解释》第30条)

1. 正当防卫的构成要件:
(1)必须是针对实际存在的、正在进行的不法侵害。如果尚未发生或者已经停止,不构成正当防卫。
(2)具有保护合法权益的目的性。故意报复、防卫挑拨、相互斗殴等均不构成正当防卫。
(3)必须针对不法侵害人本人实施。
(4)不得超过必要限度。对于正当防卫是否超过必要的限度,人民法院应当综合不法侵害的性质、手段、强度、危害程度和防卫的时机、手段、强度、损害后果等因素判断。(《民法典总则编解释》第31条第1款)

2. 法律后果

因正当防卫造成损害的,不承担责任。正当防卫超过必要的限度,造成不应有的损害的,正当防卫人应当承担适当的责任。(《民法典》第181条)
(1)因正当防卫造成损害的,不承担责任。经审理,正当防卫没有超过必要限度的,人民法院应当认定正当防卫人不承担责任。
(2)正当防卫超过必要的限度,造成不应有的损害的,正当防卫人应当承担适当的责任。
①正当防卫超过必要限度的,人民法院应当认定正当防卫人在造成不应有的损害范围内承担部分责任;实施侵害行为的人不能请求正当防卫人承担全部责任。(《民法典总则编解释》第31条第2款)
②实施侵害行为的人不能证明防卫行为造成不应有的损害,仅以正当防卫人采取的反击方式和强度与不法侵害不相当为由主张防卫过当的,人民法院不予支持。(《民法典总则编解释》第31条第3款)

(二)紧急避险

为了使国家利益、社会公共利益、本人或者他人的人身权利、财产权利以及其他合法权益免受正在发生的急迫危险,不得已而采取紧急措施的,应当认定为民法典第182条规定的紧急避险。(《民法典总则编解释》第32条)

1. 紧急避险的构成要件

紧急避险,是指为了避免公共利益、自己或他人的合法权益因现实的急迫危险而造成损害,在迫不得已的情况下采取的加害他人的行为。紧急避险在性质上是放任行为,可阻却违法,不负赔偿责任。紧急避险必须符合如下条件:
(1)存在对避险人自身或者他人的合法权益、公共利益的急迫危险。
(2)采取避险措施必须出于不得已。此时的不得已是指必须采取避险措施,而不是强调避险手段的唯一性,不是指避险人只能采取某一种而不能采取另一种避险措施。
(3)避险人的避险行为不能措施不当或超过必要限度,即紧急避险行为所引起的损害明显小于其所避免的损害。对于紧急避险是否采取措施不当或者超过必要的限度,人民法院应当综合危险的性质、急迫程度、避险行为所保护的权益以及造成的损害后果等因素判断。

2. 紧急避险的责任承担:(《民法典》第182条)

	经审理,紧急避险采取措施并无不当且没有超过必要限度的,人民法院应当认定紧急避险人不承担责任。
人为因素引起危险	因人为因素紧急避险造成损害的,由**引起险情发生的人**承担责任;
自然原因引起危险	自然原因引起的,紧急避险人不承担责任或者给予**适当补偿**。 (没有引起险情的人,可适用公平分担损失,由受益人适当补偿。)
避险过当	紧急避险采取措施不当或者超过必要的限度,造成不应有的损害的,紧急避险人应当承担**适当**的责任。紧急避险采取措施不当或者超过必要限度的,人民法院应当根据紧急避险人的过错程度、避险措施造成不应有的损害的原因力大小、紧急避险人是否为受益人等因素认定紧急避险人在造成的不应有的损害范围内承担相应的责任。(《民法典总则编解释》第33条)

(三)自助行为【《民法典》新增】★★★

《民法典》第1177条规定:"合法权益受到侵害,情况紧迫且不能及时获得国家机关保护,不立即采取措施将使其合法权益受到难以弥补的损害的,受害人可以在保护自己合法权益的必要范围内采取扣留侵权人的财物等合理措施;但是,应当立即请求有关国家机关处理。"

第2款规定:"受害人采取的措施不当造成他人损害的,应当承担侵权责任。"

自助行为是指权利人为保护自己的权利,在来不及请求公力救济的情况下,对义务人的财产予以扣留等行为。其构成要件包括:

(1)为保护自己的合法权益。若为保护他人之权利,不成立自助行为,符合条件者可构成正当防卫或紧急避险。

(2)情况紧迫且不能及时获得国家机关保护。

(3)采取的方法适当。在保护自己合法权益的必要范围内采取扣留侵权人的财物等合理措施,一般不能限制人身自由。

(4)并立即请求有关国家机关处理。

受害人采取的措施不当造成他人损害的,应当承担侵权责任。

(四)自甘风险【《民法典》新增】★★★

《民法典》第1176条第1款规定:"自愿参加具有一定风险的文体活动因其他参加者的行为受到损害的,受害人不得请求其他参加者承担侵权责任,但是其他参加者对损害的发生有故意或者重大过失的除外。"

自甘风险:指个人自愿参与有危险的活动,应自行承担所遭受的损害后果。条件:

(1)须自愿参加具有一定风险的文体活动;(适用于文体活动)

(2)因其他参加者的行为受到损害。

受害人不得请求其他参加者承担侵权责任。"但是其他参加者对损害的发生有故意或者重大过失的除外。"即其他参加者故意或重大过失造成受害人损害的,仍须承担责任。

活动组织者违反安保义务须承担责任。

[例] 甲、乙参加足球比赛。

(1)甲射门将对方后卫乙踢伤,无须承担责任。

(2)若甲与乙有宿怨,故意将乙踢伤,当然须承担责任,超出了自甘冒险的范围。

(五)依法行使权力(权利)

依法行使权力(权利)的行为,无论是公权力还是私权利,虽侵害他人权利,亦可阻却违法，不构成侵权。

（六）过错相抵

《民法典》第 1173 条规定："被侵权人对同一损害的发生或者扩大有过错的，可以减轻侵权人的责任。"

1. 概念

过错相抵，又称混合过错，是指当受害人对于损害的发生或者损害结果的扩大也具有过错时，依法减轻或者免除赔偿义务人的损害赔偿责任的制度。

2. 过错相抵适用的限制及适用范围

就过错相抵的适用范围而言其不仅适用于过错责任的情形，也适用于无过错责任的情形。但是涉及过失相抵适用于无过错责任的法律规定，存在如下几种状况：

《民法典》第 1239 条规定："占有或者使用易燃、易爆、剧毒、高放射性、强腐蚀性、高致病性等高度危险物造成他人损害的，占有人或者使用人应当承担侵权责任；但是，能够证明损害是因受害人故意或者不可抗力造成的，不承担责任。被侵权人对损害的发生有**重大过失**的，可以减轻占有人或者使用人的责任。"

《民法典》第 1240 条规定："从事高空、高压、地下挖掘活动或者使用高速轨道运输工具造成他人损害的，经营者应当承担侵权责任；但是，能够证明损害是因受害人故意或者不可抗力造成的，不承担责任。被侵权人对损害的发生有**重大过失**的，可以减轻经营者的责任。"

《民法典》第 1245 条规定："饲养的动物造成他人损害的，动物饲养人或者管理人应当承担侵权责任；但是，能够证明损害是因被侵权人**故意或者重大过失**造成的，可以不承担或者减轻责任。"

［例］甲在施工时不慎失手将几块墙砖从五层楼上扔出去，恰好砸中来监察施工的乙，由于乙同时未按规定佩戴安全帽，导致乙被砸伤致死，此即属于过失相抵的具体情形。

（七）受害人故意

《民法典》第 1174 条规定："损害是因受害人故意造成的，行为人不承担责任。"

受害人故意，是指受害人明知自己的行为会发生损害自己的后果，而希望或者放任此种结果的发生。

需要注意的是，只有在行为人虽然有在先的行为，但是该行为并未实际给受害人造成损害，损害完全是因为受害人的故意造成的，即受害人故意的行为是损害发生的唯一原因之时，才能让行为人免责。如果有证据证明损害是由于受害人的故意造成，但也有证据证明行为人对损害的发生也有故意或者重大过失的，则应适用侵权责任法有关过错相抵的规定。

受害人故意作为免责事由，既可以适用于过错责任的情形，也可以适用于无过错责任的情形。

一般规定	《民法典》第1174条规定："损害是因受害人故意造成的，行为人不承担责任。"
特别规定	民用核设施责任（《民法典》第1237条）
	民用航空器致害责任（《民法典》第1238条）
	占有、使用高度危险物致害责任（《民法典》第1239条）
	高空高压等高度危险活动责任（《民法典》第1240条）
	饲养动物致害责任（《民法典》第1245条）

（八）第三人过错

《民法典》第1175条规定："损害是因第三人造成的，第三人应当承担侵权责任。"第三人过错，是指当事人之外的第三人对被侵权人损害的发生或扩大具有过错。第三人过错包括故意和过失，并且这里的第三人与被告不存在任何隶属关系。

[例] 用人单位的工作人员在工作过程中造成他人损害，用人单位不能以其工作人员作为第三人，提出第三人过错的抗辩。用人单位应对工作人员造成的损害，承担替代责任。

第三人过错可以分为两种情形：

第三人过错是造成损害的唯一原因	在过错责任和过错推定责任的情形下，如果被告能够证明损害完全是由第三人过错行为所造成，则被告应免责，而由第三人来承担侵权责任。
	在无过错责任的情形下，如果损害完全是第三人过错行为所造成，一般也是被告可以免责，而由第三人来承担侵权责任。但是侵权责任法中还规定了几种情形之下第三人过错不能作为无过错责任的免责事由： **（1）被告首先承担责任。** ①根据《民法典》第1204条的规定，即便产品的缺陷是由运输者、仓储者等第三人的过错所致（如运输中污染、损坏），因产品的缺陷造成他人损害的产品的生产者、销售者也不能因此免责，而应当承担赔偿责任，只是赔偿之后有权向第三人进行追偿。 ②《国务院关于核事故损害赔偿责任问题的批复》第29条规定，核事故损害是由于自然人的故意作为或者不作为造成的，营运者向受害人赔偿后，对该自然人行使追偿权。 **（2）被告与第三人共负不真正连带责任，受害人自主选择由谁承担责任。** ①根据《民法典》第1233条规定，因第三人的过错导致污染环境、破坏生态的，受害人可以选择向侵权人或者第三人请求赔偿。如果先选择侵权人赔偿的，侵权人赔偿之后有权向第三人追偿。 ②根据《民法典》第1250条的规定，因第三人过错导致动物造成他人损害的，受害人可以选择向动物饲养人或者管理人请求赔偿，也可以向第三人请求赔偿。如果先选择动物饲养人或者管理人赔偿的，动物饲养人或者管理人赔偿之后有权向第三人追偿。 **（3）被告与第三人共负连带责任，受害人自主选择由谁承担责任。** 根据《民法典》第1242条的规定，即便是高度危险物为第三人非法占有而造成受害人损害的，如果所有人、管理人不能证明对防止他人非法占有尽到高度注意义务的，所有人、管理人要与非法占有人承担连带责任，不得免责。
第三人过错是造成损害的部分原因	如果损害是因为第三人过错与原告过错共同导致，应适用过失相抵，可以减轻第三人的责任；如果损害是因为第三人过错与被告过错共同导致，应区分情况判定侵权责任： （1）如果第三人与被告构成共同加害行为、共同危险行为以及需承担连带责任的无意思联络数人侵权，则第三人与被告应对原告承担连带责任； （2）如果第三人与被告构成需承担按份责任的无意思联络数人侵权，则第三人与被告应对原告承担按份责任。但是需要注意的是，如果损害是因为第三人过错行为与被告过错行为共同导致，此时构成数人侵权行为，应适用有关数人侵权行为的法律规定，而不宜认定为构成免责事由或减责事由的第三人过错。

（九）不可抗力

不可抗力是指不能预见、不能避免且不能克服的客观情况。不可抗力所涉及的客观情况，既包括自然现象，如地震、洪水、台风、海啸等；也包括各种社会事件，如战争、暴乱、恐怖活动、罢工、游行集会等，但是不包括单个人的行为。

因不可抗力不能履行民事义务的，不承担民事责任。法律另有规定的，依照其规定。不可抗力作为抗辩事由既适用于过错责任，也适用于无过错责任。但是，在以下几种情形下，即使存在不可抗力，行为人也不可免责：

（1）民用核设施致人损害责任，不可抗力不是免责事由；(《民法典》第1237条）

（2）民用航空器致人损害责任，不可抗力不是免责事由；(《民法典》第1238条）

（3）《邮政法》第48条的规定，因不可抗力造成的保价的给据邮件的损失，不能免除邮政企业的责任。给据邮件是指挂号信件、邮包、保价邮件等由邮政企业以及其分支机构在收寄时出具收据，投递时要求收件人签收的邮件。

（十）意外事件

意外事件，指非因当事人的故意或过失而偶然发生的事故。意外事件作为免责事由，**仅适用于过错侵权**，不适用于无过错责任。

三、侵权责任与其他民事责任的竞合

侵权责任与违约责任竞合	《民法典》第186条："因当事人一方的违约行为，损害对方人身权益、财产权益的，受损害方有权选择请求其承担违约责任或者侵权责任。"
侵权责任与不当得利竞合	择一行使。 ［例］甲因工作原因外派一年，委托乙帮其看护房子。乙其后未经甲同意将房屋出租给丙，并获取租金收益。甲既可以要求乙承担侵权责任，也可以要求乙承担不当得利责任，但是甲只能择一行使。

四、损害赔偿【《民法典》修改】★★★

财产损害赔偿	（1）侵害生命权、身体权、健康权等人身权益（物质性人格权）的财产损害赔偿（《民法典》第1179条、1180条） ①侵害他人造成人身损害的，应当赔偿医疗费、护理费、交通费、营养费、住院伙食补助费等为治疗和康复支出的合理费用，以及因误工减少的收入。 ②造成残疾的，还应当赔偿辅助器具费和残疾赔偿金；造成死亡的，还应当赔偿丧葬费和死亡赔偿金。 ③因同一侵权行为造成多人死亡的，以相同数额确定死亡赔偿金。 （2）侵害名誉权、荣誉权、姓名权、肖像权和隐私权等人身权益（精神性人格权）的财产损害赔偿（《民法典》第1182条） ①按照所受损失或所得利益赔偿。侵害他人人身权益造成财产损失的，按照被侵权人因此受到的损失或者侵权人因此获得的利益赔偿； ②法院判决。被侵权人因此受到的损失以及侵权人因此获得的利益难以确定，被侵权人和侵权人就赔偿数额协商不一致，向人民法院提起诉讼的，由人民法院根据实际情况确定赔偿数额。

续表

财产损害赔偿	**（3）侵害财产的财产损害赔偿** 《民法典》第1184条："侵害他人财产的，财产损失按照损失发生时的市场价格或者其他合理方式计算。" [例] 姚某旅游途中，前往某玉石市场参观，在唐某经营的摊位上拿起一只翡翠手镯，经唐某同意后试戴，并问价。唐某报价18万元（实际进货价8万元，市价9万元），姚某感觉价格太高，急忙取下，不慎将手镯摔断。姚某应赔偿唐某9万元损失。
精神损害赔偿	（1）侵害自然人人身权益造成严重精神损害的，被侵权人有权请求精神损害赔偿。（《民法典》1183条第1款） （2）因故意或者重大过失侵害自然人具有人身意义的特定物造成严重精神损害的，被侵权人有权请求精神损害赔偿。（《民法典》1183条第2款） （3）因当事人一方的违约行为，损害对方人格权并造成严重精神损害，受损害方选择请求其承担违约责任的，不影响受损害方请求精神损害赔偿。（《民法典》996条）
惩罚性损害赔偿	（1）故意侵害他人知识产权，情节严重的，被侵权人有权请求相应的惩罚性赔偿。（《民法典》第1185条） （2）明知产品存在缺陷仍然生产、销售，或者没有依据前条规定采取有效补救措施，造成他人死亡或者健康严重损害的，被侵权人有权请求相应的惩罚性赔偿。（《民法典》第1207条） （3）侵权人违反法律规定故意污染环境、破坏生态造成严重后果的，被侵权人有权请求相应的惩罚性赔偿。（《民法典》第1232条）

真题演练

1. 一个70岁的老人，走在人行道上，快递小哥甲骑车过快，把老人撞倒在地，老人当场骨折，经鉴定，老人年事已高，其骨折的70%的原因是自身患有的骨质疏松，关于此案下列哪一说法是正确的？（2019考生回忆题）①

A. 哪怕经鉴定是由于骨质疏松，也不能免除甲的侵权责任
B. 因为老人的骨质疏松，所以甲应当承担公平责任
C. 因为是由于骨质疏松造成的，不承担责任
D. 甲的侵权责任不受诉讼时效影响

考点 过错相抵

【指导案例24号】	
荣宝英诉王阳、永诚财产保险股份有限公司江阴支公司机动车交通事故责任纠纷案	
【裁判要点】	交通事故的受害人没有过错，其体质状况对损害后果的影响不属于可以减轻侵权人责任的法定情形。

---

① 答案：A。《民法典》第1173条规定："被侵权人对同一损害的发生或者扩大有过错的，可以减轻侵权人的责任。"老人没有过错，不能主张过错相抵，所以A正确，B、C错误。侵权请求权属于债权请求权，适用诉讼时效期间，故D错误。

第2章 特殊侵权责任

第99讲 特殊主体的侵权责任

一、监护人责任【《民法典》修改】★★★

(一) 一般规则(《民法典》第1188条)

1. 有财产的无、限制民事行为能力人造成他人损害的,以自己财产承担责任;
2. 诉讼时已满十八周岁,并有经济能力的,应当承担民事责任;
3. 非上述1及2情形:
(1) 监护人承担侵权责任;(无过错替代责任)
(2) 监护人尽到监护职责的,可以减轻其侵权责任;

(二) 委托监护的责任(《民法典》第1189条)

1. 监护人承担责任(无过错替代责任)。无民事行为能力人、限制民事行为能力人造成他人损害,监护人将监护职责委托给他人的,由监护人承担侵权责任;
2. 受托人承担相应责任。受托人有过错的,承担相应的责任。(过错责任)

[例] 甲的儿子乙(8岁)因遗赠继承了祖父遗产10万元。某日,乙玩耍时将另一小朋友丙的眼睛划伤。丙的监护人要求甲承担赔偿责任2万元。后法院查明,甲已尽到监护职责。
(1) 因乙的财产足以赔偿丙,故不需用甲的财产赔偿;
(2) 甲即使已尽到监护职责,也不能免责,可以减轻责任;

二、用人单位责任(《民法典》第1191条第1款)

用人单位的工作人员因执行工作任务造成他人损害的,由用人单位承担侵权责任。原因是,因为用人单位通过使用工作人员而获益,且指令、控制和监督其工作人员执行工作任务,理应对工作人员执行工作任务过程中造成的他人损害负责,更何况如此也有利于督促用人单位更好地履行监督管理责任,并且有助于更好地保护受害者的合法权益。

用人单位,是指除了个人以外的一切组织,包括国家机关、事业单位、社会团体、企业和个体经济组织等至于有无法人资格和单位的所有制如何,在所不问。所谓的工作人员既包括用人单位的正式员工,也包括临时在单位工作的员工。

1. 用人单位承担无过错的替代责任;

2. 责任主体：用人单位，工作人员不是责任主体；
3. 须执行工作任务：
（1）执行单位授权和指示范围内的工作任务；
（2）工作人员的行为虽然超出单位授权、指示的范围，只要其表现形式是执行工作任务或者与执行工作任务具有内在联系，也属于执行工作任务。
4. 追偿：用人单位承担侵权责任后，可以向有**故意或者重大过失**的工作人员追偿。

三、劳务派遣致人损害责任(《民法典》第1191条第2款)【《民法典》修改】★★★

劳务派遣期间，被派遣的工作人员因执行工作任务造成他人损害的：
1. 用工单位承担无过错的替代责任。
由接受劳务派遣的**用工单位**承担侵权责任。劳务派遣是指劳动派遣单位与接受劳务派遣的单位签订劳务派遣协议后，将工作人员派遣到用工单位工作。劳务派遣期间，实际上是作为用工单位的接受劳务派遣的单位，而非作为用人单位的劳动派遣单位，在对被派遣的工作人员进行指示、管理和监督，是故应由接受劳务派遣的单位对被派遣的工作人员因执行工作任务造成他人的损害承担侵权责任。
2. 劳务派遣单位承担过错责任。
劳务派遣单位有过错的，承担**相应的责任**。如果劳务派遣单位违反劳务派遣协议，派遣了不符合要求的工作人员到用工单位，以致该工作人员因工作任务给他人造成损害的，劳务派遣单位依其过错程度而承担相应的赔偿责任。

真题演练

1. 甲电器销售公司的安装工人李某在为消费者黄某安装空调的过程中，不慎从高处掉落安装工具，将路人王某砸成重伤。李某是乙公司的劳务派遣人员，此前曾多次发生类似小事故，甲公司曾要求乙公司另派他人，但乙公司未予换人。下列哪一选项是正确的？（2014-3-21单）[①]
A. 对王某的赔偿责任应由李某承担，黄某承担补充责任
B. 对王某的赔偿责任应由甲公司承担，乙公司承担补充责任
C. 甲公司与乙公司应对王某承担连带赔偿责任
D. 对王某的赔偿责任承担应采用过错责任原则

考点 劳务派遣致人损害

四、个人劳务侵权责任(《民法典》第1192条)【《民法典》修改】★★★

个人之间形成的劳务关系是指一方提供劳务服务，对方依照约定支付报酬的民事权

[①] 司法部答案：B；（无答案，因法律修改，劳务派遣单位承担与其过错相应的责任，而非补充责任。）《民法典》第1191条第2款规定："劳务派遣期间，被派遣的工作人员因执行工作任务造成他人损害的，由接受劳务派遣的用工单位承担侵权责任；劳务派遣单位有过错的，承担相应的责任。"李某从事职务活动中造成他人的伤害，由用工单位甲公司承担无过错的替代承担责任，劳务派遣单位乙公司有过错(此前曾多次发生类似小事故，乙公司未予换人)承担相应的责任，而非补充责任，故B选项错误。

利义务关系。个人之间形成的劳务关系与劳动关系不同，劳务关系是平等主体关系，由民法调整，而劳动关系是不平等主体关系，由劳动法调整。同时，劳务关系与承揽关系亦不同，劳务关系中一方交付的是劳动，承揽关系中一方交付的是劳动成果，定作人与承揽人之间不存在劳务关系。

接受劳务一方仅指自然人。个体工商户、合伙等的雇员因工作发生的纠纷，应当适用用人单位的规定处理。

1. 提供劳务一方致人损害（无过错责任）

（1）由接受劳务一方承担无过错责任。个人之间形成劳务关系，提供劳务一方因劳务造成他人损害的，由接受劳务一方承担侵权责任。

（2）追偿。接受劳务一方承担侵权责任后，可以向有故意或者重大过失的提供劳务一方追偿。

2. 提供劳务一方遭受损害（过错责任）

提供劳务一方因劳务自己受到损害的，根据双方各自的过错承担相应的责任。

3. 第三人加害

（1）提供劳务一方的选择权。提供劳务期间，因第三人的行为造成提供劳务一方损害的，提供劳务一方有权请求第三人承担侵权责任，也有权请求接受劳务一方给予补偿。

（2）追偿。接受劳务一方补偿后，可以向第三人追偿。

五、帮工关系中的侵权责任（《人身损害赔偿解释》第4、5条）

帮工关系中的侵权责任（帮工：无偿为他人提供劳务）	因帮工致人人身损害： （1）被帮工人应当承担赔偿责任。（无过错责任） （2）被帮工人承担赔偿责任后有权向有故意或者重大过失的帮工人追偿。 （3）被帮工人明确拒绝帮工的，不承担赔偿责任。
	因帮工遭受人身损害： （1）根据帮工人和被帮工人各自的过错承担相应的责任；（过错责任） （2）被帮工人明确拒绝帮工的，被帮工人不承担赔偿责任，但可以在受益范围内予以适当补偿。 （3）帮工人在帮工活动中因第三人的行为遭受人身损害的，有权请求第三人承担赔偿责任，也有权请求被帮工人予以适当补偿。被帮工人补偿后，可以向第三人追偿。

[例] 甲，云南西双版纳一茶农，祖传采茶及制茶技术，有3000亩茶园，羡煞旁人。乙，西双版纳一奇女子，甲之好友，前往帮工采茶。甲嫌乙长得太丑，不适合采摘女儿茶，明确谢绝乙的帮工，乙不听，仍提供帮工。采茶过程中，因土地湿滑摔倒，受伤。甲明确拒绝乙的帮工，甲不承担赔偿责任，但可以在受益范围内给予适当补偿。

六、定作人的侵权责任（《民法典》第1193条）【《民法典》新增】★★

承揽人在完成工作过程中造成第三人损害或者自己损害的：

1. 定作人不承担侵权责任。
2. 过错责任。定作人对**定作、指示**或者**选任**有过错的，应当承担相应的责任。

七、网络侵权责任(《民法典》第1194-1197条)【《民法典》修改】★★★

(一) 一般原则

网络侵权行为是指民事主体利用互联网实施侵害他人民事权益从而应承担侵权责任的行为。《民法典》第1194条规定:"网络用户、网络服务提供者利用网络侵害他人民事权益的,应当承担侵权责任。法律另有规定的,依照其规定。"网络服务提供者包括网络技术服务提供者和网络内容服务提供者。

网络技术服务提供者	网络技术服务提供者主要是指接入、缓存、信息存储空间、搜索以及链接等服务类似的网络主体,如提供接入服务的中国移动、提供信息储存空间服务的阿里云、提供搜索服务的百度搜索等。
网络内容服务提供者	网络内容服务提供者是指通过网络技术直接向网络用户提供各种信息服务的网络主体,如网易新闻。

(二)"通知—删除"规则

1. 权利人(受害人)通知

(1) 权利人通知网络服务提供者。网络用户利用网络服务实施侵权行为的,权利人有权通知网络服务提供者采取删除、屏蔽、断开链接等必要措施。

(2) 通知的内容。通知应当包括构成侵权的初步证据及权利人的真实身份信息。

2. 网络服务提供者转送义务

(1) 转送并采取必要措施。网络服务提供者接到通知后,应当及时将该通知转送相关网络用户,并根据构成侵权的初步证据和服务类型采取必要措施;

(2) 连带责任。未及时采取必要措施的,对损害的扩大部分与该网络用户承担**连带责任**。

3. 错误通知的后果

权利人因错误通知造成网络用户或者网络服务提供者损害的,应当承担侵权责任。法律另有规定的,依照其规定。

4. 网络用户(侵权人)接到转送通知的处理

(1) 网络用户提交不存在侵权的声明。网络用户接到转送的通知后,可以向网络服务提供者提交不存在侵权行为的声明。

(2) 声明的内容。声明应当包括不存在侵权行为的初步证据及网络用户的真实身份信息。

5. 网络服务提供者接到声明后的处理

(1) 将声明转送权利人(受害人)。网络服务提供者接到声明后,应当将该声明转送发出通知的权利人,并告知其可以向有关部门投诉或者向人民法院提起诉讼。

(2) 终止所采取措施。网络服务提供者在转送声明到达权利人后的合理期限内,未收到权利人已经投诉或者提起诉讼通知的,应当及时终止所采取的措施。

(三) 连带责任

1. 网络服务提供者知情的连带责任

网络服务提供者知道或者应当知道网络用户利用其网络服务侵害他人民事权益,未采取必要措施的，与该网络用户承担**连带责任**。

人民法院依据民法典第1197条认定网络服务提供者是否"知道或者应当知道"，应当综合考虑下列因素：（《信息网络侵权规定》第6条）

（1）网络服务提供者是否以人工或者自动方式对侵权网络信息以推荐、排名、选择、编辑、整理、修改等方式作出处理；

（2）网络服务提供者应当具备的管理信息的能力，以及所提供服务的性质、方式及其引发侵权的可能性大小；

（3）该网络信息侵害人身权益的类型及明显程度；

（4）该网络信息的社会影响程度或者一定时间内的浏览量；

（5）网络服务提供者采取预防侵权措施的技术可能性及其是否采取了相应的合理措施；

（6）网络服务提供者是否针对同一网络用户的重复侵权行为或者同一侵权信息采取了相应的合理措施；

（7）与本案相关的其他因素。

2. 未及时采取必要措施的连带责任

网络服务提供者接到通知后，应当及时将该通知转送相关网络用户，并根据构成侵权的初步证据和服务类型采取必要措施；未及时采取必要措施的，对损害的扩大部分与该网络用户承担连带责任。

3. 接受委托阻止他人获取网络信息

擅自篡改、删除、屏蔽特定网络信息或者以断开链接的方式阻止他人获取网络信息，发布该信息的网络用户或者网络服务提供者有权请求侵权人承担侵权责任。接受他人委托实施该行为的，委托人与受托人承担连带责任。

（四）有偿删帖协议无效

被侵权人与构成侵权的网络用户或者网络服务提供者达成一方支付报酬，另一方提供删除、屏蔽、断开链接等服务的协议，应认定为无效。

真题演练

1. 甲、乙是同事，因工作争执甲对乙不满，写了一份丑化乙的短文发布在丙网站。乙发现后要求丙删除，丙不予理会，致使乙遭受的损害扩大。关于扩大损害部分的责任承担，下列哪一说法是正确的？（2010-3-23 单）①

A. 甲承担全部责任

B. 丙承担全部责任

C. 甲和丙承担连带责任

D. 甲和丙承担按份责任

考点 网络侵权责任

---

① 答案：C。《民法典》第1195条第1款规定："网络用户利用网络服务实施侵权行为的，权利人有权通知网络服务提供者采取删除、屏蔽、断开链接等必要措施。通知应当包括构成侵权的初步证据及权利人的真实身份信息。"第2款规定："网络服务提供者接到通知后，应当及时将该通知转送相关网络用户，并根据构成侵权的初步证据和服务类型采取必要措施；未及时采取必要措施的，对损害的扩大部分与该网络用户承担连带责任。"甲写了一份丑化乙的短文发布在丙网站，属于诽谤行为，侵害乙的名誉权。乙发现后要求丙网站删除，丙网站不予理会，致使乙遭受的损害扩大。甲和丙网站对于扩大损害部分应承担连带责任，故C选项正确。

八、违反安保义务的侵权责任(《民法典》第1198条)

宾馆、商场、银行、车站、机场、体育场馆、娱乐场所等经营场所、公共场所的经营者、管理者或者群众性活动的组织者,未尽到安全保障义务,造成他人损害的,应当承担侵权责任。

因第三人的行为造成他人损害的,由第三人承担侵权责任;经营者、管理者或者组织者未尽到安全保障义务的,承担相应的补充责任。经营者、管理者或者组织者承担补充责任后,可以向第三人追偿。

归责原则	过错责任
责任主体	安全保障义务人: (1)经营场所、公共场所的经营者、管理者; (2)或者群众性活动的组织者。
第三人致害	违反安全保障义务,致使第三人给受害人造成损害的: (1)第三人承担侵权责任; (2)经营者、管理者或者组织者未尽到安全保障义务的,承担相应的补充责任; (3)追偿。经营者、管理者或者组织者承担补充责任后,可以向第三人追偿。

真题演练

1. 某洗浴中心大堂处有醒目提示语:"到店洗浴客人的贵重物品,请放前台保管"。甲在更衣时因地滑摔成重伤,并摔碎了手上价值20万元的定情信物玉镯。经查明:因该中心雇用的清洁工乙清洁不彻底,地面湿滑导致甲摔倒。下列哪一选项是正确的?(2015-3-23单)①

A. 甲应自行承担玉镯损失
B. 洗浴中心应承担玉镯的全部损失
C. 甲有权请求洗浴中心赔偿精神损害
D. 洗浴中心和乙对甲的损害承担连带责任

考点 违反安保义务的侵权责任

九、教育机构责任(《民法典》第1199—1201条)

无民事行为能力人或限制民事行为能力人在学校或者其他教育机构学习、生活期间,

---

① 答案:C。考点1:违反安保义务的侵权责任及用人单位责任。《民法典》第1198条第1款规定:"宾馆、商场、银行、车站、机场、体育场馆、娱乐场所等经营场所、公共场所的经营者、管理者或群众性活动的组织者,未尽到安全保障义务,造成他人损害的,应当承担侵权责任。"第2款规定:"因第三人的行为造成他人损害的,由第三人承担侵权责任;经营者、管理者或组织者未尽到安全保障义务的,承担相应的补充责任。经营者、管理者或者组织者承担补充责任后,可以向第三人追偿。"清洁工清洁不彻底,地面湿滑造成了甲伤害,安保义务人具有过错应当承担赔偿责任。清洁工是洗浴中心的工作人员,是执行工作任务,应由洗浴中心承担,故A选项、D选项错误。考点2:过错相抵。《民法典》第1173条规定:"被侵权人对同一损害的发生或者扩大有过错的,可以减轻侵权人的责任。"洗浴中心明确提醒"到店洗浴客人的贵重物品,请放前台保管"。甲没有将贵重物品交前台保管,对于玉镯的损害也具有一定过错,可以适用过错相抵,所以B选项错误。考点3:精神损害赔偿。《民法典》第1183条第1款规定:"侵害自然人人身权益造成严重精神损害的,被侵权人有权请求精神损害赔偿。"甲摔成重伤,可以主张精神损害赔偿,故C选项正确。

是教育机构而非其监护人实际履行教育和管理职责，如果教育机构未尽到相关职责，而使无民事行为能力人或限制民事行为能力人受到人身损害的，理应由教育机构承担相应的侵权责任。

学校仅对在学校学习、生活期间致人损害承担过错责任。包括：
（1）上学后、放学前这个时间段；
（2）学校组织的校外活动（春游、夏令营等）。

超出此范围，学校无安全保障义务，不对其致人损害的后果承担责任。

无民事行为能力人遭受人身损害	（1）教育机构承担过错推定责任； （2）非因教育机构以外第三人的原因造成人身损害的，由教育机构承担与其过错相应责任； （3）因教育机构以外的第三人造成人身损害的，由第三人承担责任；教育机构承担与其过错相应的补充责任； （4）教育机构承担补充责任后，可以向第三人追偿。
限制民事行为能力人遭受人身损害	（1）教育机构承担过错责任； （2）非因教育机构以外的第三人造成人身损害的，由教育机构承担与其过错相应责任； （3）因教育机构以外的第三人造成人身损害的，由第三人承担责任；教育机构承担与其过错相应的补充责任； （4）教育机构承担补充责任后，可以向第三人追偿。

[例] 贵族学校，小学生甲和乙比赛谁的爸爸有钱，打架，班主任丙老师不敢得罪两个有钱的小祖宗，未制止。甲打伤乙，造成乙住院治疗，损失20万。

（1）甲在学校学习生活期间，监护关系并未移转，甲的监护人应承担无过错的替代责任；

（2）贵族学校对甲、乙负有教育、管理、保护的义务，学校若违反该义务，学校应承担与其过错相应的责任。甲不是教育机构以外的人，学校有过错的，直接承担与其过错相应的责任。

（3）若乙是无民事行为能力人，因乙遭受了人身损害，采用过错推定，推定学校具有过错；

（4）学校的过错往往表现为老师（或工作人员）的过错，班主任丙老师未制止，有过错。

第100讲

产品责任

一、构成要件

产品责任，是指产品因存在缺陷而致人损害，生产者、销售者等应当承担的侵权责任。构成要件：

产品有缺陷	（1）产品是指经过加工、制作，用于销售或以其他方式投入流通的产品。产品责任中的产品除了包括依据《民法典》侵权责任编和产品质量法界定的普通产品之外，还包括了食品、药品、消毒药剂、医疗器械、血液、农产品、汽车等特殊产品，但是不包括建筑工程、动物、军工产品、核设施、核产品、电力、人体器官和信息产品等。 （2）所谓产品的缺陷，依据《产品质量法》第46条的规定，是指产品存在危及人身、他人财产安全的不合理的危险；产品有保障人体健康和人身、财产安全的国家标准、行业标准的，是指不符合该标准。
缺陷产品造成受害人民事权益损害	（1）损害既包括对财产的损害，也包括对人身的损害；既包括对缺陷产品以外的其他财产的损害，也包括缺陷产品本身的损害。 （2）受害人不仅可以是产品的购买人、使用人，也可以是既非购买也非使用的其他人。
因果关系	一般而言，只要确认了产品存在缺陷，而且能够排除其他造成损害的原因，就可以推定因果关系的存在。生产者、销售者必须举证以推翻因果关系的推定，才可以免责。

二、责任承担【《民法典》修改】★★★

责任主体	生产者与销售者承担不真正连带责任；
归责原则	（1）对外：无过错责任。 因产品存在缺陷造成他人损害的，被侵权人可以向产品的生产者请求赔偿，也可以向产品的销售者请求赔偿。 （2）对内追偿：销售者承担过错责任。 ①产品缺陷由生产者造成的，销售者赔偿后，有权向生产者追偿。 ②因销售者的过错使产品存在缺陷的，生产者赔偿后，有权向销售者追偿。 （3）对缺陷产生具有过错的运输者、仓储者等第三人不是责任主体，不能列为被告。 因运输者、仓储者等第三人的过错使产品存在缺陷，造成他人损害的，产品的生产者、销售者赔偿后，有权向第三人追偿。
缺陷产品的补救义务	产品投入流通后发现存在缺陷的： （1）生产者、销售者应当及时采取停止销售、警示、召回等补救措施。未及时采取补救措施或者补救措施不力造成损害扩大的，对扩大的损害也应当承担侵权责任。 （2）必要费用。采取召回措施的，生产者、销售者应当负担被侵权人因此支出的必要费用。
惩罚性赔偿	（1）明知产品存在缺陷仍然生产、销售； （2）或者没有采取补救措施； 造成他人死亡或者健康严重损害的，被侵权人有权请求相应的惩罚性赔偿。

[例] 大学生甲在寝室复习功课，隔壁寝室的学生乙、丙到甲寝室强烈要求甲打开电视观看足球比赛，甲只好照办。由于质量问题，电视机突然爆炸，甲乙丙三人均受重伤。

（1）甲可要求电视机的销售者承担赔偿责任；

（2）乙、丙有权要求电视机的销售者承担赔偿责任。

真题演练

1. 甲系某品牌汽车制造商，发现已投入流通的某款车型刹车系统存在技术缺陷，即通过媒体和销售商发布召回该款车进行技术处理的通知。乙购买该车，看到通知后立即驱车前往丙销售公司，途中因刹车系统失灵撞上大树，造成伤害。下列哪些说法是正确的？（2011-3-67多）①

A. 乙有权请求甲承担赔偿责任
B. 乙有权请求丙承担赔偿责任
C. 乙有权请求惩罚性赔偿
D. 甲的责任是无过错责任

考点 产品责任

第101讲

机动车交通事故责任

机动车交通事故责任，是指因在道路上驾驶机动车，过失或意外造成人身伤亡、财产损失而应当承担的侵权责任。机动车发生交通事故造成损害的，依照道路交通安全法和民法的有关规定承担赔偿责任。机动车交通事故责任的构成要件：

机动车造成	机动车包括各种汽车、电车、电瓶车、摩托车、拖拉机和轮式专用机械车。
运行中发生	机动车交通事故必须是机动车在道路上发生的。
造成损害	受害者包括行人、非机动车驾驶人和其他机动车上的人员，甚至包括本机动车上的人员。损害包括人身伤亡和财产损失。
因果关系	须机动车事故与损害之间具有因果关系。
机动车之间	（1）机动车之间发生交通事故：过错责任 （2）机动车与行人、非机动车之间发生交通事故：机动车一方无过错承担不超过损失的10%。

---

① 答案：ABD。考点1：产品责任。《民法典》第1203条第1款规定："因产品存在缺陷造成他人损害的，被侵权人可以向产品的生产者请求赔偿，也可以向产品的销售者请求赔偿。"所以，A选项、B选项正确。产品责任中，生产者承担无过错责任，故D选项正确。考点2：惩罚性损害赔偿。《民法典》第1207条规定："明知产品存在缺陷仍然生产、销售，或者没有依据前条规定采取补救措施，造成他人死亡或者健康严重损害的，被侵权人有权请求相应的惩罚性赔偿。"甲、丙没有"明知"的行为，也已经采取了召回措施，不承担惩罚性赔偿责任，C选项错误。

一、责任承担【《民法典》修改】★★★

责任承担步骤	
保险赔偿	（1）机动车发生交通事故造成损害，属于该机动车一方责任的，先由承保机动车强制保险的保险人在强制保险责任限额范围内予以赔偿；机动车未投交强险：（《道路交通事故损害赔偿解释》第16条） ①未依法投保交强险的机动车发生交通事故造成损害，当事人有权请求投保义务人在交强险责任限额范围内予以赔偿。 ②投保义务人和侵权人不是同一人，当事人有权请求投保义务人和侵权人在交强险责任限额范围内承担相应责任。 [例] 甲，羊城富二代，将自己未依法投保交强险的路虎车借给乙使用，乙驾驶该路虎车泡女兜风发生交通事故撞伤丙，须对丙承担赔偿金50万元。 （1）在交强险的伤残赔偿限额范围内，由甲、乙承担相应责任； （2）剩余的部分，由乙单独承担赔偿责任。 （2）不足部分，由承保机动车商业保险的保险人按照保险合同的约定予以赔偿； （3）仍然不足或者没有投保机动车商业保险的，由侵权人赔偿。
保险金不足以弥补受害人的损失的	（1）机动车之间发生交通事故 ①由**有过错**的一方承担赔偿责任； ②双方都有过错的，按照**各自过错**的比例分担责任。 （2）机动车与行人、非机动车之间发生交通事故 ①非机动车驾驶人、行人没有过错的，由机动车一方承担赔偿责任； ②非机动车驾驶人、行人有过错的，根据过错程度适当减轻机动车一方的赔偿责任； ③机动车一方没有过错的，承担不超过百分之十的赔偿责任； ④交通事故的损失是由非机动车驾驶人、行人故意碰撞机动车造成的，**机动车一方不承担赔偿责任**。 （3）机动车内人损害 ①违约责任。归责原则是无过错责任。无合同关系，则无违约责任。 ②侵权责任。机动车使用人承担过错责任。无偿搭乘，减轻责任；故意或重大过失则不减轻。 （《民法典》第1217条规定："非营运机动车发生交通事故造成无偿搭乘人损害，属于该机动车一方责任的，应当减轻其赔偿责任，但是机动车使用人有故意或者重大过失的除外。"）

二、责任主体【《民法典》修改】★★★

租赁、借用机动车交通事故责任（《民法典》第1209条）	（1）由使用人承担赔偿责任，所有人、管理人不承担赔偿责任； （2）机动车所有人、管理人对损害的发生有过错的，承担相应的赔偿责任。使用人与所有人、管理人是按份责任。 [注] 机动车所有人过错的认定： ①知道或者应当知道机动车存在缺陷，且该缺陷是交通事故发生原因之一的； ②知道或者应当知道驾驶人无驾驶资格或者未取得相应驾驶资格的； ③知道或者应当知道驾驶人因饮酒、服用国家管制的精神药品或者麻醉药品，或者患有妨碍安全驾驶机动车的疾病等依法不能驾驶机动车的； ④其他应当认定机动车所有人或者管理人有过错的。

续表

转让并交付但未办理登记机动车交通事故责任（《民法典》第1210条）	（1）受让人承担责任。当事人之间已经以买卖或者其他方式转让并交付机动车但是未办理登记，发生交通事故造成损害，属于该机动车一方责任的，由受让人承担赔偿责任。 （2）最后一次受让人承担责任。被多次转让但是未办理转移登记的机动车发生交通事故造成损害，属于该机动车一方责任，当事人请求由最后一次转让并交付的受让人承担赔偿责任的，人民法院应予支持。（《道路交通事故损害赔偿解释》第2条）
挂靠的机动车侵权责任（《民法典》第1211条）	挂靠人和被挂靠人承担连带责任。以挂靠形式从事道路运输经营活动的机动车，发生交通事故造成损害，属于该机动车一方责任的，由挂靠人和被挂靠人承担连带责任。
未经允许使用他人机动车（《民法典》第1212条）	（1）使用人承担责任。未经允许驾驶他人机动车，发生交通事故造成损害，属于该机动车一方责任的，由机动车使用人承担赔偿责任； （2）所有人、管理人过错责任（按份责任）。机动车所有人、管理人对损害的发生有过错的，承担相应的赔偿责任，但是本章另有规定的除外。
拼装或者已达到报废标准的机动车交通事故责任（《民法典》第1214条）	（1）转让人和受让人承担连带责任。以买卖或者其他方式转让拼装或者已达到报废标准的机动车，发生交通事故造成损害的，由转让人和受让人承担连带责任。 （2）所有的转让人和受让人承担连带责任。拼装车、已达到报废标准的机动车或者依法禁止行驶的其他机动车被多次转让，并发生交通事故造成损害，当事人请求由所有的转让人和受让人承担连带责任的，人民法院应予支持。（《道路交通事故损害赔偿解释》第4条）
盗抢机动车交通事故责任（《民法典》第1215条）	盗窃、抢劫或者抢夺的机动车发生交通事故造成损害的： （1）由盗窃人、抢劫人或者抢夺人承担赔偿责任。 （2）连带责任。盗窃人、抢劫人或者抢夺人与机动车使用人不是同一人，发生交通事故造成损害，属于该机动车一方责任的，由盗窃人、抢劫人或者抢夺人与机动车使用人承担连带责任。 （3）追偿。保险人在机动车强制保险责任限额范围内垫付抢救费用的，有权向交通事故责任人追偿。
机动车驾驶人发生交通事故后逃逸的处理（《民法典》第1216条）	（1）机动车驾驶人发生交通事故后逃逸，该机动车参加强制保险的，由保险人在机动车强制保险责任限额范围内予以赔偿； （2）机动车不明，该机动车未参加强制保险或者抢救费用超过机动车强制保险责任限额，需要支付被侵权人人身伤亡的抢救、丧葬等费用的，由道路交通事故社会救助基金垫付。 （3）道路交通事故社会救助基金垫付后，其管理机构有权向交通事故责任人追偿。
保留所有权买卖中交通事故责任	购买方承担责任。采取分期付款方式购车，出卖方在购买方付清全部车款前保留车辆所有权的，购买方以自己名义与他人订立货物运输合同并使用该车运输时，因交通事故造成他人财产损失的，出卖方不承担民事责任。

续表

套牌机动车责任（《道路交通事故损害解释》第3条）	（1）同意他人套牌的，由双方承担**连带责任**； （2）擅自套牌的，由套牌者承担责任。
驾驶培训中的交通事故责任	驾校责任。接受机动车驾驶培训的人员，在培训活动中驾驶机动车发生交通事故造成损害，属于该机动车一方责任，由驾驶培训单位承担赔偿责任。（《道路交通事故损害赔偿解释》第7条）
试乘中的交通事故责任	提供试乘服务者承担责任。 （1）机动车试乘过程中发生交通事故造成试乘人损害，提供试乘服务者承担赔偿责任。 （2）试乘人有过错的，应当减轻提供试乘服务者的赔偿责任。（《道路交通事故损害赔偿解释》第8条）

真题演练

1. 周某从迅达汽车贸易公司购买了1辆车，约定周某试用10天，试用期满后3天内办理登记过户手续。试用期间，周某违反交通规则将李某撞成重伤。现周某困难，无力赔偿。关于李某受到的损害，下列哪一表述是正确的？（2011-3-6 单）①

A. 因在试用期间该车未交付，李某有权请求迅达公司赔偿
B. 因该汽车未过户，不知该汽车已经出卖，李某有权请求迅达公司赔偿
C. 李某有权请求周某赔偿，因周某是该汽车的使用人
D. 李某有权请求周某和迅达公司承担连带赔偿责任，因周某和迅达公司是共同侵权人

考点 机动车交通事故责任
【指导案例 19 号】

【指导案例19号】	
赵春明等诉烟台市福山区汽车运输公司卫德平等机动车交通事故责任纠纷案	
【裁判要点】	机动车所有人或者管理人将机动车号牌出借他人套牌使用，或者明知他人套牌使用其机动车号牌不予制止，套牌机动车发生交通事故造成他人损害的，机动车所有人或者管理人应当与套牌机动车所有人或者管理人承担连带责任。

---

① 答案：C。《民法典》第1210条规定："当事人之间已经以买卖等方式转让并交付机动车但未办理登记，发生交通事故造成损害，属于该机动车一方责任的，由受让人承担赔偿责任。"周某违反交通规则将李某撞成重伤，出卖人迅达公司没有过错，该侵权责任应当由受让人周某承担，故C选项正确，其他选项错误。

第102讲

医疗损害责任

一、医疗损害责任[《民法典》修改] ★★★

归责原则	**过错责任：**患者在诊疗活动中受到损害，医疗机构或者其医务人员有过错的，由医疗机构承担赔偿责任。（《民法典》第1218条）医疗过失的判断： **（1）一般医疗水平。**判断医疗机构及其医务人员是否存在过错，一般应该以行为人是否尽到与诊疗行为发生时的医疗水平相应的注意义务为标准。医务人员在诊疗活动中未尽到与当时的医疗水平相应的诊疗义务，造成患者损害的，医疗机构应当承担赔偿责任。（《民法典》第1220条） **（2）违反说明及取得同意的义务：**（《民法典》第1219条） ①医务人员在诊疗活动中应当向患者说明病情和医疗措施。 ②需要实施手术、特殊检查、特殊治疗的，医务人员应当及时向患者具体说明医疗风险、替代医疗方案等情况，并取得其明确同意； ③不能或者不宜向患者说明的，应当向患者的近亲属说明，并取得其明确同意。 ④医务人员未尽到前述义务，造成患者损害的，医疗机构应当承担赔偿责任。 ［注］因抢救生命垂危的患者等紧急情况，不能取得患者或者其近亲属意见的，经医疗机构负责人或者授权的负责人批准，可以立即实施相应的医疗措施。 **（3）推定医疗机构有过错：**（《民法典》第1222条） 患者有损害，有下列情形之一的，推定医疗机构有过错： ①违反法律、行政法规、规章以及其他有关诊疗规范的规定； ②隐匿或者拒绝提供与纠纷有关的病历资料； ③遗失、伪造、篡改或者违法销毁病历资料。
构成要件	（1）医疗机构或者其医务人员在诊疗活动中存在违法行为。 （2）存在患者遭受损害的事实。 （3）医疗机构或者其医务人员的违法医疗行为与患者遭受损害的事实之间存在因果关系。 （4）医疗机构或者其医务人员存在过错。
责任主体	医疗机构
免责事由	患者在诊疗活动中受到损害，有下列情形之一的，医疗机构不承担赔偿责任： （1）患者或者其近亲属不配合医疗机构进行符合诊疗规范的诊疗，医疗机构或者其医务人员也有过错的，应当承担相应的赔偿责任。 （2）医务人员在抢救生命垂危的患者等紧急情况下已经尽到合理诊疗义务； （3）限于当时的医疗水平难以诊疗。
多数人侵权责任	两个以上医疗机构的诊疗行为造成患者同一损害，患者请求医疗机构承担赔偿责任的，应当区分不同情况，依照民法典第一千一百六十八条、第一千一百七十一条或者第一千一百七十二条的规定，确定各医疗机构承担的赔偿责任。（《医疗损害赔偿解释》第19条）
邀请专家造成的责任	医疗机构邀请本单位以外的医务人员对患者进行诊疗，因受邀医务人员的过错造成患者损害的，由邀请医疗机构承担赔偿责任。（《医疗损害赔偿解释》第20条）
惩罚性损害赔偿	（1）医疗产品的生产者、销售者**明知**医疗产品存在缺陷仍然生产、销售； （2）造成患者死亡或者健康严重损害； （3）被侵权人有权请求生产者、销售者赔偿损失及二倍以下惩罚性赔偿。（《医疗损害赔偿解释》第23条）

二、医疗产品责任(《民法典》第 1223 条) ★★

1. 因药品、消毒产品、医疗器械的缺陷，或者输入不合格的血液造成患者损害的；

2. 不真正连带责任。患者可以向药品上市许可持有人、生产者、血液提供机构请求赔偿，也可以向医疗机构请求赔偿。

3. 追偿。患者向医疗机构请求赔偿的，医疗机构赔偿后，有权向负有责任的药品上市许可持有人、生产者、血液提供机构追偿。

4. 医疗产品责任的特殊规定：

（1）缺陷医疗产品与医疗机构的过错诊疗行为共同造成患者同一损害，患者有权请求医疗机构与医疗产品的生产者或者销售者承担连带责任。

（2）医疗机构或者医疗产品的生产者、销售者承担赔偿责任后，向其他责任主体追偿的，应当根据诊疗行为与缺陷医疗产品造成患者损害的原因力大小确定相应的数额。

（3）输入不合格血液与医疗机构的过错诊疗行为共同造成患者同一损害的，参照适用前两款规定。(《医疗损害赔偿解释》第 22 条)

真题演练

1. 田某突发重病神志不清，田父将其送至医院，医院使用进口医疗器械实施手术，手术失败，田某死亡。田父认为医院在诊疗过程中存在一系列违规操作，应对田某的死亡承担赔偿责任。关于本案，下列哪一选项是正确的？（2016-3-23 单）①

A. 医疗损害适用过错责任原则，由患方承担举证责任
B. 医院实施该手术，无法取得田某的同意，可自主决定
C. 如因医疗器械缺陷致损，患方只能向生产者主张赔偿
D. 医院有权拒绝提供相关病历，且不会因此承担不利后果

考点 医疗损害责任

第 103 讲

环境污染和生态破坏责任

一、构成要件【《民法典》修改】★★★

环境污染和破坏生态责任，是指因污染环境、破坏生态造成他人损害的，侵权人应当承担的侵权责任。构成要件：

---

① 答案：A。考点 1：医疗损害责任的归责原则。《民法典》第 1218 条规定："患者在诊疗活动中受到损害，医疗机构或者医务人员有过错的，由医疗机构承担赔偿责任。"医疗损害侵权责任适用过错责任原则，因此 A 选项正确。考点 2：风险说明。《民法典》第 1219 条第 1 款规定："医务人员在诊疗活动中应当向患者说明病情和医疗措施。需要实施手术、特殊检查、特殊治疗的，医务人员应当及时向患者说明医疗风险、替代医疗方案等情况，并取得其明确同意；不宜向患者说明的，应当向患者的近亲属说明，并取得其明确同意。"第 2 款规定："医务人员未尽到前款义务，造成患者损害的，医疗机构应当承担赔偿责任。"医院实施该手术，无法取得田某同意的，应取得田某近亲属(田某父亲)的书面同意，故 B 选项错误。考点 3：医疗产品责任。医疗器械缺陷致损的，患者既可以向药品上市许可持有人、生产者请求赔偿，也可以向医疗机构请求赔偿，故 C 选项错误。考点 4：推定医疗机构有过错的情形。医院如果拒绝提供相关病例，须承担不利后果，故 D 选项错误。

污染环境、破坏生态行为	包括大气污染、水污染、环境噪声污染、固体废物污染、海洋环境污染和放射性污染等公害行为。
损害事实	（1）损害既包括人身伤亡，如造成他人身患癌症，也包括财产损失，如水稻因污染而枯败。 （2）哪怕污染行为没有造成损失，但是构成侵害或妨害的，受害人可以请求污染者承担停止侵害、排除妨碍、消除危险等侵权责任。
因果关系	因果关系推定。受害人无须证明侵权行为与损害之间存在因果关系，而是侵权人应当就其行为与损害之不存在因果关系承担举证责任。

二、责任承担

归责原则	（1）**无过错责任**； （2）侵权人不能以排污符合国家或者地方污染物排放标准为由主张不承担责任； （3）侵权人不能以第三人的过错污染环境、破坏生态造成损害为由主张不承担责任或者减轻责任。
举证责任	因污染环境、破坏生态发生纠纷，行为人应当就两种情形承担举证责任：（《民法典》第1230条） （1）法律规定的不承担责任或者减轻责任的情形； （2）及其行为与损害之间不存在因果关系。
不真正连带责任	（1）因第三人的过错污染环境、破坏生态的，被侵权人可以向侵权人请求赔偿，也可以向第三人请求赔偿。 （2）侵权人赔偿后，有权向第三人追偿。（《民法典》第1233条）
诉讼时效	（1）诉讼时效期间是3年； （2）被侵权人请求侵权人承担生态环境侵权责任的诉讼时效期间，以被侵权人知道或者应当知道权利受到损害以及侵权人、其他责任人之日起计算。 （3）被侵权人知道或者应当知道权利受到损害以及侵权人、其他责任人之日，侵权行为仍持续的，诉讼时效期间自行为结束之日起计算。
惩罚性损害赔偿★★	侵权人**故意**违反国家规定污染环境、破坏生态造成**严重后果**的，被侵权人有权请求相应的惩罚性赔偿。（《民法典》第1232条）
生态修复责任【《民法典》新增】★★★	（1）合理期限内修复。违反国家规定造成生态环境损害，生态环境能够修复的，国家规定的机关或者法律规定的组织有权请求侵权人在合理期限内承担修复责任。 （2）修复费用。侵权人在期限内未修复的，国家规定的机关或者法律规定的组织可以自行或者委托他人进行修复，所需费用由侵权人负担。（《民法典》第1234条）
公益诉讼赔偿范围【《民法典》新增】★★★	违反国家规定造成生态环境损害的，国家规定的机关或者法律规定的组织有权请求侵权人赔偿下列损失和费用：（《民法典》第1235条） （1）生态环境受到损害至修复完成期间服务功能丧失导致的损失； （2）生态环境功能永久性损害造成的损失； （3）生态环境损害调查、鉴定评估等费用； （4）清除污染、修复生态环境费用； （5）防止损害的发生和扩大所支出的合理费用。
免责事由	（1）不可抗力，如《海洋环境保护法》第92条、《水污染防治法》第96条第2款； （2）受害人故意，如《水污染防治法》第96条第3款第1句。而减责事由是重大过失，如《水污染防治法》第96条第3款第2句。

无意思联络数人侵权	**1.累积因果关系** （1）连带责任：两个以上侵权人分别污染环境、破坏生态造成同一损害，每一个侵权人的行为都足以造成全部损害，被侵权人有权请求侵权人承担**连带责任**。（《生态环境侵权责任解释》第5条） （2）特殊规则：两个以上侵权人分别排放的物质相互作用产生污染物造成他人损害，被侵权人有权请求侵权人承担**连带责任**。（《生态环境侵权责任解释》第9条）两个以上侵权人排放无害物质相互作用产生污染物，或者两个以上侵权人排放污染物相互作用产生次生污染物，由于每个侵权人的行为都是损害发生的原因，侵权人应当承担连带责任。 [例]甲、乙、丙三家公司生产三种不同的化工产品，生产场地的排污口相邻。某年，当地大旱导致河水水位大幅下降，三家公司排放的污水混合发生化学反应，产生有毒物质致使河流下游丁养殖场的鱼类大量死亡。经查明，三家公司排放的污水均分别经过处理且符合国家排放标准。 （1）即使符合国家排放标准也不能免责。 （2）甲、乙、丙三家公司对因果关系承担举证证明责任。 （3）甲、乙、丙三家公司承担连带责任。 **2.共同因果关系** 两个以上侵权人分别污染环境、破坏生态，每一个侵权人的行为都不足以造成全部损害，被侵权人有权请求侵权人承担**按份责任**。（《生态环境侵权责任解释》第6条） **3.部分连带责任** 两个以上侵权人分别污染环境、破坏生态，部分侵权人的行为足以造成全部损害，部分侵权人的行为只造成部分损害，被侵权人有权请求足以造成全部损害的侵权人对全部损害承担责任，并与其他侵权人就共同造成的损害部分承担连带责任。（《生态环境侵权责任解释》第7条）
帮助侵权	**1.故意、重大过失提供帮助，承担连带责任**（《生态环境侵权责任解释》第10条） 为侵权人污染环境、破坏生态提供场地或者储存、运输等帮助，被侵权人有权请求行为人与侵权人承担连带责任。行为存在重大过失的，依照该规定。 **2.一般过失提供帮助，承担过错相应责任**（《生态环境侵权责任解释》第11条） 过失为侵权人污染环境、破坏生态提供场地或者储存、运输等便利条件，被侵权人有权请求行为人承担与过错相适应责任。 **3.第三方机构提供帮助**（《生态环境侵权责任解释》第21条） 环境影响评价机构、环境监测机构以及从事环境监测设备和防治污染设施维护、运营的机构存在下列情形之一，被侵权人请求其与造成环境污染、生态破坏的其他责任人根据环境保护法第65条的规定承担连带责任的，人民法院应予支持：
帮助侵权	（1）故意出具失实评价文件的；（2）隐瞒委托人超过污染物排放标准或者超过重点污染物排放总量控制指标的事实的；（3）故意不运行或者不正常运行环境监测设备或者防治污染设施的；（4）其他根据法律规定应当承担连带责任的情形。 [注]《环境保护法》第65条规定："环境影响评价机构、环境监测机构以及从事环境监测设备和防治污染设施维护、运营的机构，在有关环境服务活动中弄虚作假，对造成的环境污染和生态破坏负有责任的，除依照有关法律法规规定予以处罚外，还应当与造成环境污染和生态破坏的其他责任者承担连带责任。" [例]机动车检测机构出具虚假检测报告（特别是在尾气排放中动手脚）、职业环境检测机构对企业的锅炉排气筒废弃的氮氧化物检测时长不足出具检测报告等等。

第104讲 高度危险责任

高度危险责任，是指高度危险物品或从事高度危险作业造成他人损害应当承担的侵权责任。承担高度危险责任，法律规定赔偿限额的，依照其规定，但是行为人有故意或者重大过失的除外。

高度危险作业致人损害责任	
民用核设施致人损害责任（《民法典》第1237条）	民用核设施或者运入运出核设施的核材料发生核事故造成他人损害的： （1）责任主体：民用核设施的营运单位。 （2）归责原则：无过错责任。 （3）免责事由：①战争、武装冲突、暴乱等情形或者②受害人故意。（不可抗力不是免责事由）
民用航空器致人损害责任（《民法典》第1238条）	民用航空器造成他人损害的： （1）责任主体：民用航空器的经营者。 （2）归责原则：无过错责任。 （3）免责事由：受害人故意。（不可抗力和战争不是免责事由）
从事高空、高压、地下挖掘活动或使用高速轨道运输工具致人损害责任（《民法典》第1240条）	从事高空、高压、地下挖掘活动或者使用高速轨道运输工具致人损害的： （1）责任主体：经营者。 （2）归责原则：无过错责任。 （3）免责事由：受害人故意、不可抗力。 （4）减责事由：受害人重大过失。
高度危险物品致人损害责任	
占有或使用高度危险物致人损害责任（《民法典》第1139条）	占有或者使用易燃、易爆、剧毒、高放射性、强腐蚀性、**高致病性**等高度危险物造成他人损害的： （1）责任主体：占有人或使用人。 （2）归责原则：无过错责任。 （3）免责事由：受害人故意、不可抗力； （4）减责事由：受害人重大过失。
遗失、抛弃高度危险物致人损害责任（《民法典》第1141条）	遗失、抛弃高度危险物造成他人损害的： （1）责任主体：所有人。 （2）归责原则：无过错责任。 （3）管理人责任：所有人将高度危险物交由他人管理的，由管理人承担侵权责任，所有人不承担责任。所有人有过错的，与管理人承担**连带责任**。（此时，所有人的归责原则是过错责任。）
非法占有高度危险物致人损害责任（《民法典》第1142条）	非法占有高度危险物造成他人损害的： （1）责任主体：非法占有人。 （2）归责原则：无过错责任。 （3）连带责任：所有人、管理人不能证明对防止非法占有尽到高度注意义务的，与非法占有人承担连带责任。（所有人、管理人的归责原则是过错推定责任。） ［例］甲工厂有一批雷管。工人将部分雷管用于爆破，剩余一根雷管放于工厂门口，被乙偷走。乙在家中研究雷管，爆炸将楼房毁坏并造成居民受伤。甲工厂未尽到高度注意义务，故与乙须对受伤居民承担连带责任。

续表

| 未经许可进入高度危险活动区域损害责任（《民法典》第1143条） | 未经许可进入高度危险活动区域或者高度危险物存放区域受到损害：
未经许可进入高度危险活动区域或者高度危险物存放区域受到损害，管理人已经采取安全措施并尽到警示义务的，可以减轻或者不承担责任。
（1）责任主体：管理人。
（2）归责原则：无过错责任。
（3）免责或减责事由：管理人能够证明已经采取足够安全措施并尽到充分警示义务的，可以减轻或者不承担责任。 |

第 105 讲

饲养动物损害责任

一、构成要件

饲养动物损害责任，是指饲养的动物造成他人损害，动物饲养人或者管理人应当承担的侵权责任。饲养动物损害责任的构成要件是：

（1）致人损害的动物是饲养的动物；

（2）饲养的动物造成他人损害；

（3）饲养动物致害动作与被侵权人的损害后果之间有因果关系；

（4）原则上是无过错责任。动物园动物致人损害的归责原则是过错推定责任。

二、责任承担

一般规定（《民法典》1245条）	（1）饲养的动物造成他人损害的，动物饲养人或者管理人承担无过错责任； （2）受害人故意：免责； （3）受害人重大过失：减轻责任。
绝对无过错责任（《民法典》1246、1247条）【《民法典》修改】★★★	（1）违反管理规定，未对动物采取安全措施造成他人损害的： ①动物饲养人或者管理人应当承担侵权责任； ②能够证明损害是因被侵权人故意造成的，可以减轻责任。（不能免责，只能减轻） （2）禁止饲养的烈性犬等危险动物造成他人损害的，动物饲养人或者管理人应当承担侵权责任。（无免责、减责事由） （3）这两种特殊情形下，因为此时的饲养人或者管理人具有严重过错，所以即便是被侵权人对于损失的发生具有重大过失，也不能减轻责任。
动物园动物侵权责任（《民法典》1248条）	动物园的动物造成他人损害的： （1）动物园承担过错推定责任； （2）动物园能够证明尽到管理职责的，不承担侵权责任。
遗弃、逃逸的动物致人损害责任（《民法典》1249条）	遗弃、逃逸的动物在遗弃、逃逸期间造成他人损害的，由动物原饲养人或者管理人承担侵权责任。（无过错责任）

续表

不真正连带责任（《民法典》1250条）	因第三人的过错致使动物造成他人损害的，被侵权人可以向动物饲养人或者管理人请求赔偿，也可以向第三人请求赔偿。动物饲养人或者管理人赔偿后，有权向第三人追偿。 （1）有过错的第三人与饲养人或者管理人承担不真正连带责任； （2）有过错的第三人承担最终责任。饲养人或者管理人承担责任后，有权向第三人追偿。 （3）承担不真正连带责任要求第三人过错应与动物危险相结合造成损害，且动物的饲养人或者管理人不存在任何过错。例如，甲用石头砸乙养的宠物犬，致使该宠物犬发狂挣脱拴绳，将一旁的丙咬伤。请注意： ①**第三人单独承担责任：**如果动物只是第三人致人损害的工具，动物致害不是动物的独立动作，例如，第三人将一只宠物狗扔出去砸伤他人，动物的饲养人或者管理人则根本不承担责任，无适用《民法典》第1250条的必要。 ②**按份责任（共同因果关系）：**如果饲养人或管理人也存在过错，则同样不能适用《民法典》第1250条。例如，甲、乙各自将其饲养的宠物犬带出来遛，却都未用拴绳拴住自己的宠物犬，两只宠物犬碰到一起后打架，乙的宠物犬狂性大发后咬伤路过的丙。这种情形属于共同因果关系的无意思联络数人侵权，应当承担按份责任。

真题演练

1. 关于动物致害侵权责任的说法，下列哪些选项是正确的？（2015-3-67 多）[1]

A. 甲 8 周岁的儿子翻墙进入邻居院中玩耍，被院内藏獒咬伤，邻居应承担侵权责任

B. 小学生乙和丙放学途经养狗的王平家，丙故意逗狗，狗被激怒咬伤乙，只能由丙的监护人对乙承担侵权责任

C. 丁下夜班回家途经邻居家门口时，未看到邻居饲养的小猪趴在路上而被绊倒摔伤，邻居应承担侵权责任

D. 戊带女儿到动物园游玩时，动物园饲养的老虎从破损的虎笼蹿出将戊女儿咬伤，动物园应承担侵权责任

考点 饲养动物致人损害责任

第106讲

建筑物和物件损害责任

一、建筑物、构筑物或者其他设施及其搁置物、悬挂物发生脱落、坠落致人损害

建筑物、构筑物或者其他设施及其搁置物、悬挂物发生脱落、坠落造成他人损害，所有人、管理人或者使用人不能证明自己没有过错的，应当承担侵权责任。所有人、管理人

---

[1] 答案：ACD。考点1：禁止饲养的烈性犬致人损害责任。《民法典》第1247条规定："禁止饲养的烈性犬等危险动物造成他人损害的，动物饲养人或者管理人应当承担侵权责任。"甲8周岁的儿子翻墙进入邻居院中玩耍，被院内藏獒咬伤，邻居应承担侵权责任，故 A 选项正确。考点2：不真正连带责任。《民法典》第1250条规定："因第三人的过错致使动物造成他人损害的，被侵权人可以向动物饲养人或者管理人请求赔偿，也可以向第三人请求赔偿。动物饲养人或者管理人赔偿后，有权向第三人追偿。"小学生乙和丙放学途经养狗的王平家，丙故意逗狗，狗被激怒咬伤乙，乙既可以找丙，也可以找饲养人或者管理人王平主张侵权责任，故 B 选项错误。考点3：违反管理规定的饲养动物致人损害责任。《民法典》第1246条规定："违反管理规定，未对动物采取安全措施造成他人损害的，动物饲养人或者管理人应当承担侵权责任；但是，能够证明损害是因被侵权人故意造成的，可以减轻责任。"邻居饲养的小猪趴在路上，造成他人损害，应当承担责任，故 C 选项正确。

或者使用人赔偿后,有其他责任人的,有权向其他责任人追偿。(《民法典》第1253条)

归责原则	过错推定责任。
责任主体	责任主体:所有人、管理人或者使用人(负有维修或管理义务者承担责任)
第三人侵权	因第三人过失导致损害发生的,第三人不对外承担责任。 所有人、管理人或使用人承担责任后,可向第三人追偿。

二、堆放物倒塌、林木折断致人损害

1. 堆放物倒塌责任:过错推定责任。

堆放物倒塌、滚落或者滑落造成他人损害,堆放人不能证明自己没有过错的,应当承担侵权责任。(《民法典》第1255条)

2. 林木折断责任:过错推定责任。

因林木折断、倾倒或者果实坠落等造成他人损害,林木的所有人或者管理人不能证明自己没有过错的,应当承担侵权责任。(《民法典》第1257条)

三、地面施工、地下设施致人损害责任【《民法典》修改】★★★

《民法典》第1258条第1款规定:"在公共场所或者道路上挖掘、修缮安装地下设施等造成他人损害,施工人不能证明已经设置明显标志和采取安全措施的,应当承担侵权责任。"

第2款规定:"窨井等地下设施造成他人损害,管理人不能证明尽到管理职责的,应当承担侵权责任"

地面施工致人损害责任	(1)归责原则:过错推定责任。 (2)加害行为是不作为:没有设置明显标志和采取安全措施。 (3)责任主体:施工单位(建设单位不承担责任)
地下设施致人损害责任	(1)归责原则:过错推定责任。 (2)责任主体:管理人。

四、妨碍通行物致人损害【《民法典》修改】★★★

1. 行为人承担无过错责任

在公共道路上堆放、倾倒、遗撒妨碍通行的物品造成他人损害的,由行为人承担侵权责任。

2. 公共道路管理人承担过错推定责任

公共道路管理人不能证明已经尽到清理、防护、警示等义务的,应当承担相应的责任。(《民法典》第1256条)

五、建筑物、构筑物或者其他设施倒塌致人损害

《民法典》第1252条第1款规定:"建筑物、构筑物或者其他设施倒塌、塌陷造成他人

损害的，由建设单位与施工单位承担连带责任，但是建设单位与施工单位能够证明不存在质量缺陷的除外。建设单位、施工单位赔偿后，有其他责任人的，有权向其他责任人追偿。"

第2款规定："因所有人、管理人、使用人或者第三人的原因，建筑物、构筑物或者其他设施倒塌、塌陷造成他人损害的，由所有人、管理人、使用人或者第三人承担侵权责任。"

因质量缺陷倒塌（内因）	建筑物、构筑物或者其他设施倒塌、塌陷造成他人损害的： （1）归责原则：过错推定责任； （2）责任主体：建设单位与施工单位承担连带责任，但是建设单位与施工单位能够证明不存在质量缺陷的除外。（建设单位与施工单位承担举证责任） （3）追偿：承担责任后，可向其他责任人（设计、监理等单位，其他责任人不是对外承担责任之主体）追偿。
因其他原因倒塌（外因）	因所有人、管理人、使用人或者第三人的原因，建筑物、构筑物或者其他设施倒塌、塌陷造成他人损害的： （1）归责原则：过错责任； （2）责任人（所有人、管理人、使用人或者第三人）承担全部责任。（这里的责任人是对外承担责任之主体）。

📖 真题演练

1. 4名行人正常经过北方牧场时跌入粪坑，1人获救3人死亡。据查，当地牧民为养草放牧，储存牛羊粪便用于施肥，一家牧场往往挖有三四个粪坑，深者达三四米，之前也发生过同类事故。关于牧场的责任，下列哪些选项是正确的？（2016-3-67多）①

A. 应当适用无过错责任原则

B. 应当适用过错推定责任原则

C. 本案情形已经构成不可抗力

D. 牧场管理人可通过证明自己尽到管理职责而免责

考点 物件损害责任

---

① 答案：BD。考点1：窨井等地下设施致人损害责任。《民法典》第1258条第2款规定："窨井等地下设施造成他人损害，管理人不能证明尽到管理职责的，应当承担侵权责任。"可见，A选项错误，B选项、D选项正确。考点2：不可抗力。《民法典》第180条规定："因不可抗力不能履行民事义务的，不承担民事责任。法律另有规定的，依照其规定。不可抗力是指不能预见、不能避免且不能克服的客观情况。"牧场的管理人员尽到相应职责是可以避免事故发生的，不属于不可抗力，C选项错误。

07 Part
婚姻家庭

第1章 婚姻

第107讲 结婚

一、结婚的条件

实质要件	（1）双方自愿； （2）达到法定婚龄（男22岁，女20岁）； （3）一夫一妻； （4）禁止条件：直系血亲和三代以内的旁系血亲禁止结婚。
形式要件（《民法典》第1049条）	结婚登记。 （1）要求结婚的男女双方应当亲自到婚姻登记机关申请结婚登记。符合民法规定的，予以登记，发给结婚证。 （2）完成结婚登记，即确立婚姻关系。 （3）未办理结婚登记的，应当补办登记。男女双方依据民法典第1049条规定补办结婚登记的，婚姻关系的效力从双方均符合民法典所规定的结婚的实质要件时起算。

二、可撤销婚姻（《民法典》第1052、1053条）【2020年增加】★★★

可撤销的条件	（1）胁迫 （2）隐瞒重大疾病
撤销权人	（1）受胁迫的一方的婚姻关系当事人本人； （2）隐瞒重大疾病的受欺诈一方。
撤销机关	人民法院
除斥期间	（1）胁迫 ①请求撤销婚姻的，应当自胁迫行为终止之日起一年内提出。 ②被非法限制人身自由的当事人请求撤销婚姻的，应当自恢复人身自由之日起一年内提出。 （2）隐瞒重大疾病 请求撤销婚姻的，应当自知道或者应当知道撤销事由之日起一年内提出。 （3）期间性质 ①民法典第1052条规定的"一年"，不适用诉讼时效中止、中断或者延长的规定。 ②**受胁迫**或者**被非法限制人身自由**的当事人请求撤销婚姻的，不适用民法典第152条第2款最长除斥期间五年的规定。
法律后果	与无效婚姻法律后果同。

三、无效婚姻【《民法典》修改】★★★

无效婚姻的情形（《民法典》第1051条）	（1）重婚； （2）有禁止结婚的亲属关系； （3）未到法定婚龄。 [例]甲男与乙女通过网聊恋爱，后乙提出分手遭甲威胁，乙无奈遂与甲办理了结婚登记。婚后乙得知，甲婚前就患有医学上不应当结婚的疾病且久治不愈。本案属于可撤销婚姻案件。
宣告婚姻无效案件的处理	人民法院启动宣告婚姻无效的途径： （1）当事人申请。 ①人民法院受理请求确认婚姻无效案件后，原告申请撤诉的，不予准许。 ②对婚姻效力的审理不适用调解，应当依法作出判决。 ③涉及财产分割和子女抚养的，可以调解。调解达成协议的，另行制作调解书；未达成调解协议的，应当一并作出判决。 （2）对受理的离婚案件，法院依职权主动审查婚姻的效力。 ①人民法院受理离婚案件后，经审理确属无效婚姻的，应当将婚姻无效的情形告知当事人，并依法作出确认婚姻无效的判决。 ②人民法院就同一婚姻关系分别受理了离婚和请求确认婚姻无效案件的，对于离婚案件的审理，应当待请求确认婚姻无效案件作出判决后进行。 （3）夫妻一方或者双方死亡后，生存一方或者利害关系人依据民法典第1051条的规定请求确认婚姻无效的，人民法院应当受理。（《民法典婚姻家庭编解释（一）》第14条）
请求权人	**须适格申请人申请**（《民法典婚姻家庭编解释（一）》第9条） 有权依据民法典第1051条规定向人民法院就已办理结婚登记的婚姻请求确认婚姻无效的主体，包括**婚姻当事人**及**利害关系人**。利害关系人包括： （1）以重婚为由的，为当事人的近亲属及基层组织； （2）以未到法定婚龄为由的，为未到法定婚龄者的近亲属； （3）以有禁止结婚的亲属关系为由的，为当事人的近亲属。
无效婚姻的补正	（1）重婚的：有配偶一方已与原配偶解除婚姻关系或原配偶死亡的（有争议）； （2）有禁止结婚的亲属关系的——**无法补正**； （3）未到法定婚龄的——已达法定婚龄。
婚姻被宣告无效之法律后果	（1）**自始无效**。无效的或者被撤销的婚姻自始没有法律约束力，当事人不具有夫妻的权利和义务。无效婚姻或者可撤销婚姻在依法被确认无效或者被撤销时，才确定该婚姻自始不受法律保护。 （2）**财产处理**。同居期间所得的财产，由当事人协议处理；协议不成的，由人民法院根据照顾无过错方的原则判决。被确认无效或者被撤销的婚姻，当事人同居期间所得的财产，除有证据证明为当事人一方所有的以外，按共同共有处理。 （3）**不得侵害他人权益**。对重婚导致的无效婚姻的财产处理，不得侵害合法婚姻当事人的财产权益。 （4）**子女抚养**。当事人所生的子女，适用民法关于父母子女的规定。 （5）**损害赔偿**。婚姻无效或者被撤销的，无过错方有权请求损害赔偿。

【例】王女士到法院申请宣告赵女士与李某某的婚姻无效。王女士称，其与李某某2003年9月结婚，并生育了子女，夫妻感情一直不错。后李某某去外地做生意，双方离多聚少，李某某对其越来越冷淡，并于2008年7月到法院起诉离婚，法院于2008年12月最终判决解除了双方的婚姻关系。离婚后王女士偶然得知李某某竟然瞒着她于2006年2月在外地与赵女士登记结婚，王女士认为，李某某的行为构成重婚，其与赵女士的婚姻应当无效。

【法院裁判情况】

法院经审理后认为，王女士到法院申请宣告李某某与赵女士的婚姻无效时，其已经与李某某离婚，此时李某某只有一个婚姻，并非同时存在两个或两个以上的婚姻。根据《最高人民法院关于适用〈中华人民共和国婚姻法〉若干问题的解释（一）》（以下简称婚姻法司法解释一）第八条规定："当事人依据婚姻法第十条规定向人民法院申请宣告婚姻无效的，申请时，法定的无效婚姻情形已经消失的，人民法院不予支持。"据此判决：驳回王女士请求宣告李某某与赵女士婚姻无效的申请。

对于重婚而导致婚姻无效能否补正的观点，理论和实践中存在争议。有观点认为重婚是绝对无效，不能补正；也有观点认为重婚仍属相对无效，可以补正。特将最高院民一庭倾向性意见列出，以资参考。

【最高人民法院民一庭倾向性意见】

当事人以重婚为由向人民法院申请宣告婚姻无效的，申请时，有效婚姻关系的当事人办理了离婚手续或配偶一方已经死亡的，人民法院不予支持。

（执笔人：最高人民法院民一庭吴晓芳）

注：本文已刊登在《民事审判指导与参考》总第69辑。

第108讲

家庭关系

一、夫妻人身关系

夫妻在婚姻家庭中地位平等，双方都有各自使用自己姓名的权利。夫妻双方都有参加生产、工作、学习和社会活动的自由，一方不得对另一方加以限制或者干涉。夫妻双方平等享有对未成年子女抚养、教育和保护的权利，共同承担对未成年子女抚养、教育和保护的义务。

夫妻有相互扶养的义务。需要扶养的一方，在另一方不履行扶养义务时，有要求其给付扶养费的权利。

夫妻一方因家庭日常生活需要而实施的民事法律行为，对夫妻双方发生效力，但是夫妻一方与相对人另有约定的除外。夫妻之间对一方可以实施的民事法律行为范围的限制，不得对抗善意相对人。

夫妻有相互继承遗产的权利。

二、夫妻财产关系【《民法典》修改】★★★

我国民法典调整夫妻财产关系有专门的制度，即夫妻财产制度，亦称为婚姻财产制度,是规范夫妻财产关系的法律制度,是指关于夫妻婚前财产和婚后所得财产的归属、管理、处分以及夫妻债务的清偿等方面的法律规范的总和。

我国婚姻法规定的夫妻财产制度包括两种:一种是法定财产制,一种是约定财产制。以法定财产制为主,约定财产制为辅。

(一)法定财产制

法定财产制,是指在夫妻对婚前或婚后所得财产归属没有约定的情况下,当然适用法律规定的夫妻财产制度。法定财产制包括夫妻共同财产制和夫妻个人特有财产制。

夫妻共同财产 (《民法典》 第1062)	夫妻在婚姻关系存续期间所得的下列财产,为夫妻的共同财产,归夫妻共同所有: (1)工资、奖金、劳务报酬; (2)生产、经营、投资的收益; (夫妻一方个人财产在婚后产生的收益,除孳息和自然增值外,应认定为夫妻共同财产。) (3)知识产权的收益; (婚姻关系存续期间,实际取得或者已经明确可以取得的财产性收益。) (4)继承或者受赠的财产,但是民法典第1063条第3项规定的除外; (遗嘱或赠与合同确定只归一方的财产,为夫或妻的个人财产。) (5)男女双方实际取得或者应当取得的**住房补贴、住房公积金**; (6)男女双方实际取得或者应当取得的**基本养老金、破产安置补偿费**。 ①离婚时,夫妻一方尚未退休、不符合领取养老保险金条件,另一方无权请求按照夫妻共同财产分割养老保险金。 ②婚后以夫妻共同财产缴付养老保险费,离婚时一方有权主张将养老金账户中婚姻关系存续期间个人实际缴付部分及利息作为夫妻共同财产分割。 (7)由一方婚前承租、**婚后用共同财产购买**的房屋,登记在一方名下的,应当认定为夫妻共同财产。
夫妻共同财产处分	(1)日常生活需要。夫妻一方因家庭日常生活需要而实施的民事法律行为,对夫妻双方发生效力,但是夫妻一方与相对人另有约定的除外。夫妻之间对一方可以实施的民事法律行为范围的限制,不得对抗善意相对人。 (2)大额财产,共同决定,否则构成无权处分。 ①一方未经另一方同意出售夫妻共同所有的房屋,第三人善意购买、支付合理对价并已办理不动产登记,可以善意取得,另一方不能主张追回该房屋。 ②夫妻一方擅自处分共同所有的房屋造成另一方损失,离婚时一方有权请求赔偿损失。
夫妻一方个人财产 (《民法典》 第1063条)	下列财产为夫妻一方的个人财产: (1)一方的婚前财产; (2)一方因受到人身损害获得的赔偿和补偿; (3)遗嘱或者赠与合同中确定只归一方的财产; (4)一方专用的生活用品; (5)军人的伤亡保险金、伤残补助金、医药生活补助费属于个人财产。 (6)夫妻一方婚前购买不动产。 ①夫妻一方婚前签订不动产买卖合同,以个人财产支付首付款并在银行贷款,婚后用夫妻共同财产还贷,不动产登记于首付款支付方名下的,离婚时该不动产由双方协议处理。

续表

夫妻一方个人财产（《民法典》第1063条）	②依前款规定不能达成协议的，人民法院可以判决该不动产归登记一方，尚未归还的贷款为不动产登记一方的个人债务。双方婚后共同还贷支付的款项及其相对应财产增值部分，离婚时应根据民法典第1087条第1款规定的照顾子女、女方和无过错方权益的原则，由不动产登记一方对另一方进行补偿。 （7）婚姻关系存续期间，双方用夫妻共同财产出资购买以一方父母名义参加房改的房屋，登记在一方父母名下，离婚时另一方无权主张按照夫妻共同财产对该房屋进行分割。购买该房屋时的出资，可以作为债权处理。 （8）当事人结婚前，父母为双方购置房屋出资的，该出资应当认定为对自己子女个人的赠与，但父母明确表示赠与双方的除外。 （9）当事人结婚后，父母为双方购置房屋出资的，依照约定处理；没有约定或者约定不明确的，受赠的财产属于夫妻共同财产，但赠与合同中确定只归一方的除外。
转化	（1）夫妻一方的个人财产，不因婚姻关系的延续而转化为夫妻共同财产。但当事人另有约定的除外。 （2）婚前或者婚姻关系存续期间，当事人约定将一方所有的房产赠与另一方或者共有，赠与方在赠与房产变更登记之前撤销赠与，另一方请求判令继续履行的，人民法院可以按照民法典第658条关于赠与人的任意撤销权的规定处理。

[例] 甲，天下一茶客，茶博士毕业，凭借自己的茶专业和商业天赋，做公司茶叶销售经理一年赚300万，立即购买了一套广州珠江新城的别墅，价值1000万，并付首付款300万，房屋登记在自己名下。在云南昆明茶博会上，偶遇一女子乙，抚琴泡茶，两情相悦，长谈三天三夜，嗟叹相见恨晚，7天后结婚。婚后，甲来回广州、云南做茶叶生意，乙在家相夫教子，甲用自己工资收入又支付房款400万。好景不长，甲、乙离婚，此时房屋市值2000万。

（1）房子约定优先，可以约定由任何一方所有；

（2）夫妻本是同林鸟，分开就飞了，难以达成协议产生争议，法院可以判决房屋所有权归甲；

（3）剩余的300万房贷属于甲的个人债务，乙不负偿还责任；

（4）双方以夫妻共同财产，即甲婚后的工资还贷部分及其相对应财产自然增值应认定为夫妻共同财产，甲应给乙相应的补偿。

（5）如何补偿？以共同财产还贷的比例是400万／1000万=40%。甲应向乙补偿的数额是：2000×40%÷2=400万元。

（二）约定财产制

约定财产制，是指夫妻以协议方式对婚前和婚后所得财产的归属作出约定，从而排除适用法定财产制的制度。约定财产制主要包括下列内容：

（1）夫妻财产约定的形式及范围

①约定应当采用书面形式。

②男女双方可以约定婚姻关系存续期间所得的财产以及婚前财产归各自所有、共同所有或者部分各自所有、部分共同所有。

③没有约定或者约定不明确的，适用法定财产制。(《民法典》第 1065 条第 1 款)

（2）夫妻财产约定的效力

①夫妻对婚姻关系存续期间所得的财产以及婚前财产的约定，对双方具有法律约束力。(《民法典》第 1065 条第 2 款)

②夫妻对婚姻关系存续期间所得的财产约定归各自所有，夫或者妻一方对外所负的债务，相对人知道该约定的，以夫或者妻一方的个人财产清偿。(《民法典》第 1065 条第 3 款)

真题演练

1. 胡某与黄某长期保持同性恋关系，胡某创作同性恋题材的小说发表。后胡某迫于父母压力娶陈某为妻，结婚时陈某父母赠与一套房屋，登记在陈某和胡某名下。婚后，胡某收到出版社支付的小说版税 10 万元。此后，陈某得知胡某在婚前和婚后一直与黄某保持同性恋关系，非常痛苦。下列哪一说法是正确的？（2015-3-20 单）[①]

　　A. 胡某隐瞒同性恋重大事实，导致陈某结婚的意思表示不真实，陈某可请求撤销该婚姻

　　B. 陈某受欺诈而登记结婚，导致陈某父母赠与房屋意思表示不真实，陈某父母可撤销赠与

　　C. 该房屋不属于夫妻共同财产

　　D. 10 万元版税属于夫妻共同财产

考点 夫妻财产制

三、父母子女关系

父母子女关系，又称为亲子关系，是指父母与子女间的权利和义务关系。父母，包括生父母、养父母和有抚养关系的继父母。子女，包括婚生子女、非婚生子女、养子女和有抚养关系的继子女。我国《民法典》关于父母子女关系的规定适用于上述所有类型的父母子女。婚姻关系存续期间，**夫妻双方一致同意进行人工授精**，所生子女应视为婚生子女，父母子女间的权利义务关系适用民法典的有关规定。

（一）父母子女的权利义务

1. 抚养费及赡养费

（1）抚养费

[①] 答案：D。考点 1：可撤销婚姻。《民法典》第 1053 条第 1 款规定："一方患有重大疾病的，应当在结婚登记前如实告知另一方；不如实告知的，另一方可以向人民法院请求撤销婚姻。"第 2 款规定："请求撤销婚姻的，应当自知道或者应当知道撤销事由之日起一年内提出。"隐瞒同性恋重大事实，并不属于"重大疾病"，且不是胁迫结婚，不是可撤销婚姻，故 A 选项、B 选项错误。考点 2：夫妻财产关系。结婚时，陈某父母赠与的房屋登记在陈某和胡某名下，是对于双方的赠与，房屋属于夫妻共同财产，故 C 选项错误。考点 3：夫妻共同财产。《民法典》第 1062 条第 1 款规定："夫妻在婚姻关系存续期间所得的下列财产，为夫妻的共同财产，归夫妻共同所有：（一）工资、奖金、劳务报酬；（二）生产、经营投资的收益；（三）知识产权的收益；（四）继承或受赠的财产，但是本法第一千零六十三条第三项规定的除外；（五）其他应当归共同所有的财产。"第 2 款规定："夫妻对共同的财产，有平等的处理权。" 10 万元版税收入属于婚后实际取得的知识产权收益，属于夫妻共同财产，故 D 选项正确。

①父母不履行抚养义务的，未成年子女或者不能独立生活的成年子女，[1] 有要求父母给付抚养费的权利。[2]

②不直接抚养非婚生子女的生父或者生母，应当负担未成年子女或者不能独立生活的成年子女的抚养费。非婚生子女享有与婚生子女同等的权利，任何组织或者个人不得加以危害和歧视。

（2）赡养费

①成年子女不履行赡养义务的，缺乏劳动能力或者生活困难的父母，有要求成年子女给付赡养费的权利。

②子女对父母的赡养义务，不因父母的婚姻关系变化而终止。

2. 教育保护

父母有教育、保护未成年子女的权利和义务。未成年子女造成他人损害的，父母应当依法承担民事责任。

3. 继承权

父母和子女有相互继承遗产的权利。

4. 不得干涉父母婚姻

子女应当尊重父母的婚姻权利，不得干涉父母离婚、再婚以及婚后的生活。子女对父母的赡养义务，不因父母的婚姻关系变化而终止。

5. 继父母子女关系

继父或者继母和**受其抚养教育**的继子女间的权利义务关系，适用民法关于父母子女关系的规定。继父母与继子女间，不得虐待或者歧视。

（二）亲子关系确定

对亲子关系有异议且有正当理由的，父或者母可以向人民法院提起诉讼，请求确认或者否认亲子关系。对亲子关系有异议且有正当理由的，成年子女可以向人民法院提起诉讼，请求确认亲子关系。

确认亲子关系	**父或者母**以及**成年子女**起诉请求**确认**亲子关系，并提供必要证据予以证明，另一方没有相反证据又拒绝做亲子鉴定的，人民法院可以认定确认亲子关系一方的主张成立。
否认亲子关系	**父或者母**向人民法院起诉请求**否认**亲子关系，并已提供必要证据予以证明，另一方没有相反证据又拒绝做亲子鉴定的，人民法院可以认定否认亲子关系一方的主张成立。

四、其他近亲属关系

1. 祖孙关系。

（1）有负担能力的祖父母、外祖父母，对于父母已经死亡或者父母无力抚养的未成年孙子女、外孙子女，有抚养的义务。

（2）有负担能力的孙子女、外孙子女，对于子女已经死亡或者子女无力赡养的祖父母、外祖父母，有赡养的义务。

2. 兄弟姐妹关系。

（1）有负担能力的兄、姐，对于父母已经死亡或者父母无力抚养的未成年弟、妹，有

---

[1] 尚在校接受高中及其以下学历教育，或者丧失、部分丧失劳动能力等非因主观原因而无法维持正常生活的成年子女，可以认定为民法典第 1067 条规定的"不能独立生活的成年子女"。

[2] 民法典第 1067 条所称"抚养费"，包括子女生活费、教育费、医疗费等费用。

扶养的义务。

（2）由兄、姐扶养长大的有负担能力的弟、妹，对于缺乏劳动能力又缺乏生活来源的兄、姐，有扶养的义务。

真题演练

1. 高甲患有精神病，其父高乙为监护人。2009年高甲与陈小美经人介绍认识，同年12月陈小美以其双胞胎妹妹陈小丽的名义与高甲登记结婚，2011年生育一子高小甲。2012年高乙得知儿媳的真实姓名为陈小美，遂向法院起诉。诉讼期间，陈小美将一直由其抚养的高小甲户口迁往自己原籍，并将高小甲改名为陈龙，高乙对此提出异议。下列哪一选项是正确的？（2017-3-17 单）①

A. 高甲与陈小美的婚姻属无效婚姻
B. 高甲与陈小美的婚姻属可撤销婚姻
C. 陈小美为高小甲改名的行为侵害了高小甲的合法权益
D. 陈小美为高小甲改名的行为未侵害高甲的合法权益

考点 婚姻效力

---

① 答案：D。考点1：无效婚姻。《民法典》第1051条规定："有下列情形之一的，婚姻无效：（一）重婚；（二）有禁止结婚的亲属关系；（三）未到法定婚龄。"陈小美以其双胞胎妹妹陈小丽的名义与高甲登记结婚，不存在爱无效婚姻的情形，A选项错误。《婚姻法解释三》第1条第2款的规定："当事人以结婚登记程序存在瑕疵为由提起民事诉讼，主张撤销结婚登记的，告知其可以依法申请行政复议或提起行政诉讼。"当事人可以申请行政复议或提起行政诉讼。考点2：可撤销婚姻。本案没有胁迫或者未告知重大疾病的情形，不是可撤销婚姻，故B选项错误。

第109讲

离婚

一、离婚的条件【《民法典》新增】★★★

协议离婚	（1）双方自愿。男女双方自愿离婚的，应当订立书面离婚协议，并亲自到婚姻登记机关申请离婚登记。 （2）离婚协议。离婚协议应当载明双方自愿离婚的意思表示和对子女抚养、财产及债务处理等事项协商一致的意见。 （3）冷静期 ①自婚姻登记机关收到离婚登记申请之日起三十日内，任何一方不愿意离婚的，可以向婚姻登记机关撤回离婚登记申请。 ②前款规定期间届满后三十日内，双方应当亲自到婚姻登记机关申请发给离婚证；未申请的，视为撤回离婚登记申请。 （4）发放离婚证 婚姻登记机关查明双方确实是自愿离婚，并已对子女抚养、财产及债务处理等事项协商一致的，予以登记，发给离婚证。
诉讼离婚	（1）**判决离婚之条件：感情确已破裂**，调解无效，应准予离婚。 （2）有下列情形之一，调解无效，应当准予离婚： ①重婚或与他人同居； ②实施家庭暴力或虐待、遗弃家庭成员； ③有赌博、吸毒等恶习屡教不改； ④因感情不和分居满二年； ⑤其他导致夫妻感情破裂的情形。如：夫以妻擅自中止妊娠侵犯其生育权为由请求损害赔偿的，人民法院不予支持；夫妻双方因是否生育发生纠纷，致使感情确已破裂，一方请求离婚的，人民法院经调解无效，应当准予离婚。 （3）一方被宣告失踪，另一方提出离婚诉讼的，应准予离婚。 （4）经人民法院判决不准离婚后，双方又分居满一年，一方再次提起离婚诉讼的，应当准予离婚。 （5）当事人提起诉讼仅请求解除同居关系的，人民法院不予受理；已经受理的，裁定驳回起诉。当事人因同居期间财产分割或者子女抚养纠纷提起诉讼的，人民法院应当受理。
婚姻关系解除时间	完成离婚登记，或者离婚判决书、调解书生效，即解除婚姻关系。
禁止诉讼离婚的情形	
（1）女方怀孕期间、分娩后1年内或终止妊娠6个月内，男方不得提出离婚； 例外： ①女方提出离婚则可以； ②法院认为确有必要受理男方离婚请求（如危及男方或小孩人身安全；又如女方与人通奸怀孕等；）	

续表

（2）现役军人的配偶未经军人同意，不得离婚； 例外：军人一方有重大过错： ①重婚或者与他人同居； ②实施家庭暴力或虐待、遗弃家庭成员； ③有赌博、吸毒等恶习屡教不改； ④军人有其他重大过错导致夫妻感情破裂的情形。	

二、离婚损害赔偿请求权

要求离婚损害赔偿的条件	（1）诉讼离婚或协议离婚； ①法院判决不准离婚，不支持离婚损害赔偿请求； ②不起诉离婚，仅起诉损害赔偿，法院不予受理。 （2）法定条件 ①重婚； ②与他人同居； ③实施家庭暴力； ④虐待、遗弃家庭成员 ⑤有其他重大过错。
离婚损害赔偿请求权内容	（1）权利人——无过错配偶； （2）义务人——有过错配偶，第三者不承担赔偿责任；任何一方有过错，均丧失离婚损害赔偿请求权； （3）赔偿范围——物质损害、精神损害；
期间限制	（1）无过错方作为离婚诉讼的原告时，须在离婚诉讼中提出； （2）无过错方作为离婚诉讼的被告时，原则上须在离婚中提出，但有例外： ①如果被告不同意离婚亦未提起损害赔偿请求的，可以在离婚后就此单独提起诉讼； ②一审时被告未提出损害赔偿请求，二审期间提出的，法院应当进行调解，调解不成的，告知当事人在离婚后另行起诉。 ③双方当事人同意由第二审人民法院一并审理的，第二审人民法院可以一并裁判。 （3）协议离婚的： ①若已放弃损害赔偿请求权的，不得再度主张； ②未放弃的，可于协议离婚后提出。

三、离婚之财产帮助及经济补偿制度【《民法典》修改】★★★

财产帮助（离婚时生活困难一方的权利）	离婚时，如一方生活困难，有负担能力的另一方应当给予适当帮助。具体办法由双方协议；协议不成的，由人民法院判决。
经济补偿 （付出义务较多一方的权利）	夫妻一方因抚育子女、照料老年人、协助另一方工作等负担较多义务的，离婚时有权向另一方请求补偿，另一方应当给予补偿。具体办法由双方协议；协议不成的，由人民法院判决。

［例］2003年5月王某（男）与赵某结婚，双方书面约定婚后各自收入归个人所有。2005年10月王某用自己的收入购置一套房屋。2005年11月赵某下岗，负责照料女儿及王某的生活。2008年8月王某提出离婚，赵某得知王某与张某已同居多年。

（1）赵某因抚育女儿、照顾王某生活付出较多义务，王某应予以补偿；

（2）王某与张某同居导致离婚，应对赵某进行赔偿。

四、离婚共同财产的分割及债务的清偿【《民法典》修改】★★★

共同财产的分割	（1）离婚时，夫妻的共同财产由双方协议处理；协议不成的，由人民法院根据财产的具体情况，按照照顾子女、女方和无过错方权益的原则判决。对夫或者妻在家庭土地承包经营中享有的权益等，应当依法予以保护。 （2）惩罚规则 ①夫妻一方隐藏、转移、变卖、毁损、挥霍夫妻共同财产，或者伪造夫妻共同债务企图侵占另一方财产的，在离婚分割夫妻共同财产时，对该方可以少分或者不分。 ②离婚后，另一方发现有上述行为的，可以向人民法院提起诉讼，请求再次分割夫妻共同财产。请求再次分割夫妻共同财产的诉讼时效期间为3年，从当事人发现之日起计算。 （3）离婚后共同财产分割 ①夫妻双方协议离婚后就财产分割问题反悔，请求撤销财产分割协议的，人民法院应当受理。人民法院审理后，未发现订立财产分割协议时存在欺诈、胁迫等情形的，应依法驳回当事人的诉讼请求。 ②离婚后，一方以**尚有夫妻共同财产未处理**为由向人民法院起诉请求分割的，经审查该财产确属离婚时未涉及的夫妻共同财产，人民法院应当依法予以分割。 （4）有限责任公司股权分割 人民法院审理离婚案件，涉及分割夫妻共同财产中以一方名义在有限责任公司的出资额，另一方不是该公司股东的，按以下情形分别处理： ①夫妻双方协商一致将出资额部分或者全部转让给该股东的配偶，其他股东过半数同意，并且其他股东均明确表示放弃优先购买权的，该股东的配偶可以成为该公司股东； ②夫妻双方就出资额转让份额和转让价格等事项协商一致后，其他股东半数以上不同意转让，但愿意以同等条件购买该出资额的，人民法院可以对转让出资所得财产进行分割。其他股东半数以上不同意转让，也不愿意以同等条件购买该出资额的，视为其同意转让，该股东的配偶可以成为该公司股东。 （5）合伙企业份额分割 人民法院审理离婚案件，涉及分割夫妻共同财产中以一方名义在合伙企业中的出资，另一方不是该企业合伙人的，当夫妻双方协商一致，将其合伙企业中的财产份额全部或者部分转让给对方时，按以下情形分别处理： ①其他合伙人一致同意的，该配偶依法取得合伙人地位； ②其他合伙人不同意转让，在同等条件下行使优先购买权的，可以对转让所得的财产进行分割； ③其他合伙人不同意转让，也不行使优先购买权，但同意该合伙人退伙或者削减部分财产份额的，可以对结算后的财产进行分割； ④其他合伙人既不同意转让，也不行使优先购买权，又不同意该合伙人退伙或者削减部分财产份额的，视为全体合伙人同意转让，该配偶依法取得合伙人地位。

续表

共同财产的分割	**（6）个人独资企业财产分割** 夫妻以一方名义投资设立个人独资企业的，人民法院分割夫妻在该个人独资企业中的共同财产时，应当按照以下情形分别处理： ①一方主张经营该企业的，对企业资产进行评估后，由取得企业资产所有权一方给予另一方相应的补偿； ②双方均主张经营该企业的，在双方竞价基础上，由取得企业资产所有权的一方给予另一方相应的补偿； ③双方均不愿意经营该企业的，按照《中华人民共和国个人独资企业法》等有关规定办理。
债务的清偿	**（1）夫妻共同债务类型** ①共同意思表示：夫妻双方共同签名或者夫妻一方事后追认等共同意思表示所负的债务； ②家庭日常生活：夫妻一方在婚姻关系存续期间以个人名义为家庭日常生活需要所负的债务； ③超出家庭日常生活：夫妻一方在婚姻关系存续期间以个人名义超出家庭日常生活需要所负的债务，不属于夫妻共同债务；但是，债权人能够证明该债务用于夫妻共同生活、共同生产经营或者基于夫妻双方共同意思表示的除外。 ④夫妻一方与第三人串通，虚构债务，不属于夫妻共同债务。夫妻一方在从事赌博、吸毒等违法犯罪活动中所负债务，不是夫妻共同债务。 **（2）夫妻共同债务清偿** ①离婚时，夫妻共同债务，应当共同偿还。 ②无论一方在离婚时是否分得夫妻共同财产，也不论其分得多少夫妻共同财产，均应对夫妻共同债务承担连带责任。 ③夫或妻一方死亡，生存一方应对婚姻关系存续期间的共同债务承担清偿责任。 ④一方就夫妻共同债务承担清偿责任后，有权主张由另一方按照离婚协议或者人民法院的法律文书承担相应债务。 ⑤夫妻之间订立借款协议，以夫妻共同财产出借给一方从事个人经营活动或者用于其他个人事务，应视为双方约定处分夫妻共同财产的行为，离婚时可以按照借款协议的约定处理。 ⑥债权人无权就一方婚前所负个人债务向债务人的配偶主张权利。但债权人能够证明所负债务用于婚后家庭共同生活的除外。

[例] 黄某与唐某自愿达成离婚协议并约定财产平均分配，婚姻关系存续期间的债务全部由唐某偿还。经查，黄某以个人名义在婚姻存续期间向刘某借款10万元用于购买婚房。如黄某偿还了10万元，则有权向唐某追偿10万元。

五、离婚后的子女抚养

1. 抚养权归属

（1）不满两周岁，归母亲抚养。离婚后，不满两周岁的子女，以由母亲直接抚养为原则。母亲有下列情形之一，父亲请求直接抚养的，人民法院应予支持：
①患有久治不愈的传染性疾病或者其他严重疾病，子女不宜与其共同生活；
②有抚养条件不尽抚养义务，而父亲要求子女随其生活；
③因其他原因，子女确不宜随母亲生活。

（2）已满两周岁，有利子女。已满两周岁的子女，父母双方对抚养问题协议不成的，由人民法院根据双方的具体情况，按照最有利于未成年子女的原则判决。子女已满八周岁的，应当尊重其真实意愿。

2. 抚养费

（1）另一方负担部分或全部抚养费。

①离婚后，子女由一方直接抚养的，另一方应当负担部分或者全部抚养费，负担费用的多少和期限的长短，由双方协议；

②协议不成的，由人民法院判决。

③协议或者判决，不妨碍子女在必要时向父母任何一方提出超过协议或者判决原定数额的合理要求。

3. 探望权

离婚后，不直接抚养子女的父或者母，有探望子女的权利，另一方有协助的义务。

①行使探望权利的方式、时间由当事人协议；

②协议不成的，由人民法院判决。

③父或者母探望子女，不利于子女身心健康的，由人民法院依法中止探望；中止的事由消失后，应当恢复探望。

④对拒不执行有关探望子女等判决和裁定的，由人民法院依法强制执。对拒不履行协助另一方行使探望权的有关个人和单位采取拘留、罚款等强制措施，不能对子女的人身、探望行为进行强制执行。

真题演练

1. 董楠（男）和申蓓（女）是美术学院同学，共同创作一幅油画作品《爱你一千年》。毕业后二人结婚育有一女。董楠染上吸毒恶习，未经申蓓同意变卖了《爱你一千年》，所得款项用于吸毒。因董楠恶习不改，申蓓在女儿不满1周岁时提起离婚诉讼。下列哪些说法是正确的？（2015-3-65 单）①

A. 申蓓虽在分娩后1年内提出离婚，法院应予受理

B. 如调解无效，应准予离婚

C. 董楠出售《爱你一千年》侵犯了申蓓的物权和著作权

D. 对董楠吸毒恶习，申蓓有权请求离婚损害赔偿

考点 离婚

【指导案例66号】雷某某诉宋某某离婚纠纷案	
裁判要点	一方在离婚诉讼期间或离婚诉讼前，隐藏、转移、变卖、毁损夫妻共同财产，或伪造债务企图侵占另一方财产的，离婚分割夫妻共同财产时，可以少分或不分财产。

---

① 答案：ABC。考点1：诉讼离婚的限制。《民法典》第1082条规定："女方在怀孕期间、分娩后一年内或中止妊娠后6个月内，男方不得提出离婚；但是，女方提出离婚或者人民法院认为确有必要受理男方离婚请求的除外。"申蓓虽在分娩后1年内提出离婚，法院应予受理，故A选项正确。考点2：离婚的理由。《民法典》第1079条第3款规定："有下列情形之一，调解无效，应准予离婚：（一）重婚或有与他人同居；（二）实施家庭暴力或虐待、遗弃家庭成员；（三）有赌博、吸毒等恶习屡教不改；（四）因感情不和分居满二年；（五）其他导致夫妻感情破裂的情形。"董楠有吸毒恶习，屡教不改，调解无效，应准予离婚，故B选项正确。考点3：夫妻财产关系。董楠（男）和申蓓（女）是美术学院同学，共同创作一幅油画作品《爱你一千年》。双方共同享有所有权及著作权。董楠擅自出售，侵犯了申蓓的所有权；擅自出售后，原件的展览权随之转移，侵害申蓓的展览权，故C选项正确。考点4：离婚损害赔偿。《民法典》第1091条规定："有下列情形之一，导致离婚，无过错方有权请求损害赔偿：（一）重婚；（二）与他人同居；（三）实施家庭暴力；（四）虐待、遗弃家庭成员；（五）有其他重大过错。"申蓓没有离婚损害赔偿请求权，故D选项错误。

第2章 收养

第110讲

收养成立及解除

一、收养关系的成立要件【《民法典》修改】★★★

实质条件	**1.一般收养关系** 一般收养关系，则是指当事人身份不具有特殊性的收养关系。收养人收养与送养人送养，应当双方自愿。收养8周岁以上未成年人的，应当征得被收养人的同意。 **（1）被收养人**。下列**未成年人**可以被收养： ①丧失父母的孤儿； ②查找不到生父母的未成年人； ③生父母有特殊困难无力抚养的子女。 **（2）收养人**。收养人应当同时具备下列条件： ①无子女或者只有一名子女； ②有抚养教育和保护被收养人的能力； ③未患有在医学上认为不应当收养子女的疾病； ④无不利于被收养人健康成长的违法犯罪记录； ⑤年满30周岁。 ⑥无子女的收养人可以收养两名子女；有子女的收养人只能收养一名子女。 ⑦有配偶者收养子女，应当夫妻共同收养。 ⑧无配偶者收养异性子女的，收养人与被收养人的年龄应当相差40周岁以上。 **（3）送养人**。下列个人、组织可以作送养人： ①孤儿的监护人； ②儿童福利机构； ③有特殊困难无力抚养子女的生父母。 第一，生父母送养子女，应当双方共同送养。生父母一方不明或者查找不到的，可以单方送养。 第二，配偶一方死亡，另一方送养未成年子女的，死亡一方的父母有优先抚养的权利，即此种情形下的送养须先征求死亡一方父母的意见。

续表

实质条件	④未成年人的监护人。 第一，未成年人的父母均不具备完全民事行为能力且可能严重危害该未成年人的，该未成年人的监护人可以将其送养。 第二，监护人送养孤儿的，应当征得有抚养义务的人同意。有抚养义务的人不同意送养、监护人不愿意继续履行监护职责的，应当依照民法典总则编的规定另行确定监护人。 **2.特殊收养关系** 特殊收养关系，指收养当事人之间是近亲属关系，收养人与被收养人的身份具有特殊性，所以这类收养关系成立的条件相对一般收养而言更为宽松。 **(1) 收养三代以内旁系同辈血亲的子女。不**受下列条件的限制： ①被收养人应为生父母有特殊困难无力抚养的子女； ②送养人应为有特殊困难无力抚养子女的生父母； ③无配偶者收养异性子女的，收养人与被收养人的年龄应当相差40周岁以上。 ④华侨收养三代以内旁系同辈血亲的子女，还可以不受收养人无子女或者只有一名子女的限制。 即：收养三代以内旁系同辈血亲的子女，送养人不要求困难，收养异性不要求相差40周岁；华侨即使有多位子女也可以收养。 **(2) 继父母收养继子女。**继父或者继母经继子女的生父母同意，可以收养继子女，并可以**不**受下列条件的限制： ①被收养人应为生父母有特殊困难无力抚养的子女； ②送养人应为有特殊困难无力抚养子女的生父母； ③收养人无子女或者只有一名子女、有抚养教育和保护被收养人的能力、未患在医学上认为不应当收养子女的疾病、无不利于被收养人健康成长的违法犯罪记录、年满30周岁； ④无子女收养人可以收养两名子女；有子女的收养人只能收养一名子女。 即：继父母收养继子女，只要经继子女的生父母同意即可，没有限制。当然，被收养人是8周岁以上未成年人的，应当征得被收养人的同意。 **(3) 收养孤儿、残疾儿童或者儿童福利机构抚养的查找不到生父母的未成年人。**这类收养可以**不**受以下两个限制： ①收养人无子女或者只有一名子女； ②无子女的收养人可以收养两名子女；有子女的收养人只能收养一名子女。 即：收养孤儿、残疾儿童或者儿童福利机构抚养的查找不到生父母的未成年人，收养人即使有多位子女也可以收养；收养的人数没有限制。
形式条件	（1）登记。收养应当向县级以上人民政府民政部门登记。收养关系自登记之日起成立。 （2）公告。收养查找不到生父母的未成年人的，办理登记的民政部门应当在登记前予以公告。 （3）协议。收养关系当事人愿意签订收养协议的，可以签订收养协议。 （4）公证。收养关系当事人各方或者一方要求办理收养公证的，应当办理收养公证。 县级以上人民政府民政部门应当依法进行收养评估。

二、收养的效力

拟制效力	（1）自收养关系成立之日起，收养人与被收养人之间形成拟制的父母子女关系，养父母与养子女间的权利义务关系，适用民关于父母子女关系的规定； （2）被收养人与收养人的近亲属之间也形成相应的拟制血亲关系，养子女与养父母的近亲属间的权利义务关系，适用民关于子女与父母的近亲属关系的规定。
解消效力	收养关系一经成立，被收养人与其亲生父母及其他近亲属间的权利义务关系消除。
无效收养行为	（1）有民法典总则编关于民事法律行为无效规定情形或者违反本编规定的收养行为无效。 （2）无效的收养行为自始没有法律约束力。

三、收养关系的解除

（一）解除收养关系的程序

1. 依行政程序解除

（1）收养人在被收养人成年以前，不得解除收养关系；

（2）但是收养人、送养人双方协议解除的除外。

（3）养子女 8 周岁以上的，应当征得本人同意。

当事人协议解除收养关系的，应当到民政部门办理解除收养关系的登记。

2. 依诉讼程序解除

（1）养子女未成年。收养人不履行抚养义务，有虐待、遗弃等侵害未成年养子女合法权益行为的，送养人有权要求解除收养关系。送养人、收养人不能达成解除收养关系协议的，可以向人民法院起诉。

（2）养子女成年。养父母与成年养子女关系恶化、无法共同生活的，可以协议解除收养关系。不能达成协议的，可以向人民法院起诉。

（二）解除收养关系的法律后果

1. 人身关系上的效力

（1）养子女与养父母及其近亲属间的权利义务关系即行消除。

（2）未成年的养子女与生父母及其他近亲属间的权利义务关系自行恢复。

（3）成年养子女与生父母及其他近亲属间的权利义务关系是否恢复，可以协商确定。

2. 财产关系上的效力

（1）对养父母的经济补偿

①对困难给付生活费。收养关系解除后，经养父母抚养的成年养子女，对缺乏劳动能力又缺乏生活来源的养父母，应当给付生活费。

②补偿抚养费。因养子女成年后虐待、遗弃养父母而解除收养关系的，养父母可以要求养子女补偿收养期间支出的抚养费。

（2）生父母要求解除收养关系

生父母要求解除收养关系的，养父母可以要求生父母适当补偿收养期间支出的抚养费，但是因养父母虐待、遗弃养子女而解除收养关系的除外。

真题演练

1. 小强现年9周岁，生父谭某已故，生母徐某虽有抚养能力，但因准备再婚决定将其送养。徐某的姐姐要求收养，其系华侨富商，除已育有一子外符合收养人的其他条件；谭某父母为退休教师，也要求抚养。下列哪一选项是正确的？（2017-3-19 单）①

A. 徐某因有抚养能力不能将小强送其姐姐收养
B. 徐某的姐姐因有子女不能收养小强
C. 谭某父母有优先抚养的权利
D. 收养应征得小强同意

考点 收养

---

① 答案：C。考点1：收养关系成立。《民法典》第1099条第1款规定："收养三代以内同辈旁系血亲的子女，可以不受本法第一千零九十三条第三项和第一千一百零二条规定的限制。"第2款规定："华侨收养三代以内同辈旁系血亲的子女，还可以不受本法第一千零九十八条第一项规定的限制。"徐某将小强送其姐姐收养，不受"生父母有特殊困难无力抚养的子女"的限制，所以A选项错误。华侨收养三代以内同辈旁系血亲的子女，还可以不受收养人无子女的限制。徐某的姐姐是华侨，所以B选项错误。考点2：死亡一方父母的优先抚养权。《民法典》第1108条规定："配偶一方死亡，另一方送养未成年子女的，死亡一方的父母有优先抚养的权利。"谭某父母为退休教师，也要求抚养，有优先抚养的权利，C选项正确。考点3：被收养的同意权。《民法典》第1104条规定："收养人收养与送养人送养，应当双方自愿。收养八周岁以上未成年人的，应当征得被收养人的同意。"小强现年9周岁，所以，须征得小强同意，D选项正确。原《收养法》规定的是10周岁，《民法典》改为8周岁，故答案须改变。

08 Part
继 承

第 111 讲

法定继承

一、遗产的范围

遗产是自然人死亡时遗留的个人合法财产，但是依照法律规定或者根据其性质不得继承的除外。无人继承又无人受遗赠的遗产，归国家所有，用于公益事业；死者生前是集体所有制组织成员的，归所在集体所有制组织所有。

遗产因无人继承又无人受遗赠归国家或者集体所有制组织所有时，按照民法典第1131条规定可以分给适当遗产的人提出取得遗产的诉讼请求，人民法院应当视情况适当分给遗产。

二、法定继承人

第一顺位	（1）**配偶**； （2）**子女**（含：婚生子女、非婚生子女、养子女、有扶养关系的继子女）； 注1：继子女继承了继父母遗产的，不影响其继承生父母的遗产。继父母继承了继子女遗产的，不影响其继承生子女的遗产。 注2：养子女不能继承生父母的遗产。被收养人对养父母尽了赡养义务，同时又对生父母扶养较多的，除可以依照民法典第1127条的规定继承养父母的遗产外，还可以依照民法典第1131条的规定分得生父母适当的遗产。 （3）**父母**（生父母、养父母、有扶养关系的继父母）； （4）**尽了主要赡养义务的丧偶儿媳、女婿**（丧偶儿媳对公婆，丧偶女婿对岳父母，尽了主要赡养义务的，作为第一顺序继承人）。 注1：丧偶儿媳对公婆、丧偶女婿对岳父母，尽了主要赡养义务的，作为第一顺序继承人。丧偶儿媳对公婆、丧偶女婿对岳父母，无论其是否再婚，依照民法典规定作为第一顺序继承人时，不影响其子女代位继承。 注2：对被继承人生活提供了主要经济来源，或者在劳务等方面给予了主要扶助的，应当认定其尽了主要赡养义务或主要扶养义务。
第二顺位	（1）**兄弟姐妹**（包括同父母的兄弟姐妹、同父异母或者同母异父的兄弟姐妹、养兄弟姐妹、有扶养关系的继兄弟姐妹）； 注1：继兄弟姐妹之间的继承权，因继兄弟姐妹之间的扶养关系而发生。没有扶养关系的，不能互为第二顺序继承人。继兄弟姐妹之间相互继承了遗产的，不影响其继承亲兄弟姐妹的遗产。 注2：养子女与生子女之间、养子女与养子女之间，系养兄弟姐妹，可以互为第二顺序继承人。被收养人与其亲兄弟姐妹之间的权利义务关系，因收养关系的成立而消除，不能互为第二顺序继承人。 （2）**祖父母、外祖父母**。
遗产分配	（1）同一顺序继承人继承遗产的份额，一般应当均等。 （2）继承开始后，由第一顺序继承人继承，第二顺序继承人不继承。没有第一顺序继承人继承的，由第二顺序继承人继承。

三、法定继承的适用情形

有下列情形之一的，遗产中的有关部分按照法定继承办理：
（1）遗嘱继承人放弃继承或者受遗赠人放弃受遗赠；
（2）遗嘱继承人丧失继承权或者受遗赠人丧失受遗赠权；
（3）遗嘱继承人、受遗赠人先于遗嘱人死亡或者终止；
（4）遗嘱无效部分所涉及的遗产；
（5）遗嘱未处分的遗产。

四、继承权与受遗赠权【《民法典》修改】★★★

继承权放弃	（1）**放弃时间限制** 继承人放弃继承的意思表示，应当在继承开始后，遗产处理前作出。遗产分割后表示放弃的不再是继承权，而是所有权。 （2）**放弃方式** ①继承人放弃继承应当以书面形式向遗产管理人或者其他继承人表示。 ②继承人未明确表示放弃继承权的，视为接受继承。 ③在诉讼中，继承人向人民法院以口头方式表示放弃继承的，要制作笔录，由放弃继承的人签名。 （3）**放弃继承的限制** ①继承人因放弃继承，致其不能履行法定义务的，放弃继承的行为无效。 ②遗产处理前或者在诉讼进行中，继承人对放弃继承反悔的，由人民法院根据其提出的具体理由，决定是否承认。遗产处理后，继承人对放弃继承反悔的，不予承认。
受遗赠权放弃	受遗赠人应当在知道受遗赠后60日内，作出接受或者放弃受遗赠的表示。到期没有表示的，**视为放弃受遗赠**。
继承权的丧失	（1）继承人有下列行为之一的，丧失继承权：（《民法典》第1125条） ①故意杀害被继承人； [注] 继承人故意杀害被继承人的，不论是既遂还是未遂，均应当确认其丧失继承权。 ②为争夺遗产而杀害其他继承人； [注] 继承人有前两项所列之行为，而被继承人以遗嘱将遗产指定由该继承人继承的，可以确认遗嘱无效，并确认该继承人丧失继承权。 ③遗弃被继承人的，或者虐待被继承人情节严重的； [注] "虐待被继承人情节严重"，可以从实施虐待行为的时间、手段、后果和社会影响等方面认定。虐待被继承人情节严重的，不论是否追究刑事责任，均可确认其丧失继承权。 ④伪造、篡改、隐匿或者销毁遗嘱，情节严重。 [注] 继承人伪造、篡改、隐匿或者销毁遗嘱，侵害了缺乏劳动能力又无生活来源的继承人的利益，并造成其生活困难的，应当认定为"情节严重"。 ⑤以欺诈、胁迫手段迫使或者妨碍被继承人设立、变更或者撤回遗嘱，情节严重。 （2）丧失继承权的例外 继承人有第③、④、⑤项行为，确有悔改表现，被继承人表示宽恕或者事后在遗嘱中将其列为继承人的，该继承人不丧失继承权。

受遗赠权丧失	受遗赠人有民法典第1125条第1款规定的丧失继承权的情形的，丧失受遗赠权。

[例] 甲在遗嘱中指定所留房屋归其子乙，存款归侄女丙。甲死之后乙、丙两人被告知3个月后参加甲的遗产分割。但直至遗产分割时，乙和丙均未做出是否接受遗产的意思表示。乙的行为视为接受遗产，将丙的行为视为放弃接受遗产。

五、代位继承与转继承【《民法典》新增】★★★

《民法典》第1128条第1款规定："被继承人的子女先于被继承人死亡的，由被继承人的子女的**直系晚辈血亲**代位继承。"

第2款规定：被继承人的兄弟姐妹先于被继承人死亡的，由被继承人的**兄弟姐妹的子女**代位继承。"

第3款规定："代位继承人一般只能继承被代位继承人有权继承的遗产份额。"

代位继承	**（1）代位继承构成要件** ①被继承人死亡； ②被继承人的子女先于被继承人死亡；或者被继承人的兄弟姐妹先于被继承人死亡（被继承人无第一顺序继承人）； ③先于被继承人死亡的被继承人的子女没有丧失继承权；被继承人的兄弟姐妹没有丧失继承权。被代位继承人丧失继承权的，其晚辈直系血亲不得代位继承。 [注] 遗嘱继承不适用代位继承；如果遗嘱继承人系被继承人的子女或兄弟姐妹，且先于遗嘱人死亡，就不能发生代位继承，遗嘱中指定该继承人继承的遗产应按照法定继承处理。 **（2）代位继承的内容** ①代位继承人一般只能继承被代位继承人有权继承的遗产份额； ②由被继承人的子女的**直系晚辈血亲**代位继承，没有辈数的限制；被继承人的孙子女、外孙子女、曾孙子女、外曾孙子女都可以代位继承，代位继承人不受辈数的限制。但是，如果无第一顺位法定继承人时，代位继承人只能是兄弟姐妹的子女。 ③直系晚辈血亲包括自然血亲和拟制血亲： 其一，被继承人的**养子女**、**已形成扶养关系的继子女**的生子女可以代位继承； 其二，被继承人**亲生子女**的养子女可以代位继承； 其三，被继承人**养子女**的养子女可以代位继承； 其四，与被继承人**已形成扶养关系的继子女**的养子女也可以代位继承。 ④代位继承人缺乏劳动能力又没有生活来源，或者对被继承人尽过主要赡养义务的，分配遗产时，可以多分。 ⑤继承人丧失继承权的，其晚辈直系血亲不得代位继承。如该代位继承人缺乏劳动能力又没有生活来源，或者对被继承人尽赡养义务较多的，可以适当分给遗产。
转继承	（1）继承开始后，继承人于遗产分割前死亡，并没有放弃继承的，该继承人应当继承的遗产转给其继承人；但是遗嘱另有安排的除外。 （2）继承开始后，受遗赠人表示接受遗赠，并于遗产分割前死亡的，其接受遗赠的权利转移给他的继承人。

[例1] 张员外育有四名子女张飞、张黄、张腾、张达,张飞生子张小飞。张飞交通事故先于张员外死亡。张员外死亡后其遗产如何继承?

因张飞先于张员外死亡,故由张飞的直系晚辈血亲张小飞代位继承。张员外的财产,由四位儿子继承,张飞若未死亡,可以继承四分之一的财产。代位继承人一般只能继承被代位继承人有权继承的遗产份额,所以张小飞只能继承张员外财产的四分之一。

[例2] 张飞、张黄、张腾、张达是兄弟姐妹。张飞是不婚主义者,未娶未育。张黄育有二子张小黄、张大黄。张黄因病先去世。张飞去世后其遗产如何继承?

张飞没有第一顺序的法定继承人,其财产由第二顺序的法定继承人继承。张黄、张腾、张达平均继承张飞的财产。但是,张黄先于张飞死亡,故由张黄的子女张小黄、张大黄代位继承张飞的遗产。

代位继承人一般只能继承被代位继承人有权继承的遗产份额,张黄若未死亡,可以继承张飞三分之一的遗产。即使张黄的直系晚辈血亲有两人,也只能继承三分之一的遗产。

真题演练

1. 甲育有二子乙和丙。甲生前立下遗嘱,其个人所有的房屋死后由乙继承。乙与丁结婚,并有一女戊。乙因病先于甲死亡后,丁接替乙赡养甲。丙未婚。甲死亡后遗有房屋和现金。下列哪些表述是正确的?(2012-3-66多)①

A. 戊可代位继承
B. 戊、丁无权继承现金
C. 丙、丁为第一顺序继承人
D. 丙无权继承房屋

考点 继承

---

① 答案:AC。考点1:代位继承。《民法典》第1128条第1款规定:"被继承人的子女先于被继承人死亡的,由被继承人的子女的直系晚辈血亲代位继承。"戊可代位继承,故A选项正确。考点2:法定继承人。《民法典》第1129条的规定:"丧偶儿媳对公婆,丧偶女婿对岳父母,尽了主要赡养义务的,作为第一顺序继承人。"甲的法定继承人包括法定继承人儿子丙、代位继承人戊和尽到了主要赡养义务的丧偶儿媳丁。丙、丁、戊均可作为第一顺序继承人参加法定继承,故C选项正确。甲死亡后遗有房屋和现金,丙、丁、戊均可作为第一顺序继承人均有权继承房屋和现金,故B选项、D选项错误。

第 112 讲

遗嘱继承及遗产处理

一、遗赠扶养协议、遗嘱、遗赠【《民法典》修改】★★★

遗赠扶养协议	自然人可以与继承人以外的组织或者个人签订遗赠扶养协议。按照协议，该组织或者个人承担该自然人生养死葬的义务，享有受遗赠的权利。 **(1) 主体的限制性** ①受扶养人只能是自然人； ②扶养人可以是自然人，也可以是组织。 ③但是扶养人为自然人的，不能是继承人。 **(2) 适用的优先性** ①继承开始后，按照法定继承办理；有遗嘱的，按照遗嘱继承或者遗赠办理；有遗赠扶养协议的，按照协议办理。 ②被继承人生前与他人订有遗赠扶养协议，同时又立有遗嘱的，继承开始后，如果遗赠扶养协议与遗嘱没有抵触，遗产分别按协议和遗嘱处理；如果有抵触，按协议处理，与协议抵触的遗嘱全部或者部分无效。 **(3) 遗赠扶养协议的解除** ①继承人以外的组织或者个人与自然人签订遗赠扶养协议后，无正当理由不履行，导致协议解除的，不能享有受遗赠的权利，其支付的供养费用一般不予补偿； ②遗赠人无正当理由不履行，导致协议解除的，则应当偿还继承人以外的组织或者个人已支付的供养费用。
遗嘱	**1.遗嘱的形式** **(1) 公证遗嘱**——公证遗嘱应当一式二份，由公证机关和遗嘱人分别保存。 ①遗嘱人必须亲自到公证机关办理公证遗嘱，不得代理； ②应由两名以上的公证员共同办理。因特殊情况只有一名公证员办理的，应由一名见证人见证并签名。 **(2) 自书遗嘱**——遗嘱人生前亲笔书写的遗嘱。 ①必须由遗嘱人亲笔书写； ②须注明年、月、日； ③须有遗嘱人的亲笔签名。 自然人在遗书中涉及死后个人财产处分的内容，确为死者的真实意思表示，有本人签名并注明了年、月、日，又无相反证据的，可以按自书遗嘱对待。 **(3) 代书遗嘱**——由遗嘱人口述遗嘱内容，他人代为书写制作的遗嘱。 ①由遗嘱人口述遗嘱内容； ②两个以上无利害关系的见证人在场见证，其中一人代书； ③遗嘱人、代书人、其他见证人签名，并注明年、月、日。 **(4) 打印遗嘱** ①有两个以上无利害关系的见证人在场见证； ②遗嘱人和见证人应当在遗嘱每一页签名，注明年、月、日。 **(5) 录音录像遗嘱**——指由遗嘱人口述，以录音录像为载体形成的遗嘱。 ①由遗嘱人亲自叙述遗嘱的全部内容； ②两个以上无利害关系的见证人在场见证。

续表

遗嘱	③遗嘱人和见证人应当在录音录像中记录其姓名或者肖像，以及年、月、日。 **（6）口头遗嘱** ①须是遗嘱人在危急情况下的口述。 所谓"危急情况"指遗嘱人生命垂危或者有其他紧急情况，如参与重大军事行动、参加抢险救灾、遭遇意外事故等； ②须有两个以上无利害关系的见证人在场见证； ③危急情况消除后，遗嘱人能够以书面或者录音录像形式立遗嘱的，所立的口头遗嘱无效。 **2.见证人的消极条件**。下列人员不能作为遗嘱见证人： （1）无行为能力人、限制行为能力人以及其他不具有见证能力的人。 （2）继承人、受遗赠人。 （3）与继承人、受遗赠人有利害关系的人。继承人、受遗赠人的债权人、债务人、共同经营的合伙人，也应当视为与继承人、受遗赠人有利害关系，不能作为遗嘱的见证人。 **3.遗嘱的撤回与变更** （1）遗嘱人可以撤回、变更自己所立的遗嘱。 （2）立遗嘱后，遗嘱人实施与遗嘱内容相反的民事法律行为的，视为对遗嘱相关内容的撤回。 （3）立有数份遗嘱，内容相抵触的，以最后的遗嘱为准。 **4.无效的遗嘱** （1）无民事行为能力人或者限制民事行为能力人所立的遗嘱无效。 （2）遗嘱必须表示遗嘱人的真实意思，受欺诈、胁迫所立的遗嘱无效。 （3）伪造的遗嘱无效。 （4）遗嘱被篡改的，篡改的内容无效。 （5）遗嘱生效时，如果遗嘱剥夺了缺乏劳动能力又没有生活来源的继承人的遗产份额，遗嘱的该部分内容无效。 （6）遗嘱处分了国家、集体或他人财产的，该部分遗嘱无效。
遗赠	（1）若遗嘱人订立遗嘱，将遗产指定由法定继承人的一人或者数人继承，为遗嘱继承； （2）若遗嘱人订立遗嘱，将遗产赠与国家、集体或者法定继承人以外的组织、个人，为遗赠。
附义务的遗嘱或遗赠	（1）遗嘱继承或者遗赠附有义务的，继承人或者受遗赠人应当履行义务。 （2）没有正当理由不履行义务的，经利害关系人或者有关组织请求，人民法院可以取消其接受附义务部分遗产的权利。 （3）《民法典继承编解释（一）》第29条规定，附义务的遗嘱继承或者遗赠，如义务能够履行，而继承人、受遗赠人无正当理由不履行，经受益人或者其他继承人请求，人民法院可以取消其接受附义务部分遗产的权利，由提出请求的继承人或者受益人负责按遗嘱人的意愿履行义务，接受遗产。
遗赠与遗嘱继承的区别	（1）受遗赠人与遗嘱继承人的法律地位不同。受遗赠人不是继承人，没有继承权；而遗嘱继承人是继承人，享有继承权。 （2）受遗赠人与遗嘱继承人的范围不同。受遗赠人必须是法定继承人范围以外的人，可以是自然人，也可以是国家或者集体；而遗嘱继承人只能是法定继承人范围以内的人，并且只能是自然人。 （3）权利行使方式不同。受遗赠人应当在知道受遗赠后60日内，作出接受或者放弃受遗赠的表示，到期没有表示的，视为放弃受遗赠；遗嘱继承人在继承开始后遗产处理前，没有书面作出放弃继承的表示，视为接受继承。

续表

遗赠扶养协议与遗赠的区别	（1）遗赠扶养协议是双方法律行为，遗赠是单方法律行为。 （2）遗赠扶养协议是合同行为，遗赠是遗嘱行为。 （3）遗赠扶养协议是双务、有偿法律行为，遗赠是单务、无偿法律行为。 （4）遗赠扶养协议是生前生效与死后生效相结合的法律行为，遗赠是死后生效的法律行为。

二、遗产的处理【《民法典》修改】★★

遗产的确定，是指在分割遗产前，应将遗产与夫妻共同财产、家庭共同财产以及与其他共有财产区分开来。

夫妻共同所有的财产，除有约定的外，遗产分割时，应当先将共同所有的财产的一半分出为配偶所有，其余的为被继承人的遗产。遗产在家庭共有财产之中的，遗产分割时，应当先分出他人的财产。上述规定被简称为"先析产、后继承"规则。遗产分割的原则：

遗产管理人	（1）遗产管理人的确定 ①继承开始后，遗嘱执行人为遗产管理人； ②没有遗嘱执行人的，继承人应当及时推选遗产管理人； ③继承人未推选的，由继承人共同担任遗产管理人； ④没有继承人或者继承人均放弃继承的，由被继承人生前住所地的民政部门或者村民委员会担任遗产管理人。 ⑤对遗产管理人的确定有争议的，利害关系人可以向人民法院申请指定遗产管理人。 （2）遗产管理人的责任 遗产管理人应当依法履行职责，**因故意或者重大过失**造成继承人、受遗赠人、债权人损害的，应当承担民事责任。 （3）报酬请求权 遗产管理人可以依照法律规定或者按照约定获得报酬。
遗嘱继承的遗产分配原则	（1）尊重被继承人意思原则。在有遗嘱的情况下，首先应按照遗嘱的指定分割遗产。 （2）保留必留份原则。遗嘱应当为缺乏劳动能力又没有生活来源的继承人保留必要的遗产份额。
	（1）一般情况下应当均等原则。同一顺序继承人继承遗产的份额，一般应当均等。 （2）特殊情况下可以不均等原则。在下列情况下，同一顺序继承人的继承份额可以不均等： ①对生活有特殊困难又缺乏劳动能力的继承人，分配遗产时，应当予以照顾； ②对被继承人尽了主要扶养义务或者与被继承人共同生活的继承人，分配遗产时，可以多分； ③有扶养能力和有扶养条件的继承人，不尽扶养义务的，分配遗产时，应当不分或者少分。 ④有扶养能力和扶养条件的继承人虽然与被继承人共同生活，但对需要扶养的被继承人不尽扶养义务，分配遗产时，可以少分或者不分。 ［注］继承人有扶养能力和扶养条件，愿意尽扶养义务，但被继承人因有固定收入和劳动能力，明确表示不要求其扶养的，分配遗产时，一般不应因此而影响其继承份额。 ⑤代位继承人缺乏劳动能力又没有生活来源，或者对被继承人尽过主要赡养义务的，分配遗产时，可以多分。 ⑥人民法院对故意隐匿、侵吞或者争抢遗产的继承人，可以酌情减少其应继承的遗产。 ⑦继承人协商同意的，也可以不均等。

续表

法定继承的遗产分配原则	（3）适当分配原则。 ①对继承人以外的依靠被继承人扶养的人（不再要求"缺乏劳动能力又没有生活来源"），或者继承人以外的对被继承人扶养较多的人，可以分给适当的遗产。 ②继承人丧失继承权的，其晚辈直系血亲不得代位继承。如该代位继承人缺乏劳动能力又没有生活来源，或者对被继承人尽赡养义务较多的，可以适当分给遗产。 [注] 可以分给适当遗产的人，在其依法取得被继承人遗产的权利受到侵犯时，本人有权以独立的诉讼主体资格向人民法院提起诉讼。 （4）保留胎儿有继承份额。应当为胎儿保留的遗产份额没有保留的，应从继承人所继承的遗产中扣回。为胎儿保留的遗产份额，如胎儿出生后死亡的，由其继承人继承；如胎儿娩出时是死体的，由被继承人的继承人继承。 （5）互谅互让、协商分割原则。继承人应当本着互谅互让、和睦团结的精神，协商处理继承问题。遗产分割的时间、办法和份额，由继承人协商确定。协商不成的，可以由人民调解委员会调解或者向人民法院提起诉讼。 （6）物尽其用原则。遗产分割应当有利于生产和生活需要，不损害遗产的效用。不宜分割的遗产，可以采取折价、适当补偿或者共有等方法处理。

三、被继承人债务的清偿★★

被继承人债务的确定	（1）被继承人债务，亦称遗产债务，是指被继承人生前所欠的个人债务，包括生前所欠的税款、合同债务、侵权损害赔偿债务、不当得利返还债务，等等。 （2）以被继承人个人名义所欠的债务，如果用于了家庭共同生活，则属于家庭共同债务，其中属于应由被继承人承担的部分属于被继承人的个人债务。
被继承人债务的清偿原则	（1）限定继承原则。 ①继承人以所得遗产实际价值为限清偿被继承人依法应当缴纳的税款和债务。超过遗产实际价值部分，继承人自愿偿还的不在此限。 ②继承人放弃继承的，对被继承人依法应当缴纳的税款和债务可以不负清偿责任。 （2）清偿债务优先于执行遗嘱（遗赠）原则。执行遗赠不得妨碍清偿遗赠人依法应当缴纳的税款和债务。 （3）保留必留份原则。分割遗产，应当清偿被继承人依法应当缴纳的税款和债务。但是，应当为缺乏劳动能力又没有生活来源的继承人保留必要的遗产。 （4）连带责任原则。继承人共同继承遗产系共同共有，各共同继承人对遗产债务应当承担连带责任。但在共同继承人内部，则应当按照各自继承遗产份额的比例分担遗产债务。
被继承人债务、谁款的清偿办法	（1）既有法定继承又有遗嘱继承、遗赠的，由法定继承人清偿被继承人依法应当缴纳的税款和债务； （2）超过法定继承遗产实际价值部分，由遗嘱继承人和受遗赠人按比例以所得遗产清偿。 [例] 赵某死亡后，甲依遗嘱继承了一套房屋（价值180万元），乙依遗赠分得一幅字画（价值40万元），丙依法定继承分得现金60万元。遗产分割完毕后，赵某的债权人找到甲、乙、丙，要求偿还欠款130万元。先用法定继承的60万元清偿债务，剩余的70万元，由甲、乙按照比例用所得遗产清偿债务。

真题演练

1. 贡某立公证遗嘱：死后财产全部归长子贡文所有。贡文知悉后，自书遗嘱：贡某全部遗产归弟弟贡武，自己全部遗产归儿子贡小文。贡某随后在贡文遗嘱上书写：同意，但还是留10万元给贡小文。其后，贡文先于贡某死亡。关于遗嘱的效力，下列哪一选项是正确的？（2016-3-21 单）①

A．贡某遗嘱已被其通过书面方式变更

B．贡某遗嘱因贡文先死亡而不生效力

C．贡文遗嘱被贡某修改的部分合法有效

D．贡文遗嘱涉及处分贡某财产的部分有效

考点 遗嘱

【指导案例50号】 **李某、郭某阳诉郭某和、童某某继承纠纷案**	
裁判要点	1．夫妻关系存续期间，双方一致同意利用他人的精子进行人工授精并使女方受孕后，男方反悔，而女方坚持生出该子女的，不论该子女是否在夫妻关系存续期间出生，都应视为夫妻双方的婚生子女。 2．如果夫妻一方所订立的遗嘱中没有为胎儿保留遗产份额，该部分遗嘱内容无效。分割遗产时，应当为胎儿保留继承份额。

---

① 答案：B。考点1：遗嘱的变更。《民法典》第1143条第1款规定："遗嘱人可以撤回、变更自己所立的遗嘱。"第2款规定："立遗嘱后，遗嘱人实施与遗嘱内容相反的民事法律行为的，视为对遗嘱相关内容的撤回。"第3款规定："立有数份遗嘱，内容相抵触的，以最后的遗嘱为准。"贡某开始所立为公证遗嘱，在后的遗嘱可以变更在前的遗嘱。贡某随后在贡文遗嘱上书写：同意，但还是留10万元给贡小文，不属于自书遗嘱，贡某遗嘱并未变更，故A选项错误。考点2：法定继承的适用范围。贡文先于贡某死亡，所以该遗嘱因贡文的死亡不发生效力，贡某遗产应按法定继承办理，故B选项正确。考点3：遗嘱效力。《民法典》第1143条第4款规定："遗嘱被篡改的，篡改的内容无效。"贡文遗嘱被贡某修改的部分无效。故C选项错误。《继承法意见》第38条规定："遗嘱人以遗嘱处分了属于国家、集体或他人所有的财产，遗嘱的这部分，应认定无效。"贡文在其遗嘱中处分了贡某的财产，此时贡某并未死亡，继承尚未开始，属于处分他人财产的行为，贡文遗嘱中该部分的内容无效，故D选项错误。

缩略语对照表

《中华人民共和国民法典》——《民法典》

《最高人民法院关于适用＜中华人民共和国民法典＞总则编若干问题的解释》——《民法典总则编解释》

《最高人民法院关于适用＜中华人民共和国民法典＞时间效力的若干规定》——《民法典时间效力规定》

《最高人民法院关于适用＜中华人民共和国民法典＞物权编的解释（一）》——《民法典物权编解释（一）》

《最高人民法院关于适用＜中华人民共和国民法典＞合同编通则若干问题的解释》——《合同编通则解释》

《最高人民法院关于适用＜中华人民共和国民法典＞有关担保制度的解释》——《民法典担保制度解释》

《最高人民法院关于适用＜中华人民共和国民法典＞婚姻家庭编的解释（一）》——《民法典婚姻家庭编解释（一）》

《最高人民法院发布关于审理涉彩礼纠纷案件适用法律若干问题的规定》——《彩礼纠纷规定》

《最高人民法院关于适用＜中华人民共和国民法典＞继承编的解释（一）》——《民法典继承编解释（一）》

《最高人民法院关于审理建设工程施工合同纠纷案件适用法律问题的解释（一）》——《建设工程合同解释（一）》

《最高人民法院关于审理食品安全民事纠纷案件适用法律若干问题的解释（一）》——《食品安全纠纷解释（一）》

《最高人民法院关于审理买卖合同纠纷案件适用法律问题的解释》——《买卖合同解释》

《最高人民法院关于审理融资租赁合同纠纷案件适用法律问题的解释》——《融资租赁合同解释》

《最高人民法院关于审理生态环境侵权责任纠纷案件适用法律若干问题的解释》——《生态环境侵权解释》

《最高人民法院关于审理医疗损害责任纠纷案件适用法律若干问题的解释》——《医疗损害纠纷解释》

《最高人民法院关于审理民事案件适用诉讼时效制度若干问题的规定》——《时效规定》

《最高人民法院关于审理建筑物区分所有权纠纷案件适用法律若干问题的解释》——《建筑物区分所有权纠纷解释》

《最高人民法院关于审理物业服务纠纷案件适用法律若干问题的解释》——《物业服务纠纷解释》

《最高人民法院关于审理涉及农村土地承包纠纷案件适用法律问题的解释》——《土地承包纠纷解释》

《最高人民法院关于审理旅游纠纷案件适用法律若干问题的解释》——《旅游纠纷解释》

《最高人民法院关于审理商品房买卖合同纠纷案件适用法律若干问题的解释》——《商品房买卖合同解释》

《最高人民法院关于审理城镇房屋租赁合同纠纷案件具体应用法律若干问题的解释》——《城镇房屋租赁合同解释》

《最高人民法院关于确定民事侵权精神损害赔偿责任若干问题的解释》——《精神损害赔偿解释》

《最高人民法院关于审理人身损害赔偿案件适用法律若干问题的解释》——《人身损害赔偿解释》

《最高人民法院关于审理道路交通事故损害赔偿案件适用法律若干问题的解释》——《道路交通事故损害解释》

《最高人民法院关于审理利用信息网络侵害人身权益民事纠纷案件适用法律若干问题的规定》——《信息网络侵权规定》

《最高人民法院关于审理民间借贷案件适用法律若干问题的规定》——《民间借贷规定》